Micaela A. Gabriel

Die Frauen vom Reichstag

STIMMEN DER FREIHEIT

ROMAN

ROWOHLT POLARIS

Originalausgabe
Veröffentlicht im Rowohlt Taschenbuch Verlag,
Hamburg, April 2022
Copyright © 2022 by Rowohlt Verlag GmbH, Hamburg
Covergestaltung Hafen Werbeagentur, Hamburg
Coverabbildung Richard Jenkins
Satz aus der DTL Documenta
bei Pinkuin Satz und Datentechnik, Berlin
Druck und Bindung GGP Media GmbH, Pößneck, Germany
ISBN 978-3-499-00682-1

Die Rowohlt Verlage haben sich zu einer nachhaltigen Buchproduktion verpflichtet. Gemeinsam mit unseren Partnern und Lieferanten setzen wir uns für eine klimaneutrale Buchproduktion ein, die den Erwerb von Klimazertifikaten zur Kompensation des CO_2-Ausstoßes einschließt.
www.klimaneutralerverlag.de

Im Gedenken an

*Lore Agnes, Marie Baum, Gertrud Bäumer,
Margarete Behm, Anna Blos, Minna Bollmann,
Elisabeth Brönner, Hedwig Dransfeld,
Wilhelmine Eichler, Elise Ekke, Anna von Gierke,
Frieda Hauke, Else Höfs, Anna Hübler, Marie Juchacz,
Wilhelmine Kähler, Katharina Kloss, Gertrud Lodahl,
Frida Lührs, Ernestine Lutze, Clara Mende,
Agnes Neuhaus, Antonie Pfülf, Johanne Reitze,
Elisabeth Röhl, Elfriede Ryneck, Minna Schilling,
Käthe Schirmacher, Maria Schmitz, Louise Schroeder,
Clara Schuch, Anna Simon, Johanna Tesch,
Christine Teusch, Helene Weber, Marie Zettler,
Luise Zietz.*

Diese Frauen wurden 1919 in die Weimarer
Nationalversammlung gewählt.
Es waren die ersten Parlamentarierinnen
im Deutschen Reichstag.

4. FEBRUAR 1919

Prolog

Gott sei Dank war sie eine Frau!

Marlene von Runstedt registrierte mit einer gewissen Erleichterung, dass sie in dem Getümmel unsichtbar zu sein schien.

Frauen standen nicht im Mittelpunkt des allgemeinen Interesses, die Schaulustigen vor dem Bahnhof wollten prominente Politiker wie Matthias Erzberger sehen, Ulrich von Brockdorff-Rantzau oder Philipp Scheidemann. Selbst die zweite Garde unter den Männern sorgte für mehr Aufruhr als eine einzige Frau. Das war zwar erstaunlich, weil sich zum ersten Mal in der Geschichte der Republik auch Parlamentarierinnen auf den Weg zu einer Sitzung machten, aber Marlenes Geschlecht bot ihr in dem Gedränge vor dem Militärbahnhof tatsächlich einen gewissen Schutz. Volkes Zorn, Neugier oder Bewunderung – je nach politischer Couleur – galt den männlichen Vertretern der Demokratie, nicht der Gleichberechtigung. Seit Monaten herrschte ständig und überall Chaos in Berlin, als gäbe es nirgendwo ausreichend

Platz, keine öffentliche Ordnung für die Anwohner, Flüchtlinge, Kriegsheimkehrer und -versehrten, die in die riesigen Vorstädte und in die Hauptstadt strömten.

Automobile, Fahrräder und die vor die Fuhrwerke gespannten Pferde schlitterten in einer endlos wirkenden Prozession über die von frisch gefallenem Schnee bedeckte, schmierige Fahrbahn der Kolonnenstraße; Polizei und Freikorps gelang es nur mit Mühe, die Menge zurückzudrängen und ein Spalier für die Fahrgäste nach Weimar zu bilden. Der Sonderzug wurde aus Sicherheitsgründen nicht vom Anhalter Bahnhof, sondern an der Haltestelle in Schöneberg in Betrieb gesetzt. Gaffer und Protestierende fanden sich dennoch in unüberschaubar großen Gruppen ein, es gab Rangeleien, Hurra- und Buh-Rufe und die Reisenden kamen kaum unbehelligt zu ihrem Gleis. Jedenfalls die männlichen Abgeordneten. Auch die Politikerinnen sollten mit der zu diesem Anlass eigens in Betrieb genommenen Eisenbahn zur ersten Sitzung der Nationalversammlung von Berlin nach Weimar fahren. Doch sie waren meist nicht so bekannt und sicher nicht so selbstbewusst wie die altgedienten Vertreter ihrer Parteien und drängten sich weniger ins Rampenlicht.

Marlene stand etwas abseits der größeren Gruppen auf der anderen Straßenseite vor einem Schuhmachergeschäft, dessen Rollläden heruntergelassen waren, obwohl es ein Dienstag und Arbeitszeit war; der Schuster sorgte anscheinend gegen mögliche Plünderer vor. Dank ihrer überdurchschnittlichen Körpergröße beobachtete Marlene das Geschehen über die Köpfe oder Schultern der Schaulustigen hinweg. Ihr Blick fiel auf ihre eigene Spiegelung in einer nahe gelegenen Fensterscheibe und sie nutzte die Gelegenheit, sich zum wohl dutzendsten Mal kritisch zu begutachten. Sie wirkte wie eine unbeteiligte Passantin, irgendeine Person aus dem Bürgertum, niemand von Bedeutung. Ihr schwarzer Wollmantel war zwar aus gutem Stoff, wie es sich für eine Dame der besseren Gesellschaft gehörte, aber so schlicht, dass er ebenso wenig als Extravaganz auffiel wie das dunkle Kostüm und die cremefarbene Seidenbluse darunter, die nun freilich durch einen Schal verdeckt wurde. Ihr aschblondes Haar steckte unter einem Glockenhut, dessen schmale Krempe ihrem fein geschnittenen und trotz ihres Alters von knapp achtunddreißig Jahren fast faltenfreien Gesicht einen ausreichenden Schutz gegen das Schneegestöber bot. Dennoch haftete eine Flocke an den Wimpern ihrer dunkelblauen Augen. Einigermaßen zufrieden mit sich, richtete sie den Blick nun wieder auf den Bahnhofseingang und hob gedankenverloren die Hand, um sich über ihre Lider zu streichen.

«Verzeihung!» Die weibliche Stimme neben Marlene klang viel zu energisch, um tatsächlich um Entschuldigung zu bitten. «Wissen Sie, ob es noch einen anderen Weg zur Eisenbahn gibt als durch diesen Menschenauflauf?»

«Nein, tut mir leid, ich kenne mich nicht aus», erwiderte sie, ohne sonderlich darüber nachzudenken. Erst als die Antwort schon über ihre Lippen war, betrachtete sie die anscheinend ortsunkundige Fragestellerin genauer: eine relativ große, hagere Frau um die vierzig, nicht schön, aber dank hoher Wangenknochen, kluger meerblauer Augen und eines großen, geschwungenen Munds interessant. Sie trug Hut und Mantel wie Marlene. Angesichts des Koffers, den sie im Matsch zu ihren Füßen abgestellt hatte, wurde Marlene nun doch neugierig und fragte: «Wollen Sie nach Weimar fahren?»

Die Fremde nickte. «Ja, ich will nach Weimar. Sie auch, nicht wahr? Oder tragen Sie Ihrem Mann die Aktentasche hinterher?»

Unwillkürlich lächelte Marlene. Offensichtlich handelte es sich bei der energischen Person um eine frisch gewählte Parlamentarierin wie sie.

Bevor sie etwas sagen konnte, streckte ihr die andere die Hand entgegen. «Ich bin Paula Hagedorn aus Hamburg. SPD.»

Marlene ergriff die Hand, die ebenso zupackend wirkte wie die gesamte resolute Erscheinung der Frau. «Marlene von Runstedt. Sehr erfreut.» Sie fühlte einen Ehering an Paula Hagedorns Finger.

«Für welche Partei treten Sie an? Für die Deutschnationalen?» Marlenes neue Bekannte stand zweifellos für die Abschaffung des Adels, ihr Ton war missbilligend und die Erwähnung der nationalkonservativen, kaisertreuen Volkspartei klang wie eine Anklage.

Unsere Demokratie sollte für die Meinungsfreiheit einstehen, fuhr es Marlene durch den Kopf, auch wenn mir oder anderen die ein oder andere Meinung nicht passt. Sie dachte an ein Voltaire zugeschriebenes Zitat, das eigentlich von einer britischen Schriftstellerin stammte, die seine Biografie geschrieben und Marlene zutiefst beeindruckt hatte: «Ich missbillige, was Sie sagen, aber ich werde bis zum Tod Ihr Recht verteidigen, es zu sagen.»

«Evelyn Beatrice Hall», erwiderte Paula Hagedorn prompt.

«Oh!» Marlene war nicht bewusst gewesen, dass sie ihren Gedanken laut ausgesprochen hatte. Vor allem aber verwunderte sie die Bildung der Fremden.

«Sie publizierte unter dem Pseudonym S.G. Tallentyre,

weil es einer Frau nicht zustand, über einen der berühmtesten Männer des achtzehnten Jahrhunderts zu schreiben. Oder überhaupt zu schreiben. Im Grunde durfte sie ja nicht einmal eine eigene Meinung haben, geschweige denn die große Persönlichkeit Voltaires in einem einzigen Satz zusammenfassen. Aber damit ist Miss Hall natürlich kein Einzelfall. Was machen Sie, wenn Sie nicht gerade in die Nationalversammlung gewählt werden, Fräulein Runstedt?»

«Doktor von Runstedt. Ich bin Juristin. Und ich bin Abgeordnete der Deutschen Demokratischen Partei.»

«Na, da habe ich ja die Richtige getroffen. Eine promovierte Liberale. Das ist zumindest beides sympathischer als Ihr Adelsprädikat...»

Marlene schnappte nach Luft, protestierte aber nicht. Sie war nicht mit dem Titel geboren worden, ihr Vater war wegen seiner Leistungen als Professor der Rechtswissenschaften an der Friedrich-Wilhelm-Universität vom Kaiser nobilitiert worden und durfte das «von» vor dem Nachnamen nicht nur selbst führen, sondern auch vererben. Da ihre Brüder im Krieg gefallen waren, würden Name und Briefadel irgendwann mit ihr aussterben. Aber das erklärte sie ihrer neuen Bekanntschaft nicht. Sie kam nicht einmal dazu, irgendetwas zu entgegnen, da Paula Hagedorn offenbar ohne Scheu von sich sprach.

«Wissen Sie, ich bin Autorin, und ich habe etliche Artikel für meinen Mann geschrieben, die natürlich unter *seinem* Namen veröffentlicht wurden. Deshalb liegen mir die Frauen, die sich nicht verwirklichen dürfen, weil sie Frauen sind, persönlich am Herzen...»

«Ich koordiniere das Kartell der Auskunftsstellen für Frauenberufe in Berlin», warf Marlene rasch ein, als die andere kurz durchatmete. Es war lächerlich, mit ihren Funktionen brillieren zu wollen, aber diese kleine Eitelkeit gönnte sie sich: «Mit meiner Arbeit ist auch die Rechtsberatung für berufstätige Frauen verbunden.»

Tatsächlich schien Paula Hagedorn beeindruckt. Oder zumindest besänftigt. Als sie lächelte, verwandelte der große Mund ihr Gesicht – es erstrahlte zu unerwarteter Schönheit. «Dann haben wir ja ein gemeinsames Thema», meinte sie. Sie neigte den Kopf in Richtung der Menschenmassen auf der anderen Straßenseite. «Wollen wir uns in das Getümmel stürzen? Hoffentlich finden wir noch ein freies Abteil, wo wir uns in Ruhe unterhalten können.»

Marlene zögerte. Sie hatte eigentlich lesen und die Fahrt nach Weimar nicht mit Geschwätz verbringen wollen. Doch eine Reisebegleiterin wie Paula Hagedorn war sicher unterhaltsamer als die Lektüre von Akten, außerdem konnte die Bekanntschaft mit der Abgeordneten einer anderen Partei, zumal einer Sozialdemokratin, ein guter Anfang für die sicher notwendige parlamentarische Zusammenarbeit sein. Einige der Frauen von den Wahllisten kannte Marlene bereits von ihrer Arbeit in den verschiedenen Frauenvereinen und man würde sich gewiss untereinander verständigen, unabhängig von der Parteizugehörigkeit.

Ihr Blick wanderte unruhig umher, als könne sie irgendwo die Antwort auf ihr Dilemma finden. Die aus östlicher Richtung wehende Brise frischte auf und wirbelte Papierfetzen mit dem Schnee über die Straße. Die Schnipsel sanken schließlich auf den feuchten Asphalt, wo die Flocken schnell zerschmolzen, und wurden von Hufen und Stiefelsohlen zertrampelt. Anscheinend hatte irgendjemand ein Plakat von der Litfaßsäule an der Ecke abzureißen versucht. Auf dem Rest stand in Blocklettern:

> GANZ BERLIN TANZT UND DREHT SICH
> AN JEDEM MITTWOCH, DONNERSTAG,
> SONNABEND, SONNTAG IN DEN ...

Der Ort des Geschehens war nicht mehr lesbar. Kaum vorstellbar, dass sich *ganz Berlin* dem Vergnügen hingab. Die Menschen vor dem Militärbahnhof boten ein anderes Bild, fand Marlene. In der *Vossischen Zeitung*, die sich zusammengelegt in ihrer Tasche befand, hatte sie sogar von «neuen kommunistischen Putschplänen» gelesen. Aus Sorge vor Unruhen in der Hauptstadt waren die demokratisch gewählten Vertreter ja auch nach Weimar und nicht zum Reichstagsgebäude unterwegs...

«Falls Sie dabei sind festzufrieren, sollten wir uns schnellstmöglich zum Zug begeben.»

«Natürlich.» Marlene umfasste den Griff ihrer Tasche fester. «Lassen Sie uns zum Gleis gehen.»

Seite an Seite liefen die beiden Frauen über die Straße, nachdem sie zunächst einem Taxi die Gelegenheit gegeben hatten vorbeizufahren. Der Asphalt war glitschig und Marlene war dankbar für die ebenso dicken wie flachen Sohlen ihrer Stiefel, die zwar unvorteilhaft aussahen, aber das bessere Schuhwerk darstellten als hübsche Schnürstiefeletten mit hohem Absatz. Sie hatte sich für ihre erste Reise als Abgeordnete praktisch gekleidet, sie wollte niemandem gefallen. Zumindest optisch nicht. Die schlichte Garderobe ohne jeden

Schick ließ für den Betrachter ihrer Person keinen Gedanken daran aufkommen, dass sich hinter der spröden Fassade eine attraktive Frau verbarg. Schon früh hatte sie lernen müssen, auf alles zu verzichten, was von ihrem geschliffenen Geist ablenkte.

In der Masse blieben sie weiterhin unsichtbar. Selbst die Schutzleute, die die wogende Menge zurückzudrängen versuchten, betrachteten Marlene und Paula wohl mehr als Vordrängler denn als den Politikern zugehörig. Damit beschäftigt, eine Kette zu bilden und sich gegen die Demonstranten zu stemmen, fragten die Wachmänner nicht nach ihrer Legitimation. Marlene hielt sich dicht an ihre neue Bekannte, die ihre Ellenbogen ruppiger einsetzte und sich nicht mit freundlichen Floskeln aufhielt, als sie ihnen beiden einen Weg durch die vielen Menschen bahnte. Die unterschiedlichsten Kommentare dröhnten in Marlenes Ohren, Hochrufe und Stammtischparolen, Ausdrücke der Missbilligung und der Sensationslust. Erst als ein spitzer Schrei und wüste Beschimpfungen Marlene erreichten, wurde ihr bewusst, dass sie doch aufgefallen war – allerdings nur, weil sie einer Weibsperson buchstäblich auf die Füße getreten war. Als sie sich mit einem entschuldigenden Lächeln umwandte, griff Paula energisch nach ihrem Arm und zerrte sie weiter. Marlene folgte ihr widerstandslos. Für Höflichkeit war es tatsächlich wohl weder der rechte Zeitpunkt noch der richtige Ort.

«Halt!» Der Eingang unter dem linken Turm des imposanten Bahnhofsgebäudes wurde, wie die anderen Türen auch, von Soldaten gesichert. Die Prominenz strömte durch das Mitteltor zum Gleis und in den Salonwagen, deshalb war es hier etwas ruhiger. Umso mehr Aufmerksamkeit widmete die Wache den beiden Frauen. «Sie können hier nicht durch. Der Bahnhof ist für Zivilpersonen gesperrt.»

«Abgeordnete und Journalisten haben Zugang», widersprach Paula mit fester Stimme. «Auf mich trifft beides zu und auf meine Kollegin nur eines von beiden, aber das genügt.»

«Ausweis!» Der Befehl klang wie ein Bellen.

Paula hielt die Dokumente, die sie zum Zutritt berechtigten, bereits in der Hand. Sie waren ein bisschen zerknittert, erfüllten ihren Zweck aber trotzdem. Marlene kramte ihren Passierschein umständlich aus der Tasche. Als Juristin war sie es gewohnt, sorgfältig mit Papieren umzugehen und sie so zu verwahren, dass sie stets wie neu aussahen. Eine prompte Reaktion wie die von Paula war ihr daher nicht möglich, auch wenn sie die andere zutiefst um ihre Fähigkeit zu Überraschungsangriffen beneidete.

Hinter ihnen sammelten sich ein paar Reisende, ein Pressevertreter rief lauthals den Namen seiner Zeitung und forderte sofortigen Zutritt. Marlene spürte die Schlange in ihrem Rücken, spürte die Ungeduld, ohne dass sie auch nur einem Menschen ins Gesicht sah. Mit einem Seufzer der Erleichterung folgte sie Paula, nachdem ihr der Soldat die Fahrerlaubnis nach Weimar zurückgegeben hatte und sie anschnauzte, sie solle endlich weitergehen.

Auf dem Bahnsteig herrschte ein ähnliches Gedränge wie auf der Straße, die Gesellschaft unterschied sich jedoch deutlich: Hier schoben Gepäckträger ihre Karren zwischen Wachleuten und Passagieren an dem bereitgestellten Zug entlang, die Reisenden waren überwiegend Herren mit Hut und Mantel, kaum Frauen; Reporter eilten mit und ohne Fotoausrüstung von Waggon zu Waggon, wohl auf der Suche nach einem bekannten Gesicht. Trotz der allgemeinen Hektik wirkte das Bild auf Marlene seltsam friedlich. Am liebsten wäre sie für einen Moment stehen geblieben und hätte diese Stimmung in sich aufgesogen. Es war ein anderer Trubel als der der revoltierenden Arbeiter und Soldaten bei Kriegsende und während des Spartakusaufstands, erinnerte auch nicht an die teils chaotische Heimkehr vieler Armeeangehöriger. Für einen Moment wirkte die Szenerie erstaunlich normal, als hätte es keinen Krieg, keine Niederlage, keine Entbehrungen, nicht einmal eine demokratische Wahl gegeben. Marlene erwartete insgeheim eine Militärmusikkapelle wie jene, die seinerzeit regelmäßig Unter den Linden marschierte und «Die Wacht am Rhein» spielte, als Wilhelm II. noch über das Schicksal des Reiches bestimmt hatte. In der jungen Demokratie ersetzten das Stimmengewirr am Gleis und das zischende Puffen aus dem Schornstein der Lok die inoffizielle Nationalhymne des Kaiserreichs. Dennoch war Marlene nicht weniger bewegt, als sie sich wieder einmal bewusst machte, dass sie nun zu den Entscheidungsträgern des Landes gehörte. War es wirklich nur wieder eine Schneeflocke, die sich da an ihre Wimpern heftete?

«Wo bleiben Sie denn?»

Marlene hatte nicht bemerkt, dass sie langsamer geworden und Paula bereits zum Zug gelaufen war. Ihre neue Bekannte winkte sie zu einer offenen Waggontür heran.

«Kommen Sie. Kommen Sie. Hier scheinen noch freie Plätze zu sein.» Paula stieg ein, ohne sich ein weiteres Mal nach Marlene umzusehen.

Es war noch Zeit bis zu der Abfahrt. Marlene hätte lieber dem Treiben auf dem Bahnsteig zugesehen, statt sich schon in das Abteil zu setzen, in dem sie die nächsten Stunden verbringen musste. Niemand wusste genau, wie lange die Fahrt nach Weimar dauerte. Es herrschte in dem Sonderzug zwar wohl nicht die Enge der ansonsten unregelmäßig fahrenden, viel zu selten eingesetzten und daher überfüllten Linien für den zivilen Personenverkehr, doch Kohleknappheit und andere technische Probleme bestanden trotzdem.

Leicht unwillig folgte Marlene ihrer neuen Bekannten. Die Hamburgerin schien praktischer veranlagt als sie, was ein ganz guter Ausgleich war. Und sie liest über Voltaire, dachte Marlene.

Beherzt schob Paula gleich die erste Tür zu einem Abteil auf und erkundigte sich in einem Ton, der mehr Feststellung als Frage war: «Sind hier noch zwei Plätze frei?»

Hinter ihrer Begleiterin machte Marlene fünf offenbar unbesetzte Sitze aus – und einen Wagenradhut mit Pfauenfedern. Die riesige Kopfbedeckung verdeckte das Gesicht der Dame im Pelzmantel, die einen Fensterplatz eingenommen hatte und auf etwas starrte, das sie in Händen hielt, das aber vom Gang aus nicht genau erkennbar war. Vielleicht war es ein Notizbuch, eine gebundene Kurzgeschichte oder auch eine Fotografie in einem Etui. Nur unwillig schien sie die Finger davon zu lösen, bevor sie mit der Hand in der Luft herumwedelte. «Bitte...», murmelte sie.

Irgendetwas an ihrer Haltung und der Stimme ließ Marlene zusammenzucken. Es war nur eine kleine Unsicherheit, eine vage Vermutung. Beides genügte, um ihr Herz in ihre Magengrube sinken zu lassen.

«Danke vielmals», zwitscherte Paula honigsüß, bevor sie sich anschickte, ihren Koffer in das Gepäcknetz über dem

Wagenradhut zu heben. Ganz offensichtlich missbilligte sie die mondäne Aufmachung der anderen Reisenden ebenso wie Marlenes Adelsprädikat.

Zwangsläufig bewegte die Dame ihren Kopf. Sie sah auf – und Marlene direkt an.

Marlene war klar, dass sie sich über kurz oder lang begegnen mussten. Sie hatte jedoch gehofft, sich für ein Wiedersehen wappnen zu können. Oder zumindest nicht so unvorbereitet zu sein wie in diesem Moment. Unwillkürlich wünschte sie, sie hätte nicht ihrer resoluten neuen Bekannten die Wahl ihrer Plätze überlassen, sondern sich selbst darum gekümmert. Dann hätte sie diesen Augenblick hinauszögern können. Doch nun war er da.

«Guten Tag», sagte Marlene und hoffte, in ihre Stimme so viel Professionalität zu legen wie bei der Begrüßung einer der Frauen, die sie in Rechtsfragen beriet. Dabei war die Dame mit dem großen Hut mehr für sie gewesen als eine Mandantin. Beste Freundin, dann Rivalin...

«Ich bin Paula Hagedorn aus Hamburg. SPD.» Nach ihrer Vorstellung sank Paula auf den anderen noch freien Fensterplatz. «Und wer sind Sie?»

Die Angesprochene schwieg. Sie starrte Marlene aus weit aufgerissenen Augen an. Schock und womöglich auch Abneigung spiegelten sich in ihrem Blick.

Von draußen wehten Bahnhofsgeräusche herein, das Rufen eines Schaffners, Zischen, Poltern, unverständliches Stimmengewirr.

Paula sah von der Dame gegenüber zu Marlene, die noch immer in der offenen Abteiltür stand. «Kennen Sie sich?»

«Wir sind uns schon einmal begegnet», erwiderte Marlene

rasch, bevor ihr die andere zuvorkommen konnte. Ihre Antwort war untertrieben, denn es gab wenige Menschen, die ihr jemals so nahegekommen waren.

Eine hektische Bewegung, die kleine, ledergebundene Kladde fiel auf den Boden. Wahrscheinlich war es weniger Höflichkeit als die automatische Reaktion einer tatkräftigen Frau – Paula bückte sich danach und hob das Fundstück auf. Als sie sich vorbeugte und es der Frau zurückreichte, erkannte Marlene die Fotografie.

«War das Ihr Mann?», erkundigte sich die Hamburgerin eher mitfühlend als neugierig. Sie gebrauchte die Vergangenheitsform, offenbar nahm sie an, dass der abgebildete Offizier im Krieg gefallen war.

Die schönen dunklen Augen unter der breiten Hutkrempe flogen kurz zu dem Bild, dann wieder zu Marlene. Diesmal war es ein fester, unnachgiebiger, triumphaler Blick. «Der Herr ist mein Bräutigam.»

Marlene biss sich auf die Zunge, um nicht zu widersprechen.

Das Foto zeigte jenen Mann in preußischer Uniform, der sie schon lange liebte. Sie alle beide.

Seit über zwanzig Jahren schienen sie und Sonja Grawitz einen Wettstreit um seine Gunst auszufechten. An diesen Zustand hatte sich Marlene im Laufe der Jahre fast gewöhnt. Neu war vielmehr, dass ihre Rivalin ebenfalls in die Politik gegangen war. Es schien wie ein Zwang für die ehemalige Freundin, alles mit Marlene teilen zu müssen. Nicht nur den Mann. Auch dieses Metier. Nun, Marlene war bereit, sich darauf einzulassen.

NOVEMBER 1918

1

Es war stockdunkel, die Straßenbeleuchtung funktionierte nicht und eine Wolke verdeckte den Mond. Das eine lag an einer offenbar abgestellten Gasleitung, das andere an dem sich verschlechternden Wetter. Die Bäume des Tiergartens verschmolzen mit dem Himmel, die schnurgerade Charlottenburger Chaussee wurde unter dem Nieselregen zu einem schimmernden Band. Niemand schien um diese späte Uhrzeit unterwegs zu sein. Und doch, dachte Marlene, konnte hinter jedem Strauch, hinter jeder aus schweren Pflastersteinen erbauten Barrikade ein Mann lauern, der es – verroht von einem fürchterlichen Krieg oder aus dem Zuchthaus befreit – auf ihren guten Mantel, ihre Handtasche, ihre Tugend oder gar ihr Leben abgesehen hatte. Vielleicht würde ein potenzieller Dieb auch ihr Fahrrad stehlen wollen, das einzige funktionierende Verkehrsmittel in einer großen Stadt, in der keine Straßenbahnen, Busse und auch keine Metro mehr fuhren. Für manche Menschen mochte es sich dafür zu töten lohnen.

Um nicht aufzufallen, hatte sie das Licht ausgeschaltet.

Das barg zwar ein Risiko, aber die Finsternis verlieh ihr ein Gefühl von Unsichtbarkeit und gewährte ihr einen gewissen Schutz. Immer geradeaus, beschwor sie sich, während sie in die Pedale trat. Nicht nach rechts oder links gucken, nur geradeaus, das reicht. Sie horchte auf jedes Geräusch, zuckte beim Knacken eines Astes zusammen und geriet durch das Keckern eines Fuchses ins Schlingern. Doch sie kämpfte erfolgreich gegen ihre Furcht an. Inmitten der weitläufigen Parkanlage zwischen Berlin und Charlottenburg konnte sie ohnehin nicht stehen bleiben, sie musste so schnell wie möglich sicher nach Hause kommen, nachdem sie sich bei ihrem Treffen verplaudert hatte. Aber es gab auch so viel zu besprechen...

Das Geräusch eines Dieselmotors dröhnte heran. Jeden Moment konnten Scheinwerfer die Finsternis durchbrechen und sie ins Visier nehmen. Ohne darüber nachzudenken, riss sie den Lenker herum. Das Vorderrad blockierte, während das Hinterrad ausbrach. Marlene klammerte sich an die Griffe und wurde aus dem Sattel gehoben. Sie fiel mitsamt ihrem Gefährt neben die Straße in einen Haufen alter Blätter. Ihr stieg der Geruch von Moder in die Nase. Doch sie rührte sich nicht, blieb liegen und hoffte, nicht von den gelben Scheinwerfern erfasst zu werden, die dem Fahrer den Weg wiesen.

Aus den Augenwinkeln beobachtete sie den vorbeifahrenden Pritschenwagen, die Männer darauf wirkten wie eine bleierne, unförmige, uniformierte Masse. Sie bildete sich ein, das Aufglimmen einer Zigarette wahrzunehmen, aber vielleicht war das auch nur eine Illusion, weil Soldaten immer zu rauchen schienen, als bräuchten sie den Tabak zur Betäubung ihrer Sinne. Die Umrisse einer Fahne war erkennbar, die über den Köpfen der Männer wehte. Marlene konnte die Farben nicht genau erkennen, aber die Reichsflagge war es definitiv nicht, der breite weiße Mittelbalken würde in der Dunkelheit leuchten.

Als könne sie jeder Lufthauch verraten, hielt sie den Atem an. Seit Beginn des Aufstands der Matrosen- und Soldatenräte vor ein paar Tagen fürchtete sie sich vor der Unberechenbarkeit der einst glamourösen Truppen des Kaisers. Inzwischen hatte Wilhelm II. zwar abgedankt, im Berliner Regierungsviertel herrschten dennoch Anarchie und Revolution, überall wurde geschossen, und die Scharmützel erreichten sogar, wenn auch nur vereinzelt, das beschaulichere Charlottenburg. Es wurde protestiert und geplündert, für die Rechte der Arbeiter gestreikt und gleichzeitig rechte Freikorps gegen die Streiks gebildet; alten Offizieren wurden brutal die Kokarden von den Waffenröcken gerissen, und junge Soldaten schlangen sich rote Binden um die Arme. Die Gefängnistore öffneten nicht nur für politische Gefangene und aus den Villen in Zehlendorf wurde das Tafelsilber gestohlen. Wichtige Kreuzungen, Regierungsgebäude und seit gestern auch Zeitungsredaktionen in der Mitte der Hauptstadt waren von linken Truppen besetzt worden. Wer sich in das Regierungsviertel wagte, begab sich in Gefahr; tätliche Angriffe auf Zivilisten geschahen zwar nur selten, aber sicher konnte sich niemand fühlen. Schon gar keine Frau alleine am späten Abend, unterwegs auf der Verbindungsstraße zwischen dem Brandenburger Tor und dem Knie in der Vorstadt Charlottenburg.

Der Fahrer des Lastwagens beschleunigte, und der Truppentransporter raste davon.

Einen oder zwei Atemzüge lang blieb Marlene liegen. Vor Erleichterung holte sie tief Luft – und der Friedhofsgeruch des Blätterhaufens drehte ihr den Magen um. Unwillkürlich versuchte sie sich aufzurichten, doch ein stechender Schmerz an ihrem Ellenbogen und in der Schulter warf sie fast wieder um. Langsam kam sie auf die Füße. Dabei stieß sie ihr Fahrrad zur Seite. Leise ertönte die Klingel. In der nun wieder eingekehrten Stille kam es Marlene so laut vor wie das Glockenläuten des Doms.

Sie rieb sich über ihren Arm, suchte mit den Fingern nach einem Riss im Stoff ihres Mantels. Doch der schien ebenso unversehrt wie der Rest ihrer Kleidung. Ihr Hut war heruntergefallen und sie bückte sich danach, tastete angewidert durch das feuchte Laub. Endlich fand sie ihre Kopfbedeckung, die nass und zerdrückt war, und schob sie nachlässig an Ort und Stelle. Dann hob sie ihr Fahrrad auf.

Glücklicherweise war der Rahmen intakt. Sie raffte ihren Rock und stieg in den Sattel. Ihre Knie revoltierten dagegen, doch Marlene trat kräftig in die Pedale. Bring mich nach Hause, flehte sie ihr Fahrrad stumm an, bring mich bloß schnell nach Hause.

Tatsächlich erreichte sie zehn Minuten später weitgehend unversehrt das herrschaftliche Gebäude am Steinplatz, in dem ihre Familie wohnte, seit sie denken konnte. Im Hochparterre befand sich die Kanzlei ihres Vaters, des Rechtsprofessors Hugo von Runstedt, im ersten Stock lebten er und Marlene in einer durch mehrere Schicksalsschläge stark verkleinerten Gemeinschaft. Als sie an der Fassade hinaufblickte, schien hinter den Fenstern nächtliche Ruhe zu herrschen.

Sie schloss die Haustür auf und schob ihr Fahrrad in den Flur, wo sie es in einer Nische abstellte. Eine Funzel wies ihr den Weg durch das stille Treppenhaus. Während sie die Stufen erklomm, meldeten sich wieder der Ellenbogen und die Schulter. Außerdem fiel ihr erst jetzt auf, dass sie vollkommen durchnässt war. Sie biss die Zähne zusammen und ging weiter zu ihrer Wohnung. Ihre Hand zitterte, der Schlüssel schlug gegen die Metallverkleidung des Schlosses.

Die Tür wurde von innen aufgerissen.

«Bist du von allen guten Geistern verlassen, erst jetzt nach Hause zu kommen?», stieß ihr Vater hervor. «Wo bist du gewesen?»

◆

Professor Doktor jur. Hugo von Runstedt stand im Lichtkreis einer an sich mehrflammigen Deckenlampe, die aus Gründen der Stromersparnis jedoch nur mit einer einzigen Glühbirne bestückt war. Er trug seinen Hausmantel aus dunkelrotem Samt und ein auf den blauen Schalkragen abgestimmtes Einstecktuch in der Fronttasche, er hatte weder seinen Hemdkragen noch das passende Plastron abgelegt. Sein grau meliertes Haar war ordentlich gekämmt, was ebenfalls darauf schließen ließ, dass er noch nicht geschlafen und auf Marlenes Heimkehr gewartet hatte. Er starrte sie aus seinen von schweren Lidern bedeckten, wässrig blauen Augen wütend an.

«Es tut mir leid, dass du dir Sorgen gemacht hast», murmelte sie.

«Du siehst unmöglich aus!»

Langsam zog sie den nassen Hut von ihrem Kopf und überlegte, ob sie ihrem Vater von ihrem kleinen Sturz berichten sollte. Doch bevor sie sich dafür oder dagegen entscheiden konnte, kam er ihr mit einer weiteren Bemerkung zuvor: «Wo hast du dich herumgetrieben? Dein Gesicht ist schmutzig!»

Wenigstens gab er ihr durch sein unablässiges Gepolter die Möglichkeit, ihren schnellen Atem und ihren rasenden Herzschlag zu beruhigen. Wüsste sie nicht, dass er nur ihr Wohl im Auge hatte, wäre sie versucht zu protestieren. Stattdessen rieb sie sich mit der freien Hand über das Gesicht. Sie lächelte kurz in sich hinein, als sie ein Herbstblatt von ihrer Wange zog.

«Ich bin vom Rad und in einen Laubhaufen gefallen», gestand sie schließlich. «Aber es geht mir gut, Vater, es ist nichts weiter passiert. Und ich bringe interessante Neuigkeiten», fügte sie mit erhobenem Ton hinzu, um die Wichtigkeit ihrer Nachricht deutlich zu machen.

«Hm», schnaubte er. «Hat deine Mitteilung Zeit, bis du dir den Mantel ausgezogen und dich gewaschen hast?»

Gehorsam knöpfte sie ihren Mantel auf, den Rest ignorierte sie. «Theodor Wolff möchte eine liberale Partei gründen», brach es aus ihr heraus. «Er ist der Chefredakteur des *Berliner Tageblatts* und...»

«Ich weiß, wer Theodor Wolff ist», knurrte ihr Vater.

«Ja. Natürlich. Ja», beeilte sie sich zuzustimmen. Im nächsten Moment gewann die Begeisterung für das Vorhaben wieder die Oberhand und sie fügte hinzu: «Die Partei will sich als liberale, fortschrittliche, demokratische, soziale und freiheitliche Kraft positionieren. Für diese Werte muss man einstehen, nicht wahr?» Marlene hörte selbst, dass sich ihre Stimme vor Aufregung beinahe überschlug.

Eine ihrer Getreuen im *Bund Deutscher Frauen* hatte zu einem Treffen in ihre Wohnung im Tiergarten-Viertel eingeladen. Glücklicherweise funktionierten die Telefone, der Weg mit der Rohrpost war derzeit unterbrochen. Für Marlene war die Teilnahme daher vor allem dem Wunsch geschuldet, nicht den Kontakt zu den anderen Frauen zu verlieren. Tagelang hatte sie sich in der Geborgenheit ihres väterlichen Umfelds wie ein- und ausgesperrt zugleich gefühlt: Ihr Büro im Kriegsamt war geschlossen, das Kartell der Auskunftsstellen für Frauenberufe verwaist. Es gab so wenig, das sie tun konnte, während sich Soldaten- und Arbeiterräte eine neue Stellung in der Gesellschaft wütend erkämpften. Die Neuigkeit, dass eine Partei gegründet werden sollte, die all die Werte vertrat, für die Marlene und andere Frauen des gehobenen Bürgertums schon im Kaiserreich gestritten hatten, war eine überraschende Perspektive in einer ansonsten perspektivlosen Zeit. Marlene spürte eine Hoffnung in sich aufsteigen, die sie seit der Proklamation des aktiven und passiven Wahlrechts für Frauen und der Abdankung des Kaisers zwei Tage später schon verloren geglaubt hatte. Vor allem, da die Initiatoren der Frauenbewegung nahestanden und den weiblichen Mitgliedern die Möglichkeit boten, Einfluss zu nehmen.

«Überall wollen sich Mitstreiterinnen in die Deutsche Demokratische Partei einbringen», fuhr Marlene fort. «Marie-Elisabeth Lüders, Alice Salomon, Gertrud Bäumer, Marianne Weber... Für alle kommt nur diese eine Partei infrage – und für mich natürlich auch.»

«Weißt du wirklich schon jetzt, wo deine politische Heimat ist?», zweifelte Hugo von Runstedt. Er schüttelte den

Kopf. «Häng deinen Mantel auf und lass uns in meinem Zimmer sprechen. Der Flur ist kein Ort für eine derartige Unterhaltung.»

Marlene klappte ihren Mund auf und zu wie ein Fisch. Sie hatte ihrem Vater spontan widersprechen wollen, doch ein gewisser Respekt hielt sie davon ab. Dabei war sie überzeugt davon, in einer, wie es hieß, «liberalen, fortschrittlichen, demokratischen, sozialen und freiheitlichen» Organisation die Verwirklichung ihrer Ideen zu finden. Am liebsten hätte sie schon jetzt Eingaben zur Planung eines Parteiprogramms entworfen. Wie konnte ihr Vater annehmen, sie sei sich ihrer Meinung nicht sicher?

Entnervt verschwand sie in dem kleinen Vestibül neben der Eingangstür, in dem sich hinter einer Samtportiere die Garderobe befand. Nachdem sie ihren Mantel nachlässig über einen Haken geworfen hatte, marschierte sie entschlossen in das Arbeitszimmer ihres Vaters. Sie würde wiederholen, dass die DDP die einzige infrage kommende Partei für eine Frau ihres Standes und ihrer Bildung war, dass sie die Möglichkeit wahrnehmen wollte, ein neues gesellschaftliches und politisches Gefüge mitzugestalten, dass ihre Stunde endlich gekommen war. Ihr Vater hatte ihre Ambitionen stets unterstützt, darüber hinaus war er wohl seit bald fünfzig Jahren ein Befürworter der Frauenbewegung. Seine Gattin, Marlenes verstorbene Mutter Josephine, hatte ihn darin bestärkt. Dennoch hatte es immer wieder Momente gegeben, in denen er Marlenes Karriere gezügelt hatte. Damit zwang er sie, eigene Wege zu gehen und sich nicht auf ihre Herkunft zu verlassen. Trotzdem war sie häufig wie sein Anhängsel behandelt worden. Aber ihre politische Zukunft wollte sie ganz gewiss nicht als sein Protegé beginnen. Sie war sich mit den Frauen einig geworden, die sie getroffen hatte. Ohne das Wissen Professor von Runstedts.

Im Lichtkreis einer runden Tischlampe wartete Hugo hinter seinem Sekretär. Als sich Marlene in den Besucherstuhl sinken ließ, verfolgte er mit den Augen jede ihrer Bewegungen. Schließlich erklärte er ohne Umschweife: «Die Absichten Theodor Wolffs und Alfred Webers haben nicht nur deine Freundinnen erreicht, sondern auch mich.» Eine gewisse Süffisanz war dabei nicht zu überhören.

«Das hätte ich mir denken können», entfuhr es Marlene. Sie war enttäuscht, weil er ihrer Überschwänglichkeit einen Dämpfer nach dem anderen versetzte.

Aber natürlich war ihr Vater über alles informiert, was hinter den Kulissen geschah. Er verfügte über hervorragende Verbindungen nicht nur in die einst höchsten Kreise bei Hofe und dem Militär, sondern offenbar auch zu einem einflussreichen Publizisten und dem berühmten Nationalökonomen Weber. Professor von Runstedt war eine Koryphäe auf dem Gebiet der Rechtswissenschaft, dessen Rat von Bedeutung war, zumal er zu den Mitautoren des Bürgerlichen Gesetzbuches gehörte, das zur Jahrhundertwende eingeführt worden war und das Preußische Landrecht ablöste. Es ärgerte Marlene allerdings, dass er seine Informationen nicht mit ihr geteilt hatte. Ihr Vater war stets ihr wichtigster Ratgeber gewesen, aber er hatte in der Vergangenheit auch oft auf ihr Urteil vertraut, was sie mit Stolz erfüllte.

«Herr Wolff sucht meinen ...» Hugo legte eine Kunstpause ein, der er schließlich hinzufügte: «Theodor Wolff sucht meinen juristischen Beistand. Ja, so möchte ich es nennen.»

Zufrieden mit seiner Formulierung, lehnte er sich in seinem Schreibtischstuhl zurück.

Marlene indes richtete sich auf. «Du hättest mir davon erzählen sollen...»

«Es ergab sich noch keine Gelegenheit. Du warst nicht da. Ich hatte nicht damit gerechnet, dass die Buschtrommeln so rasch zum Kaffeeklatsch der Frauenvereine rufen.»

«Ach, Vater, bitte...!» Marlene stöhnte gequält auf. «Ich verstehe deine despektierliche Wortwahl nicht. Warum stellst du dich gegen meine Interessen? Mutter hätte...», sie biss sich rasch auf die Unterlippe, um die Bemerkung, die ihr auf der Zunge lag, herunterzuschlucken.

«Deine Mutter hätte die Angelegenheit in Ruhe erwogen und das informelle Gespräch mit Theodor Wolff abgewartet, das für morgen geplant ist. Du bist eine kluge, besonnene Juristin, aber zuweilen triffst du vorschnelle Entscheidungen.»

Als ob sie das nicht wüsste...

«Ich habe mich noch nicht endgültig festgelegt», behauptete sie, um einen sachlichen Ton bemüht. «Aber ich denke, dass den bürgerlichen Frauen hier eine unglaubliche Chance geboten wird. Die müssen wir...», sie schluckte und setzte nachdrücklich hinzu: «... die muss *ich* ergreifen, um die Verhältnisse aller Frauen zu verbessern, und damit letztendlich auch ihrer Männer, Brüder und Söhne. Wir können nicht darauf warten, dass sich die beiden Flügel der Sozialdemokraten auf eine Regierung einigen. Oder dass wir von den Kommunisten überrollt werden.»

Hugo von Runstedt griff nach dem Hörer des Tischtelefons auf seinem Sekretär. «Ich sollte Herrn Emden zu dem Gespräch mit Theodor Wolff dazubitten...»

«Vater, bitte! Du kannst Max doch nicht zu so später Stunde anrufen, nur um ihn über einen Besprechungstermin zu informieren...»

«Warum nicht? Ich habe ihn zu meinem Partner gemacht. Da kann ich ihn...»

«...respektvoll wie einen Partner behandeln und nicht wie deinen Adlatus.»

«Papperlapapp! Herr Emden kam als Student in die Kanzlei, er war mein Referendar, ich kenne und schätze ihn seit zwanzig Jahren. Deshalb werde ich mir von dir nicht sagen lassen, wie ich mich ihm gegenüber zu benehmen habe.» Er zögerte dennoch, wog den Telefonhörer in seiner Hand. «Wie kommt es eigentlich, dass du dich um seine Nachtruhe scherst?»

Marlene lächelte in sich hinein. «Ich kenne Max ebenso lange wie du. Er ist ein guter Freund.»

«Als wenn es eine Freundschaft zwischen Mann und Frau geben könnte...»

Damit hatte er den Nagel auf den Kopf getroffen, dachte Marlene. Diese unbefriedigende Überlegung begleitete ihre Beziehung zu Max Emden seit gut zwanzig Jahren. «Ich brauche keinen Ehemann», erklärte sie ausweichend, als wüsste ihr Vater das nicht längst.

«Natürlich nicht», stimmte er prompt zu. «Wer sollte mir den Haushalt führen, wenn du verheiratet wärst? Aber nur ein Freund kann dir Herr Emden trotzdem nicht sein, Marlene, so viel steht fest.» Er legte den Hörer unverrichteter Dinge auf die Gabel zurück, bevor er fortfuhr: «Wie auch immer. Nicht nur der Kollege Emden, sondern auch du solltest dem Termin mit Herrn Wolff beiwohnen. Er wird wohl nichts dagegen haben.»

Sein Vorschlag überraschte sie. Es war natürlich ein Friedensangebot, aber andererseits schien ihr Vater tatsächlich weiterführende Pläne mit ihr zu haben. Diese Erkenntnis erfüllte sie so sehr mit Freude, dass sie am liebsten aufgesprungen wäre und ihn umarmt hätte. Doch weil sie nicht wollte, dass er ihr wieder einen zu großen Hang zur Impulsivität vorwarf, blieb sie ruhig sitzen. Sie zappelte nur ein wenig mit den Beinen, was unter ihrem knöchellangen Rock nicht auffiel. «Ich bin sehr neugierig auf Theodor Wolffs Vorhaben», erwiderte sie. «Wir werden sehen, was sich daraus entwickelt. Gibt es sonst noch Neuigkeiten aus dem Zeitungsviertel?»

«Die Besetzung der *Berliner Volkszeitung* durch die Spartakisten ist unrechtmäßig. Herr Wolff hat bei Philipp Scheidemann vom Rat der Volksbeauftragten um Soldaten zum Schutz der Druckerei ersucht, doch sein Anliegen wurde abgelehnt. Wer sich für eine freie Presse einsetzt, hat es momentan nicht leicht.»

«Umso wichtiger, dass schnell eine Demokratie eingeführt wird. Auch durch die Gründung einer Partei, deren Programm möglichst viele Bürger anspricht.» Sie legte die Hände auf die Sessellehnen und versuchte sich hochzustemmen. Durch ihren rechten Ellenbogen und die Schulter schoss wieder ein starker Schmerz. Um Atem ringend sank sie zurück auf ihren Platz.

«Geht es dir nicht gut?», erkundigte sich Hugo. «War dein Sturz in ... wohin bist du noch mal gefallen?»

«Einen Laubhaufen. Aber es geht mir wirklich gut. Ich bin nur müde.» Sie sprang, ohne sich abzustützen, auf die Füße. «Ich sollte jetzt schlafen gehen.» Ihre Stimme nahm einen sanften, liebevollen Ton an: «Danke, Papa, dass du mich ins Vertrauen gezogen hast.»

«Vermutlich hättest du ohnehin über kurz oder lang erfahren, dass wir einen neuen Mandanten vertreten.» Hugo griff wieder nach dem Telefonhörer. «Mal sehen, ob die Buschtrommeln auch schon Herrn Emden vorgewarnt haben. Gute Nacht, Marlene.»

Es war aussichtslos, ihren Vater von etwas abbringen zu wollen, und sei es nur, das Privatleben seines Büropartners zu stören. «Gute Nacht», wünschte sie ebenfalls.

Erst als sie hinausgegangen war, fiel ihr ein, dass sie ihren Vater um einen der in Leder gebundenen und mit Goldschnitt versehenen Bände über die Antike hätte bitten sollen, die in seinem Büro standen. Alles, was sie über Demokratie wusste, basierte auf Geschichtsbüchern und sie hätte ihr Wissen vor dem Schlafengehen gerne ein wenig aufgefrischt. Trotz eines Jurastudiums in Paris fehlte ihr die praktische Erfahrung. Marlenes politische Orientierung beruhte deshalb vor allem auf einem vagen Gefühl für das, was sie als richtig annahm. Egal, dachte sie, es ist an der Zeit, die Theorie hinter sich zu lassen und Träume zu verwirklichen!

2

Erwartungsgemäß fand Marlene in dieser Nacht keinen Schlaf. Seit den letzten Kriegstagen hatte sich ihre Furcht vor kommunistischen Unruhen gesteigert. Die sich rasch verbreitenden Gerüchte über Aufstand und Umsturz und schließlich die Abdankung des Kaisers hatten dieses unselige Gefühl verstärkt. Ganz gewiss stand ein gutbürgerlicher Jurist wie Hugo von Runstedt im Fadenkreuz der Bolschewisten, sie selbst als Vertreterin der bürgerlichen Frauenbewegung und vormalige Mitarbeiterin des kaiserlichen Kriegsamtes möglicherweise ebenso. Der nächtliche Geschützlärm, den der Wind aus dem Berliner Regierungsviertel wie Silvesterböller über den Tiergarten trug, hatte sie daran erinnert, in welcher Gefahr sie beide schwebten. Inzwischen hatte der Kanonendonner seine Bedrohlichkeit verloren. Das lag zum Teil an ihrem mutigen Ausflug in das Tiergartenviertel heute Nachmittag. Wie einfach es doch war, Angst mit Aufregung und der konzentrierten Planung neuer Ziele zu vertreiben.

Sicher, sie brauchte nicht darauf zu warten, von Theodor Wolff und dessen Mitstreitern eingeladen zu werden. In vielen der bereits bestehenden Parteien wurden Frauen aufgenommen, seit vor etwa zehn Jahren das preußische Vereinsgesetz zu ihren Gunsten geändert worden war. Im Grunde profitierten von den neuen Regeln allerdings nur die Frauenvereine; ein aktives oder passives Frauenwahlrecht hatte sich daraus bisher nicht ableiten lassen. Marlene selbst hatte unzählige Petitionen verfasst, unterschrieben und im Reichstag abgegeben. Nicht zuletzt dieses Engagement war der Grund dafür, dass sie noch immer unverheiratet war.

Mit der Selbstverständlichkeit einer höheren Tochter, die es sich in vielerlei Hinsicht leisten konnte, die eigenen Ambitionen zu verfolgen, wollte sie jedoch studieren. Während sich ihre Freundinnen verlobten, schrieb sie Klausuren in Jura, Geschichte und Philosophie. Während die ersten von ihnen Kinder bekamen, legte Marlene die Prüfungen ab. Als sie schließlich promovierte, bemerkte sie, dass das Leben und vor allem die Liebe an ihr vorbeigezogen waren. Sie hatte lange keine Zeit für eine romantische Beziehung, Verlobung und Heirat gehabt, es gab für sie wichtigere Dinge als ihr persönliches Liebesglück. Erst als ihre Mutter nach einem Unglück starb, wurde ihr klar, dass das Schicksal manchmal kurzen Prozess machte und keine Rücksicht auf ihre Pläne nahm. Doch da war es wohl schon zu spät, um nachzuholen, worauf sie in jüngeren Jahren verzichtet hatte.

War nun die Zeit gekommen, da sich der Verzicht auszahlte und sie ihre beruflichen Ambitionen verwirklichen könnte? Ihr höchstes Ziel war immer die Zulassung als Rechtsanwältin gewesen. Musste sie daher nicht in der gesetzgebenden Versammlung mitarbeiten, um die Gleichstellung von Juristinnen zu erreichen? Wäre die Mitgliedschaft in einer modernen, liberalen Partei nicht die Chance ihres Lebens, die eigenen Werte über ihre bisherigen Möglichkeiten hinaus zu vertreten?

Marlene wälzte sich in ihrem Bett herum – bis ihr alle Knochen wehtaten und ihre Augen brannten. Lange vor Morgengrauen stand sie auf. Sie erledigte eine Katzenwäsche mit kaltem Wasser im Badezimmer, steckte ihr Haar zu einem losen Knoten hoch. Da sie annahm, dass sie sich bis zu dem wichtigen Termin heute Vormittag nicht würde umziehen können, wählte sie ihre Garderobe mit Bedacht. Ein grauer Rock, die cremefarbene Bluse mit der Kamee ihrer Mutter am Kragen und die farblich passende lange Jacke mit den Samtaufschlägen, die sie mit einem breiten Gürtel schloss, vermittelten den Eindruck einer respektablen Persönlichkeit.

Obwohl es erst sechs Uhr morgens war, verließ Marlene die Wohnung, um in die darunter gelegene Kanzlei zu gehen. Normalerweise liebte sie die stillen Stunden in der Dämmerung, um den liegen gebliebenen Schriftkram zu erledigen. Häufig hatte sie weder an ihrem ehemaligen Schreibtisch im Kriegsamt noch im Kartell der Auskunftsstellen für Frauenberufe im Hansaviertel die Ruhe dafür gefunden, denn dort ging es für gewöhnlich zu wie in einem Taubenschlag. Im Büro ihres Vaters, als dessen Assistentin sie offiziell firmierte, wurde sie dagegen meist in Frieden gelassen. Doch setzte sie sich nicht gleich an die Arbeit. Sie bereitete sich in der Küche eine Lorke aus Zichorienkaffee zu und naschte von den Haferkeksen, die sie in einer Dose im Buffetschrank fand. Beides schmeckte nicht sonderlich gut, ersetzte aber ihr Frühstück und war im Grunde auch nicht schlechter als die Schwarzbrotscheibe, die dünn mit Margarine bestrichen in den letzten Kriegsjahren regelmäßig auf ihrem Teller lag.

Kauend und die Tasse mit dem heißen Getränk in der Hand, wanderte sie durch die Kanzlei, den langen Flur entlang, am noch verwaisten Sekretariat vorbei, dem herrschaftlichen Zimmer ihres Vaters, dem daneben liegenden Büro von Max Emden, dem Besprechungszimmer sowie zwei weiteren kleinen Räumen für Referendare und junge Assessoren, die aber seit Kriegsbeginn meist unbesetzt blieben. Schließlich erreichte sie das Archiv, wo die Altakten aufbewahrt wurden. Dort roch es ein wenig modrig, nach Papier, Druckerschwärze, Staub und Tinte. Sie atmete tief ein, weil sie diesen Geruch liebte. Er erinnerte sie an Beständigkeit und Sicherheit, genauso wie die alten Bücher im Arbeitszimmer ihres Vaters. Ich hätte Bibliothekarin werden sollen, fuhr es ihr durch den

Kopf. Doch das war ebenso wenig ein Frauenberuf wie die Juristerei. Seufzend ging sie zurück.

Entsprechend der Hierarchie der Kanzlei von Runstedt & Partner besaß sie das kleinste Büro nach hinten hinaus. Es war ihr egal, weil sie nur selten Besucher empfing, nur gelegentlich eine Hilfe suchende Frau, die aus einer anderen Gesellschaftsschicht als die üblichen Mandanten stammte und schon durch den Anblick des palastartigen Gebäudes zwischen der Carmer- und der Goethestraße genug eingeschüchtert war. Auf Marlenes Schreibtisch und auf dem Boden stapelten sich Papierberge, Akten und Bücher. An der einzigen Wand, die nicht von vollgestopften Regalen besetzt war, hingen in schönen Rahmen die Urkunden ihrer Examina von den Hochschulen in Paris und München sowie ihre Promotionsurkunde und eine ältere, etwas steif wirkende Fotografie, die sie mit ihrem Vater zeigte. Sie fühlte sich wohl in diesem Raum, der wie ein Sinnbild ihres Charakters war: ein wenig chaotisch, voller Pläne, Ehrgeiz und Arbeitswut.

Marlene stellte die Kaffeetasse auf die alte Zeitung, die auf ihrem Sekretär lag. Es war die Morgen-Ausgabe des *Berliner Tageblatts* von vorgestern und über der Schlagzeile «Ebert übernimmt das Reichskanzleramt» breitete sich sofort ein brauner Rand aus. Sie achtete kaum darauf, weil sie den Bericht bereits gelesen hatte, und wandte sich dem Schreiben eines Hausmädchens zu. Es wirkte wie ein Echo auf die Nachrichten aus der Politik.

Die offenbar junge Frau stellte gleich im ersten Satz klar, dass sie keine Arbeit suchte und auch keine eigentliche Rechtsfrage stellen wollte. Sie wende sich an Fräulein Dr. von Runstedt, weil sie niemanden sonst wisse, der ihr helfen könnte; die Behörden befänden sich in Auflösung und im Kriegsministerium gebe es keinen Mann, der sie auch nur anhören wollte. Sie mache sich große Sorgen um ihre Schwester. Diese habe sich gleich zu Beginn des Krieges als Etappenhelferin gemeldet und sei zuletzt als Köchin in der sogenannten Bug-Etappe in Südrussland eingesetzt worden. Seit Monaten fehle jedes Lebenszeichen von ihr, und die Briefautorin mache sich Sorgen, zumal sich die Armee in Auflösung befand und man von chaotischen Zuständen an den ehemaligen Frontlinien hörte. Wie sollte die Schwester nach Hause zu ihrer Familie zurückkommen? Mitten aus dem Kriegsgebiet und durch ein nun feindliches Land wie Polen? Gab es überhaupt einen Weg zurück?

Es war eine traurige Frage, die Marlene nicht beantworten konnte. Tausende Frauen hatten sich – meist wegen der anfangs guten Bezahlung, häufig aus Überzeugung oder aus Flucht vor einer tristen Realität – den Truppen angeschlossen. Ihr Einsatz wurde zunächst vom Bund Deutscher Frauenvereine koordiniert; im Generalkommando gab es bis vor zwei Jahren niemanden, der sich für die dringend benötigten Etappenhelferinnen einsetzte. Erst sehr spät hatte man Positionen im Kriegsamt geschaffen, die mit weiblichen Verwaltungsangestellten besetzt wurden. Es ist, als würde man mit dem Kopf gegen eine Wand rennen, sinnierte Marlene. Kein Mensch kümmert sich ausreichend um die Frauen, obwohl sie ebenso schwere Arbeit verrichten wie die Männer. Ihre Entschlossenheit wuchs, als aktives Mitglied einer Partei für mehr Gerechtigkeit zu sorgen.

Sie griff nach einem Bleistift und notierte am Rand des Briefes, dass die Sekretärin der Frau antworten und versprechen sollte, Marlene werde sich erkundigen. Sie wusste gerade nicht einmal genau, wo – auch an der Heimatfront herrschte Chaos –, aber sie wollte zumindest Hoffnung vermitteln. An die Offiziere brauchte sie sich nicht zu wenden, die hatten ihre Arbeit von Anfang an boykottiert, obwohl die Armee auf die Etappenhelferinnen ebenso angewiesen war wie die Fabriken auf weibliche Arbeitskräfte, die die Männer im Feld ersetzten. Im besten Falle hatten sie die Mitarbeiterinnen im Kriegsamt noch für höhere Töchter auf einer Wohltätigkeitsveranstaltung gehalten. Nie würde Marlene die Nachricht an ihren Vater vergessen: «Wie sollen wir mit Ihrem Fräulein Tochter verkehren? Wie möchte die Dame behandelt werden?» Er hatte ihr den Wisch gezeigt und sie war zornig in das Ministerium in der Leipziger Straße gefahren. Mit ihrem impulsiven Wutausbruch hätte sie beinahe ihre Reputation riskiert, eine angenehme Zusammenarbeit hatte sie daraufhin ganz abschreiben können. Das würde ihr nicht wieder passieren.

♦

Das Geräusch des sich im Schloss drehenden Schlüssels schreckte sie auf. Marlene hatte nicht die geringste Ahnung, wie lange sie schon gedankenverloren auf die Post starrte. Als sie aufsah, bemerkte sie vor ihrem Fenster die grauen Streifen des angebrochenen Morgens. Es war sicher bald acht Uhr. Der offizielle Arbeitstag brach an.

Die Tür zu ihrem Zimmer stand offen, sodass Marlene die vertraute Stimme des Bürovorstehers wahrnahm, als dieser durch das Eingangsportal in den Flur trat und klagte: «In meinem Bezirk wurde die ganze Nacht hindurch geschossen. Zustände sind das, Herr Rechtsanwalt, Zustände!»

«Ich bin sicher, die Lage beruhigt sich, sobald wieder eine gut organisierte Schutzmacht eingesetzt wird», erwiderte die Stimme von Max Emden. Er klang besonnen wie immer, als könne ihm die Situation nur wenig anhaben. «Machen Sie sich keine Sorgen, Herr Lohmann.»

Die Dielen knarrten unter den Füßen der Männer, während der eine in Richtung des Sekretariats, der andere zu seinem Arbeitszimmer schritt. Doch offenbar trieb die Lage auf den Straßen Heinrich Lohmann, den langjährigen administrativen Kanzleichef, erheblich um. Er blieb im Flur stehen und sagte: «Es heißt, dass sich die Jugendwehr noch immer in den Häusern verschanzt und sich ziemlich viel bewaffnetes Gesindel herumtreibt.»

«Das wird sich bessern», versicherte Max Emden noch einmal. «Viel bedrohlicher finde ich, dass die Spartakisten so ruhig bleiben. Die lauern auf einen Putsch. Aber den will außer ein paar Hitzköpfen niemand – und deshalb wird sich letzten Endes auch diese Gefahr auflösen.»

Max hatte für Marlene etwas von einem Prediger, der an das Gute glaubte und damit eine Sicherheit vermittelte, die wie ein Schutzschild wirkte. Sie erhob sich von ihrem Stuhl, strich in einer fahrigen Bewegung ihren Rock glatt und stellte sich in ihre Zimmertür.

Der Bürovorsteher und der Kanzleipartner standen im Flur und schienen nicht daran zu denken, dass außer ihnen noch jemand anderes zur Arbeit gekommen sein könnte. Auch als sich Max höflich nach dem Verbleib von Lohmanns Sohn an der Westfront erkundigte, bemerkte sie noch keiner der Männer, sodass ihr die Zeit blieb, ihren alten Freund still zu betrachten.

Sie sah Max Emden gerne an. Das war schon immer so gewesen, seit sie ihm zum ersten Mal im Juni vor zwanzig Jahren begegnet war. Heute war er dreiundvierzig und fiel nach wie vor durch seine Persönlichkeit ebenso auf wie durch sein attraktives Äußeres. Er war schon immer ein Mädchenschwarm gewesen – Marlene erinnerte sich noch gut an seine vielen Verehrerinnen in jüngeren Jahren; sie selbst war gegen seinen Charme nicht immun, seine Freundschaft war ihr jedoch stets wichtiger gewesen als eine flüchtige Liebelei. Max war so mager wie jeder, der die Not der letzten Kriegsjahre durchlitten hatte, doch die Falten an seinen Mundwinkeln standen ihm erstaunlich gut. Seine blauen Augen besaßen einen sanften Glanz und bildeten einen Kontrast zu seinem strengen Schnauzbart und dem penibel gescheitelten, dunkelbraunen Haar. Stets war er so formvollendet gekleidet, als liefe er Werbung für das Konfektionshaus seiner Familie, selbst in der Zeit des Mangels wirkte der schwarze Mantel, den er noch nicht abgelegt hatte, wie frisch von der Kleiderstange.

«Die Nachrichten von der Westfront sind verwirrend», erklärte Heinrich Lohmann bedrückt. «Von meinem Sohn haben wir schon lange keinen Brief mehr bekommen, meine Frau ist deshalb ganz außer sich. Wir müssen uns auf Hörensagen verlassen. Manche Leute sehen die Situation sehr pessimistisch und behaupten, die Demobilisierung vollziehe sich in höchster Unordnung. Aber General von Hindenburg wird unsere Soldaten wohlbehalten nach Hause bringen, nicht wahr?»

Bevor Max zu einer Antwort ansetzen konnte, die nur beschwichtigen und keine Wunden heilen würde, trat Marlene vor und wünschte freundlich: «Guten Morgen, Herr Lohmann.»

«Guten Morgen, Fräulein Doktor.»

Sie lächelte den Partner ihres Vaters an: «Max, kann ich dich kurz sprechen, bitte?»

«Selbstverständlich ... Ihrem Sohn alles Gute, Herr Lohmann.» Mit einer weit ausholenden Geste lud Max Marlene in sein Zimmer ein. «Komm bitte herein.» Dann ließ er ihr den Vortritt und fügte, als er die Tür schloss, hinzu: «Ich nehme an, es geht um den Anruf deines Herrn Vaters letzte Nacht.»

Marlene wartete, bis er sich seines Mantels entledigt und ihn in den Spind gehängt hatte, der sich in einem Teil der langen Schrankwand aus Mahagoni befand, die sich über die Seite an der Tür erstreckte. Der Rest des Raumes war mit einem Holz in ähnlicher rotbrauner Farbe vertäfelt, vor dem Fenster stand der Schreibtisch, ein altes englisches Modell, das Max, ebenso wie die Chesterfield-Sessel, nicht einmal im Krieg gegen Eiche und Gobelin ausgetauscht hatte. Endlich fragte sie: «Was hältst du von der neuen Partei?»

«Bitte ...» Er schob ihr die für Besucher bestimmte Sitzgelegenheit zurecht. Während sie Platz nahm und er sich auf der Schreibtischkante neben sie hockte, sagte er: «Dein Vater setzt in diesem Zusammenhang große Hoffnungen in dich.»

«Tatsächlich?» Marlene war ehrlich überrascht. Das hatte in der vergangenen Nacht ganz anders geklungen.

«Er hat es mir gesagt.»

«Ich wünschte, er hätte es *mir* gesagt.» Sie seufzte.

«Ach, Marlene, du weißt doch, wie er ist. Er vermeidet jedes Risiko und will sichergehen, dass du tust, was *du* wirklich willst. Nur deine eigene Initiative spornt dich an. Oder ziehst du eine Rolle in der Politik etwa nicht in Betracht?»

Unwillkürlich lächelte sie. «Kennst du mich wirklich so gut?»

«Du hast mir gegenüber einmal erwähnt, dass du die Mitgliedschaft in einer Partei für die einzige Möglichkeit hältst, Dinge zu verändern. Das ist lange her, anscheinend hast du niemals die richtige Partei für deine Ambitionen gefunden. Jetzt aber scheint deine Stunde gekommen...», er unterbrach sich, beugte sich vor und sah ihr direkt in die Augen. Es war ein eindringlicher, beunruhigend tiefer Blick. «Und meine auch.»

«Willst du dich auch aktiv in die Partei einbringen?»

«Vielleicht.» Er zögerte kurz, einen Atemzug später fuhr er mit fester Stimme fort: «Eigentlich meinte ich, dass für mich nun der Zeitpunkt gekommen ist, an dem ich nicht mehr auf dich warten möchte.»

Es dauerte, bis Marlene begriff, dass sie sich nicht verhört hatte. Zu ihrem Unmut schnappte sie wie ein Backfisch nach Luft, ihr wurde plötzlich heiß und sie spürte, wie ihre Wangen erröteten. Es war allerdings keine Freude über die Annäherung, sondern Empörung. Max versetzte sie mit seiner überraschenden Offenheit, überdies zu einem völlig falschen Zeitpunkt, in eine unmögliche Situation. Nie zuvor war er so persönlich geworden. Wozu auch? Sie waren als Freunde eng verbunden, nicht als Liebespaar.

«Das ist nicht witzig», stieß sie hervor.

Seufzend richtete er sich auf, als wolle er wieder mehr Abstand zwischen sich und Marlene bringen. «Die neuen Zeiten erfordern neue Maßnahmen. Warum nicht auch auf privater Ebene?»

Sie konnte nicht glauben, was sie hörte.

«Max, was ist los mit dir? Bist du betrunken?»

«Nein.» Er schüttelte den Kopf, mit einem Mal wirkte er traurig. «Nein. Nichts läge mir ferner. Es war nur ein Versuch ... Entschuldige. Es war wohl der misslungene Versuch, Humor zu beweisen. Die Aussicht auf eine liberale, soziale und freiheitliche Republik macht mich übermütig. Vergiss bitte, was ich gesagt habe.» Er erhob sich und trat vor das Fenster, hinter dem durch die kahlen Äste der Straßenbäume die Fassade der Hotel-Pension am Steinplatz zu sehen war.

Marlene betrachtete Max' Rücken, seine gerade Haltung und wünschte, sein Übermut hätte sich auf die schlechten politischen Witze beschränkt, die zurzeit die Runde machten. Zum ersten Mal stellte sie sich die schockierende Frage, ob er im Laufe der Jahre tiefere Gefühle für sie entwickelt haben könnte. Wenn dem so war – wie kam er dazu, sich nach der langen Zeit zu offenbaren? Seine deutliche Verehrung kam zu spät und wirkte daher nur peinlich – vor allem in der aktuellen Situation. Für eine erfolgreiche Politikerin war ein Gatte, wenn wohl nicht verboten, so doch vor allem Ballast. Aber vielleicht hatte er wirklich nur einen schlechten Scherz machen wollen. Um auf eine sachliche Ebene zurückzufinden, hob Marlene an: «Mich interessiert deine unvoreingenommene Meinung zu dem Vorhaben von Herrn Wolff.»

«Überstürze nichts», murmelte Max und es war nicht ganz klar, was er meinte, bevor er nach einer Pause und ohne sich umzudrehen hinzufügte: «Willst du Herrn Wolff nicht erst einmal reden lassen, anstatt – wie immer – alle Antworten vorzuformulieren?»

«Ich bin eine Frau, ich kann es mir nicht erlauben, auf die Erklärungen eines Mannes zu warten. Ich muss vorbereitet sein. Wenn ich nicht so schnell denken könnte und alle Eventualitäten im Blick behielte, wäre ich nicht so weit gekommen.»

Endlich drehte er sich zu ihr um. Da er im Gegenlicht stand, lag sein Gesicht im Schatten und sie konnte nicht in seinen Zügen lesen, als er erwiderte: «Manchmal scheine ich zu vergessen, dass du in deinem Herzen ausschließlich Juristin bist. Und eine Kämpferin. Da gibt es keinen Platz für anderes, nicht wahr?»

«Sei nicht albern ...»

«Also», unterbrach er sie steif, «sag mir, wie stehst du zu der Parteigründung?»

«Es ist eine gute Taktik von dir, eine Frage erst einmal mit einer Gegenfrage zu beantworten.»

«Auf diese Weise muss man sich nicht festlegen.» In seiner Stimme schwang Belustigung. «Du bist wirklich gut, Marlene. Es vergeht kaum ein Tag, an dem ich dich nicht bewundere. Ich meine deine Fähigkeiten, Fräulein Doktor, nichts sonst.»

«Danke.» Spontan stand sie auf, umrundete den Schreibtisch und trat neben ihn. «Dein Kompliment ehrt mich.»

Bevor er etwas antworten konnte, klopfte jemand an.

Auf Max' «Ja, bitte» erschien Heinrich Lohmann im Türspalt. «Für Fräulein Doktor von Runstedt ist ein Herr da. Aber ich weiß nicht, ob es gerade gelegen ...»

Der Bürovorsteher wurde von einer selbstbewussten

Männerstimme unterbrochen: «Ich bin sicher, Fräulein Doktor von Runstedt hat Zeit für mich.» Im nächsten Moment schwang die Tür ganz auf. Der Besucher drängte sich an Lohmann vorbei und stand nach zwei Schritten mitten im Zimmer.

«Verzeihung...», murmelte Lohmann indigniert.

Marlene starrte den Eindringling fassungslos an. «Justus?!» Es war Frage, Feststellung und überraschter Ausruf zugleich.

«Guten Tag, Marlene.» Er verneigte sich höflich. Zuerst vor ihr, dann vor dem Mann an ihrer Seite. «Guten Tag, Herr Emden.»

Natürlich fiel ihr sofort auf, dass Justus keine Uniform trug. Dann wurde ihr bewusst, wie dicht sie neben Max stand. Ihr Besucher könnte daraus die falschen Schlüsse ziehen. Aber es sollte ihr gleichgültig sein, was Justus dachte. Er kam regelmäßig in ihr Leben geschneit und ebenso regelmäßig verschwand er daraus. Nun war er eben wieder einmal da. Dass sie an den wechselvollen Begegnungen nicht unschuldig war, ignorierte sie. Sprachlos starrte sie den Eindringling an.

Max legte besitzergreifend den Arm um Marlenes Schultern – sie schüttelte ihn sofort ab.

«Guten Tag», grüßte er steif. «Was können wir für Sie tun?» Mit seinem *wir* brachte er eine Option ins Spiel, die die Luft seltsam vibrieren ließ.

Es ist gleichgültig, redete sich Marlene stumm ein. Es ist vollkommen einerlei, was Justus will. Dennoch schlug ihr Herz schneller, ihr Atem wurde flacher und sie kam nicht umhin, sich zumindest darüber zu freuen, dass er den Krieg überlebt hatte.

Er schlug die Hacken zusammen als wäre er noch im

Dienste Seiner Majestät. «Ich melde mich zurück.» Diese Bemerkung war nach ihrem letzten Treffen zweideutig.

Marlene sah ihn an und musste sich zwingen, Haltung zu bewahren. Ihre Begegnungen mit diesem Mann hatten in der Vergangenheit immer wieder dazu geführt, dass sie die Contenance verlor und Grenzen überschritt. Ihre Beziehung war voller Widersprüche. Aber so war es immer gewesen, schon seit ihrer ersten Begegnung.

JUNI 1898

3

«Blöde Kuh!», zischte Marlene.

Ihre Wut richtete sich gegen Caroline von Ostwald, die sich über die ungeschickte Aussprache einer ihrer Mitschülerinnen lustig machte.

Sonja Grawitz hatte La Fontaines Fabel mit dem harten Akzent der Berliner Unterschicht vorgelesen, von der vornehmen Diplomatensprache, die den Schülerinnen der Königin-Luise-Stiftung beigebracht werden sollte, war ihr Französisch weit entfernt. Allerdings war Sonja nicht das einzige Mädchen in der Klasse, das den noblen Ton nicht beherrschte: Das angesehene Seminar zeichnete sich dadurch aus, dass hier Töchter aus Familien des Adels und des Bürgertums Seite an Seite mit Arbeiterkindern ausgebildet wurden. Während die meisten jungen Damen durch den modernen Unterricht ihren Horizont zu erweitern versuchten, nutzte Caroline von Ostwald das unkonventionelle Klassengefüge, um die eigene noble Person bei jeder sich bietenden Gelegenheit in Szene zu setzen. Sonjas Fehler boten ihr dafür eine ausgezeichnete Gelegenheit.

«Mademoiselle Conchard ...!» Caroline hob den Finger, wartete jedoch nicht ab, dass sie von der Lehrerin aufgerufen wurde, sondern sprang von ihrem Platz auf und rief enthusiastisch aus: «Darf ich den Text vorlesen? Ich liebe die französische Sprache so sehr! Die Worte La Fontaines berühren mich zutiefst.»

Die Französischlehrerin lächelte Caroline an, offensichtlich angetan von der theatralisch vorgetäuschten Begeisterung ihrer Lieblingsschülerin. «Bitte, Mademoiselle Caroline, fahren Sie fort.»

«Aber Sonja hat noch nicht zu Ende ...», hob Marlene an, wurde jedoch von dem Knall des Rohrstocks in Mademoiselle Conchards Hand unterbrochen. Die Lehrerin ließ das Utensil, mit dem sie für gewöhnlich auf die Tafel zeigte, auf ihr Pult niedersausen. «Ihre Einwände sind ebenso inakzeptabel wie Ihr aufmüpfiges Benehmen, Marlène. Ich möchte, dass Sie das Klassenzimmer verlassen und vor der Tür warten. *Tout de suite.*»

«Oh, Marlene ...», flüsterte Sonja betroffen.

«Glücklicherweise brauche ich mir nun nichts mehr von der da anzuhören», wisperte Marlene mit einem Seitenblick auf Caroline. Sie schob sich aus der Schulbank, knickste höflich vor ihrer Lehrerin und ging zur Tür. Dort wandte sie sich kurz um – und fing den hämischen Ausdruck in Carolines Gesicht auf. Die streckte ihr hinter Mademoiselle Conchards Rücken die Zunge heraus.

Gesindel, fuhr es Marlene durch den Kopf.

Die anderen Mädchen tuschelten. Es herrschte Unruhe unter ihren Klassenkameradinnen, die sich anscheinend gerade in zwei Lager teilten.

Hoch erhobenen Hauptes verließ Marlene den Unterrichtsraum. Leider fiel ihr die Tür aus der Hand und etwas zu heftig ins Schloss. Wie bedauerlich! Aber dummerweise nicht zu ändern. Einen Atemzug später dachte sie, dass sie wohl zu weit gegangen war.

Seufzend lehnte sich Marlene gegen die Wand. Auf dem Flur herrschte diese besondere Stille, die es nur während der Unterrichtsstunden gab, aus einem entfernten Raum wehte ein gemeinschaftlicher Gesang, aber außer Marlene schien nirgendwo eine Schülerin nach draußen geschickt worden zu sein. Offenbar gab es unter den Absolventinnen der Königin-Luise-Stiftung keinen zweiten Hitzkopf wie sie.

Die Schule war eine private Einrichtung, die den Mädchen eine ähnliche weiterführende Bildung ermöglichen sollte wie den Primanern an den Gymnasien, obwohl das Abitur den Jungen vorbehalten war. Ein vergleichbarer Abschluss war für die Schülerinnen im Deutschen Reich nicht vorgesehen, schließlich durften sie hierzulande ja auch nicht studieren. Marlene träumte allerdings davon, nach entsprechenden privaten Prüfungen an eine Universität im Ausland zu gehen, wo Frauen die akademische Ausbildung erlaubt war. Sie musste ihre Schulzeit nur mit guten Noten in den üblichen Fächern – und im Betragen – zu Ende bringen. An ihrer Intelligenz scheiterte es nicht, wohl aber zuweilen an ihrer Impulsivität.

Schritte ließen sie aufhorchen. Von der Treppe näherte sich jemand. Unwillkürlich stellte sie sich gerade, reckte das Kinn. Sie wollte nicht auch noch von einer Lehrkraft getadelt werden, weil sie herumlümmelte.

Zu ihrer größten Überraschung erschien ein junger Mann

auf der Bildfläche. Er war kaum älter als sie, hoch aufgeschossen und attraktiv, das kurz geschnittene Haar unter der Mütze dunkelblond. Er trug die dunkelblaue Ausgehuniform eines Zöglings der Preußischen Hauptkadettenanstalt, was ihn als Adeligen auswies; Marlene erkannte Montur und Schulterklappen nur, weil der ältere ihrer kleinen Brüder sie neulich erst darauf aufmerksam gemacht hatte.

Der Selektaner sah sich kurz um, schien sie zu entdecken und marschierte dann direkt auf sie zu. «Guten Tag», grüßte er schon von weitem und schenkte ihr ein gewinnendes Lächeln.

Sie nickte stumm.

«Warten Sie auch auf das Ende der Schulstunde?»

Zur Zustimmung senkte sie die Lider. Damit musste der Höflichkeit Genüge getan sein. Sie wollte keine Konversation mit dem Fremden betreiben.

«Na so was», fragte der Kadett prompt, «wurden Sie etwa vor die Tür geschickt anstatt in die Ecke gestellt?»

So viel Dreistigkeit konnte sie nun doch nicht unbeachtet lassen. «Das geht Sie nichts an. Und was tun Sie hier überhaupt? Das ist eine Mädchenschule, Herren haben keinen Zutritt.»

«Ich weiß.»

«Also?»

«Ich bin zur Abholung einer jungen Dame abkommandiert worden. Anscheinend bin ich zu früh gekommen.»

Marlene schnappte nach Luft. «Sie können nicht vor dem Klassenzimmer warten. Wenn es sich um eine Privatangelegenheit handelt – warum sind Sie nicht vor dem Schultor geblieben?» Nicht nur, dass es den Schülerinnen verboten war, ohne Einwilligung der Direktion private Besucher im Gebäude des Instituts zu empfangen; es gehörte sich erst recht nicht, einen Verehrer hierherzuzitieren.

In gespielter Hilflosigkeit hob er die Arme und ließ sie wieder fallen. «Sie haben recht, mein Fräulein. Aber wenn ich doch nun schon einmal da bin, wollen Sie gewiss nicht so kaltherzig sein und mich auf die Straße zurückschicken. Fräulein von Ostwald freut sich...»

«Sie sind wegen Caroline von Ostwald hier?» Marlene staunte nicht schlecht.

«Ja. Sie ist...»

«Also, mit so einem Mädchen sollten Sie sich besser nicht befreunden», unterbrach sie den jungen Mann. Sie wusste selbst nicht, welcher Teufel sie ritt, derart persönlich zu werden, doch einmal in Fahrt, fuhr sie fort: «Caroline hat überhaupt kein Benehmen. Dass sie Sie vor das Klassenzimmer bestellt, ist schon typisch. Und an Herzenswärme fehlt es ihr auch. Das ist kein Umgang für ... für ...»

«Ja?» fragte er interessiert nach.

...für einen seriösen Absolventen der Kadettenanstalt, hatte sie sagen wollen. Doch dann waren ihr die eigenen Worte zu altklug erschienen und sie hatte sie heruntergeschluckt. Während sie nach einer nonchalanteren Antwort suchte, begann die Schulglocke das Ende des Unterrichts zu verkünden, schrill und ohrenbetäubend. Einen Moment später füllte sich der Flur mit schwatzenden, kichernden Mädchen, die ihrerseits für reichlich Lärm sorgten.

Die Tür neben Marlene schwang auf und die Schülerinnen der Abschlussklasse drängten aus dem Französischunterricht. Der fremde junge Mann wurde mit neugierigen, erstaunten und interessierten Augen betrachtet, es wurde gekichert und geflüstert, doch für die meisten Mädchen schien der Nachhauseweg eine größere Anziehungskraft zu besitzen als der Kavalier. Zwangsläufig drängte die Schar ihrer Mitschülerinnen Marlene in den Hintergrund.

Sie war dankbar dafür. Immerhin war sie dabei gewesen, sich um Kopf und Kragen zu reden. Was ging es sie an, wer Caroline von Ostwald den Hof machte? Wenn Marlene es recht bedachte, passten Caroline und dieser Kadett mit den überheblichen, unverschämten Manieren gut zusammen. Nur dass seine bernsteinbraunen Augen mit den goldenen Sprenkeln deutlich offener geblickt hatten und sein Humor nicht so aufgesetzt gewesen war. Wie, um alles in der Welt, hatte Caroline, die nicht einmal besonders hübsch war, es geschafft, einen solchen Verehrer für sich einzunehmen? Nun, es ging sie wirklich nichts an.

Ohne einen Blick zurückzuwerfen, schob sich Marlene an den anderen vorbei in das Klassenzimmer. Mademoiselle Conchard wartete bereits mit einem weiteren Donnerwetter.

4

Sonja Grawitz stand vor dem Schulgebäude. Sie war eine zierliche Person mit dem schönen Gesicht einer Renaissance-Madonna, das sie sanft und schutzbedürftig wirken ließ. Ein Eindruck, den der Mittelscheitel und die streng zu einem Zopf zusammengebundenen schwarzen Haare verstärkten. Sie trug einen kleinen Hut aus dunkelblauem Filz und dazu eine Marinebluse und einen dunkelblauen Rock. Die Garderobe war Marlene wohlbekannt, weil sie von ihr abgelegt und von Sonjas Mutter umgearbeitet worden war. Trotz des erheblichen Standesunterschieds waren sie Freundinnen geworden.

«War's sehr schlimm?», erkundigte sich Sonja mitfühlend bei der endlich von Mademoiselle Conchard entlassenen Marlene.

«La parole est d'argent, le silence est d'or ...» Marlenes französische Aussprache war nahezu perfekt. Unverzüglich schob sie die Übersetzung hinterher: «Reden ist Silber, Schweigen ist Gold ...» Sie stöhnte gequält auf. «An diesem doofen Spruch erkennt man, dass Mademoiselle nichts wirklich Sinnvolles einfiel, womit sie mich hätte tadeln können. Es war halb so wild.»

«Es tut mir leid, weil ick schuld ...»

Rasch hakte sich Marlene bei Sonja unter. «I wo! Du kannst nichts dafür.»

«Das Französische ist nichts für unsereiner. Weißt du – ick red nich' so jerne so jeschwollen.» Betrübt senkte Sonja den Kopf. Wie immer, wenn sie sich aufregte, wurde ihr Berliner Dialekt noch breiter.

Einige Schritte spazierten die beiden Freundinnen still nebeneinander an der klassizistischen Fassade des Prinzessinnenpalais entlang. Ihre Schule lag an der Markgrafenstraße im Schatten des königlichen Hauses und es war ein schöner Weg daran vorbei, zur Haltestelle für die elektrische Straßenbahn und den Pferdebus. Vor ihnen erstreckte sich im hellen Sommersonnenschein der fast quadratische Opernplatz, der sich zu dem Boulevard Unter den Linden und dem mächtigen

Gebäude der Friedrich-Wilhelm-Universität öffnete. Eine Gruppe Soldaten patrouillierte in einiger Entfernung, zwei Damen in hellen Kleidern und mit ausladenden Hüten strebten dem Seiteneingang der Oper entgegen, bewundert von einem Herrn, der in der Nähe stand und die Zeitung, in der er gelesen hatte, angesichts der geballten Weiblichkeit sinken ließ.

«Wenn ick erst Schauspielerin bin, jelingt mir det Französische bestimmt och so jut wie dich.»

«Was?» Verblüfft blieb Marlene stehen. Sie ließ die Freundin los, sah sie ratlos an. «Ich verstehe nicht...»

«Zur Ausbildung einer Schauspielerin jehört, ausdrucksvoll sprechen zu lernen», erwiderte Sonja. «Ick hab ein Inserat jesehen: Da stand, det in Theatern Kurse anjeboten werden, wo det Rüstzeuch für die Bühne jelehrt wird. Am Ende is' man denn dann Schauspielerin.»

«Tatsächlich?»

«Ja. So stand et schwarz uff weiß in der Zeitung. Det mach ick und dann werde ick so berühmt wie Anna Schramm...»

«Meine Güte, willst du die komische Alte spielen?»

Sonjas zartes Madonnengesicht erhellte sich in einem strahlenden Lächeln. «Dann werde ick eben so berühmt wie Ada Milani.»

«Aber warum ist es dir denn so wichtig, berühmt zu sein? Eine ordentliche Sprachausbildung bekommst du sicher auch anderswo, dafür musst du nicht erst Schauspielunterricht nehmen.» Marlene runzelte die Stirn. Sie kniff die Augen zusammen, was weniger am Sonnenlicht als an ihrem Unverständnis lag. «Warum willst du nicht lieber Lehrerin werden? In diesem Beruf kannst du viel erreichen.»

«Ick kann niemandem Sprachen und Rechnen beibringen. Daran scheitere ick doch selbst. Wenn ick meiner Mutter nicht den Jefallen tun wollte, den Platz in der Schule zu besetzen, und du mich nich' helfen würdest, könnt ick die Hoffnung auf den Abschluss bejraben.»

«Aber...», widersprach Marlene.

«Ick möchte einmal viel Jeld verdienen», unterbrach Sonja. «Ick will nie wieder arm sein, verstehst du? Und ick will mich auch nich' die Hände und die Augen kaputt arbeiten wie meine Mama, für die paar Piepen. Unsereins hat's nich' so dicke...»

«Genau deshalb müssen die Arbeitsbedingungen für Frauen verbessert werden!»

«Ach, du träumst ja», gab Sonja ungewöhnlich heftig zurück. «Wer interessiert sich denn dafür? Die Industriebarone vielleicht? Du hast ja ke'ne Ahnung, wie es ist, im dritten Hinterhaus zu leben! Aber we'ßte, wenn ick am Theater bin, verdien ick nicht nur besser, ick werde auch jede Menge Verehrer haben, die teure Jeschenke machen, wenn schon nicht 'nen ordentlichen Heiratsantrag...»

«Es tut mir leid, Sonnilein», Marlene legte ihre Hand begütigend auf den Arm der Freundin, «aber ich habe noch nie gehört, dass ein wohlhabender Mann eine Schauspielerin geheiratet hätte.»

«Na, und?! Eine Lehrerin muss sogar von Rechts wegen ledig bleiben und kriegt nich' mal Jeschenke. Ick steh sowieso lieber uff der Bühne, statt mich mit den Bälgern rumzuärjern. Und am Ende hab ick die Juwelen.»

«Aha.» Verwirrt ging Marlene an Sonjas Seite weiter. Sie wusste nicht, was sie mehr schockierte – die lockere Art, mit der ihre Freundin eine bürgerliche Ehe abtat, oder ihre Hoffnung auf großzügige Geschenke von fremden Herren. Beides gehörte sich nicht. Allerdings plante ja auch sie keine bürgerliche Zukunft. «Ich möchte studieren!», brach es schließlich aus ihr heraus.

«Det tuste doch jeden Tach», gab Sonja zurück. «Deshalb wirste ja Lehrerin.»

«Nein, Sonja, nein. Ich will keine Lehrerin werden. Das Lehrerinnenseminar besuche ich nur, weil es für uns Mädchen die einzige Möglichkeit ist, einen weiterführenden Schulabschluss zu erlangen. Wenn ich noch ein paar zusätzliche private Gymnasialkurse ablege, sind die Prüfungen vergleichbar mit dem Abitur. Und wenn meine Noten gut genug sind, kann ich danach eine Universität besuchen.»

Diesmal blieb Sonja erschrocken stehen. «Aber det darfste doch jar nicht!»

«Na ja, mit der Erlaubnis des jeweiligen Professors darf sich eine Frau als Gasthörerin einschreiben.» Marlenes Blicke wanderten sehnsüchtig über die breite Prachtstraße zum Gebäude der Universität, dann sah sie wieder zu der Freundin. «Und die Eidgenössische Technische Hochschule – das ist die Universität in Zürich – ist für Studentinnen geöffnet.»

«Du willst zu den Eidjenossen jehen?»

«Warum nicht?»

«Bist du dort nicht janz alle'ne auf dir jestellt? Zürich ist ziemlich weit weg von hier, glob ick.»

«Würdest du mich besuchen kommen?», wollte Marlene lächelnd wissen.

Sonja zuckte die Achseln. «Natürlich. Wahrscheinlich. Was kostet der Spaß denn? Ick meine, wenn es irgendwie jeht, besuche ick dir. Aber willst du nich' erst mal darüber nachdenken, wat du willst mit der Studiererei?»

«Ich glaube nicht, dass ich mich in den paar Monaten anders entscheiden werde. Bist du dir deiner Pläne denn nicht auch schon sicher?»

«Ehrlich jesagt: Ick weiß et nicht. Schauspielerin wäre jut, finde ick. Auch wenn's erst mal schwer is'.» Sonja erwiderte ihr Lächeln. «Was willste eigentlich studieren? Du bist so jut in Literatur und Fremdsprachen. Möchtest du Schriftstellerin werden?»

«Rechtswissenschaften. Vielleicht kann ich in einer Behörde arbeiten. Oder für meinen Vater. Ich möchte irgendetwas tun, mit dem ich das Leben von uns Frauen erleichtern kann. Mein Vater arbeitet mit anderen Juristen an einem neuen Gesetzbuch und ich habe ihn zu meiner Mutter sagen hören, dass dann auch Frauen die volle Geschäftsfähigkeit erlangen sollen...»

«Die – wat?»

«Frauen sind dann ebenso mündige Bürger wie Männer.»

Erstaunt riss Sonja ihre Augen auf.

«Du würdest auch viel mehr schaffen, wenn du dir mehr zutraust. Ich glaube, Mädchen sollten überhaupt mehr wagen.»

«Ach, was du wieder fabulierst», murmelte Sonja. Sie schien erleichtert, als sie einen Zweispänner bemerkte, der sich der Haltestelle näherte. «Da kommt mein Omnibus. Ick muss rennen...» Sprach's und setzte sich auch schon in Bewegung. Im Laufen drehte sie sich um, winkte und rief: «Bis morjen!» Dann verschwand sie im Gedränge der wartenden Passanten.

Nachdenklich setzte Marlene ihren Weg fort. Sie musste noch ein wenig auf die Elektrische warten. Mit ihren Eltern und Brüdern wohnte sie in der wohlhabenden Großstadt Charlottenburg direkt an der Stadtgrenze zu Berlin, während Sonja mit ihrer Mutter praktisch entgegengesetzt in einer Mietskaserne am Prenzlauer Berg lebte, einem Arbeiterviertel hinter dem nordöstlichen Stadtrand. Ihre Häuser lagen so weit auseinander wie ihre Herkunft und ihre Zukunftspläne. Zwei verschiedene Welten.

5

Zu Marlenes Welt gehörten die regelmäßigen Diner-Einladungen ihres Vaters. Gleichgültig, ob noble Gäste, Mandanten, Anwaltskollegen oder die besten Studenten von Professor von Runstedt erwartet wurden, die Dame des Hauses überprüfte die Gedecke jedes Mal mit einer Ernsthaftigkeit, als würde sie ein Mitglied des Hofstaats erwarten. Für gewöhnlich assistierte Marlene ihrer Mutter, schritt mit ihr den langen Esstisch ab, beobachtete, wie Josephine von Runstedt das Besteck millimetergenau ausrichtete, die Gläser einzeln anhob und gegen das Licht hielt, um zu überprüfen, dass nach dem Abwaschen keine Schlieren zurückgeblieben waren. Es war immer dasselbe Ritual, bei dem Marlene die Aufgabe zustand, die Tischkarten nach Anweisung auf die Plätze zu verteilen.

Josephine von Runstedt blieb am Kopfende stehen und

betrachtete zufrieden ihr Werk. Sie war eine attraktive Frau mit von grauen Strähnen durchzogenem blondem Haar, ein wenig zur Fülligkeit neigend, was jedoch durch ihre hochgewachsene Gestalt und die in dunklen Farbtönen gehaltene, geschmackvolle Garderobe nicht auffiel. «Hatte ich schon erwähnt, dass du heute mit uns speisen wirst?», fragte sie beiläufig.

Marlene schüttelte überrascht den Kopf. Bislang hatte sie nie an den offiziellen Abendessen teilgenommen – und ihre Brüder erst recht nicht. Robert und Ferdinand waren jünger als sie und es gehörte sich nicht, Kinder mit einzubeziehen. Außerdem durften die beiden noch nicht so lange aufbleiben, weshalb die Gouvernante sie am späten Nachmittag schon in der Küche versorgte und dann ins Bett schickte. Manchmal wurde Marlene den Besuchern vorgestellt, aber danach entlassen. Häufig war ihre Mutter die einzige Frau in der Gesellschaft, da die honorigen Herren ihre Gattinnen – sofern vorhanden – zu Hause ließen.

«Heute Abend sind auch die Ehefrauen zugegen, und da dein Vater nur einen einzigen seiner Studenten, den jahrgangsbesten, eingeladen hat, brauchen wir eine junge Tischdame. Du hältst die Tischkarten doch in deiner Hand – hast du denn deinen Namen noch nicht gesehen?»

Verlegen betrachtete Marlene den kleinen Stapel zwischen ihren Fingern. Da sie nicht auf die Gästeliste geachtet hatte, war ihr das wesentlichste Detail entgangen. «Sag mir bitte, wer neben mir sitzen wird. Papa will sicher, dass ich einen guten Eindruck hinterlasse und die passenden Gesprächsthemen anschneide. Darauf muss ich mich vorbereiten.»

«Meine Perfektionistin.» Ihre Mutter lächelte ihr aufmunternd zu. «Sei einfach, wie du bist. Ich vertraue auf meine Erziehung und auf deine Eingebung. Du bist jetzt eine junge Dame, Marlene, und weißt, wie man sich in Gesellschaft benimmt.»

«Ja, Mama.»

Josephine lächelte. «Sehr schön. Dann haben wir das geklärt.» Sie wandte sich ab, drehte sich jedoch noch einmal um, als sei ihr plötzlich etwas eingefallen. «Der junge Mann heißt Max Emden. Ich kenne ihn noch nicht, aber er soll sehr intelligent, nett und von vorzüglicher Erscheinung sein. Dein Vater schätzt ihn sehr. Ich würde vorschlagen, du setzt ihn hier in die Mitte. Und dich rechts daneben. Auf deiner anderen Seite platzieren wir ...» Die anscheinend auswendig gelernte Gästeliste auf die Gedecke übertragend, wanderte die Hausherrin wieder die Tafel ab und wies Marlene dabei an, die Tischkarten in die jeweiligen kleinen Silberfiguren zu stecken.

Während Marlene den Anweisungen folgte, dachte sie, dass es vermutlich ein äußerst langweiliger Abend werden würde. Ein Streber verlangte zweifellos, dass sie den Mund hielt und seinen anbetungswürdigen Äußerungen mit weit aufgerissenen Augen lauschte. Josephine hatte ihr zwar beigebracht, wie sie sich in Gesellschaft zu verhalten hatte, aber die Mutter wusste auch, wie schwer Marlene ihre Rolle fiel, wenn sie sich langweilte. Es musste sich tatsächlich um einen ganz besonderen Studenten handeln, wenn ihre Eltern auf ihre Anwesenheit Wert legten – und sie würde an sich halten müssen und eben nicht so sein dürfen, wie sie war.

♦

Max Emden war vielleicht ein wenig alt, bestimmt schon Anfang zwanzig, aber er sah tatsächlich sehr gut aus. Außerdem besaß er ein einnehmendes Lächeln und vorzügliche Manieren. Seine Kleidung wirkte zwar leicht dandyhaft, seine Haltung und auch sein fester Händedruck hatten jedoch nichts dergleichen. Klug, sympathisch, attraktiv – das waren die perfekten Attribute für einen Studenten, der Karriere machen wollte. Marlene überlegte, ob seine Zukunftspläne eine vorteilhafte Heirat einschlossen und sie daher – oh Graus! – als Kandidatin für ihn infrage kam. Deshalb erlaubte sie sich zu Beginn ihrer Konversation gleich die direkte Frage: «Sind Sie verlobt?»

Im ersten Moment wirkte er irritiert, was an dem Zucken eines Augenlids erkennbar war. Einen Atemzug später fasste er sich jedoch und antwortete geduldig: «Nicht, dass ich wüsste, Fräulein von Runstedt...»

Obwohl unausgesprochen, hing die Gegenfrage «Sind Sie an einer Verbindung interessiert?» schwer wie eine sommerliche Gewitterwolke zwischen ihnen.

Heiliger Strohsack, ihr Vorpreschen war unangemessen und peinlich!

Trotzig erwiderte sie seinen Blick. Ihre Ernsthaftigkeit war jedoch ebenso misszuverstehen, wie es ein albernes Kichern gewesen wäre, was ihr im nächsten Moment bewusst wurde. Genau genommen konnte sie tun und sagen, was sie wollte, nichts nahm ihrer Frage den zweifelhaften Unterton. Sie hatte genau das Gegenteil ihres eigentlichen Zwecks erreicht.

Ihr Augenkontakt wurde zu einem stummen Starren, dem Marlene schließlich entfloh, indem sie sich verstohlen nach den anderen Besuchern und ihren Eltern umsah.

Nicht weit von ihr hatten sich die Ehefrauen zu einer kleinen Gruppe versammelt; sie unterhielten sich, wie Marlene am Rande mithörte, über die harmlosen Streiche ihrer Kinder. Dann wechselten sie zu dem relativ kühlen, bewölkten Wetter der vergangenen Tage. Hugo von Runstedt stand etwas abseits und diskutierte mit gesenkter Stimme mit einem seiner ältesten Freunde – Reginald Dietz, Professor für Medizin an der Charité – und einem weiteren distinguierten Herrn. Dessen Namen hatte Marlene bereits einen Satz nach der Vorstellung wieder vergessen, aber sie wusste noch, dass er Ministerialdirektor war. Über die ernste Tonlage des Gesprächs hinaus erreichten sie nur Bruchstücke des Inhalts, die sich um die Wünsche des Kaisers, die Mitgliedschaft eines namenlosen Mannes in einer Partei und einen Lehrstuhl an der Universität zu drehen schienen. Die Kombination war gewiss interessant, doch den Zusammenhang schnappte Marlene nicht auf. So war es leider immer. Die Damen unterhielten sich über Kindererziehung und das Wetter, gegebenenfalls über Kochrezepte, während die wirklich spannenden Themen den Herren vorbehalten blieben. Aus den Augenwinkeln beobachtete sie, wie ihre Mutter Bankier Eisenmann gerade einen Cocktail von dem Tablett anbot, das ein für diesen Abend engagierter Lohndiener herumtrug. Offenbar tauschte sich Josephine mit ihrem Gast über die Zusammensetzung des Getränks aus, sie deutete immer wieder plaudernd auf die Gläser. Alkoholische Mischungen sind auch nicht besser als Kochrezepte, dachte Marlene abfällig.

«Langweile ich Sie?»

Erschrocken sah sie wieder zu ihrem ursprünglichen Gesprächspartner.

Wie zur Kapitulation hob Max Emden die Arme. «Da Sie schon den Mut aufbrachten, sich nach meinem Privatleben zu erkundigen, wollte ich so unkonventionell sein, den Grund für Ihr Schweigen zu erfragen.»

Oje! Max Emden war in seinen Äußerungen ebenso unverblümt wie sie.

Marlene atmete tief durch. «Ich habe eben nebenbei ein paar Stichworte aus der Unterhaltung meines Vaters aufgeschnappt – das hat mich abgelenkt. Verzeihen Sie meine Unaufmerksamkeit.»

«Und?» Er wandte sich kurz zu der kleinen Gruppe um, sah dann aber wieder zu ihr hin. «Was ist so interessant? Worüber tauschen sich die Herren aus?»

«Über eine politische Partei und deren Verbindung zur Universität, glaube ich.»

«Jetzt wüssten Sie gerne, worum es geht?»

Sie lächelte schmallippig und nickte.

«Lassen wir mal dahingestellt sein, ob aus purer Neugier oder intellektuellem Interesse, so oder so ist es ungewöhnlich, dass sich eine junge Dame für derartige Themen erwärmt.» Er hob seine Hand, um sie an einem Protest zu hindern. «Regen Sie sich nicht auf. Sie haben mir bereits eindrucksvoll vorgeführt, was für eine ungewöhnliche Person Sie sind, Fräulein von Runstedt. Übrigens glaube ich, dass ich Ihnen Ihre Frage beantworten kann. Ich kümmere mich nämlich nicht nur um meinen Familienstand.»

Sie ignorierte die Stichelei. «Die wenigen Stichworte genügen Ihnen, um das Gesprächsthema zu erkennen?»

«In Universitätskreisen spricht kaum jemand von etwas anderem.»

Sie konnte nicht verhindern, dass sich ihre Augen erstaunt weiteten. «Und das wäre?»

«Ich bin mir nicht sicher, ob ich politische Themen vor einer jungen Dame ausführen darf...»

«Machen Sie sich keine Sorgen – Sie dürfen nicht nur, Sie müssen es sogar!»

Sein Blick flog kurz zu Josephine, die sich in seinem Sichtfeld noch immer über die Cocktails zu unterhalten schien. Dann neigte er sich zu Marlene und erklärte mit gesenkter Stimme: «Es handelt sich um Doktor Leo Arons, einen Privatdozenten am Physikalischen Institut der Universität. Doktor Arons ist ein wichtiges und in der öffentlichen Wahrnehmung recht bekanntes Mitglied der Sozialdemokratischen Partei. Seine Majestät ist darüber erzürnt und versucht nicht zum ersten Mal, Doktor Arons den Lehrstuhl zu entziehen. Bislang widersetzten sich die wissenschaftlichen Gremien den Wünschen des Kaisers mit dem Hinweis auf die Freiheit der Lehre...»

«Dann ist doch alles gut», warf Marlene ein.

«Ganz im Gegenteil.» Max schüttelte den Kopf. «Die preußische Regierung plant ein Gesetz, wonach es SPD-Mitgliedern verboten ist, an einer Hochschule zu unterrichten.»

«Aber wenn nächste Woche ein neuer Reichstag gewählt wird, kann es doch schon wieder ganz anders aussehen..., oder?»

«Die Parlamentarier im Reichstag und im preußischen Abgeordnetenhaus besitzen nicht die Macht, sich dem ausdrücklichen Wunsch des Kaisers zu widersetzen. Sie können über den Beschluss zur Haushaltsvorlage zwar Einfluss auf Gesetze nehmen, und manchmal gelingt es ihnen sogar, eine Gesetzesvorlage abzulehnen. Aber meistens trifft Seine Majestät die Entscheidungen zusammen mit dem Reichskanzler.»

Marlene runzelte die Stirn. Seine unverhohlene Kritik verleitete sie zum Widerspruch: «Wie können Sie so streng sein? Ich habe gehört, dass unsere parlamentarische Monarchie moderner angelegt ist als die Regierungsformen der meisten anderen Länder. Mit Ausnahme der Tatsache natürlich, dass Frauen kein Stimmrecht besitzen.»

«Fräulein von Runstedt!» Er stieß die angehaltene Luft mit einem Zischen aus, das wie ein leiser Pfiff klang. «Soll ich annehmen, dass Sie eine Befürworterin der Frauenbewegung sind?»

«In der Tat, das bin ich», verkündete sie und reckte stolz das Kinn.

Offenbar hatte er mit dieser selbstbewussten Antwort nicht gerechnet. Er stutzte. Dann fragte er, während sein Blick umherschweifte: «Wissen Ihre Eltern davon?»

«Selbstverständlich», versetzte sie mit einem leicht selbstgefälligen Lächeln.

«Hm», machte er und versank in nachdenkliches Schweigen. Nach einer Weile hob er an: «Mir erschließt sich nur nicht ...», er unterbrach sich, runzelte die Stirn und fuhr energisch fort: «Mir erschließt sich der Zusammenhang zwischen den Frauenrechten und einem Verlöbnis meinerseits leider nicht.»

Und sie hatte angenommen, ihre peinliche Frage ausreichend überspielt zu haben!

Entschlossen begegnete Marlene seinem herausfordernden Blick. Anscheinend wollte er nicht aufgeben, bevor sie ihm nicht verraten hatte, worum es ging. Zwar verpackte er seine unerfreuliche Neugier in wohlgesetzte Worte wie ein billiges Geschenk in eine schöne Schachtel, aber sie blieb höchst unangemessen.

«Ich fragte für eine Freundin», improvisierte sie kühn. «Ich selbst habe nicht die Absicht, jemals zu heiraten.»

Er nickte mit ernster Miene. «Unter der Vormundschaft Ihres Herrn Vaters stehen Sie auf Dauer sicher besser als mit einem Gatten, von dem Sie niemals genau wissen können, ob er Sie wegen des Einflusses Ihrer Familie oder wegen Ihres Geldes heiratet.»

«Sprechen Sie von sich?», entfuhr es ihr. «Nun ja, dann weiß ich wenigstens, dass ich eine Verbindung mit Ihnen niemals in Betracht ziehen darf.»

«Ich vermag nicht zu beurteilen, ob das mein Glück oder Pech ist, Fräulein von Runstedt.»

«Es ist sicher Ihr Glück. Meine Mutter behauptet, ich sei zu forsch.»

«Wie recht die gnädige Frau hat. Wenn Ihre Freundin nur halb so munter ist wie Sie, wäre die Bekanntschaft mit ihr sicher äußerst anregend. Bedauerlicherweise befinde ich mich aber nicht auf Brautschau, sodass ich als Eheanwärter nicht in Betracht komme. Sie müssen sich also anderswo nach einem passenden Verlobten für die junge Dame umsehen.»

«Wie schade!» Zu ihrem eigenen Ärger klang sie plötzlich kokett. Der verbale Schlagabtausch machte ihr großen Spaß, wie sie sich zu ihrer eigenen Verwunderung eingestand.

«Ja. Möglicherweise.» Er schmunzelte. «Ich rate Ihnen allerdings, als Heiratsvermittlerin ein wenig subtiler vorzugehen. Nicht alle Herren finden ein selbstbewusstes Auftreten bei einer jungen Dame so unterhaltsam wie ich.»

«Sehen Sie, Herr Emden, und weil Männer nun einmal so sind, bin ich selbst an keinem von ihnen interessiert.»

«Etwas in der Art sagten Sie bereits.»

Ein leises Klingeln ließ die Gästeschar aufhorchen. Unverzüglich verstummten die Gespräche. Josephine, die Porzellanglocke noch in der Hand, trat vor und deutete mit einer für sie typischen eleganten Geste zu der Doppeltür, die den Salon mit dem Speisezimmer verband. Gleichzeitig öffnete der Lohndiener die Türflügel. «Darf ich zu Tisch bitten?», flötete die Hausherrin.

Während sich die vier Ehepaare langsam in Bewegung setzten, neigte sich Max Emden zu Marlene. «Ich hoffe, Sie können mich, obwohl ich ein Mann bin, ein wenig sympathisch finden. Dann wäre es mir eine Ehre, wenn wir beide Freunde würden.»

«Bevor Sie übermütig werden, Herr Emden, sollten wir der Aufforderung meiner Mutter folgen und uns zum Essen setzen.»

Lächelnd bot er ihr seinen Arm. «Ich gebe nicht auf, Fräulein von Runstedt.»

6

«Glaubst du, dass es zwischen Frauen und Männern Freundschaften geben kann?»

Sonja blickte von dem Schulbuch auf, in dem sie gelesen hatte, und sah Marlene erstaunt an. «Ja, wat denn sonst?»

Die beiden Mädchen saßen auf einer Bank Unter den Linden und versuchten sich gegenseitig bei den Hausaufgaben zu helfen. Eigentlich half Marlene eher Sonja, aber sie tat so, als käme auch sie nicht so ohne Weiteres mit den Geschichtsdaten zurecht, die sie pauken mussten. Tatsächlich war sie heute nicht besonders konzentriert, denn ihre Gedanken wanderten immer wieder zu ihrer Begegnung mit Max Emden. Deshalb ignorierte sie die Passanten um sich herum, die Mütter und Gouvernanten, die ihre Babys oder Schützlinge im Korbwagen vorbeischoben, und die Kinder, die Reifen und Kreisel über den Sandboden rollten; hatte weder einen Blick für die Musiker des vorbeiziehenden Militärorchesters noch für die elektrische Straßenbahn oder die Pferdebusse, Fuhrwerke und Automobile auf den Fahrbahnen übrig. Im Geiste befand sie sich wieder im Speisezimmer ihrer Eltern.

Während des Diners hatte sie erfahren, dass Max der zweitgeborene Sohn war. Sein älterer Bruder würde eines Tages das Handelsunternehmen seiner Familie erben, für Max blieb der Pflichtteil, weshalb er große Hoffnungen auf eine erfolgreiche Tätigkeit als Rechtsanwalt setzte. Obwohl er behauptet hatte, dass er sich nicht auf Brautschau befand, war Marlene überzeugt davon, dass er auf eine wohlhabende Ehefrau spekulierte. Nicht nur, weil eine solche Verbindung zu seiner Karriere einfach dazugehörte, sein Mentor hatte es ihm vorgemacht: Lange bevor Hugo von Runstedt ein bekannter Jurist und nobilitiert worden war, hatte er mit Josephine als Tochter eines bekannten Verlegers eine glänzende Partie gemacht. Dennoch verband Marlenes Eltern unübersehbar sehr viel mehr als eine großzügige Mitgift.

«Ein Paar kann aus Liebe zusammen sein», murmelte sie.

«Meinst du, Liebe jibt's ein janzes Leben?», gab Sonja zweifelnd zurück. «Ick weiß nich'... Mein Vater is' nach jwd abjehauen, als ick noch in die Windeln steckte. Sie passten nicht zusammen, sagt meine Mama. Deshalb denke ick, Eheleute sollten auch jute Freunde sein. Wie sonst wollen sie es bis an ihr Ende miteinander aushalten?»

«Und wenn man nicht verheiratet ist?», insistierte Marlene.

«Wie soll dat denn jehen? Wenn ein Mann und eine Frau nicht verheiratet sind, ist ihr Kontakt ziemlich einjeschränkt. Außer, es handelt sich um den *Schappes* einer Cousine oder so. Dat is' etwas anderes. Aber der Kavalier is' dann sicher kein Freund, wie du und ick beste Freundinnen sind.»

Tatsächlich hatte Marlene den Vorschlag Max Emdens wie ein platonisches Freundschaftsangebot verstanden. Einen trotz des Altersunterschieds von sechs Jahren noch jungen, weltgewandten, intelligenten Menschen hatte sie gerne zum Freund. Doch wahrscheinlich hatte Sonja recht – alles sprach dagegen.

«Marlene!»

«Was?»

«Kiek mal, der Kadett da drüben – der sieht andauernd zu mich her.»

«Wo...?»

«Ick kann doch nich' mit dem Finger auf ihn zeigen», zischte Sonja.

Mit einiger Verzögerung entdeckte Marlene den offensichtlich wenig älteren jungen Mann in der dunkelblauen Uniform, der tatsächlich unverfroren herüberblickte. Er lehnte gegen den Stamm einer Linde, als warte er auf etwas. Möglicherweise hatte sich seine Verabredung verspätet und er vertrieb sich die Zeit mit Schauen. Oder er hoffte auf ein Zeichen von Sonja. Oder von Marlene.

Ein Selektaner, konstatierte Marlene, der dreist darauf aus war, auf der Straße ein Mädchen kennenzulernen.

«Wir sollten ihm keine Aufmerksamkeit schenken», riet sie der Freundin und setzte sich so, dass sie dem Fremden die Seite kehrte, ihn aber aus den Augenwinkeln beobachten konnte. «Der denkt noch wer weiß was von uns, wenn wir uns von ihm beäugen lassen, als wären wir Kühe auf einem Viehmarkt.» In diesem Moment fiel ihr auf, dass sie dem Offiziersanwärter schon einmal begegnet war ...

«Er sieht so jut aus», murmelte Sonja verträumt.

Blöde Kuh, dachte Marlene – und plötzlich wusste sie, woher sie den Kadetten kannte. Sie brauchte ihn nicht einmal anzusehen, um sich an die bernsteinbraunen Augen mit den goldenen Sprenkeln zu erinnern. Und sie wusste auch, dass sie ihm gegenüber reichlich forsch aufgetreten war. Er hatte es zwar nicht anders verdient, aber peinlich war es im Nachhinein doch.

«Wir sollten gehen», entschied sie und schlug das Buch auf ihren Knien zu. «Das ist der Bräutigam von Caroline von Ostwald ...»

«Oh! Woher weißte dat denn?» Sonja klang ganz atemlos vor Aufregung.

«Er wartete neulich vor dem Klassenzimmer auf sie. Da er sich in die Nähe von Mademoiselle Conchard gewagt hat, ist er bestimmt nicht nur eine oberflächliche Bekanntschaft. Du müsstest ihn auch gesehen haben, aber ...»

«Wie schade! Ick hab ihn nich' jesehen.»

«... aber vielleicht waren die beiden schon gegangen, als du das Klassenzimmer verlassen hast», vollendete Marlene ihren Satz. Sie klemmte sich die Bücher unter den Arm und stand auf, sorgsam darauf achtend, dass sie dem sicher noch immer starrenden Selektaner den Rücken kehrte. «Komm! Ich lade dich auf einen Kakao ins Café Bauer ein.»

Sonja rührte sich nicht. «Es is' so schönes Wetter. Ick würde jerne noch ein bisschen hier sitzen bleiben.»

«Dann suchen wir uns eben einen Tisch auf der Terrasse vom Café Kranzler.»

«Ach, bitte ... Leni ...», schmeichelte Sonja.

«Guten Tag, die Damen.»

Marlene fuhr herum. Der Kadett stand nun direkt vor ihnen. Auf Sonjas Madonnengesicht wechselten sich sofort alle möglichen Emotionen ab: Sie wurde blass, einen Atemzug später lief sie rot an, dabei schnappte sie wie eine Ertrinkende nach Luft.

«Wir lassen uns nicht auf der Straße ansprechen», zischte Marlene.

«Juten Tach», hauchte Sonja.

Doch er blickte Marlene an. «Fräulein von Runstedt, nicht wahr?»

«Ich kann mich nicht erinnern, dass wir einander vorgestellt worden sind.»

«Ick heiße Sonja Grawitz», sagte Sonja.

Für sie schien der junge Offiziersanwärter jedoch keinen Blick übrig zu haben. Er schlug die Hacken zusammen und verneigte sich vor Marlene. «Da niemand hier ist, der uns bekannt machen könnte, muss ich das wohl selbst übernehmen. Mein Name ist Justus von Ostwald.» Er grinste. «Ich bin der Bruder Ihrer Mitschülerin Caroline.»

Das Verwandtschaftsverhältnis machte Marlene sprachlos. Sonja sprang auf und streckte Justus von Ostwald die Rechte hin. «Ick bin Sonja Grawitz», wiederholte sie strahlend. «Ick bin eine Freundin von Caroline.»

«Sehr erfreut», behauptete er, die Augen nicht von Marlene wendend.

Wie vom Donner gerührt sah Marlene von Sonja zu Justus von Ostwald und zurück. Ihr fehlten die Worte ob Sonjas unverblümter Lüge.

Die beiden blickten sie nun erwartungsvoll an. Marlene war klar, dass sie etwas sagen musste. Ihr fiel nichts anderes ein als die Frage: «Woher kennen Sie meinen Namen?»

Justus grinste. «Ich habe mich bei meiner Schwester nach der Schülerin erkundigt, die – statt in die Ecke gestellt – vor die Tür geschickt wurde.»

Nach dieser Erklärung zwinkerte er Sonja zu, und Marlene fragte sich, ob er wohl auch wusste, dass die gar nicht Carolines Freundin war.

«Es ist anders, als Sie denken», meinte Marlene ausweichend.

«Sind Sie etwa nicht Fräulein von Runstedt?»

«Natürlich is' sie das», warf Sonja rasch ein. «Und ick bin Sonja Grawitz.»

Er schenkte ihr ein Lächeln. «Das sagten Sie bereits.»

«Da wir nun alle wissen, wie wir heißen», versetzte Marlene pampig, «kann jeder von uns in Ruhe nach Hause gehen.» Sie klemmte ihre Bücher fester unter den Arm und wandte sich demonstrativ ab.

Justus von Ostwald trat vor und verstellte ihr den Weg. «Darf ich Sie ein Stück begleiten?»

Als Rückzugsort bot sich nur die Parkbank an. Die hölzerne Sitzfläche bohrte sich in Marlenes Kniekehle, als sie vor Justus zurückwich. «Ich wohne in Charlottenburg», erwiderte sie in der Hoffnung, die Vorstadt wäre ihm zu weit.

«Ick wohne och in Charlottenburg», flötete Sonja. «Am Steinplatz. Wie Marlene.»

«Das ist ja gleich hinter dem Tiergarten», stellte Justus fest. «Bei dem schönen Wetter ist das ein sehr erbaulicher Spaziergang. Ich begleite Sie gerne.»

Marlene sah Sonja kopfschüttelnd an.

Die beachtete sie nicht.

Strahlend sagte Sonja zu Justus von Ostwald: «Das ist sehr freundlich von Sie. Lassen Sie uns doch spazieren jehen. Es ist wirklich schönes Wetter heute.» Absolut ungehörig hakte sie sich bei ihm unter.

Mit einem entnervten Aufstöhnen folgte Marlene den beiden.

NOVEMBER 1918

7

Nachdem sie sich von ihrer ersten Sprachlosigkeit erholt hatte, bat Marlene den Überraschungsbesuch in ihr kleines Arbeitszimmer. Max protestierte mit einem stummen Augenaufschlag, ansonsten widersprach er jedoch nicht, und sie begegnete seinem Blick mit der Entschiedenheit einer Frau, die wusste, was sie tat. Das war freilich nicht der Fall, aber es war ihre Privatangelegenheit und die ging selbst ihren besten Freund nichts an.

Als sie Justus in ihr Büro ließ, versuchte sie so professionell wie möglich zu wirken. Einen kurzen Moment lang war ihr die Unordnung peinlich. Sie nahm die Zeitung von gestern vom Besucherstuhl: «Bitte, nimm Platz!» Leider fühlte sie sich nicht einmal halb so souverän, wie sie vorgab zu sein.

Genau genommen wäre sie Justus gern um den Hals gefallen. Ein Mann, der unversehrt aus diesem schrecklichen Krieg heimgekehrt war, verdiente eine überschwänglichere Begrüßung als ein stummes Starren und eine knappe Aufforderung. Für einen schmerzlichen Moment dachte sie an ihre gefallenen Brüder, die niemals mehr nach Hause kommen würden, und am liebsten hätte sie Justus stellvertretend für Robert und Ferdinand in die Arme geschlossen. Doch kam eine Umarmung, so freundschaftlich sie auch gemeint sein mochte, zwischen ihnen beiden nicht infrage. Stattdessen rollte sie die Zeitung in ihren Händen zusammen und ärgerte sich gleich darauf über die Spuren von Druckerschwärze auf ihrer Haut.

«Du klingst, als wäre ich dein Mandant», protestierte Justus. «Ich bin nicht auf der Suche nach einer Anwältin.»

«Andernfalls wärst du umsonst hier. Ich besitze keine Zulassung.»

«Natürlich nicht. Aber du warst immer eine äußerst fähige Juristin.»

«Oh, das höre ich heute schon zum zweiten Mal. Wie aufmerksam, danke.» Sie deutete mit der zusammengerollten Zeitung auf den Besucherstuhl. «Bitte, setz dich», sagte sie noch einmal.

Er sah sie nachdenklich an. Dabei fiel ihr auf, dass der goldene Schimmer aus seinen Augen verschwunden war. Wahrscheinlich hatte er den irgendwo an der Front verloren und durch eine glanzlose Ernsthaftigkeit ersetzt, die sie beinahe an Bitterkeit erinnerte. «Ich bin nicht zu einem Mandantengespräch gekommen», sagte er noch einmal – und blieb hartnäckig stehen.

«Setz dich trotzdem hin.» Sie wusste selbst nicht genau, warum sie so darauf beharrte, dass er Platz nahm. Wenn sie sich im Stehen unterhielten, wäre das Gespräch wohl schneller vorüber. Bequemlichkeit bedeutete zweifellos einen größeren Zeitaufwand, mehr Nähe. Dabei hatte sie für eine private Plauderei keine Zeit. Schon gar nicht für eine Auseinandersetzung mit Justus. Sie hatte sich mit Max noch nicht zu dem Treffen mit Theodor Wolff abgestimmt, sie sollte sich darauf vorbereiten und sich nicht in der Begegnung mit dem Mann verlieren, der auf gewisse Weise der Mann ihres Lebens war. Du wirst älter, aber nicht klüger, sagte sie sich stumm.

Justus schien in seine eigenen Überlegungen versunken. Nachdenklich blickte er an sich hinunter und bemerkte: «Es ist schon komisch, plötzlich in Zivil herumzulaufen. Ich fühle mich wie ein Vaterlandsverräter. Dabei möchte ich kein Risiko eingehen. Das ist ganz schön feige, nicht wahr?» Wie zur Kapitulation ließ er sich endlich auf den Stuhl fallen.

«Eine lebenslange Priorität aufzugeben erscheint mir eher tapfer», erwiderte sie, während sie um den Schreibtisch herumging und sich auf ihren Platz setzte. Sie legte die zusammengerollte Zeitung auf das Blatt von vorgestern, um den Kaffeefleck zu verdecken, und rieb die schmutzigen Handflächen geistesabwesend aneinander. Meine Güte, warum hatte sie nicht aufgeräumt?

«Sprichst du aus Erfahrung?», erkundigte sich Justus.

«Vielleicht fehlte mir stets der Mut für eine Veränderung.»

Er stieß ein bitteres Lachen aus. «Ich kenne keine Frau, die so entschieden ihr Ziel verfolgt wie du.»

Natürlich nicht, dachte sie. Keine andere hätte ihm widerstehen können. Oder wollen. Nicht einmal Justus wusste, wie schwer es ihr gefallen war.

Sie schluckte die Last der Erinnerungen hinunter. «Ich freue mich, dass wir so zwanglos miteinander plaudern können. Gesund und munter. Es gab Momente, da habe ich nicht mehr damit gerechnet, dass das je wieder geschehen könnte.»

«Ich auch nicht.»

Stumm nickte sie. Was sollte sie auch sagen nach einem sinnlosen Krieg, der rund zwei Millionen deutsche Soldaten das Leben gekostet hatte? Dass Justus unversehrt heimgekommen war, schien ein großes Glück. Ein Geschenk. Dabei hatte sie nicht nur wegen der tödlichen Gefahr nicht daran geglaubt, je wieder so ruhig mit ihm reden zu können. Es gab da noch diese andere Sache, von der sie nicht wusste, ob sie sie ihm jemals verzeihen konnte. Dabei war ihre Eifersucht lächerlich angesichts ihres eigenen Verhaltens damals. Vielleicht waren das unsinnige Ressentiments und sie sollte mit ihm Frieden schließen – wie das Deutsche Reich mit den Alliierten.

«Wie geht es Sonja?», entfuhr es ihr.

«Ich habe keine Ahnung. Mein erster Weg hat mich zu dir geführt.»

Sie fühlte, wie sie errötete, ihre Wangen wurden heiß. «Ach, Justus ... Ich hätte nicht fragen dürfen. Entschuldige, bitte ...» Hilflos brach sie ab.

Meine Güte, dachte sie, wie alt musste sie eigentlich werden, um zu verhindern, dass sie sich mit spontanen Äußerungen in peinliche Situationen brachte?

«Weißt du», unterbrach Justus ihre Gedanken, «ich habe mir geschworen, dass ich mein Versprechen halten und mit dir von vorne anfangen würde, wenn ich lebend aus dem Krieg herauskomme. Am Ende wurde es dann auch für mich ziemlich unangenehm. Nun bin ich aber hier. Und du fragst als Erstes nach Sonja. Das ist nicht fair.» Verstimmt schüttelte er den Kopf.

Er wirkte verärgert, vielleicht bekümmert. Marlene wusste, dass sie ihm unrecht tat. Sie bedauerte, dass sie ihn nicht herzlicher empfangen hatte. Aber wie sollte sie das nach allem, was geschehen war? Es war nicht so einfach, nach allem *von vorne anzufangen*, wie er es formulierte.

Sie holte tief Luft. «Es ist wunderbar, dass du wohlbehalten zurück bist. Ich bin darüber aus ganzem Herzen froh. Und das meine ich sehr ernst, Justus.»

«Danke.» Seine Mundwinkel zuckten, als wollte er ihr Lächeln erwidern, doch erlaubte es ihm sein Stolz wohl nicht. Er schwieg einen Moment, dann fügte er voller Ironie hinzu: «Als ich davon träumte, dich wiederzusehen, hatte ich nicht damit gerechnet, dass eine Revolution uns jedes Vergnügens berauben könnte. Die Möglichkeiten, dich adäquat auszuführen, sind gerade ziemlich gering, wie mir scheint.»

«Im Hotel Excelsior soll man nach wie vor gut essen können, obwohl es von den Spartakisten besetzt worden ist.» Einen Atemzug später schalt sie sich für diesen Hinweis. Abgesehen davon, dass sie ihm damit eine Verabredung in Aussicht stellte, war es nicht richtig, einen adeligen Berufsoffizier dazu bringen zu wollen, in einem Restaurant mit den Anführern linker Rebellen zu speisen. Genau genommen war es ihr selbst nicht ganz geheuer, dorthin zu gehen, obwohl sie durchaus neugierig auf die Klientel war.

«Das ist gewiss nicht der richtige Ort für ein Rendezvous», erwiderte er prompt. «Jedenfalls nicht für zwei Menschen wie uns. Oder treibt dich ein politischer Sinneswandel um?»

«Ganz sicher nicht. Nein.» Sie dachte an die Gründung der neuen liberalen Partei und ihr Lächeln wurde breiter. «Im Gegenteil. Ich weiß von dem Restaurant im Hotel Excelsior nur vom Hörensagen. Irgendjemand erzählt heutzutage immer irgendetwas.»

«Das Wetter ist recht angenehm und im Grunewald ist es ruhig. Was hältst du von einem Spaziergang? Wir könnten gleich aufbrechen.»

Hin- und hergerissen zwischen dem Wunsch, sich mit Justus auszusprechen, und der Einsicht, dass sie sich damit auf ein Drahtseil begab, war sie ihrem Terminkalender und Justus' mangelnder zeitlicher Abstimmung dankbar. Es lag nicht an ihr, über den weiteren Verlauf dieses Tages zu entscheiden, eine private Verabredung war darin nicht vorgesehen. «Wie das mit Überraschungsbesuchen so ist, hast du den Zeitpunkt ein wenig unglücklich gewählt. Ich muss gleich zu einer wichtigen Besprechung.»

Seine Lippen wurden schmal. «Es tut mir leid, dass ich ungelegen komme...»

«Nein, bitte ... Versteh mich nicht falsch. Mein Vater wünscht, dass ich an einer Konferenz teilnehme. Da kann ich nicht absagen.»

«Ich hätte ahnen müssen, dass du wieder einmal beschäftigt bist.»

«Sei nicht albern.»

«Ich war mir nicht sicher, ob du mich abweisen würdest, wenn ich mich angemeldet hätte.»

«Nein, Justus, nein.» Marlene war bestürzt. Vor allem, weil sie so leicht durchschaubar war.

Für einen Moment sah er ihr forschend in die Augen. «Wir werden es nie erfahren, nicht wahr?»

«Ich muss wirklich in eine Besprechung. Max Emden wird auch dabei sein. Und natürlich mein Vater...»

«Natürlich», echote er, während er die Hände auf die Stuhllehnen legte und sich hochstemmte. «Keine Frau hat mich so oft zurückgewiesen wie du, Marlene, und trotzdem warst du immer meine erste Wahl. Bist es noch.»

«Wir könnten uns für morgen verabreden», schlug sie im Aufspringen hastig vor. Sie wollte nicht, dass er sie im Unfrieden verließ. Außerdem war Justus ein Teil ihres Lebens, dem sie sich nicht so ohne Weiteres entziehen wollte – und konnte.

«Ich wüsste zu gerne, welcher juristische Kniff mir heute in die Quere gekommen ist ... mitten in einem Aufstand von Matrosen, Soldaten und Arbeitern und was weiß ich von wem noch ...», murmelte er in sich hinein. Aus jedem Wort troff Sarkasmus.

«Du weißt, dass ich dir das nicht sagen darf.» Während sie sprach, trat sie vor ihn hin. «Glaube mir bitte, dass es ein wichtiger Termin ist.» Sie streckte ihm in einer versöhnlichen Geste ihre Rechte hin. «Wir sehen uns morgen, ja?»

Er ergriff ihre Hand – und zog Marlene heftig an sich.

Bevor sie zurückweichen konnte, suchte sein Mund ihre Lippen. Marlene war zu überrascht, um sich zu wehren, womöglich wollte sie ihn auch gar nicht zurückstoßen. Sie gab sich seinem Kuss hin, ein wenig erstaunt über sich selbst – und über ihre wiedererwachenden Gefühle. Er weckte eine Sehnsucht nach Leidenschaft in ihr, die sie lange unterdrückt hatte. Doch es blieb bei dieser flüchtigen Zärtlichkeit. Rasch gab Justus sie wieder frei. Marlene schwankte, als sei ihr schwindelig – und genauso fühlte sie sich auch.

«Passt es dir, wenn ich dich morgen zur selben Zeit abhole?» Es war wohl mehr eine Feststellung als eine Frage, denn er wartete ihre Antwort nicht ab, sondern entfernte sich von ihr, öffnete die Tür.

«Ja...Nein...Ja...» Marlene räusperte sich, weil ihre Stimme zu heiser klang, um verständlich zu sein.

«Danke, ich finde den Weg alleine.» Ohne ein weiteres Wort des Abschieds ging Justus seines Wegs.

8

In den über den Tag verteilt erschienenen Zeitungen und Flugblättern wurden die Arbeiter und Angestellten dazu aufgerufen, ihren Streik zu beenden und in die Fabriken und Büros zurückzukehren: «Jeder auf seinen Posten!», lautete die Parole. Waffen sollten abgegeben und die Motorwagen der Kraftfahrttruppen zurückgebracht werden. In gedruckten Lettern sollte der Aufruf Friedrich Eberts jedermann erreichen: «Mitbürger! Ich bitte Euch alle dringend: Verlasst die Straßen! Sorget für Ruhe und Ordnung!» Dazu hatte man überall Plakate angebracht, auf denen es hieß: «NICHT SCHIESSEN!» Zwei Worte, die Sonja Grawitz aus ganzem Herzen unterschrieb.

Der Rat der Volksbeauftragten tagte heute unter der Leitung des Vorsitzenden Ebert im Reichstag und würde innerhalb der nächsten Stunden die ersten Weichen für eine demokratische Politik und damit für eine neue Gesellschaftsordnung stellen. Die Arbeiter- und Soldatenräte, die sich zu einer Art Parlament der neuen Volksrepublik zusammenschlossen, waren gestern Abend mehrheitlich bei einer Großveranstaltung im Zirkus Busch gewählt worden und bestanden überwiegend aus treuen SPD-Anhängern. Doch kam es nicht mehr nur auf die Delegierten an, nicht länger allein auf die herrschende Klasse, sondern auf jeden einzelnen Bürger. Das klang für die meisten Menschen verheißungsvoll, doch nicht alle Bewohner des Deutschen Reichs folgten der Obrigkeit. Ob nun in Berlin oder anderswo – an diesem Tag schienen zwar deutlich seltener Schüsse zu fallen, Frieden kehrte aber offenbar nicht überall ein. So oder so trieb die Hoffnung die Leute an. Einen anderen Beweggrund konnte sich Sonja jedenfalls weder für die Revolutionäre noch für die Belegschaft des Theaters des Westens vorstellen, die fast vollständig zur Probe erschienen war.

Bühnenarbeiter, Schauspieler und Sänger mit roten Armbinden, Balletttänzer, Chormädchen und Musiker traten pünktlich an wie zum Appell auf einem Kasernenhof. Die Mitarbeiter auf und hinter der Bühne fanden sich allesamt ein, als wären sie davon überzeugt, dass morgen Abend eine ausverkaufte Vorstellung stattfinden könnte. Eine Operette von Franz Lehár sollte gespielt werden. «Wo die Lerche singt» war erst im vorigen Februar in Budapest uraufgeführt worden und in dem Libretto ging es um ein Bauernmädchen und deren unglückliche Liebe zu einem Künstler, also nicht um ein Adelsfräulein in noblen Kreisen, wie in den meisten Singspielen. Sonja hätte sich die Revue mit dem sinnbildlichen Titel «Die Welt geht unter» gewünscht, die höchst erfolgreich im «Apollo-Theater» aufgeführt wurde. Doch sie sollte nicht neidisch sein über die Aktualität bei der Konkurrenz: An der Friedrichstraße konnte die Stimmung bei Dunkelheit gefährlich schnell umschlagen, was von der Charlottenburger Kantstraße nicht in demselben Maße zu erwarten war. Deshalb war Sonja bei ihrem Ensemble wohl besser aufgehoben.

Sie ließ sich auf dem äußersten Stuhl in der ersten Reihe nieder, die *Berliner Morgenpost* in Händen. Die Nachrichten waren deprimierend, und eigentlich wollte sie das Blatt in den nächsten Mülleimer werfen und die Augen vor der Realität verschließen. Es schien ihr, als würde sie von einer gewaltbereiten Masse überrollt. Bislang war sie zwar nicht angegriffen worden, aber sie hatte sich in dem alten System deutlich sicherer gefühlt. Im Kaiserreich hatte sie es zum Bühnenstar gebracht – konnte sie diesen Status, der ihr ein angenehmes Leben bescherte, in die Volksrepublik retten? Sie war nie der Liebling der Arbeiterschaft gewesen, sondern als Schauspielerin und Sängerin von den besseren Schichten umschwärmt worden, wie sie es sich schon als junges Mädchen zum Ziel gesetzt hatte.

Es war deprimierend. Ja, das war es, obwohl das Jaulen der Instrumente, die von den Musikern gestimmt wurden, wie eine Freudenfanfare in ihren Ohren hätte klingen sollen, weil es ein akustisches Sinnbild dafür war, dass es auf der Bühne und im Orchestergraben weiterging. Die Welt geht trotzdem unter, fuhr es Sonja durch den Kopf, und sie musste aufpassen, dass sie nicht mit ihr versank.

«Darf ich einen Blick in Ihre Zeitung werfen?»

Die Männerstimme hatte einen norddeutschen Einschlag. Als Sonja aufsah, blickte sie in zwei Augen, deren Farbe sie an die aufgewühlte See erinnerte. Der dazugehörige junge Mann nahm seine Schiebermütze ab, offenbarte glatt gescheiteltes und pomadisiertes, wenn auch etwas dünnes blondes Haar und strahlte sie an.

Sonja lächelte zurück. Es war das automatische Lächeln, das sie für ihre Bewunderer reserviert hatte. Sie schenkte es ihm, auch wenn es sich hier um einen Kollegen handelte, der vielleicht nur höflich oder neugierig war und gar nicht flirten wollte. Doch der Neue war zweifellos eine Sünde wert: Hans Albers war ausgesprochen attraktiv und wirkte auf angenehme Weise verwegen. Er war zehn Jahre jünger als Sonja und als Schauspieler gänzlich unbekannt. Lediglich sein Liebesleben sorgte für Interesse: Sonja war beim vorherigen Durchblättern der *Morgenpost* eine Fotografie aufgefallen, die einen etwas dandyhaften Hans Albers mit der weltberühmten Sopranistin Claire Dux zeigte. Für die Klatschbasen ein ebenso schönes wie schillerndes Paar, das sicher nicht für die Ewigkeit bestand, zumal die Dux mit einem schwerreichen Fabrikanten verheiratet war. Suchte Albers schon den nächsten weiblichen Star, der ihn protegieren könnte? Warum auch nicht, überlegte Sonja.

«Haben Sie endlich einen Grund gefunden, mich privat anzusprechen?»

«Höchstens den Mut, Gnädigste. Bei einer so schönen Frau wie Ihnen braucht man keinen Grund.»

«Nur nicht übermütig werden», konterte sie und reichte ihm die *Morgenpost*. «Ich hoffe, Sie finden die Lektüre erbaulicher als ich.»

«‹Einem Wirbelsturm gleich brausen die Geschehnisse über uns hinweg ...›», las der junge Schauspieler vor. «Sehr originell!»

«Das kann man wohl sagen», warf Sonja ein. «Der Artikel mit der Überschrift ‹Sorgt für Nahrungsmittel!› erscheint mir sinnvoller.» Ein leichtes Frösteln lief durch ihren Körper und erinnerte sie daran, dass sie nicht gefrühstückt hatte. Sie kuschelte sich in ihren Pelzmantel, weil Wärme gegen Hunger half, und fügte schmunzelnd hinzu: «Deutlich unterhaltsamer ist aber sicher das Foto, das Sie mit Claire Dux zeigt.»

Er verneigte sich leicht. «Tja, das hoffe ich doch.»

Die Melodie des Weihnachtsliedes «O Tannenbaum» singend, humpelte einer der Bühnenarbeiter in den Zuschauersaal. Da die Lampen an dem riesigen Kronleuchter gerade ausprobiert wurden, erstrahlte der hohe Raum in gleißendem Licht und offenbarte die kaum verheilten Gesichtsverletzungen des Mannes. Er war einer der vielen sogenannten Kriegskrüppel, aber auch einer der wenigen, die eine gute Arbeit in der Heimat gefunden hatten. Haltung annehmend, trat er vor Sonja. Die erinnerte sich dunkel, dass sie ihn irgendwann einmal als Aushilfe an der Pforte des Bühneneingangs gesehen hatte.

«Fräulein Grawitz, Sie haben Besuch. Der Herr wartet in Ihrer Jarderobe.»

Sie blickte von den blauen Augen Hans Albers' zu dem Arbeiter mit der roten Armbinde an seinem Blaumann. «Ich habe keine Zeit», behauptete sie, obwohl die Proben noch nicht begonnen hatten.

«Der Herr meinte, es sei dringend und er wäre ein guter Bekannter von Ihnen.»

Eine vage Hoffnung bemächtigte sich ihrer. Unwillkürlich richtete sie sich auf. «Ist es ein Offizier?»

«Nee, Gnädijste, det ist ein Zivilist.»

Schade, dachte sie. Hin- und hergerissen zwischen ihrer gemütlichen Sitzposition, dem leichten Geplauder mit Hans

Albers und ihrer Neugier, gab sie Letzterer nach und erhob sich. «Ich sehe nach, wer sich da eingeschlichen hat. Ich habe eigentlich keine *guten* Bekannten, die ohne Anmeldung im Theater auftauchen. Beim nächsten Mal lassen Sie den Besucher an der Pforte warten.» Ihr ausgestreckter Zeigefinger deutete auf Hans Albers. «Und Sie retten mich, wenn ich in zehn Minuten nicht zurück bin.»

Er grinste. «Aye, aye!»

Kaum dass sie davongeschwebt war, schien Hans Albers sie jedoch schon wieder vergessen zu haben. Seine kräftige Gesangstimme folgte ihr, nun im Duett mit dem Arbeiter:

«Oh Tannenbaum, oh Tannenbaum,
der Kaiser hat in'n Sack jehauen ...»

Unwillkürlich ging sie schneller. Sie mochte die Beleidigung Seiner Majestät nicht hören. Auch wenn die neue Interpretation des Weihnachtsliedes in den vergangenen Tagen zum Gassenhauer geworden war.

Natürlich war es für Neuerungen wohl tatsächlich an der Zeit gewesen, doch Sonja hätte eine parlamentarische Monarchie wie in England vorgezogen. Eine Volksrepublik, die jeden Moment zum Bolschewismus umschlagen könnte, empfand sie als Bedrohung. Die Nachrichten über die Gräueltaten der Roten während des russischen Bürgerkriegs nahmen überhand. Außerdem hatte sie in den vergangenen zwanzig Jahren so viel Mühe darauf verwandt, sich in der kaiserlichen Gesellschaft gut zu stellen, dass eine Abkehr zur Arbeiterschaft für sie einer Kapitulation glich – ebenso verheerend wie die Waffenstillstandsbedingungen, die das

Deutsche Reich hatte akzeptieren müssen. Ach, das alles war ein einziges Durcheinander.

Über die Bühne und durch die Kulissen erreichte Sonja den nach Puder, Schweiß und Holzspänen duftenden Flur mit den Künstlergarderoben. Ihre Absätze klapperten auf dem abgelaufenen Dielenboden, aus dem Orchestergraben wehten die Geräusche der Instrumente herüber, die inzwischen nicht mehr nur gestimmt, sondern eingespielt wurden, irgendwo übte eine Sängerin ihre Stimme in Koloratur. Es war das typische Flair des hinteren Bühnenbereichs, das Sonja aus ganzem Herzen liebte. Der Duft war ihr Atem, die Geräusche ihr Herzschlag. Es war das Vorspiel der großen Zufriedenheit, die sie in ihren Rollen und vor Publikum erfasste. Und die Krönung all dessen war die Bewunderung, die ihr gezollt wurde und die sich auch in dem ebenso schüchternen wie ehrfürchtigen Gruß einer Gruppe von Tänzerinnen zeigte, die ihr gerade entgegenkamen. Gedankenverloren erwiderte sie die höfliche Geste mit einem Nicken.

Sie stieß die Tür zu ihrer Garderobe auf – und erstarrte, als sie den Mann erblickte, der die gerahmten Fotografien ihrer Auftritte betrachtet hatte und sich nun langsam zu ihr umdrehte.

Er war es also doch!

«Justus!» Ihr Aufschrei klang erstickt.

Im nächsten Moment fiel sie ihrem Besucher in die Arme. Die großen Spiegel über ihrem Toilettentisch und neben der Kleiderstange warfen zigfach das Bild eines Paares zurück, das sich umfing und leidenschaftlich küsste.

So lange hatte Sonja auf diesen Moment gewartet. Da war die Frage, warum Rittmeister Justus von Ostwald in Zivil zu ihr zurückgekommen war, absolut nebensächlich. Von Bedeutung war nur das große Glück, das sie in diesem Augenblick empfand.

9

«Wie nett von dir, dass du mich in ein Restaurant ausführst», bemerkte Sonja und ihre Stimme klang hocherfreut, obwohl sie es angesichts des Etablissements, auf das Justus zustrebte, nicht unbedingt war. «Die Überraschung ist dir gelungen.» Das immerhin stimmte.

«Ich hörte, im Excelsior könne man angenehm speisen.»

«Oh. Ja. Natürlich.» Niemals hätte sie Justus widersprochen.

Er hatte bis zum Ende der Probe in ihrer Garderobe auf sie gewartet und sich auf dem Canapé ausgeruht. Letztlich hatte es nicht lange gedauert, woraufhin er ihr ein frühes Abendessen in einem Gasthaus vorschlug. Eine unverhoffte Einladung, denn Sonja hatte eigentlich damit gerechnet, den Rest des Tages und die Nacht gemeinsam mit ihm in ihrer Wohnung zu verbringen. Die Gelegenheiten, bei denen sie sich zusammen in der Öffentlichkeit gezeigt hatten, konnte sie an einer Hand abzählen. Umso glücklicher war sie, dass er einen gemeinsamen Restaurantbesuch scheinbar als Selbstverständlichkeit betrachtete. Vielleicht waren die neuen Zeiten doch nicht so schlecht, wenn diese einem Junker ermöglichten, sich mit seiner unstandesgemäßen Braut in der Öffentlichkeit sehen zu lassen. Als sie jedoch vor dem Hotel Excelsior standen, sank ihr das Herz.

Das Excelsior war eines der besten, aber nie eines der nobelsten Hotels Berlins gewesen und vor allem für Geschäftsreisende eingerichtet. Es war luxuriös, aber durch die Lage gegenüber dem Anhalter Bahnhof für eine andere Klientel bestimmt als etwa das Hotel Adlon Unter den Linden, wo selbst Seine Majestät ein häufiger Gast gewesen war. Mitglieder aus dem gesellschaftlichen Umfeld derer von Ostwald waren im Excelsior nicht zu vermuten. Eine Erkenntnis, die Sonjas Hochstimmung dämpfte. Inzwischen befand sich hier der Versammlungsort der Spartakustruppe, was nicht nur durch die roten Fahnen an dem imposanten Gebäude, sondern auch an dem Matrosen mit roter Armbinde und geschultertem Bajonett erkennbar war, der den Eingang bewachte. Offensichtlich handelte es sich um einen Kameraden des Marineregiments aus Kiel, das die Revolution begonnen und nach Berlin getragen hatte. Sonja und Justus schienen ihm unverdächtig genug zu wirken, dass er nicht nach ihren Papieren fragte, sondern nur freundlich nickte. Selbst Sonjas Pelzmantel erregte keinen Argwohn. Die Tür hielt er für die Gäste jedoch nicht auf.

Angesichts der bewaffneten Patrouillen in der Hotelhalle drängte sich Sonja näher an Justus. Sie hegte eine Abneigung gegen Gewehre und Pistolen, wenn sie nicht zur Bühnenrequisite gehörten, und die martialische Machtdemonstration machte ihr Angst. Eigentlich war es ein Wunder, dass sie schon so lange einen Offizier liebte, der für all das stand. Aber er hatte im Krieg die Nation verteidigt – und damit auch sie. Justus war ihr Held. Er hakte sie unter, und seine Hand an ihrem Arm bedeutete für sie Sicherheit und Zuversicht.

Als sie an dem Empfangstresen vorbeigingen, wurden sie Zeugen einer lautstarken Diskussion zwischen dem Portier und einem Gast, dem das anscheinend reservierte Zimmer vorenthalten wurde, weil er keinen neuen Pass vorlegen konnte.

Justus schob Sonja, die automatisch langsamer gegangen war, energisch weiter. «Komm, bitte.»

Das Restaurant war erstaunlich gut besucht. Es hatte sich die übliche bürgerliche Klientel an den Tischen versammelt, als gebe es keine Aufstände, keine Gefahren an dunklen Straßenecken des Regierungsviertels und auch keine tiefgreifende gesellschaftliche Veränderung. Lediglich die roten Armbinden der Kellner und ein Tisch in einer Nische, an dem Mitglieder des Spartakusbundes ihre Mahlzeit verzehrten, zeugten von der Besetzung des Etablissements. Sonja dachte unwillkürlich an den eben an der Rezeption eingetroffenen Gast aus der K.-u.-k.-Monarchie. Die Haltung des Empfangschefs entrüstete sie, schließlich war ein Österreicher ein Österreicher – sozusagen fast ein Deutscher –, auch wenn dieser aus Südtirol stammte. Die Italiener hatten dort ebenso wenig zu suchen wie die Franzosen im deutschen Elsass. Sonja war so mit ihren Gedanken beschäftigt, dass sie sich kommentarlos auf den Stuhl fallen ließ, den Justus für sie zurechtschob.

«Verzeihen Sie, gnädige Frau», hob der Kellner an, ein Mann mit nur einem Bein, der sich auf eine Krücke stützte und mit der freien Hand die Speisekarte vor sie legte, «sind Sie die Schauspielerin?»

Ihr professionelles Lächeln breitete sich auf ihrem Gesicht aus, eine Mischung aus Distanz, Wohlwollen und Überheblichkeit. «Es kommt darauf an, welche Schauspielerin Sie meinen.»

«Na, die Grawitz. Sonja Grawitz. Ich habe Sie auf der Bühne gesehen in ... warten Sie ...», der Kellner legte seine Stirn in Falten, dachte angestrengt nach. Offensichtlich erinnerte er sich nicht mehr daran, in welcher Rolle ihm Sonja aufgefallen war.

«War es vielleicht im Apollo-Theater, die Aufführung von ‹Frau Luna›? Das war ein wirklich unvergessliches Programm.»

«Ja, Gnädigste, das war es.» Er strahlte sie an, verneigte sich dann vor Justus. «Möchte der Herr Gemahl vielleicht schon ein Getränk bestellen?»

Justus zwinkerte Sonja zu. Unauffällig schob er einen Geldschein in Richtung des Obers. «Herr Grawitz möchte in der Tat eine Flasche Sekt bestellen. Haben Sie noch etwas Prickelndes im Keller?»

«Ich werde nachsehen.» Der Kellner verneigte sich noch einmal, diesmal vor Sonja, und humpelte davon.

Sonja beugte sich über den Tisch und flüsterte Justus zu: «Meine *Frau Luna* ist schon so lange her, dass ich sicher bin, kein Mensch erinnert sich mehr daran, auch dieser gute Mann nicht.»

«Unsinn. Wer dich einmal auf der Bühne erleben durfte, vergisst dich nicht.»

«Danke für das Kompliment», sie lehnte sich hoheitsvoll lächelnd zurück, ganz der Star, der die Schmeicheleien seiner Verehrer als Huldigung entgegennimmt. «Nun, ja, so oder so habe ich schöne Erinnerungen an das Stück.» Plötzlich fiel ihr etwas auf: «Warum hast du gesagt, du seist *Herr Grawitz*?»

«Weil dein Name in den Ohren der Herrschaften mit den roten Armbinden gewiss besser klingt als meiner.»

Er war also inkognito. «Wahrscheinlich hast du recht», stimmte sie zu.

Mit einem zufriedenen Lächeln griff er nach der Speisekarte. «Was möchtest du essen? Ich bin sicher, es gibt die Hälfte der aufgelisteten Menüs nicht mehr, aber wir können wenigstens in den Vollen der Rationierung schwelgen. Allemal ist das besser als das, was wir in der Offiziersmesse an der Front bekommen haben.»

«Willst du mir von deinen Erlebnissen im Feld erzählen?», fragte Sonja sanft.

«Über den Krieg reden? Nein. Jedenfalls nicht hier.» Justus schüttelte den Kopf. Er blickte über ihre Schulter und sein kurz umwölkter Gesichtsausdruck hellte sich auf. «Sieh an, da kommt unser Kellner und bringt einen Champagnerkühler. Ich denke, die Suche nach unserer ersten Bestellung war erfolgreich. Hoffen wir, dass es so weitergeht. Such dir etwas aus, mein Liebes. Wir feiern heute das Leben.»

Er benahm sich reizend, machte Witze, plauderte über dies und das, als hätte kein schrecklicher Krieg sie für lange Zeit getrennt. Er nannte sie bei allen Kosenamen, die er je für sie erfunden hatte. Und trotzdem beschlich Sonja während des Essens immer stärker das Gefühl, dass dieser Abend einen seltsamen Beigeschmack besaß. Kein geheimnisvoll forschender Blick, keine verstohlene Berührung wie bei Begegnungen zuvor. Ihr kam sogar der Gedanke, dass er die Öffentlichkeit suchte, um auf Distanz zu ihr zu gehen. Nicht, um endlich vor aller Augen zu ihr als Frau an seiner Seite zu stehen.

Was bedeutete es schon, sich vor einem kriegsversehrten Kellner *Herr Grawitz* zu nennen? Das war eine Albernheit. Nichts weiter. Vielleicht ein Hinweis auf ihre Freundschaft, aber Sonja empfand die Bemerkung, die ihr anfangs zu Herzen gegangen war, nach einer Weile als lächerlich. Justus kaschierte damit seinen Namen und vor allem sein Adelsprädikat, so wie er die kaiserliche Uniform abgelegt und gegen einen zivilen Anzug getauscht hatte. Oberflächliche Veränderungen, die den Kern dieses Mannes nicht erreichten. Vielleicht sogar ein Ausdruck jener privaten Feigheit, die sie über die Jahre immer wieder getrennt hatte. Doch sie spielte sein Spiel mit, weil sie Schauspielerin war – und weil sie Justus liebte und wusste, dass sie ihn nur hielt, wenn sie sich nach seinen Regeln richtete.

Obwohl sie den Krieg eigentlich ausklammern wollten, erzählte Sonja nach dem Genuss einer überraschend reichhaltigen Portion Braten mit böhmischen Klößen und Rotkohl von ihrer wohltätigen Arbeit: «Die Frauenvereine haben viel unternommen, um das Leben an der Heimatfront und auch im Feld zu verbessern. Da ich nun einmal kein Blut sehen kann, konnte ich in keinem Lazarett aushelfen, aber ich habe Geld für die Hinterbliebenenfürsorge gesammelt und Pakete für die Truppen gepackt. Du glaubst gar nicht, was alles zusammenkommt, wenn sich jemand wie ich ein wenig anstrengt. Und alle Zeitungen haben darüber berichtet.»

«Das kann ich mir sehr gut vorstellen. Ein Paket, von deinen zauberhaften und berühmten Händen gepackt, war für jeden Soldaten bestimmt ein großes Geschenk.»

«Ich habe auch versucht, mich um die Familien der jungen Offiziere zu kümmern. Diese Hilfe lag mir besonders am Herzen.»

Er nickte. «Keinen Dienstgrad hat es so heftig erwischt wie den Leutnant.» Mit einem Mal sah er sie aufmerksam, fast misstrauisch an. «Warum hast du das alles auf dich genommen? Ich kann mich nicht entsinnen, dass du so ein großzügiges Wesen besitzt.»

Sie erwiderte seinen Blick. «Jeder der Männer im Feld, für die ich etwas tat, hättest du sein können.»

Einen Moment lang sahen sie sich stumm in die Augen. Sonja legte all ihre Liebe in ihren Ausdruck – bemerkte jedoch eine gewisse Zögerlichkeit bei Justus, die sie irritierte. Seine Lider flatterten, schließlich sah er als Erster fort.

Er zog sein silbernes Zigarettenetui und das dazu passende Feuerzeug aus der Jackentasche. Umständlich zündete er sich eine Zigarette an. Der Rauch verbarg seine Miene, schließlich vertrieb er die Schwaden mit seiner freien Hand. Dann beugte er sich vor und strich sanft über Sonjas Finger, mit denen sie ihr Sektglas umklammert hielt. «Du bist sehr lieb», murmelte er.

Sie versuchte nach seiner Hand zu greifen, doch er entzog sie ihr.

Gedankenverloren rauchte er – und sie wartete zunehmend nervös auf eine weitere Erklärung, während sie sich auf ihrem Stuhl zurück- und von ihm fort lehnte.

«Der Krieg war furchtbar», sagte er nach einer Weile. Er schaute sich in dem Speisesaal um, als hätte er das Restaurant zuvor gar nicht wahrgenommen. «Für uns alle», fügte er hinzu.

Sonja ärgerte sich, dass sie das Thema angeschnitten hatte.

Spontan hob sie ihr Glas. «Wollen wir in meiner Wohnung weiter auf das Leben trinken? Ich habe ein paar neue Schallplatten, die ich dir gerne vorspielen würde. Wir könnten dazu tanzen und...»

«Ich fahre besser nach Hause», unterbrach er sie. Obwohl seine Stimme liebevoll klang, brüskierte er Sonja mit der Deutlichkeit seiner Worte. «Es tut mir leid, Sonja, aber es ist jetzt so vieles anders. Ich habe mich verändert. Wahrscheinlich tut das jeder Mann, der an der Front seinen Dienst verrichtet. Aber es war mir wichtig, es dir persönlich zu sagen.»

Die Hand mit ihrem Sektglas sank herab. «*Was* willst du mir sagen?»

Justus zögerte. Er zündete sich an dem Stummel der einen Zigarette eine neue an. «Ich bin ein anderer Mensch geworden», gestand er schließlich hinter dem Qualm. «Ich möchte ein neues Leben beginnen. Mein altes habe ich irgendwo auf dem Schlachtfeld gelassen. Dort soll es in Frieden ruhen, ich bereue nichts, aber ich will neu anfangen.»

Ach, wenn es weiter nichts war!

Sie merkte erst, dass sie die Luft erwartungsvoll angehalten hatte, als sie den Atem ausstieß. «Puh, du hast mir einen ganz schönen Schrecken eingejagt. Ich gehe mit dir, wohin du möchtest. Nichts fällt mir leichter, als neu anzufangen. Hauptsache, wir sind zusammen.» Erneut hob sie ihr Sektglas, doch diesmal trank sie es in einem Zug aus.

«So einfach ist es nicht...» Er räusperte sich, hustete. Als setze er einen Schlusspunkt, drückte er die kaum gerauchte Zigarette aus. «Es wird Zeit, dass ich heirate.»

Ihr Herz zog sich zusammen, um im nächsten Moment einen Trommelwirbel zu veranstalten. Sonja gestand sich ein, dass sie einen Heiratsantrag von Anfang an erwartet hatte, nicht nur erhofft. Plötzlich war alles ganz klar: Der Besuch in einem eleganten Restaurant, ihr Zusammensein in der Öffentlichkeit, die Flasche Sekt, seine ernste, feierliche Stimmung. Selbst seine Wahl des Hotel Excelsior passte, weil sie hier ungestörter speisten, und außerdem besaß das Hauptquartier des Spartakusbundes – selbst für Nationalisten wie sie und ihn – eine gewisse Aura von Zukunft. Auch dass er nicht zu ihr in die Wohnung wollte, ergab einen Sinn, denn bekanntlich behandelte ein Mann seine Braut anders als seine Geliebte. Leider konnte sie ihm hier vor allen Leuten nicht um den Hals fallen. So viel *Chuzpe* gestanden ihr wohl nicht einmal die Roten zu.

Sie beugte sich vor und griff über den Tisch nach seiner Hand, hielt sie fest, als er zurückzuckte. «Ja», sagte sie schlicht.

«Bitte, Sonja, ich ...», hob er an, unterbrach sich dann jedoch. Er wirkte zerstreut. Schließlich entzog er ihr seine Hand und gab dem Kellner ein Zeichen, dass er die Rechnung wünschte. «Wir sollten gehen», erklärte er.

♦

Auf der sonst lebhaften Königgrätzer Straße herrschte eine eigentümliche Stille, als wäre es nicht früher Abend, sondern mitten in der Nacht. Die Straßenbeleuchtung brannte zwar und aus den Häusern warfen die Lampen gelbe Lichtstreifen durch die Fenster auf den Asphalt, doch es waren kaum Fußgänger unterwegs. Eine kleine Gruppe Arbeiter lief schnellen Schrittes zum Potsdamer Platz, gefolgt – oder verfolgt – von einigen jungen Frauen, die ihr Geld anscheinend am Bordstein verdienten. Auch der Verkehr war für einen Dienstag beängstigend ruhig. Keine Elektrische weit und breit, vor dem Hauptportal des Anhalter Bahnhofs warteten nur wenige Automobile, die Scheinwerfer abgeschaltet. Ein einsamer Wagen raste mit gefährlich hoher Geschwindigkeit am Excelsior vorbei in Richtung Hallesches Ufer und schnitt Sonja und Justus nach Verlassen des Hotels den Weg hinüber zum Askanischen Platz ab.

Von ferne dröhnten Grölen und Motorengeräusche zu ihnen herüber. Im nächsten Moment knallten Schüsse durch die Luft.

Es wirkte wie ein gut trainierter Reflex, als Justus sie hinter sich schob und mit seinem Körper abschirmte. Sonja spürte die Anspannung seiner Muskeln, sein schwerer Atem klang in ihren Ohren wie ein Alarmsignal.

Aus den Augenwinkeln beobachtete sie, wie der Marinesoldat, der zuvor Wache vor dem Hotel geschoben hatte, eilig im Foyer verschwand. Die Türen schlossen sich hinter ihm, das Licht erlosch.

Dann sah sie einen Pritschenwagen herannahen und in der fahlen Straßenbeleuchtung die Umrisse Dutzender Männer, die auf der Ladefläche saßen oder knieten. Einige standen auf den Trittbrettern, Gewehre in Händen, dazwischen erkannte sie zu ihrer größten Überraschung die bleichen Gesichter kichernder, kreischender Frauen. Irgendwo klirrte das Glas einer auf den Boden geworfenen und dort zerschellenden Flasche.

Justus griff hinter sich nach Sonjas Hand. Er begann zu laufen, ohne sich nach ihr umzusehen, zerrte sie einfach mit sich.

Sie klammerte sich an ihn, wagte nicht, an ihre hohen Absätze zu denken, und hoffte, sie würde nicht stolpern.

Es waren nur wenige Schritte, bis Justus sie in eine dunkle Toreinfahrt stieß.

Als sie gegen die kühlen Fliesen der Mauerverkleidung sank, wurde ihr bewusst, dass sie sich die Lippen aufgebissen hatte. Sie begann zu zittern, fürchtete, die Beine würden ihr den Dienst verweigern. Einen Atemzug lang wunderte sie sich, wie verstört und verängstigt sie war. Dabei war es nicht das erste Mal, dass sie sich vor gewalttätigen Rüpeln versteckte. In den schmutzigen Hinterhöfen ihrer Kindheit und Jugend waren Übergriffe an der Tagesordnung gewesen. Zeitverzögert bemerkte sie, dass sie ihre Finger in Justus' Mantelärmel grub. Sie ließ ihn los.

Er lehnte neben ihr, den Kopf von ihr abgewandt mit aufmerksamem Blick zur Straße. Kaum dass ihre Hand herabsank, legte er schützend den Arm um sie.

Meine Güte, dachte sie, wie dumm von mir! Sie ängstigte sich, dabei war sie doch bei keinem Menschen so sicher wie bei Justus.

Im nächsten Moment knatterte eine Salve aus einem Maschinengewehr.

Sonja wusste nicht, wo die Schüsse abgefeuert wurden, die direkt an ihrem Versteck vorbeizupfeifen schienen. Ob von dem Pritschenwagen oder aus einem Hotelfenster geschossen wurde – ihr fehlte jegliche Orientierung. Ein ohrenbetäubender Lärm hallte in der Einfahrt, eine Kakophonie aus Stimmen, Motoren und Salven. Als es für einen Moment stiller wurde, glaubte sie, das Getrappel von Pferdehufen zu hören. Dann vernahm sie das Quietschen durchdrehender Reifen.

Kurz darauf schienen sich die bedrohlichen Geräusche wieder zu entfernen.

Zeit verging. Vielleicht nur ein paar Sekunden, möglicherweise eine Minute. Es blieb weitgehend ruhig.

Die Anspannung löste sich von Justus. Er wandte sich zu ihr um. «Noch mal gutgegangen.»

Stumm klammerte sie sich an ihn.

Wie Silvesterböller erklangen irgendwo in der Ferne weiter Schüsse.

«Am Potsdamer Platz wird gekämpft», murmelte Justus an Sonjas Ohr. «Wir müssen einen anderen Weg nach Hause finden.»

«Nach Hause zu mir?», entfuhr es ihr, ohne dass sie genau begriff, was sie eigentlich fragte.

«Ja», bestätigte er schlicht. Er legte die Arme um sie und zog sie eng an sich. «Ich bringe dich nach Hause, Sonnilein, und ich bleibe bei dir. Gott weiß, dass ich im Schützengraben niemals eine solche Angst ausgestanden habe wie eben um dich.»

Wer hätte gedacht, fuhr es Sonja durch den Kopf, dass Gefahr so viel Schönes barg...

10

Der in der Nacht einsetzende Nieselregen verstärkte sich im Laufe des frühen Morgens zu einem Schauer. Er prasselte gegen die Scheibe und tropfte von dem Rollladenkasten auf die Fensterbank. Gedankenverloren beobachtete Sonja die Schlieren, die sich wie ein Spinnennetz ausbreiteten. Die Assoziation gefiel ihr, nur war sie sich im Moment nicht sicher, wer die Spinne und wer die Fliege war. Justus besaß zweifellos Macht über sie, aber vielleicht war sie ja das Raubtier, das ihn in ihre Fäden einwob. Wenn sie ihr Gespräch im Restaurant des Excelsior Revue passieren ließ, war sie inzwischen überzeugt, dass er einen anderen Verlauf des Abends geplant hatte. Doch er hing an ihr wie das Insekt im Spinnennetz und konnte sich ebenso wenig befreien. Das hatte er ihr in den vergangenen Stunden mit seiner Leidenschaft bewiesen. Andererseits war ihr bewusst, wie stark sie selbst von seiner Liebe abhängig war. Es war wie eine Sucht.

Er war in der Dämmerung eingeschlafen und sie saß schon fast ebenso lange auf der Récamiere in ihrem Salon. Die Hände um eine Teeschale gelegt, starrte sie nach draußen. Das Porzellan wärmte ihre Finger ebenso wie der Inhalt ihren Magen. Wirklich geschmackvoll war der Ersatzkaffee aus Zichorie zwar nicht, aber echten schwarzen Tee hatte Sonja sich schon lange nicht mehr geleistet. Seit Beginn des Krieges und der englischen Seeblockade besaßen einige Blättchen Darjeeling, Assam oder Brocken Ceylon einen höheren Wert als Goldstaub.

Je heller der Tag heranbrach, desto klarer wurde ihre Erinnerung an den einen Satz, den Justus gesagt hatte: «*Es wird Zeit, dass ich heirate...*»

Beseelt von ihrem Wiedersehen und auch ein bisschen betrunken von dem Sekt auf relativ nüchternen Magen, hatte sie angenommen, er wolle um ihre Hand anhalten. Doch trotz ihres innigen Zusammenseins in der vergangenen Nacht begriff sie nun, dass er nicht sie wollte. Die Gewissheit bohrte sich wie ein Stachel in ihre Seele, wie ein Dorn in ihr Herz.

Wer mochte diese andere Frau sein, die er zu heiraten gedachte? Sicher war es eine ihm gesellschaftlich ebenbürtige Person. Marlene von Runstedt? Hatte er ihre ehemalige Freundin wiedergesehen? Möglich, aber es war kaum vorstellbar, dass er in aller Ruhe von einer Braut zur nächsten schlawinerte. Außerdem glaubte sie nicht, dass Marlene nach der langen Zeit noch etwas mit Justus verband. Vielleicht war sie auch längst verheiratet. Sonja hatte schon seit Ewigkeiten nichts mehr von ihr gehört, sie legte auch keinen Wert darauf, ihre Bekanntschaft wiederaufzufrischen.

«*Du trägst die alten Kleider von Marlene auf*», hatte Caroline von Ostwald einmal gesagt, «*und nun bekommst du als Zugabe den Verehrer, den Marlene nicht will. Du bist eben immer nur die zweite Wahl.*»

Die Vorstellung, Justus habe eine dritte Frau in sein Leben gelassen, empfand Sonja als seltsam beruhigend. Wer immer es war, sie beschloss, den Kampf gegen die Fremde aufzunehmen. Wahrscheinlich eine sittenstrenge Witwe aus dem gesellschaftlichen Umfeld derer von Ostwald, deren Mann gefallen war, ein Held natürlich, dessen Erbe beschützt werden musste. Der zweifellos klangvolle Name dieser Dame stand sicher weder für Intelligenz oder Leidenschaft noch für Abenteuer, wie das eben in diesen Kreisen so üblich war. Justus würde sich mit ihr schnell langweilen. Hoffentlich sah er das noch vor der Hochzeit ein. Sonja wollte alles tun, um eine Heirat ihres Liebsten mit einer solchen Person zu verhindern, und sie war sich ihres Triumphs sicher. Einen Mann, den sie trotz Marlene von Runstedts über ihnen ragendem Schatten so lange an sich gebunden hatte, verlor sie nicht an eine Ehe, deren einziger Zweck dem Fortbestand eines Adelsprädikats galt, das durch die Revolution ohnehin in den Schmutz gezogen war.

Ein Klappern an der Wohnungstür erinnerte sie daran, dass weder Butler noch Dienstmädchen nach dem Generalstreik zurück an ihren Arbeitsplatz gekommen waren. Brauchten die kleinen Leute heutzutage keinen Lohn mehr? Sonja erinnerte sich an den Geldmangel ihrer Kindheit und Jugend, als wäre es gestern gewesen, und das stete Bewusstsein, wie schwer der Weg zu einem eigenen Vermögen war, sorgte für eine gewisse Sparsamkeit. Großzügig war sie nicht, da hatte Justus absolut recht, jedenfalls nicht zu anderen. Sie hatte ihre Dienerschaft nicht besonders üppig bezahlt, aber dafür konnten sie sich schließlich damit brüsten, die Wohnung einer Diva sauber zu halten, das stellte ihrer Ansicht nach einen nicht zu unterschätzenden Wert dar. Jedenfalls würde sie sich schleunigst nach Ersatz umsehen. Und falls die beiden bisherigen Dienstboten doch noch einmal auftauchten, würde sie ihnen die Fehltage vom Verdienst abziehen.

Jetzt allerdings musste sie sich von ihrem bequemen Platz aufraffen und höchstselbst die Morgenzeitung vom Boden aufheben, die ein Bote gerade durch den Briefschlitz geworfen hatte. Die Schlagzeilen, die sich bestimmt mit den gestern gefassten Beschlüssen des Volksrats beschäftigten, interessierten sie. Außerdem würde es vielleicht einen Hinweis auf die Unruhen am Potsdamer Platz geben, deren Zeugin sie geworden war.

Barfuß tappte Sonja durch den Flur. Sie bewohnte eine schöne Wohnung in der altehrwürdigen, vornehmen Gegend am Tiergarten. Vier Räume, Wintergarten, ein modernes Bad, Küche mit Speise- und Gesindekammer. Ihre Einrichtung war relativ schlicht, die ebenso pompösen wie dunklen Möbel des wilhelminischen Bürgertums waren nicht nach ihrem Geschmack. Sonja schätzte Leichtigkeit. Durch den Regen vor den Fenstern wirkte ihr Zuhause um diese Stunde jedoch dunkel und kalt, was natürlich auch an der in der Nacht abgestellten Heizung lag.

Sie hob zuerst den Pelzmantel auf, den sie bei ihrer Heimkehr gestern Abend einfach auf den Boden im Korridor hatte gleiten lassen, und zog ihn über ihr Negligé. Dann nahm sie die Zeitung an sich, die zusammengerollt unter dem Briefschlitz lag. Sie entfaltete das Blatt und las im Halbdunkel Überschrift und Untertitel:

DIE ERSTEN GESETZE DER NEUEN REGIERUNG
Verwirklichung des sozialistischen Programms – Aufhebung des Belagerungszustandes – Freie Meinungsäußerung in Wort und Schrift – Der Acht-Stunden-Arbeitstag – Die konstituierende Versammlung.

Im Hauptbericht wurden die einzelnen Punkte aufgelistet, die von der neuen Regierung verabschiedet worden waren.

Den Blick halb auf die erste Spalte gerichtet, halb ihren Schritten folgend, sodass sie nirgendwo anstieß, kehrte sie in ihren Salon zurück. Sie setzte sich nicht, beachtete auch nicht die Porzellanschale mit dem Kaffeeersatz auf dem Beistelltischchen. Gefesselt von den politischen Veränderungen, las sie, was dort vor allem über «Das neue Deutschland» und die

«Wirkliche Demokratie!» geschrieben stand. Allein die Tatsache, dass es plötzlich keine Standesunterschiede mehr geben sollte, dass jeder alles sagen und schreiben durfte, ohne die Geheimpolizei und Spitzel zu fürchten, versetzte sie in eine eigentümliche Stimmung. Es war mehr, als sie sich je hätte vorstellen mögen.

Sie war so in ihre Lektüre versunken, dass sie Justus' Gegenwart erst wahrnahm, als er sie mit einem sanften «Guten Morgen» ansprach.

Statt sich in seine Arme zu werfen, hielt sie die Zeitung hoch wie eine Fahne. «Entschuldige, dass ich nicht bei dir war, als du aufgewacht bist. Die Neuigkeiten sind so interessant. Der Volksrat hat gestern Gesetze beschlossen, die ziemlich umfassend und durchgreifend sind. Verzeih, aber ich bin schrecklich aufgeregt deswegen.» Sie schenkte ihm ein verlegenes Lächeln.

Justus war in Hose und Oberhemd, der Kragen stand offen, die Krawatte fehlte, sein Haar war noch nicht gekämmt, aber immerhin trug er seine Schuhe. Hatte er eben noch ein wenig schläfrig gewirkt, so schien er plötzlich hellwach. Er nahm ihr die Zeitung ab. Nachdem er sich einen Überblick verschafft hatte, murmelte er in sich hinein: «Das ist eine völlige Umwälzung. Allein das Arbeits- und Wahlrecht stellt unsere Gesellschaft auf den Kopf. Wie sollen Männer das Richtige wählen, die weder Ahnung von Demokratie noch von Politik haben? Viele der Arbeiter können ja nicht einmal anständig lesen!»

«Du kannst doch gar nicht wissen, wie unbedarft die Menschen aus den unteren Schichten sind. Wie viele kennst du denn?», entfuhr es Sonja.

Justus sah sie so überrascht an, als habe er sie noch nie gesehen. Vielleicht hatte er tatsächlich bisher nicht wahrgenommen, dass sie die Fähigkeit besaß, sich eine eigene Meinung zu bilden. «Nun ... ja ... du weißt es gewiss besser als ich ...», lenkte er halbherzig ein, um dann jedoch hinzuzufügen: «Aber ein Wahlrecht für Frauen? Ich kenne viele Damen, denen ich nicht zumuten möchte, einen Stimmzettel abzugeben. Woher sollen die armen Frauen denn wissen, wen sie wählen sollen?»

Zum zweiten Mal an diesem Morgen dachte Sonja an Marlene und fragte sich, ob Justus vergessen hatte, wofür sie stand. Er beschrieb zweifellos seine alberne Schwester und keine der ehrgeizigen jungen Frauen, die Sonjas Weg begleitet hatten – weder damals in der Schule noch danach an den verschiedenen Bühnen. «Es ist sicher von Vorteil, lesen zu können», gab sie ungewollt pampig zurück, «aber ich dachte eigentlich, dass die Damen deiner Kreise der Lektüre mächtig sind. Und falls nicht, wird sich sicher jemand finden lassen, der sie über ihre neuen Rechte aufklärt. Zuhören werden sie ja wohl können.» Insgeheim gestand sie sich ein, dass ihr Angriff weniger Justus als vielmehr der Erinnerung an seine dumme Schwester galt.

Ein wenig gönnerhaft küsste er sie auf die Stirn. «Und du bist natürlich die geeignete Person für diese Aufklärung. Deiner berühmten Stimme wird allerorten Gehör geschenkt.»

«Mach dich bitte nicht lustig über mich!»

«Das tue ich nicht», widersprach er ernsthaft. «Ich glaube, dass man das Beste aus einer unabänderlichen Sache machen muss. Max von Baden führte das allgemeine Wahlrecht ein, um das Volk zu beruhigen. Das ist ihm nicht gelungen, wie wir wissen. Wenn nun die Herren Volksräte auch alle Frauen von Küche und Kindern zum Wahllokal locken, so sollten die Damen sinnvoll angeleitet werden. Und eine Persönlichkeit von deinem Ruf eignet sich dafür in besonderem Maße.»

Sie starrte ihn an, fassungslos über das, was sie da hörte.

«Wie meinst du das?»

«Deiner Aussage würde zweifellos mehr Gewicht beigemessen als dem, was eine weithin unbekannte Frauenrechtlerin referiert. Außerdem bist du es gewohnt, vor vielen Menschen zu sprechen.»

«Willst du damit sagen, ich soll mich politisch engagieren?»

«Nein.» Er legte den Arm um ihre Schultern und zog sie an sich. «Nein. Das meinte ich nicht. Du brauchst dein passives Wahlrecht nicht auszuüben, um den neuen Wählerinnen zu erklären, wie sie zu wählen haben. Und vor allem – wen. Dafür musst du nur in der Öffentlichkeit reden. Etwas, das du perfekt beherrschst.»

«Aber als ...», sie biss sich gerade noch rechtzeitig auf die Zunge, bevor ihr ein folgenschwerer Satz entfuhr. Sie hatte sagen wollen: *«Aber als deine Frau kann ich doch nicht vor wildfremden Menschen Reden halten, das gehört sich nicht.»* Verwirrt von seiner Idee, der Konsequenz daraus und all den anderen Gedanken, die ihr durch den Kopf schossen, löste sie sich von ihm. Sie zog den Mantelkragen um ihren Hals zusammen, als müsste sie sich vor einem eisigen Wind schützen, der plötzlich in ihren Salon gefahren war.

Stumm sahen sie einander an, er mit einem auffordernden Lächeln, sie mit kritischem Ernst.

Schließlich brach sie das Schweigen mit einer Frage, die

ihr nach Justus' Karriere beim Militär und seiner neuen Rolle als Zivilist folgerichtig schien: «Willst du in die Politik gehen?»

«Nein. Eine Rolle in der Diplomatie wäre ein Gedanke, aber bevor ich mit dem zuständigen Volksrat Haase Kontakt aufnehme, muss ich ein paar Gespräche führen, zumal ich keine Ahnung habe, wie die Situation im Auswärtigen Amt derzeit ist. Zerbrich dir nicht meinen Kopf, Sonnilein.»

Natürlich bat er sie nicht um ihren Rat. Zugegeben, sie konnte auch nichts zu seinen Plänen sagen. Dennoch tat es ihr weh, dass er sie nicht einbezog. Sie *wollte* sich mit seiner Zukunft auseinandersetzen, weil sie fest davon überzeugt war, dass es auch ihre Zukunft war.

Er beugte sich vor, um einen Kuss auf ihre Wange zu hauchen. «Was hältst du davon, wenn wir beide zusammen frühstücken? Ich habe gleich einen Termin und hätte gerne vorher einen Kaffee, wenn es möglich wäre...»

«Mein Personal hat heute frei», warf Sonja rasch ein.

«Oh!»

«Aber ich könnte dir einen Kaffee kochen. Das ist wie Radfahren – so etwas verlernt man nicht.»

«Wenn dein Hausmädchen und dein Butler nicht da sind, habe ich eine andere Idee», er grinste schelmisch, die Zeitung fiel raschelnd auf den Boden, dann streckte er die Hände nach ihr aus. «Ein ausgedehnter Morgen im Bett ersetzt jedes noch so üppige Frühstück. Das ist ein Geschenk, von dem ich im Feld nicht einmal zu träumen wagte.»

Sie schmiegte sich in seine Arme. Gegen ihren Willen erinnerte sie ihn: «Was ist mit deinem Termin? Musst du nicht weg?»

«Später...», murmelte er, während seine Hände unter ihren Pelzmantel glitten.

II

«Es ist eine ausgezeichnete Idee, sich an den liberalen Gedanken von Friedrich Naumann und der Fortschrittlichen Volkspartei zu orientieren», referierte Hugo von Runstedt. «Der Parlamentarismus einerseits, eine Aufhebung des Standes- und eine Verbesserung des Arbeitsrechts andererseits entsprechen durchaus auch meinen Vorstellungen von... Marlene, hörst du mir zu?»

Ihr Blick flog zu ihrem Vater. «Selbstverständlich.» Sie ließ den Bleistift, den sie krampfhaft umklammert hielt, zwischen ihren Fingern kreisen. «Ich bin ganz bei dir...»

«Warum siehst du dann ständig zur Tür?»

«Verzeihung!» Sie riss sich zusammen, hielt ihre Hände ruhig und sah ihrem Vater in die Augen. «Ich erwarte eine Klientin zur Beratung, der übel mitgespielt wurde, deshalb war ich kurz unaufmerksam», improvisierte sie. «Ich frage mich, ob sie überhaupt zu unserem vereinbarten Termin kommen kann oder mich sitzen lässt.»

«Was für eine treffende Formulierung!», murmelte Max in sich hinein. Er hatte seinen Kopf über die Unterlagen gesenkt, die vor ihm auf dem Konferenztisch lagen. Es war durchaus möglich, dass er Marlenes Lüge durchschaute, aber seine Miene blieb verschlossen.

Die Zweideutigkeit seiner Bemerkung ärgerte sie. Max hatte zwar nicht ganz unrecht und letztlich war die unbedachte Wortwahl ihre eigene Schuld. Sie fühlte sich bei etwas ertappt, das zwar nicht verboten, aber auch nicht gerne gesehen war. So ähnlich hatte sie sich als kleines Mädchen gefühlt, wenn sie Äpfel aus der Speisekammer entwendete, um das Obst an den klapprigen Esel des Leierkastenmannes zu verfüttern, der durch ihr Viertel zog.

Allerdings schien die Dringlichkeit, mit der Justus auf einem Wiedersehen bestanden hatte, für ihn an Reiz verloren zu haben. Er war bereits mehr als leicht verspätet, das sogenannte akademische Viertel war längst um, er war schlichtweg unpünktlich und damit ausgesprochen unhöflich. Natürlich war es möglich, dass er aufgehalten worden war. Doch Max hatte berichtet, dass es heute auf den Straßen Berlins ruhig blieb. Die Revolution war durch die neuen Beschlüsse des Volksrats unterbrochen oder beendet worden, ganz genau konnte man es wohl noch nicht sagen. Es fuhren auch wieder Bahnen und Busse, sodass Justus problemlos nach Charlottenburg kommen konnte. Da er zudem als Zivilist unterwegs war, hielt ihn wohl nur eine Privatangelegenheit auf. Unter diesen Umständen sollte sie kein Interesse daran haben, ihn wiederzusehen. Und doch waren die Gedanken an ihn nicht so leicht fortzuwischen.

Der Bleistift zwischen ihren Fingern wippte auf und ab wie eine Kinderschaukel.

«Wenn du eine Klientin erwartest, muss ich mich wohl beeilen.» Marlenes Vater wollte offenbar launig klingen, wirkte jedoch entnervt von ihrer Ungeduld. Er atmete tief durch und fuhr fort: «Die Ideen, die Herr Wolff gestern vorgetragen hat, entsprechen durchaus auch meinen Vorstellungen einer gesellschaftlichen und politischen Neuorientierung...»

Justus' Kuss brannte noch immer auf ihren Lippen. Wenn sie jetzt daran dachte, spürte sie wieder seinen Mund auf dem ihren.

«Ich werde mich nicht scheuen, den Aufruf zur Gründung der Deutschen Demokratischen Partei zu unterzeichnen...»

Die Standuhr schlug die halbe Stunde. Inzwischen war Justus dreißig Minuten zu spät.

«Es steht außer Frage, dass es nach der Bestätigung des Frauenwahlrechts auf Personen wie dich ankommt, Marlene. Hast du dir abschließend überlegt, wie weit du bei der Parteigründung gehen möchtest?»

«Was?» Sie sah ihren Vater irritiert an. Wenn sie sich doch endlich auf dieses Gespräch konzentrieren könnte, anstatt sich mit Justus' Unzuverlässigkeit abzulenken. Sie hatte ihm vertraut – und wurde enttäuscht. Selten war sie sich so schwach und albern vorgekommen wie in diesem Moment.

«Ich meine, dass nicht nur eine Mitgliedschaft in der Partei, sondern auch eine Kandidatur der beste Weg für Marlene wäre, den Arbeiterinnen und weiblichen Angestellten im Reichstag eine Stimme zu verleihen», mischte sich Max ein. Er beugte sich vor und nahm ihr energisch den Stift aus der Hand. «Entschuldige, ich muss mir schnell etwas notieren», behauptete er und kritzelte Unleserliches auf ein Blatt Papier, neben dem sein eigener Füllfederhalter lag.

Marlene faltete ihre Hände. «Vater, Max...», hob sie langsam an. Sie brauchte Zeit, um sich zu sammeln, ihre persönlichen Hoffnungen, Verletzungen und Eitelkeiten hintanzustellen und sich wieder so professionell zu verhalten, wie es nicht nur ihr Vater, sondern auch sie selbst von sich erwartete. «Ihr habt natürlich beide vollkommen recht. Nachdem ich die Vorschläge von Theodor Wolff heute Nacht überschlafen habe...», sie zögerte, weil sie tatsächlich schon wieder kein Auge zugetan hatte, «bin ich zu der Überzeugung gelangt, dass sich hier eine Chance bietet, die ich ergreifen sollte.»

«Du wirst also nicht nur den Aufruf unterschreiben, sondern auch aktiv an der politischen Neuorientierung mitwirken – als Parlamentarierin?», vergewisserte sich Hugo von Runstedt.

«Ja. Das habe ich vor. Ich habe nicht fast zwanzig Jahre lang darauf gewartet, dass Frauen mehr Rechte zugebilligt werden, um zu kuschen, wenn es an die Umsetzung geht. Natürlich möchte ich dabei sein, wenn wir erstmals die Möglichkeit haben, an der Gesetzgebung mitzuwirken.»

«Bravo!», rief Max aus.

Sie lächelte ihn an. «Ich vermute, du hattest nichts anderes von mir erwartet.»

Ihr Selbstbewusstsein war Fassade. Marlene war sich nicht sicher, ob sie dem Vertrauen gewachsen war, das nicht nur ihr Vater oder Max, sondern auch ihre Mitstreiterinnen in den Frauenverbänden in sie setzten, die ebenfalls von ihren Plänen wussten. Am stärksten zögerte sie, wenn sie sich überlegte, was ihre Mutter zu alldem sagen würde. Es stand außer Frage, dass Josephine als leidenschaftliche Kämpferin für Frauenrechte am Ziel ihrer Träume angelangt wäre. Wenn sich Marlene als künftige Parlamentarierin zur Wahl stellen wollte, wäre dies in ihrem Sinne. Andererseits fühlte sich Marlene dadurch einem enormen Druck ausgesetzt. Sie war diese Belastung zwar gewohnt, aber es erschien ihr schwieriger, ihr in einem öffentlichen Amt standzuhalten als in der Kanzlei ihres Vaters, dem Kartell der Auskunftsstellen für Frauenberufe oder dem Kriegsamt. Sie war ein Neuling in der Politik, fühlte sich darin auf gewisse Weise orientierungslos. Das würde Josephine verstehen. Vor allem würde ihre Mutter nicht wollen, dass ihre Tochter aus Ahnungslosigkeit versagte. Womöglich würde sie ihr sogar raten, noch ein wenig abzuwarten und Erfahrung zu sammeln.

«Ich bin stolz auf dich», sagte Max.

Hugo von Runstedt sah seinen Partner verdutzt an. «Tatsächlich?» Er räusperte sich. «Nun, dann sind wir also so weit übereingekommen, dass wir der Idee von Herrn Wolff folgen wollen...»

Es klopfte an die Tür.

«Ich mag es nicht, unterbrochen zu werden», polterte Marlenes Vater und brüllte einen Atemzug später: «Herein!»

Die Stenotypistin war heute wieder zur Arbeit erschienen, nachdem sie in den vergangenen Tagen befürchtet hatte, auf offener Straße vor bewaffneten Spartakisten oder dem ebenfalls bewaffneten Freikorps erschossen oder zumindest überfallen zu werden.

«Entschuldigen Sie bitte, Herr Professor», sagte Fräulein Martius mit hochroten Wangen. «Hier ist Besuch für Fräulein Doktor von Runstedt.»

Fünfundvierzig Minuten zu spät, dachte Marlene verärgert. Einen Moment lang fragte sie sich, ob sie lachen oder weinen, sich auf Justus freuen oder sich über ihn ärgern sollte. «Mein Termin», verkündete sie mit ungewöhnlich schriller Stimme. Sie schob ihren Stuhl zurück. «Ich denke, wir sind hier fertig. Nicht wahr, Vater?»

Hugo von Runstedt machte eine wegwerfende Bewegung, die sie zum Verschwinden aufforderte. «Geh nur. Du hattest uns ja über deine Klientin informiert.»

Die Wiederholung ihrer Lüge aus seinem Mund ließ Marlene zusammenzucken.

Aus den Augenwinkeln nahm sie wahr, dass Fräulein Martius kurz nickte und sich dann zurückzog. Offenbar sah sie sich nicht veranlasst, das Geschlecht von Marlenes Besuch zu korrigieren.

«Wir sehen uns später», flötete Marlene, bevor sie in den Flur trat und die Tür hinter sich schloss. Erleichtert, ohne eine weitere Erklärung davongekommen zu sein, atmete sie tief durch.

Fräulein Martius wartete auf sie. «Ich habe die Frauen im Sekretariat Platz nehmen lassen», flüsterte sie Marlene zu. «Auf solche Leute passt man besser ein bisschen auf, und Herr Lohmann ist auch da.»

«Oh!» Marlene starrte sie an. «Ist mein Besuch denn kein Herr?»

«Nein, Fräulein Doktor, zwei eher schlichte Frauenzimmer. Nicht unfreundlich, aber heutzutage geht es vielen so schlecht, da muss man aufpassen. Die eine hat allerdings gesagt, sie kennt Sie von einem früheren Fall.» Sie begegnete Marlenes verstörtem Blick und fügte rasch hinzu: «Soll ich dafür sorgen, dass die beiden vor die Tür gesetzt werden?»

Justus kommt nicht mehr, gestand Marlene sich ein. Er brachte es wirklich fertig, sie zu versetzen.

«Auf gar keinen Fall schicken Sie meinen Besuch wieder fort», wies sie Fräulein Martius an. «Ich gehe jetzt in mein

Büro und Sie bringen die beiden Frauen in fünf Minuten zu mir.»

Ein kleiner Funken Hoffnung nistete sich in ihrem Herzen ein. Vielleicht hatte Justus einen triftigen Grund, so spät zu kommen, und war doch noch auf dem Weg zu ihr. Doch sie war zu gekränkt, um ihm die Unpünktlichkeit durchgehen zu lassen. Die Warterei zehrte an ihr. Deshalb wies sie die Angestellte barsch an: «Und ich möchte nicht gestört werden, ganz gleich, wer nach mir fragt.»

Nach dieser Instruktion kam es Marlene vor, als habe sie die Situation wieder im Griff. Sie fühlte sich allerdings nicht sonderlich wohl dabei. Am liebsten hätte sie die Anweisung zurückgenommen, doch sie rauschte ohne ein weiteres Wort mit verkniffener Miene in ihr Arbeitszimmer.

◆

Marlenes Klientinnen waren eine große, kräftige Frau mittleren Alters und ein junges Mädchen mit rosigen Wangen und auffallend schönen, blauen Augen. Beide waren schlicht gekleidet, obwohl Marlene vermutete, dass für die Anwaltskanzlei die Sonntagsgarderobe hervorgeholt worden war. Die Ältere streckte ihr in einer jovialen Geste die abgearbeitete, raue Hand entgegen, während die Jüngere sich hinter dem breiten Rücken ihrer Begleiterin zu verstecken schien.

«Hoppe mein Name», die volltönende Stimme der Frau erfüllte Marlenes kleines Büro. «Erna Hoppe. Wir kennen uns, Fräulein Doktor, aber Sie werden sich wohl nicht mehr an mich erinnern – es ist ja auch schon ein Weilchen her, dass mich der Kerl hat sitzen lassen und Sie ihm ordentlich Geld aus der Tasche gezogen haben. Fräulein Doktor, das vergess ick Ihnen und Herrn Rechtsanwalt Emden nie.» Ein langer und kräftiger Händedruck begleitete die einleitenden Worte.

Marlene zog ihre Hand zurück, bevor ihre Finger zerquetscht wurden. Ihr gelang ein Lächeln. «Ich erinnere mich noch sehr gut an Ihren Fall», behauptete sie freundlich, obwohl das nur vage der Wahrheit entsprach. In ihrem Gedächtnis tauchte der Begriff *Kranzgeld* auf und mit ihm eine resolute Arbeiterin, die nicht fassen konnte, von ihrem Verlobten verlassen worden zu sein. Die Sache lag lange zurück, und Erna Hoppe war damals vermutlich ein *spätes Mädchen* gewesen, das sich dem Mann hingegeben hatte, um ihn zu halten. Marlene sah zu der Jüngeren. «Und wen haben Sie mir mitgebracht?»

«Na, sag schon deinen Namen», forderte Erna Hoppe ihre schüchterne Begleiterin auf. «Bei dem Fräulein Doktor musst du zeigen, dass du dich gut benehmen kannst.»

Errötend knickste das Mädchen. «Ick heiße Marie.»

«Auch Hoppe?», hakte Marlene nach.

«Nee», mischte sich die Ältere ein, «verwandt sind wir nicht. Ick kümmere mich nur ein bisschen um die Kleene. Sie heißt Marie Becker und kommt gebürtig aus der Nähe von Magdeburg.»

Marlene nickte und deutete auf die beiden Besucherstühle. «Nehmen Sie bitte Platz und erzählen Sie mir, was Sie hierhergeführt hat.»

Auf das Füßescharren und Stühlerücken folgte ebenso verlegenes wie ratloses Schweigen. Marlene kannte das, es waren nicht nur die einfachen Frauen, denen die Worte fehlten, um eine schwierige Situation zu beschreiben. Während sie geduldig wartete, schweiften ihre Gedanken ab. Sie dachte daran, dass es ihr selbst nicht anders ging und sie mit all ihrer Bildung kaum in der Lage wäre, einem anderen Menschen ihre Gefühle für Justus zu erklären. Gestern hatte er auf dem Stuhl gesessen, den jetzt Erna Hoppe ausfüllte. Heute versetzte er sie und hinterließ eine eigentümliche Leere in ihrem Herzen. Sie atmete tief durch, als könne sie ihre Emotionen auf diese Weise verscheuchen. Bei einem Blick in Marie Beckers Augen stellte sie fest, dass die junge Frau kurz davorstand, in Tränen auszubrechen. Meine Güte, wie viele Tränen hatte sie selbst wegen Justus vergossen? Sie waren ungezählt.

«Ich kann mich Ihrer Angelegenheit nur annehmen, wenn Sie mir offen sagen, um was es geht», hob Marlene schließlich an. Sie klang noch immer ruhig, obwohl sie langsam ungeduldig wurde.

«Marie geht es wie mir damals, Fräulein Doktor», erwiderte die Hoppe zerknirscht. «Nur noch viel schlechter.»

«Sind Sie schwanger?», fragte Marlene direkt und blickte Marie aufmerksam an. Sie konnte sich nicht entsinnen, dass ein Kind bei der Kranzgeldklage von Erna Hoppe eine Rolle gespielt hatte. Deshalb ging es Marie Becker wohl schlechter.

Die junge Frau auf der anderen Seite ihres Schreibtisches senkte die Lider und zog die Nase hoch, als wäre sie selbst noch ein Kind. Eine dicke Träne rann über ihre rosige Wange, aber sie schüttelte den Kopf.

Immerhin nur eine halbe Katastrophe, dachte Marlene erleichtert. Sachlich fragte sie: «Was ist passiert?»

«Es ist die alte Geschichte, Fräulein Doktor», erklärte die Hoppe: «Erst macht er 'nen Antrag, dann verführt er sie, und als er seinen Spaß hatte, behauptet er, sie sei eine Schlampe, die es mit jedem treibt, dann ist er gegangen. Det machen sie alle so, die Kerle, als hätten sie es in einem Lehrbuch für Männer ohne Anstand gelesen.»

«In der Tat, so etwas passiert häufiger, als uns allen lieb sein kann.»

«Was soll denn nun aus mir werden?», schluchzte Marie.

«Im Bürgerlichen Gesetzbuch ist das Verlöbnis ausdrücklich geregelt», antwortete Marlene. «Sie können zwar nicht auf die Eingehung der Ehe klagen, wohl aber einen Schaden aufgrund des Rücktritts Ihres Verlobten vom Verlöbniswillen geltend ma...», sie unterbrach sich, als sie bemerkte, dass keine ihrer beiden Besucherinnen ihrem Juristendeutsch folgen konnte. Deshalb fügte sie hinzu: «Sie können Ihren ehemaligen Freund nicht zwingen, Sie zu heiraten, Fräulein Becker, aber Sie können ihn auf die Zahlung eines Schadenersatzes verklagen, weil er das Verlöbnis mit Ihnen gelöst hat, das sogenannte Kranzgeld. Er muss Sie sogar für den Nachteil entschädigen, der Ihnen durch den Verlust Ihrer Jungfräulichkeit entsteht, wenn...»

«Aber meine Arbeit...», warf Marie verzweifelt ein.

«Was hat Ihr Beschäftigungsverhältnis damit zu tun?»

Unbeholfen tätschelte Erna Hoppe Maries Hand. «Denken Sie nicht schlecht von der Kleenen, Fräulein Doktor, det ist ein anständiges Mädchen. Der Sohn des Chefs hat ihr schöne Augen gemacht – und dann nahm das Unglück seinen Lauf, ihr wurde fristlos gekündigt. Deshalb steht sie nun ohne einen Pfennig da.»

So üblich, so schwierig, fuhr es Marlene durch den Kopf. Obwohl ihr die Hintergründe deutlich vor Augen traten und ihr Marie sehr leidtat, verschloss sich ihre Miene, sie nahm eine durch und durch professionelle Haltung ein. Es half niemandem, wenn sie die Hoffnung der armen jungen Frau durch Mitleid schürte. «Die Beweislast liegt bei Ihnen, Fräulein Becker. Ich muss Ihnen sagen, dass das manchmal problematisch werden kann. Aber erzählen Sie bitte von Anfang an: Wo arbeiten Sie?»

Marie schluckte. «In der Spät'schen Baumschule in Treptow.»

Das war die erste Adresse für Gartenbau und Pflanzungen im Umkreis von Berlin. «Oh!», entfuhr es Marlene. «Sind Sie Gärtnerin?»

«Ick bin Gärtnerin», verkündete die Hoppe stolz. «Det Geld, das Sie mir damals verschafft haben, hab ick in eine gute Ausbildung gesteckt. Sehen Sie sich das Mädchen doch an, det ist noch viel zu jung und zu zart für den Garten. Aber sie hat Talent in der Blumenbinderei gezeigt...»

«Ick schaff det schon», sagte Marie, deren Lebensgeister zu erwachen schienen. «Ick meine, det mit der Gartenarbeit. Deshalb spare ick, so viel ick kann, und wenn ick genug Geld zusammenhabe, möchte ick auf die Obst- und Gartenbauschule für Frauen in Marienfelde gehen oder nach Dahlem auf die Königliche Gärtnerlehranstalt als Gasthörerin. In der Schule war ick recht gut, aber ick brauche außer den Schulgebühren noch den Nachweis für eine gärtnerische Tätigkeit...»

Sie brach wieder in Tränen aus.

Der Mann verweigerte ihr nicht nur die Ehe, sein Vater hatte sie hinausgeworfen und schuldete ihr ein anständiges Zeugnis, folgerte Marlene im Geiste, wenn nicht sogar auch noch den letzten Lohn. Viele einfache Mädchen, die unter Vorspiegelung falscher Tatsachen verführt wurden, fanden sich anschließend auf der Straße wieder, weil sie mit Schimpf und Schande aus ihrem bescheidenen, aber sicheren Dasein geworfen worden waren. Nicht wenige landeten in der Prostitution.

Marlene lächelte Marie aufmunternd an. «Ihre Ziele können Ihnen noch von Nutzen sein, wenn wir den Schaden berechnen wollen, der Ihnen zugefügt wurde. Zunächst einmal muss ich Sie jedoch fragen, ob Sie noch Jungfrau waren, als Sie diesem jungen Mann ... beiwohnten.»

«Natürlich», empörte sich die Hoppe.

«Ja», bestätigte Marie leise.

Marlene atmete tief durch. «Eine Deflorationsklage gewinnt deutlich mehr an Gewicht durch eine Schwangerschaft. Sind Sie sicher, dass Sie kein Kind erwarten?»

«Ja», wiederholte Marie mit diesmal festerer Stimme. «Ja, det bin ick.»

«Wir brauchen Beweise, das kann ich Ihnen leider nicht ersparen. Alles, was für Sie günstig ist, müssen Sie beweisen. Allerdings trifft das auf unseren Gegner ebenfalls zu: Auch Ihr ehemaliger Verlobter muss seine Behauptungen beweisen.»

Marlene wartete auf den Protest, der in vergleichbaren Fällen meist folgte. Welches junge Mädchen konnte schon beweisen, dass es unberührt gewesen war, als es sich dem Verlobten in sicherer Aussicht auf eine Heirat hingab? Kam es zu einer Gerichtsverhandlung, brachte der Mann häufig als Beweis eine Armada von Freunden oder Tagelöhnern mit, die gegen eine gute Bezahlung eine Falschaussage machten und behaupteten, das Mädchen vorher schon gehabt zu haben. Dann stand Aussage gegen Aussage und der Richter musste entscheiden, welcher Partei er glaubte. Zweifellos waren das nicht immer die Klägerinnen.

Marie starrte Marlene aus ihren großen, veilchenblauen Augen stumm an.

«Gibt es Zeugen für Ihren unbescholtenen Leumund?», hakte Marlene nach. «Ich meine, haben Sie vielleicht Briefe von diesem Mann, die seine Absichten belegen könnten? Wurde Ihre Verlobung gefeiert oder war das eine heimliche Vereinbarung zwischen Ihnen beiden?»

Marie schwieg.

«Fräulein Doktor, ick leg meine Hand für die Kleene ins Feuer, darauf können Sie wetten.»

«Das ist sehr freundlich von Ihnen, Fräulein Hoppe», versicherte Marlene, «Sie sind gewiss eine glaubwürdige Zeugin. Aber das genügt leider nicht.»

Marie sagte nichts zu alldem.

«Nun red schon mit dem Fräulein Doktor», forderte die Hoppe ihre junge Freundin auf. «Vom Stillsein kannst du dir nix kaufen.»

«Ich habe ein paar Nachrichten von Fritz ... ich meine ...», die Tränen liefen wieder in Strömen und Marie hob die Hand, um sie fortzuwischen.

«Schon gut. Ich weiß, wen Sie meinen.» Marlene versuchte es wieder mit einem aufmunternden Lächeln. «Ich möchte nicht indiskret sein, aber ich fürchte, ich muss diese Nachrichten lesen, um zu entscheiden, ob wir das, was dort geschrieben steht, vor Gericht verwerten können.»

Marie nickte stumm, vor allem damit beschäftigt, den Tränenfluss einzudämmen.

«Entschuldigen Sie mich bitte einen Moment. Ich hoffe,

Herr Rechtsanwalt Emden hat Zeit, Sie kennenzulernen. Er wird Sie vor Gericht vertreten, Fräulein Becker, das darf ich leider nicht.» Marlene erhob sich, umrundete den Schreibtisch und ging zur Zimmertür, die sie öffnete, um dann einen Schritt in den Flur zu treten und zu rufen: «Fräulein Martius?!»

Die Stenotypistin erschien prompt. «Ja, Fräulein Doktor von Runstedt?»

«Sagen Sie doch bitte Herrn Emden, dass ich ihn kurz sprechen möchte», bat Marlene.

«Oh! Herr Emden ist gerade mit Herrn Professor von Runstedt gegangen...»

«Ach?»

«Die Herren wollten zum Mossehaus. Es handelt sich um eine Besprechung in der Redaktion des *Tageblatts*.»

Marlene überlegte, ob sie den Termin übersehen hatte, doch sie war sich sicher, bisher nichts davon gehört zu haben. Sie konnte sich nicht vorstellen, dass ihr Vater oder Max eine Verabredung mit Theodor Wolff ohne wichtigen Grund vor ihr verbargen. War es Vorsicht, sie nicht in ein Verlagsgebäude zu bringen, das wohl noch vom Spartakusbund besetzt war? War es einfach Nachlässigkeit? Sie wollte ein aktives Parteimitglied werden. Vielleicht war es zu einem Missverständnis gekommen. Obwohl es viele gute Gründe geben mochte, fühlte sie sich übergangen – und schon wieder versetzt.

«Fräulein Martius, hat inzwischen eigentlich ein Herr nach mir gefragt?»

«Nein, Fräulein Doktor von Runstedt, niemand. Selbst das Telefon steht heute ganz still.»

«Großartig», murmelte Marlene und es klang so verbittert, wie sie sich in diesem Moment tatsächlich fühlte. Sie spürte den erstaunten Blick der Stenotypistin in ihrem Rücken, als sie sich umdrehte und zurück zu den beiden Besucherinnen in ihrem Arbeitszimmer ging. Bevor sie den Raum wieder betrat, zwang sie sich zu einem begütigenden Lächeln.

12

Irgendwann im Laufe der vergangenen Tage hatte Sonja ihr Zeitgefühl verloren. Sie verbrachte die meisten Stunden mit Justus im Bett. Dabei machten sie den Tag zur Nacht und die Nacht oftmals zum Tag. Leidenschaft und Zweisamkeit dominierten, obwohl Justus ein paarmal kurz verschwand, um seine Garderobe zu wechseln oder Gespräche zu führen, die ihn seinem Wunsch, in den diplomatischen Dienst zu treten, näherbrachten, der sich mit jedem Tag mehr zu einem konkreten Ziel verfestigte. Aber er blieb nie lange fort und kam immer wieder zu Sonja zurück. Sie selbst meldete sich bei der Intendanz krank, woraufhin sie besorgte Telefonanrufe und die Nachfrage erreichten, ob sie etwa mit der Spanischen Grippe infiziert sei, die seit dem Sommer auch im Deutschen Reich um sich griff. Sie beruhigte Regisseure und Kollegen mit der Behauptung, eine Magenverstimmung werfe sie nieder, mit ihrem schnellen Ableben sei nicht zu rechnen. Die Gemüter waren beruhigt, ihre Zweitbesetzung musste sich mit der Hauptrolle bei der Uraufführung noch gedulden und Sonja konnte die fürsorgliche Geliebte spielen.

Vier Tage nach ihrem Wiedersehen saß Sonja wieder auf der Récamiere und hielt die Morgenausgabe des *Berliner Tageblatts* in Händen. Ihr Alltag hatte sich insofern verbessert, dass sie nicht selbst das Frühstück zubereiten musste – ihr Dienstmädchen war zurückgekehrt. Der Butler war noch abgängig, aber den betrachtete Sonja mehr als Statussymbol und nicht unbedingt als Hilfskraft. Deshalb fühlte sie sich mit ihrer Tasse Pfefferminztee in der einen Hand ausgesprochen entspannt, während sie mit der anderen die Zeitung hielt und die Schlagzeile las:

DIE GROSSE DEMOKRATISCHE PARTEI.

«Männer und Frauen des neuen Deutschland!», begann die erste Spalte des Aufmachers. In blumigen Worten beschrieb der Autor und Chefredakteur des Blattes die gegenwärtige politische Situation, um anschließend gewichtige Zukunftspläne samt radikal liberaler Ideen zu erläutern. Unter dem Aufruf «Schließt Euch an!» folgten sechzig Namen von zumeist bekannten Honoratioren, die Gründungsmitglieder der neuen Deutschen Demokratischen Partei waren: Prominente vor allem, Männer waren in der Mehrzahl, darunter auch ehemalige Mitglieder der bekannten Freisinnigen Volkspartei und der Deutschen Volkspartei des Kaiserreiches. Aber auch Damen machten mit, kluge Frauen, die Sonja zumindest aus den Berichten über die großen Frauenverbände kannte, denen sie aber gelegentlich auch persönlich begegnet war, als sie sich in den vergangenen Jahren wohltätig zu engagieren versuchte.

Zu ihrer Überraschung entdeckte sie relativ weit unten zwei ihr wohlbekannte Namen: Prof. Dr. Hugo von Runstedt und Dr. Marlene von Runstedt gehörten ebenfalls zu den Unterzeichnern.

Vor Sonjas geistigem Auge tauchte Marlene auf, souverän, eloquent, intelligent und dabei sogar attraktiv. Eine Frau, die die Erfüllung ihrer Ziele zu einer Art göttlichen Vorsehung erhob. Sie konnte sich nicht vorstellen, dass sich Marlene jemals aus Liebe krankgemeldet hatte. Und deshalb hast du Justus verloren, dachte Sonja schadenfroh. Doch die Zufriedenheit, die mit diesem Gedanken einhergehen sollte, stellte sich seltsamerweise nicht ein. Vielmehr verspürte Sonja Eifersucht in sich aufsteigen, weil auch Marlene nun anscheinend eine Bühne für sich gefunden hatte. Sonja hatte angenommen, mit dem Rampenlicht etwas entdeckt zu haben, das allein ihr gehörte. Bis jetzt war das auch so gewesen, doch nun drängte sich Marlene in die Öffentlichkeit und dabei spielte es keine Rolle, dass sie Sonja die Schau «nur» im Reichstag stehlen könnte. Allein den Namen ihrer früheren Freundin in einer Zeitung zu sehen, brüskierte Sonja. Sie war es gewohnt, Kritiken über ihre Schauspielkunst im Feuilleton und manchmal auch Fotos von sich auf den Klatschseiten zu finden, aber über Marlene hatte sie noch nie etwas gelesen.

Plötzlich fiel Sonja auf, dass Marlene den Aufruf mit ihrem Mädchennamen unterzeichnet hatte. Sie war also nicht verheiratet. Wahrscheinlich hatte es kein Mann gewagt, sich zwischen Marlene und die Juristerei zu drängen, das hätte sie sich eigentlich denken können. Nicht einmal Max Emden, den Sonja schon früh als potenziellen Gatten für Marlene ausgemacht hatte und der ihr selbst den Weg zu Justus geebnet hätte. Offensichtlich hatte auch er den Panzer, der Marlenes Herz umgab, nicht durchdringen können. Wahrscheinlich leidet sie unter Gefühlskälte, diagnostizierte Sonja. Mitleid empfand sie dabei keines.

Sie saß lange auf ihrem Sofa, eingehüllt in eine Decke, die Tasse war inzwischen ausgetrunken, die Zeitung lag noch auf ihren Knien. Sonja hing ihren Erinnerungen nach, verfing sich in Überlegungen, gelegentlich in Zweifel. Ihr fiel nicht ein, sich anzukleiden, da sie Justus erst später erwartete, der heute bei Hugo Haase, dem Volksrat für auswärtige Angelegenheiten, vorstellig wurde. Er war gestern genau eine Stunde fort gewesen, unfassbar, dass er in dieser kurzen Zeit Kontakte geknüpft hatte, die ihm vierundzwanzig Stunden später nützlich waren. Aber er war nun einmal ein Machtmensch – und das bewunderte sie an ihm.

Mit den Gedanken bei ihrer möglichen Zukunft als Diplomatengattin vergaß sie den Blick auf die Uhr. Als Justus zu ihr zurückkehrte, waren die Mittagsausgaben der Tageszeitungen längst ausgeliefert und die Abendnachrichten gingen wahrscheinlich bald in Druck.

Erschrocken registrierte sie seine hochgezogenen Augenbrauen. Natürlich hätte sie sich für ihn umziehen, schminken und frisieren müssen. Sie sprang auf, dabei fiel die Zeitung raschelnd zu Boden. «Entschuldige», murmelte sie betroffen, «ich war so in die Lektüre des *Tageblatts* vertieft, dass ich alles andere vergaß.»

«Ich hätte nicht für möglich gehalten, dass dich die Gründung einer Partei wie der DDP dermaßen beschäftigt», gab er zurück. Er bückte sich nach der Morgenausgabe, betrachtete kopfschüttelnd die Titelseite. «Da hat sich allerdings wirklich eine bemerkenswerte Schar von Demokraten zusammengetan.»

Er hat sie gesehen, dachte Sonja. Entsetzen ergriff sie, als ihr bewusst wurde, dass er Marlenes Namen gelesen haben musste. Die Tatsache, dass sie die alte Freundin auch nach der langen Zeit noch als Bedrohung empfand, erschreckte sie beinahe noch mehr. Tief durchatmend versuchte sie, sich zusammenzureißen. «Hattest du mich nicht neulich dazu aufgefordert, meine Stimme in der Politik zu nutzen? Dafür sollte ich gut informiert sein.»

«Ich sagte, dass du den künftig wahlberechtigten Frauen beibringen solltest, wie sie ihren Urnengang zu bewältigen haben – nicht, dass du den Liberalen beitreten sollst.»

«Das hatte ich auch nicht vor.»

«Gut. Das ist gut.» Versonnen starrte er auf die Zeitung, wo er was auch immer sah, denn Sonja war sich sicher, dass er keinen einzigen Buchstaben wirklich las. Sie wartete stumm, dass er fortfuhr, doch es dauerte eine Weile, bis er die Zeitung zurück auf den Tisch legte. Dann trat er an das Vertiko, auf dem sich ein paar Kristallkaraffen mit den Resten der alkoholischen Getränke befanden, die Sonja über die Kriegsjahre gerettet hatte. «Wir sollten auf den Neuanfang trinken», sagte er, während er nach dem Weinbrand griff. «Nicht auf die Pläne, die der Chefredakteur des *Tageblatts* publiziert, sondern auf meine Zukunft. Es haben sich interessante Neuigkeiten ergeben.»

Meine Zukunft...Nicht: *Unsere Zukunft*.

Die Worte trafen Sonja wie ein vergifteter Pfeil. Sie klangen nach Abschied. Stumm stand sie da, die Arme hingen zu ihren Seiten herab wie die einer Sünderin auf dem Weg zum Schafott. Was sollte sie tun, wenn Justus wieder seiner eigenen Wege ging? Irgendwann würde sie es nicht mehr verkraften, dass er sie ständig auf die eine oder andere Art verließ. Seit zwanzig Jahren wartete sie auf ihn. Vielleicht sollte sie sich zu seinen Füßen werfen, ihn anflehen zu bleiben...

Ihre Finger berührten sich, als er ihr eines der beiden Gläser reichte, die er nur daumenbreit gefüllt hatte.

«Worauf genau trinken wir?», wollte sie wissen.

«Der Kunstmäzen Harry Graf Kessler – wir sind uns während des Krieges in Frankreich begegnet – ist als Gesandter in Warschau vorgesehen. Er braucht einen Generalstabsoffizier, der über die nötigen Kenntnisse im Eisenbahnwesen verfügt, um den Rücktransport der deutschen Truppen zu organisieren, die noch in Südostpolen und der Ukraine stehen.» Ein leichtes Lächeln erhellte Justus' Gesicht, als er mit ihr anstieß. «Die Wahl fiel auf mich.» Dann trank er einen großen Schluck.

«Warschau?» Sonja rührte den Weinbrand nicht an. «Ist es dort nicht furchtbar gefährlich?»

«Nicht gefährlicher als in Frankreich. Ich glaube sogar, dass es deutlich ungefährlicher ist, da ursprünglich wohl eine Frau für das Amt vorgesehen war. Die Sozialisten wollten die erste außenpolitische Entscheidung des Volksrats besonders modern wirken lassen. Aber am Ende entschied die Kompetenz.»

«Oder das Risiko», entfuhr es ihr.

«Eine Republik, die nach der russischen und der deutschen Besetzung erst seit vier Wochen besteht, ist kein Paradies. Aber es wird mir eine Ehre sein, unsere Soldaten zu repatriieren.»

Langsam nickte Sonja, bevor sie an ihrem Glas nippte. Die

wenigen Tropfen Alkohol brannten unangenehm auf ihrer Zunge. Sie raffte ihren Mut zusammen und sagte: «Ich habe keine Ahnung, wie es in Warschau ist, aber ich bin sicher, wir werden uns schon einleben...»

«Ich kann dich nicht mitnehmen!»

Sie starrte ihn an.

Er stellte sein Glas ab und trat auf sie zu. Einen Seufzer kaum unterdrückend, legte er die Arme um sie. «Sonnilein, dein Platz ist hier. Was solltest du in Warschau tun?»

Heiraten, fuhr es ihr spontan durch den Kopf. Als deine Frau den Haushalt eines Legationsrates führen. Doch sie sagte nichts davon, sondern fragte leichthin: «Gibt es dort keine Musiktheater?»

«Ich habe keine Ahnung von den tatsächlichen Verhältnissen.» Er vergrub kurz sein Gesicht in ihrer Halsbeuge, bevor er fortfuhr: «Du hast recht, es heißt, die Lage in Polen sei ziemlich chaotisch, die deutsche Gemeinde in Warschau scheint zutiefst verunsichert. Ja, es ist gefährlich. Und ich will dich dem nicht aussetzen.»

Für ihn mochte es ein weiterer Schritt in seiner Karriere bedeuten, einen hohen Posten im diplomatischen Dienst zu bekleiden, doch für Sonja schien es das Ende zu sein. Er war aus dem Krieg zu ihr heimgekehrt, nicht, um in der Heimat ein Glück an ihrer Seite zu finden, sondern um sie für eine Zukunft zu verlassen, die so offen war wie ein Buch aus unbeschriebenen Blättern. Die gemeinsam verbrachten Stunden waren ein Zwischenspiel gewesen. Nicht mehr.

Sie schluckte. «Wann wirst du abreisen?»

«Sobald die nötigen Papiere zur Ernennung des deutschen Botschafters und dessen Konsularangehörigen vorliegen.

Das von Ebert und Haase unterzeichnete Beglaubigungsschreiben sowie die schriftliche Bestätigung des Vollzugsrats der Arbeiter und Soldaten und das Agrément der polnischen Regierung. Ich rechne damit, dass alles am Montag vorliegt und mein Zug am Dienstag geht.»
«Heute ist Sonnabend», murmelte Sonja.
«Uns bleibt noch genug Zeit...» Seine Lippen glitten über ihren Hals.
Hatten wir die jemals?, dachte sie und presste sich an ihn.

13

Das Gebäude des Reichstags strahlte für Marlene eine größere majestätische Erhabenheit aus als das ehemalige Stadtschloss der Hohenzollern zweieinhalb Kilometer entfernt. Vielleicht lag es an der Inschrift – «Dem deutschen Volke» –, dass sie sich von dem imposanten, im Stil der Renaissance gehaltenen Gebäude mit der blau-goldenen Jugendstilkuppel stets persönlich angesprochen fühlte. Bislang war es ihr unmöglich gewesen, die Treppen hinaufzusteigen und ins Parlament zu marschieren. Als sie Marie-Elisabeth Lüders im vorigen Jahr zu einer Ausschusssitzung hatte begleiten wollen, war ihnen beiden von den Saaldienern der Zutritt verwehrt worden. Nach langem Hin und Her hatte man der Leiterin der Frauenarbeitszentrale im Kriegsministerium schließlich gestattet, ihrer Verpflichtung zu folgen, Marlene jedoch musste draußen warten. Genau genommen war sie hinauskomplimentiert worden. Ob sie heute mit dem Passierschein des Volksrats Einlass fand, wagte sie noch nicht recht zu glauben.

Ihr Herz klopfte so schnell, als sei sie den Treppenaufgang hinaufgerannt, doch sie schritt übertrieben gesittet empor, wohl wissend, dass viele Augen auf ihr ruhten. Sie war gut gekleidet, sodass sie bei aller Bescheidenheit auffiel. Stolz auf die Verantwortung, die sie trug, und in der Hoffnung, sich mögliche Zudringlichkeiten der vielen hier herumlungernden Soldaten vom Leibe zu halten, hob sie den Kopf, als wäre sie auf dem Weg zu einem Empfang bei Hofe. Dennoch ertönten in ihrem Rücken anzügliche Pfiffe. «Wohin des Weges, schönes Fräulein? Haben Sie heute schon etwas vor?» Sie ignorierte die Rufe.

Unter dem Portikus angekommen, wandte sie sich kurz um, blickte über den Königsplatz und auf die Siegessäule in der Mitte, als könne ihr das Denkmal zur Erinnerung an die Einigungskriege Kraft vermitteln. Die von einer Säule getragene Siegesgöttin nannten die Berliner *Goldelse,* nach einem alten Roman von Eugenie Marlitt, der in der Zeitschrift *Gartenlaube* erschienen und in Marlenes Backfischzeit für die weibliche Jugend adaptiert und wiederveröffentlicht worden war. Marlene hatte die Geschichte nicht gefallen, aber sie liebte den Blick hinauf zu Viktoria, der Göttin, die den Beweis für den Mut der Frauen verkörperte.

Es faszinierte sie, dass der simple rote Zettel in ihrer Hand tatsächlich wie ein Schlüssel zu einer Schatztruhe wirkte. Die schlecht gelaunten Wachleute winkten sie durch und sie war sich angesichts der Absperrungen und der martialischen Zurschaustellung der noch immer ungeordneten Macht nicht sicher, ob sie sich darüber freuen oder nur wundern sollte. Den deutlich honorigeren Männern der DDP war der Zugang zu einer ersten Sitzung ihrer Partei versperrt worden. Deshalb war sie als Botin unterwegs. Eine unbekannte Frau wirkte harmloser als die berühmten Parteigründer, außerdem war sie unverblümt, aber eben auch zuverlässig genug, um ihre Mission erfolgreich auszuführen.

Das mit Holz verkleidete Foyer des Reichstags wirkte trotz seiner Säulen, Obelisken, Rosetten und Stuckverzierungen so ernüchternd und schmutzig wie die Eingangshalle eines Bahnhofs: Vor allem junge Männer in Uniform und Arbeiterkleidung drängten sich über die Teppiche, wateten durch Zigarettenstummel, fortgeworfene Papierstücke und Stiefelabdrücke aus Straßendreck, umrundeten die Pyramiden zusammengestellter Gewehre. In aus den Arbeitszimmern getragenen Sesseln lümmelten Matrosen, manche schliefen. Die alten Parlamentsdiener, die schüchtern treppauf und treppab huschten, wirkten in ihren Livreen wie fast vergessene Relikte aus vergangenen Zeiten. Auf der Suche nach Abgeordneten in Zivil, die womöglich zu einer Sitzung unterwegs waren und eine Art Normalität ausstrahlen würden, blickte sich Marlene vergeblich um. Sie kam sich vor wie der letzte Passagier auf einem untergehenden Schiff.

Sie sah ihn, bevor er sie entdeckte. Ihr Blick fokussierte sich auf die vertraute Gestalt und blendete die anderen Männer im Foyer des Reichstags aus, als seien sie beide alleine. Ihr Verstand riet ihr, sich von Justus fernzuhalten, doch sie trat unwillkürlich einen Schritt vor und auf ihn zu, nicht zuletzt, weil sie die Treppe hinaufmusste, die er gerade herunterkam. Für einen Moment stand sie reglos da wie ein Kavalier, der auf seine Angebetete wartete.

Nur wenige Stufen über ihr bemerkte er sie. «Marlene!» Er beschleunigte seinen Schritt. «Was machst du denn hier?»

«Dasselbe könnte ich dich fragen», gab sie zurück.

Er schmunzelte. «Du zuerst.»

«Ich suche das Fraktionszimmer der Fortschrittlichen Volkspartei.»

«Ah!», rief er aus, als fiele ihm in diesem Moment etwas ein. «Das hätte ich mir denken können – du bist ja jetzt eine Liberale.»

Er hatte also ihren Namen in den Zeitungen gelesen. Sie war erfreut, ein wenig stolz. Aber dann überlegte sie sich, dass ein informierter Bürger wie Justus von Ostwald an den Berichten über die Deutsche Demokratische Partei kaum vorbeikam. Auch wenn er weder liberal noch ein Demokrat war, musste er die in der Öffentlichkeit zelebrierte Gründung mit so vielen prominenten Mitgliedern bemerken und natürlich auch die ihm persönlich bekannten Namen. Unwillkürlich legte sie ihren Zeigefinger an ihre Lippen und bat in einer Mischung aus spitzbübischem Lächeln und Besorgnis angesichts ihrer Umgebung: «Psst! Verrate mich nicht.»

«Wenn das eigene Parlament zum Feindesland wird ...», murmelte Justus in sich hinein. Er nahm ihren Arm. «Ich werde dich begleiten, was immer du vorhast.»

«Das brauchst du nicht ...»

«Doch. Das muss ich sogar.» Er neigte sich vor und flüsterte ihr ins Ohr: «Hier herrscht Chaos. Obwohl wir inzwischen eine neue Regierung haben, sind die Zuständigkeiten nicht geklärt und die unteren Ränge tappen noch völlig im Dunklen. Ich gehe hier seit Tagen ein und aus und weiß, wovon ich spreche.»

Wie aufs Stichwort erhob sich eine Diskussion zwischen mehreren Männern zu lautem Gebrüll. Der Streit sorgte anscheinend lediglich bei Marlene für Aufmerksamkeit, ihr Blick flog zu der Gruppe Uniformierter, die meisten anderen Passanten in der Eingangshalle blieben davon unbeeindruckt. Sie fühlte sich unwohl, wagte jedoch nicht, zuzugeben, dass sie Justus' Begleitung in die obere Etage durchaus schätzte. Sie sah wieder zu ihm. «Warum bist du hier?»

«Ich bin sozusagen auf diplomatischer Mission. Genau genommen brauche ich gewisse Papiere. Man hat mir eine Stelle als Legationsrat an der deutschen Botschaft in Warschau angeboten.»

«O Justus, das freut mich!»

Er starrte sie so verblüfft an, als sehe er sie zum ersten Mal. Sein offensichtliches Erstaunen irritierte sie. Was hatte er erwartet? Er hatte als Offizier Karriere gemacht, doch zweifellos wäre ihm eine Laufbahn im diplomatischen Dienst lieber gewesen, kaum jemand wusste das so gut wie sie. Nun, besser spät als nie. «Es ist ein gutes Zeichen für einen Neuanfang, wenn ein fähiger Kopf wie du auch als Zivilist gebraucht wird.»

Er räusperte sich. «Danke, Marlene, du bist der erste Mensch, der sich mit mir freut.»

«Glücklicherweise sagst du nicht, ich wäre die Einzige, die dich versteht», entfuhr es ihr.

«Eine ähnlich alberne Plattitüde lag mir zweifellos auf der Zunge», behauptete er grinsend, wurde aber sofort wieder ernst. «Ich bin dir eine Erklärung schuldig, warum ich nicht zu unserer Verabredung erschienen bin. Es tut mir aufrichtig leid...»

«Die diplomatische Mission ist dir gewiss dazwischengekommen», warf sie rasch ein. Sie wollte keine Erklärungen hören, die wahrscheinlich nichts anderes als schöne Lügen waren. Die fünf Tage, die zwischen ihren Begegnungen lagen, hatten ihr geholfen, die aufflammenden Gefühle für Justus zu unterdrücken. «Wir befinden uns in einem Umbruch», setzte sie verständnisvoll hinzu. «Alles ist völlig unvorhergesehen, nicht wahr?»

Er schenkte ihr ein zerknirschtes Lächeln. «Ich hätte es nicht besser formulieren können. Und du verstehst natürlich, wenn Verpflichtungen dazwischenkommen.»

«Natürlich», versicherte sie.

«Es tut mir trotzdem sehr leid, dass ich nicht kommen konnte. Darf ich es mit einer Einladung auf einen Ersatzkaffee gutmachen?»

Sie haderte mit sich. Einerseits wusste sie, dass jede weitere Minute mit Justus sie einander wieder näher brachte. Andererseits reiste er wohl bald nach Warschau ab und es war in seiner künftigen Position unvorhersehbar, wann er zurückkommen würde. Und da war auch ihre Neugier auf seine Pläne. Sie hätte gerne erfahren, welche Aufgaben er in Polen erfüllen sollte ...

Während sie noch überlegte, eskalierte der Streit wenige Meter entfernt. Die Männerstimmen wurden lauter, schwere Schritte hallten durch den Raum, die nicht einmal von den Teppichen geschluckt wurden. Ein dröhnender Befehl, den offenbar niemand befolgte. Dann knallte ein Schuss.

Marlene fuhr zusammen. Erschrocken sah sie sich um.

Einen Moment lang herrschte Stille, die nur durch das leise Rieseln von Putz unterbrochen wurde.

Geschrei und Stimmengewirr erhob sich. Männer liefen hin und her, die Treppen hinauf und hinunter, drängten sich an Marlene und Justus vorbei, die Menschen im Foyer wirkten wie ein aufgescheuchter Haufen. Ein fremder Ellenbogen stach ihr ins Kreuz. Sie taumelte. Justus' Arm legte sich um sie, als sie noch einmal angerempelt wurde.

Marlene schloss die Augen, um sich von dem Schrecken zu erholen. «Ich wäre dir sehr verbunden, wenn du mich zu dem Fraktionszimmer der FVP bringen könntest», bat sie um Fassung ringend. «Wenn es dir nichts ausmacht, könntest du auf mich warten. Es dauert nicht lange. Ich muss nur ein paar Schriftstücke überbringen.»

«Selbstverständlich. Komm...»

Sie war ihm dankbar, dass er sich nicht nach Details ihres Botendienstes erkundigte. Bei einem Kaffee hätte sie ihm wahrscheinlich von dem beabsichtigten Zusammenschluss der Fortschrittlichen Volkspartei mit der Deutschen Demokratischen Partei berichtet, nachdem er ihr seinen diplomatischen Auftrag geschildert hatte. Aber angesichts der ungeordneten Verhältnisse im Reichstag erschien ihr ein Rendezvous entsetzlich banal. Nicht einmal das Wissen um eine weitere Trennung für lange Zeit änderte ihren plötzlich gefassten Entschluss. «Danach möchte ich lieber zurück in mein Büro.»

Sein Blick umwölkte sich. Er atmete tief durch und nickte schließlich ohne einen Widerspruch.

Marlene glaubte, dass er die Gründe für ihre Absage begriff. Noch immer war es ihnen möglich, den anderen ohne ein Wort zu verstehen. Diese Erkenntnis erschütterte sie fast mehr als der Aufruhr.

AUGUST 1898

14

Josephine von Runstedt reichte ihrer Tochter einen Brief. «Wenn dir dieser Verehrer weiterhin regelmäßig schreibt, wird es entweder unziemlich oder unhöflich. Da wir ihn nicht kennen, ist es auf jeden Fall lästig.»

Zögernd nahm Marlene ihre Post entgegen. Sie brauchte keinen Blick darauf zu werfen, um zu wissen, dass der Absender Justus von Ostwald war. Sonst schrieb ihr kaum jemand privat, von der Verwandtschaft erhielt sie – wenn überhaupt – Grüße zu ihrem Geburtstag und zu Feiertagen, manchmal kam die Mitteilung einer Freundin hinzu, gelegentlich eine Einladungskarte. Justus' zweimal wöchentlich eintreffenden Nachrichten aus Lichterfelde erfreuten sie insgeheim mehr als alles andere, inzwischen wartete sie sogar darauf.

Er berichtete von seinem Alltag an der Preußischen Hauptkadettenanstalt, von seinen Kameraden und auch von seinen Freunden unter den Zöglingen des Pagen-Instituts auf demselben Gelände. Er schrieb von seinem Abitur am Realgymnasium der Offiziersschmiede, den militärischen Exerzitien und sportlichen Ertüchtigungen wie Fechtstunden, erzählte von Sprachlehrgängen und seinen Fortschritten im Englischen und Französischen, die ihm wertvoller erschienen als in Latein und Altgriechisch, da er nicht von einem Auslandseinsatz auf dem Schlachtfeld, sondern in diplomatischen Diensten träumte. Um der Weltmachtstellung des Deutschen Reiches und der damit verbundenen Kolonialisierung Rechnung zu tragen, überlegte er sogar, Chinesisch zu lernen. Und am Ende seiner Ausführungen bat er sie jedes Mal um ein Wiedersehen.

Anfangs war Marlene überzeugt, dass sie sich mit einem Schnösel, der sie einfach auf der Straße ansprach, nicht verabreden sollte. Äußerst hinderlich wirkte auch, dass er der Bruder ihrer Erzfeindin war. Je tiefer ihr Einblick in sein Leben jedoch wurde, er seine Träume und seinen Wunsch nach seiner ganz persönlichen Eroberung der Welt mit ihr teilte, je mehr seine Worte sie berührten, umso schwerer fiel es ihr, seine Bitte um ein Treffen zu ignorieren. Nach vier Wochen und acht Briefen überlegte sie, ihm endlich zu antworten, auch wenn das bedeutete, ihn über kurz oder lang zur Besuchszeit ihrer Mutter einladen zu müssen.

«Ich finde ihn – ganz nett», konstatierte Marlene.

«Dann sollte sich dieser junge Mann bei uns vorstellen.» Nachdenklich krauste Josephine die Stirn: «Geht in deine Schulklasse nicht eine Caroline von Ostwald? Ist das seine Schwester?»

«Ja. Das macht es ein wenig schwierig.»

«Tatsächlich? Verbindungen dieser Art sind doch immer recht hilfreich und ich dachte, die von Ostwalds wären eine recht angesehene Familie. Aber vielleicht ist er dir am Ende gar nicht sympathisch. Das kommt natürlich vor und in deinem Alter ist Wankelmütigkeit ohnehin nicht ungewöhnlich.»

Marlene senkte die Lider. Wie sollte sie ihrer Mutter erklären, was sie selbst nicht genau verstand? Ein wenig ratlos stand sie neben Josephines Sekretär, den Umschlag in der Hand.

«Liebes», fuhr Josephine sanft fort, «es gibt jetzt drei Möglichkeiten: Du antwortest dem jungen Mann und lädst ihn zu uns ein, damit er sich vorstellen kann. Oder du beendest diese Korrespondenz mit klaren Worten. Finde aber bitte wirklich klare Worte – Männer verstehen meist nicht, wenn eine Frau durch die Blume mit ihnen spricht.»

«Und was ist die dritte Möglichkeit?»

Josephine lächelte verschmitzt. «Ich besorge uns eine Einladung zu Familie von Ostwald. Wenn ich mich recht entsinne, hörte ich, dass die Eltern deines Verehrers ein Rittergut irgendwo im Brandenburgischen unterhalten. Sicher werden dort gelegentlich Sommerfeste veranstaltet, sodass du dich ganz zwanglos mit deinem Briefeschreiber treffen könntest.»

«Er ist nicht *mein*...», Marlene schnappte nach Luft, unterbrach sich, schlug sich mit dem Kuvert nervös auf die linke Hand. «Darf ich darüber nachdenken, Mama?»

«Natürlich. Aber lass dir nicht zu viel Zeit.» Josephine senkte ihren Blick auf den kleinen Stapel mit Postsendungen, die noch ungeöffnet vor ihr lagen. Unbeeindruckt von Marlenes Gegenwart griff sie zu dem Brieföffner mit dem Kristallgriff und schlitzte den obersten Brief auf, der auf einem deutlich billigeren Papier verfasst war als das Schreiben, das Marlene erhalten hatte. Zweifellos handelte es sich um eine

Anfrage an die Rechtsberatung, die Josephine ins Leben gerufen hatte. Die nächsten Stunden würde sie sich ausschließlich mit den armen Frauen beschäftigen, die ihren Rat und manchmal auch Hugo von Runstedts juristische Eingebung benötigten. Für die kleinen Kapriolen im Gefühlsleben ihrer Tochter blieb da kaum Zeit.

15

Es war dieses Gefühl, keine Luft zu bekommen, das Sonja stets durch das Stiegenhaus begleitete. Nicht nur die Enge setzte ihr zu, sondern auch die selbst bei Tage herrschende Dunkelheit und der Geruch von Schmutz, billigem Küchendunst, Urin und Kot. Ihre Mutter versuchte zwar auf ihrem Treppenabsatz den Gestank mit Karbolsäure fortzuwischen, letztlich war es jedoch unmöglich, die Armseligkeit ihrer Behausung im dritten Hinterhof einer Arbeitersiedlung nur mit Putzwasser zu bekämpfen. Aber das winzige Zimmer unter dem Dach, das Sonja und ihre Mutter teilten, besaß auch Vorteile: Es war nicht so finster wie die Wohnungen in den unteren Etagen und es war preisgünstig, sodass sie nicht an einen Schlafgänger untervermieten mussten, um sich die Bleibe leisten zu können. So konnten Mutter und Tochter unter sich bleiben, statt etwa einem Arbeiter, der Nachtschichten schob, tagsüber gegen Geld ein Lager zur Verfügung zu stellen. Dafür ertrugen sie im Sommer die Hitze und im Winter die Kälte in ihrer kleinen Wohnung.

Im Gegensatz zum Treppenhaus war die Wohnung blitzsauber. Ihre Mutter legte großen Wert auf Ordnung und Reinlichkeit, nicht zuletzt, weil sie als Näherin in Heimarbeit nur dann gut verdiente, wenn sie die Kleidung penibel behandelte. Ein Fleck auf einem teuren Stoff oder der Riss in einer Naht konnte eine Existenz zerstören, wie Tausende Frauen wussten, die unter denselben Bedingungen wie Esther Grawitz in den nordöstlichen Bezirken und Vororten Berlins arbeiteten. Esthers Streben galt einem perfekten Handwerk – ihr Ehrgeiz war darauf ausgerichtet, Sonja eine bessere Zukunft zu ermöglichen. Dafür ließ sie die Nähmaschine nächtelang surren und ignorierte die zerstochenen Finger, die sie sich bei der Arbeit im trüben Petroleumlicht zuzog.

In den Sommerferien half Sonja ihrer Mutter, soweit es ihr Geschick zuließ. Doch kurz vor Schulbeginn verbot Esther ihr die Arbeit mit der Nadel: «Deine Kameradinnen sollen nicht auf den ersten Blick sehen, dass du keine Ferien hattest. Nur mit unversehrten Händen wirst du eines Tages eine feine Dame sein.»

Sonja widersprach vor allem deshalb nicht, weil sie hoffte, Justus von Ostwald wiederzusehen, sobald der Unterricht begann, und dann wollte sie so hübsch wie möglich sein. Justus hatte seine Schwester schon einmal abgeholt – warum sollte er es nicht ein zweites Mal tun? Immerhin wusste er ja, dass er bei dieser Gelegenheit auch Sonja wiedersehen würde. Und Marlene. Mit der hatte er sich auf ihrem Nachhauseweg damals lebhaft unterhalten, allerdings hatte er auch immer wieder das Wort an Sonja gerichtet und sie in das Gespräch einbezogen. Das mochte reine Höflichkeit gewesen sein, vielleicht aber auch mehr. Genau genommen hatte Marlene die Unterhaltung bestritten, sicher verbat es seine gute Erziehung, sie zu unterbrechen. Je länger Sonja darüber nachdachte, desto sicherer war sie, dass Justus eigentlich lieber mehr mit ihr gesprochen hätte als mit ihrer Freundin, der Plaudertasche.

Natürlich hatte sie Marlene gefragt, ob sie noch einmal etwas von ihm gehört hatte, doch sie verneinte vehement. Leider war Sonja für ihn nicht erreichbar, da sie aus Scham über ihre Herkunft die vornehmere Adresse in Marlenes Nachbarschaft angegeben hatte. Manchmal ärgerte sie sich, dass sie nicht die Wahrheit gesagt hatte, aber genauso oft machte sie sich klar, wie pikiert er wohl darauf reagiert hätte. Ein erfreulicher Gedanke war das nicht. Lieber versank Sonja in den Tagträumereien über den jungen Mann mit den bernsteinbraunen Augen und dem goldenen Funkeln darin. Sie sprach nicht einmal mit Marlene darüber, wie sehr sie die Erinnerung an ihn beschäftigte. Wenn sie sich hin und wieder mit der Freundin traf, um durch die Leipziger Straße zu flanieren, im Rosengarten ein Eis zu schlecken oder sich neugierig in der Nähe des unter Künstlern beliebten Café des Westens herumzudrücken, sagte sie kein Wort. Aber selbst angesichts der prominenten Maler, Literaten und Schauspieler in dem Gartenrestaurant am Kurfürstendamm verlor Justus niemals seine Bedeutung für Sonja.

Als sie in der vollbesetzten Elektrischen zum Hausvogteiplatz fuhr, ein Paket mit Blusen auf den Knien, die sie im Konfektionshaus Leonard Emden abgeben sollte, starrte sie blicklos aus dem Fenster und reagierte auch nicht auf ihre Mitreisenden. Sie überlegte, wie es Justus wohl gefiele, wenn sie eines dieser Oberteile trüge, in deren Ausschnitt ihre

Mutter zarte Spitze genäht hatte – die Haut der Trägerin sollte durch die Klöppelarbeit schimmern. Das war der neueste Schrei, und Sonja wünschte, sich ein solches Modell leisten zu können. Ihr Dekolleté war zart und weiß, Justus würde es gewiss gefallen. Ob mit Spitze – oder ohne ...

Obwohl niemand in der Straßenbahn ihre Gedanken lesen konnte, errötete sie. Ihre Wangen fühlten sich noch immer heiß an, als sie im Pulk der Arbeiter und Angestellten von der Haltestelle aus dem fünfstöckigen Handelshaus entgegenstrebte. Dabei hatte sie nur wenig Ahnung davon, was zwischen einem Mann und einer Frau passierte, wenn sie allein waren. Es musste sich um eine Angelegenheit handeln, die die beteiligten Personen in eine geheime Welt zwischen Himmel und Hölle beförderte. Zwar sprach niemand darüber, aber durch die dünnen Wände der Nachbarswohnungen hörte sie genug.

Vor dem Lieferanteneingang stauten sich die Wagen und Karren bei der Anlieferung von Waren. Ein Zwischenmeister stand wie ein Ausrufer für Werbung auf dem Sitz einer Kutsche, umringt von Zuschneidern und Näherinnen, die Arbeit suchten. Sonja kam sich vor wie auf einer Viehauktion, nur dass hier das Handwerk zur Versteigerung stand. Sie hatte keine Zeit, zu lauschen, wie um die Löhne gefeilscht wurde, sondern schleppte die ordentlich in braunes Packpapier eingeschlagenen Blusen zu dem Konfektionsgeschäft, für das ihre Mutter tätig war. Dabei wollte sie möglichst nicht auffallen.

Üblicherweise wurde die Heimarbeit an die Halsabschneider abgeliefert, die die kompliziertesten Nadelstiche häufig nur mit Brosamen bezahlten, was Esther gründlich satt hatte. Mit Sonjas Hilfe wollte sie zum ersten Mal versuchen, sich direkt mit dem Atelier von Leonard Emden in Verbindung zu setzen. Eigentlich konnte sie ziemlich stolz auf die Tatkraft ihrer Mutter sein, fand Sonja.

«Hoppla!»

Das Paket flog in hohem Boden aus Sonjas Armen auf das Straßenpflaster.

«O Jott ...!», entfuhr es ihr entsetzt. Nicht auszudenken, welchen Schaden die kostbaren Blusen mit dem Spitzeneinsatz genommen haben könnten. Sonja schalt sich für ihre Unachtsamkeit, obwohl sie nicht sicher war, ob sie in den fremden Mann hineingelaufen oder vielmehr er für den Rempler verantwortlich war. Eine Entschuldigung murmelnd, die im Straßenlärm unterging, bückte sie sich nach ihrer Fracht.

«Ich helfe Ihnen», erbot sich der Mann und ging neben ihr in die Knie.

«Nee, nee, det ist nich' nötig.» Der Gedanke, dass ungestüme Finger das Papier aufreißen und die Blusen am Ende noch weiter beschädigen könnten, war unerträglich. Sie riss ihm das Bündel förmlich aus der Hand, umschloss es mit ihren Armen wie einen Schatz.

«Ich wollte Ihnen das Paket nicht stehlen, mein Fräulein, ich arbeite gleich hier im Modehaus Emden.»

Ihre Wangen wurden so heiß wie vorhin in der Tram. Doch konnte nicht jeder behaupten, in dem Konfektionshaus zu arbeiten? Vielleicht war er ja doch ein Dieb. Dabei sah er wie ein junger Geschäftsmann aus: scharfkantiges Gesicht, gescheiteltes und geöltes Haar, Backenbart, gute Garderobe. Aber wer wusste schon, was sich hinter einer seriösen Fassade verbarg?

«Es is' nix passiert. Se können ruhig abdampfen.»

Er rührte sich nicht, starrte sie stumm an, begutachtete ihr Gesicht, ihr Haar, ihre gesamte Erscheinung.

Inzwischen begannen einige der Passanten zu schimpfen, denen Sonja und der Fremde buchstäblich vor den Füßen lagen.

Ungeachtet dessen stellte er im Plauderton fest: «Sie sind sehr hübsch. Sind Sie Näherin?»

Sonja schüttelte den Kopf, sagte aber: «Ja.»

«Wollen Sie nicht lieber als Probierfräulein arbeiten?» Er richtete sich auf, ließ sie dabei jedoch nicht aus den Augen. «Keine Sorge, das ist eine anständige Tätigkeit. Sie führen den Kundinnen die Konfektion vor, und wenn die Damen die Modelle an einem hübschen jungen Mädchen wie Ihnen sehen, kaufen sie gerne und auch ein bisschen mehr ein.» Er reichte ihr seine Hand.

Sie ignorierte seine Hilfe und stemmte sich hoch. «Verkohlen Se mich nich'. Ick glaube nich', det man Jeld damit verdienen kann, vor Damen herumzuscharwenzeln.»

«Als Probierfräulein verdienen Sie gewiss mehr als mit den Nadeln», behauptete er. «Passen Sie auf, Fräulein ...?» Er brach in beredtem Schweigen ab.

«Sonja», sagte sie nur.

«Gut ...», er zögerte, weil er wohl auf einen Nachnamen wartete. Da sie nichts hinzufügte, fuhr er nach einer Weile fort: «Liefern Sie am besten erst einmal Ihr Paket ab. Und dann fragen Sie nach Herrn Cohn in der Maßabteilung für Damenmäntel. Ich stelle Sie meinem Chef vor und wir sehen, ob ich nicht eben das perfekte Probierfräulein über den Haufen gerannt habe.» Über seinen eigenen Witz lachend, wandte er sich ab. Plötzlich schien er es eilig zu haben, blitzschnell tauchte er in der Menge unter.

Erstaunt sah Sonja ihm nach. Irgendetwas in ihr wusste, dass sie soeben eine Chance erhalten hatte. Eine andere Stimme warnte sie jedoch vor dem fremden Mann und der Hoffnung, die er schürte. Sie hatte nicht die geringste Ahnung, wovon er eigentlich gesprochen hatte, und vielleicht wollte er ein einfaches Mädchen wie sie ja auch nur an der Nase herumführen.

Sie schaute an sich herunter. Eigentlich sah sie recht adrett aus in Marlenes abgelegtem Sommerkleid. Ihre Mutter hatte großen Wert darauf gelegt, dass sie den wichtigen Botengang in ihrer besten Garderobe und mit gewaschenen, ordentlich geflochtenen Haaren erledigte. Vielleicht hielt sie dieser Herr Cohn ja für etwas Besseres und verhohnepiepelte sie nicht.

Sonja beschloss, sich zu der Maßabteilung für Damenmäntel durchzufragen. Schaden konnte es nicht. Und auf diese Weise durfte sie wenigstens endlich einmal einen Blick in die Verkaufsräume werfen, die ihr bislang verborgen geblieben waren. Eine gute Sache hatte ihre neue Bekanntschaft also allemal.

16

Um die Zeit, wenn das Dienstmädchen einen Imbiss zu Hugo von Runstedt bringen sollte, hielt sich Marlene meist wie zufällig in der Nähe der Wohnungstür auf. Dann nahm sie das

Tablett und brachte es eigenhändig hinunter in die Kanzlei, jenen Ort, zu dem sie sonst keinen Zugang hatte. Es war ihr nicht direkt verboten, ihren Vater an dessen Arbeitsplatz aufzusuchen, aber ohne einen Grund sollte sie dort nicht herumlungern, und den hatte sie höchst selten. Das zweite Frühstück war in ihren Ferien der willkommene Anlass, ohne viel Aufhebens in die Betriebsamkeit des Anwaltsbüros einzutauchen, dem Geklapper der Schreibmaschine zu lauschen, dem Klingelton des Fernsprechers. Sie atmete tief durch, um ihre Lungen mit dieser Mischung aus Tabak- und Papierduft zu füllen, warf neugierige Blicke auf Akten und sonstige offen herumliegende Schreiben. Nachdem sie ihrem Vater über die Schulter geblickt hatte und dann liebevoll aus seinem Zimmer hinausgeworfen worden war, wechselte sie noch ein paar launige Worte mit den anderen Angestellten, manchmal auch mit den Referendaren, aber dann musste sie leider wieder gehen. Und jedes Mal, wenn sie die Geschäftsräume verließ, hatte sich ihr Traum, hier eines Tages ihren Arbeitsalltag als Juristin verbringen zu dürfen, etwas mehr zu einem konkreten Ziel verfestigt.

Der Postbote verteilte gerade auf seiner zweiten von vier täglichen Runden die Briefe für die Hausbewohner. Als sie an ihm vorüberging, grüßte Marlene freundlich. Sie war bereits auf halber Treppe nach oben, als er sie aufhielt: «E'ne Frage, Fräulein...!»

Unwillkürlich blieb sie stehen. «Ja, bitte?»

Er schob die blaue Mütze mit den roten Tressen und den goldfarbenen Abzeichen in den Nacken, kratzte sich am Kopf. «Wohnt e'n Fräulein Grawitz hier im Haus? Kennen Sie die? Ick we'ß nich', wo ick den hier abjeben soll.» In der anderen Hand hielt er einen Brief, den er wie eine Fahne schwang.

«Oh!» Marlene schnappte nach Luft. «Das ist für mich!»

Der Postmann war nicht überzeugt. «Sie sind doch aber...»

«Ich bin Marlene von Runstedt», unterbrach sie ihn rasch und bediente sich dabei eines Tons, den sie sonst hasste, weil er viel zu sehr von oben herab war, «und Sonja Grawitz ist meine Schulfreundin. Sie hat sich ein Billett hierherschicken lassen und ich werde es ihr übergeben. Darauf können Sie sich natürlich verlassen.»

«Sonst jeb ick den Brief in der Kanzlei ab», erwiderte ihr Gegenüber skeptisch. «So'n Anwalt we'ß doch am besten, wat mit'm Postjeheimnis zu machen is'.»

Sie streckte die Hand aus. «Ich gebe das Schreiben weiter», beharrte sie und fügte ein versöhnliches, fast verschwörerisches «Versprochen!» hinzu.

«Ick vertrau Ihnen, Fräulein von Runstedt. Sie machen det bestimmt und es ist besser als 'ne Rücksendung an den Absender.» Er reichte ihr den Umschlag.

Ein kurzer Blick auf das Kuvert genügte, um Marlene zu bestätigen, dass es sich um Justus' Handschrift handelte. Unwillkürlich atmete sie durch – einerseits erleichtert, weil sie das Schreiben hatte abfangen können, andererseits zutiefst empört. «Meine Freundin wird das hier so schnell erhalten, als wäre es ein Versand durch die Rohrpost.»

Der Briefträger nickte. «Juten Tach och, Fräulein von Runstedt.»

«Guten Tag», erwiderte Marlene. Als fürchte sie, der Mann würde es sich anders überlegen und den Brief zurückfordern, hastete sie die Treppe hinauf.

Die nächste Stunde verbrachte sie in ihrem Zimmer mit der Betrachtung von Justus von Oswalds Briefen. Sie hatte die für Sonja bestimmte Nachricht zusammen mit den an sie selbst adressierten Umschlägen auf ihrem Sekretär aufgefächert. Ihr starrer Blick versuchte einen Unterschied auszumachen. Vergeblich. Nichts deutete äußerlich auf die verschiedenen Empfängerinnen hin. Dieselbe Handschrift. Dieselbe Adresse. Derselbe Absender. Sogar das Gewicht schien gleich und damit die Anzahl der Briefbögen in den Kuverts.

Es juckte Marlene in den Fingern. Dennoch öffnete sie das an Sonja gerichtete Schreiben nicht.

Ihr Respekt vor dem Briefgeheimnis war der größte Hinderungsgrund, ihre verfestigte Akzeptanz bestimmter Regeln, die Achtung der persönlichen Freiheit. Leicht fiel es ihr dennoch nicht, den Umschlag verschlossen zu lassen.

Nach einer Weile spürte Marlene eine tiefe Verletzung über die Treulosigkeit ihres Verehrers. Natürlich war es ärgerlich, dass die beste Freundin Justus bei ihrem Spaziergang schöne Augen gemacht hatte, obwohl der sich offensichtlich für Marlene interessierte. Sonja war an jenem Nachmittag völlig blind gewesen und hatte jedes noch so banale höfliche Wort von ihm auf sich bezogen. Wenn Marlene an damals zurückdachte, kam ihr Sonja sogar ziemlich aufdringlich vor. Aber es war trotzdem nicht die Schuld der Freundin, dass Justus nun an sie schrieb.

Mit einem tiefen Seufzer beschloss sie, ihn weiter zu ignorieren. Wie dumm von ihr, sich überhaupt mit etwas so Albernem wie einer Liebelei beschäftigen zu wollen. Und es war natürlich auch besser, wenn Sonja sich keine Hoffnungen machte.

Als das Glöckchen erscholl, das sie zum Mittagessen rief, schob sie die Briefe zusammen und verstaute sie in einer Schublade.

◆

«Endlich weiß ich, warum all meine Bemühungen, eine Einladung zu Familie von Ostwald zu erhalten, im Sande verlaufen sind», verkündete Josephine ein paar Tage später, als sie ihren Tee in Marlenes Gesellschaft im Wintergarten nahm. Mutter und Tochter saßen bei kleinen Törtchen zusammen, die zwar enorm auf die Hüften gingen, aber köstlich schmeckten und deren Aufbau zwischen Tassen, Zuckerdose, Bonbonniere und Stövchen nebst Kanne zudem eine Augenweide war.

Marlene spürte, wie ihre Wangen sich röteten. «Tatsächlich?»

Ohne jede Aufgeregtheit in der Stimme sagte ihre Mutter fast beiläufig: «Ich wunderte mich schon, dass keine Briefe mehr für dich ankamen, aber die neue Entwicklung ändert natürlich alles. Oder hattest du dem jungen Mann geschrieben, dass du keine Korrespondenz wünschst?»

Wenn sie jetzt «Ja» sagte, würde ihre Mutter die Angelegenheit auf sich beruhen lassen, obwohl es nicht der Wahrheit entsprach. Aber natürlich war Marlene neugierig: Was mochte so aufregend sein, dass Justus' Eltern keine Besucher empfingen? War ihm etwas passiert? Schrieb er deshalb nicht mehr an sie? Eine Schrecksekunde lang fürchtete Marlene, dass ihr Kadett womöglich aus dem Leben geschieden sein könnte. Aus unerwiderter Liebe kam so etwas wohl schon einmal vor. Oder aus verletzter Eitelkeit...

«Was ist los mit dir?» Josephine klang besorgt. «Du bist ja ganz bleich.»

«Ich habe Kopfschmerzen», behauptete Marlene. Sie legte die Hand an ihre Stirn. Die Vorstellung eines in seinem eigenen Blut verendeten jungen Mannes, der sich ihretwegen umgebracht hatte, bereitete ihr tatsächlich Kopfweh.

«Das liegt bestimmt am Wetter. Es ist viel zu heiß. Da solltest du viel trinken und am besten warme Getränke, wie die Kolonialbeamten in Afrika.» Josephine goss Tee für Marlene und sich nach. Dann fuhr sie fort: «Der Sohn der von Ostwalds durfte die Kadettenanstalt vorzeitig verlassen, weil er sich für den Dienst in Übersee qualifiziert hat. Er hat den Abschluss mit Auszeichnung bestanden, wie man hört. Allerdings frage ich mich, ob die Tatsache, dass er freiwillig eine Sprache wie Mandarin gelernt hat, seinem Notendurchschnitt nicht auch ein wenig förderlich war.»

Marlene verstand kaum, was ihre Mutter ihr mitteilte, noch zu sehr mit ihrer grausigen Fantasie beschäftigt. Sie rieb sich über die Schläfen, als könne sie die Tätigkeit ihres Gehirns auf diese Weise verbessern. «Das kann doch nicht sein...»

«Er ist bereits abgereist...»

Ihre Hand sank herab. Sie starrte ihre Mutter mit offenem Mund an. «Wohin?»

«Hatte er nichts von seinen Plänen geschrieben? Tzzz!», Josephine schnalzte mit der Zunge. «Auf die Kadetten ist wirklich kein Verlass mehr heutzutage. Offenbar war die Familie den ganzen Sommer über so sehr damit beschäftigt, die Stationierung des jungen Mannes in unserer neuen Kolonie am Chinesischen Meer voranzutreiben, dass sie keine Besucher empfangen hat. Sicher wird er in Tsingtau Karriere machen. Aber was dabei alles passieren kann! Ich weiß nicht, ob ich einen meiner Söhne aus gesellschaftlichem Ehrgeiz an das andere Ende der Welt schicken wollte. Zumindest nicht in diesem Alter.»

«Irgendjemand muss sich doch um die Besitzungen in Übersee kümmern», warf Marlene automatisch ein. Sie entsann sich eines ähnlich lautenden Satzes, den Justus in einem seiner Briefe verwendet hatte. Tatsächlich hatte er keine Details verlauten lassen, aber wenn sie es jetzt bedachte, hätte sie mit ein wenig mehr Feingefühl zwischen den Zeilen lesen und vorausahnen können, was er vorhatte. Seine Begeisterung für die Diplomatie, das intensive Fremdsprachenstudium, die Chinesischstunden – mit ihrem neuen Wissen ergab alles einen Sinn. Hätte sie ihm geantwortet, wäre er sicher über kurz oder lang klarer in seinen Ausführungen geworden.

Jedenfalls war er noch am Leben – und darüber sollte sie sich freuen. Doch ein seltsames Gefühl von Verlust bemächtigte sich ihrer. Tsingtau war so weit, so fremd. Der Stützpunkt am Chinesischen Meer wirkte weiter entfernt als Deutsch-Südwestafrika, und das war ja schon irgendwie das Ende der Welt. Übersee hatte sie niemals interessiert, die Geografiestunden hatte sie nur mit mäßiger Aufmerksamkeit verfolgt. Ihre Ziele befanden sich in Europa, darüber hinaus gab es nichts, das sich für sie lohnte. Mit einem Mal war das jedoch anders.

Der Wunsch, Justus zu schreiben, wurde übermächtig. Weit weg und auf dem Weg zu einer ungewöhnlichen Karriere, gewann er noch an Attraktivität. Doch war er unerreichbar. Sie wusste nicht, wie sie mit einem Offiziersanwärter in Kontakt treten könnte, der in China seinen Dienst antrat. Der einfachste Weg wäre über ihre Klassenkameradin, aber Caroline von Ostwald war die letzte Person, die sie ins Vertrauen ziehen wollte. Es musste eine andere Möglichkeit geben, an Justus' Adresse zu kommen.

«Nun ist dieses Thema also abgeschlossen», unterbrach Josephine die Überlegungen ihrer Tochter, die in die entgegengesetzte Richtung führten.

Während Marlene nervös die Küchlein auf der Etagere hin und her schob, fiel ihr der Brief an Sonja ein. Der lag noch immer in der Schublade ihres Sekretärs. Ob Justus darin seine neue Adresse angegeben hatte? Wohl nicht, resümierte Marlene, warum sollte er?

Sie beschloss, das Schreiben weiterhin zu verbergen. Es änderte nichts, wenn sie es Sonja gab. Justus war fort. Für Sonja ebenso unerreichbar wie für Marlene. Zum ersten Mal fand Marlene, dass seine Reise auch etwas Gutes hatte.

17

«Fräulein von Runstedt!»

Die tiefe Männerstimme wehte über den Verkehrslärm des Platzes Am Knie zu Marlene, als sie sicher durch das Getümmel zu kommen versuchte. Sechs breite Straßen führten zu und von dem Knotenpunkt weg, Straßenbahnen und Pferdebusse ratterten vorbei, spuckten an den Haltestellen Menschenmassen aus und mit Waren beladene Fahrzeuge stauten sich zu dem üblichen Chaos. An manchen Tagen betrachtete Marlene ihren Schulweg als Abenteuer, oft blieb sie stehen und beobachtete die Passanten unterschiedlichster Herkunft. Heute jedoch bauten sich über ihr dunkle Wolken auf, es war schwül und jeden Moment war ein Regenguss zu erwarten, sodass sie es eilig hatte, nach Hause zu kommen.

Unwillig wandte sie sich nach dem Rufer um.

Aus der Gruppe, die in Richtung Hardenbergstraße strömte, löste sich eine Gestalt, die sich altersmäßig nicht wesentlich von den heranströmenden Studenten der Akademie der Künste und des Musik-Instituts unterschied. Lediglich der immense Stapel in Pappumschläge eingebundener Akten, den Max Emden schleppte, wies ihn auf den ersten Blick als Vertreter eines anderen Fachbereichs aus. Bei näherem Hinsehen fiel seine vorzügliche Garderobe auf. Ungeachtet der anderen Fußgänger lief er auf Marlene zu, wobei er reichlich Mühe hatte, seine Last nicht fallen zu lassen.

«Fräulein von Runstedt...», um Atem ringend, schloss er schließlich zu ihr auf, «darf ich Sie begleiten?»

«Wenn Sie sich beeilen, können Sie das gerne tun. Ich nehme an, wir haben dasselbe Ziel.»

Max versuchte seine Fracht auszubalancieren und für einen Moment wirkte es, als würde er alle Kladden fallen lassen.

Unwillkürlich machte Marlene einen Schritt auf ihn zu und streckte die Hände aus, die Schultasche rutschte auf den Boden.

Max fing sich wieder, umschloss die Unterlagen fest und sicher. «Auf meinen nächsten Botengang für Ihren Herrn Vater sollte ich einen Handwagen mitnehmen», stellte er lakonisch fest. «Ich komme gerade vom Amtsgericht Charlottenburg.»

Er wirkte etwas zerzaust und das machte sein gewöhnlich pedantisch gepflegtes Äußeres überraschend attraktiv. Marlene bemerkte die dunklen Schatten einer erstaunlich unordentlichen Rasur, tauchte in die blauen Augen ein, die im grauvioletten Licht des aufkommenden Gewitters an Intensität zu gewinnen schienen. Max war wirklich ein gut aussehender Mann – und sie war für ihn gewiss die beste Partie, die er sich wünschen konnte. Sollte sie sich auf einen Flirt einlassen? Die Gelegenheit war günstig. Außerdem böte er ihr die Möglichkeit, Justus von Ostwald ein für alle Mal aus ihren Gedanken zu vertreiben.

Ihr forschender Blick schien ihn zu verunsichern. Er trat einen Schritt zur Seite und von ihr fort. Erst als die Kladden wieder aus seinen Armen zu gleiten drohten, erkannte sie, dass er sich nach ihrer Schultasche bücken wollte.

«Lassen Sie nur.» Sie ging rasch in die Knie, um ihre Sachen aufzuheben. Als sie sich aufrichtete, sagte sie lächelnd: «Mein Vater würde Ihnen verschmutzte oder zerdrückte Akten weit weniger verzeihen als Unhöflichkeit mir gegenüber.»

«Da haben Sie wohl recht.»

In diesem Moment schienen sich die Schleusen des Himmels zu öffnen. Nach den ersten Tropfen, die dunkle Punkte auf dem Pflaster hinterließen, stürzte ein Regenguss herab wie ein Wasserfall. Andere Passanten stießen Flüche aus, Frauen kreischten, die Menge auf der Hardenbergstraße setzte sich wie getrieben in Bewegung. Ein Kutschpferd wieherte, drohte durchzugehen, die Klingel der Tram durchbrach ein fernes Donnergrollen.

«Nasse Akten wird Ihnen mein Vater aber auch nicht verzeihen», rief Marlene aus. Sie riss sich den Strohhut vom Kopf und hielt ihn über den Stapel in Max' Armen.

Ohne sich abgesprochen zu haben, setzten sie sich gleichzeitig in Bewegung. Sie sahen sich nicht einmal an, bis sie im Laufschritt einen Torbogen erreichten, der zu einem der Innenhöfe der Hochschule für bildende Kunst führte. Ein junger Mann hatte hier bereits mit seinem Fahrrad Unterschlupf gefunden. Er machte für die Neuankömmlinge Platz, während er in den prasselnden Regenschleier starrte.

Marlenes Haar fiel ihr in nassen Strähnen auf die Schultern. Sie hob ihre Hand, um die Schleife aus ihrer Jungmädchenfrisur zu ziehen. Die Bänder hatten das Wasser aufgesogen, und als Marlene sie zusammendrückte, sprudelten die Tropfen wie aus einem Schwamm.

«Danke», sagte Max. «Sie haben mich gerettet. Ihr Hut hat mich gerettet. Ich fürchte nur, er ist jetzt nicht mehr zu gebrauchen.» Skeptisch betrachtete er die lädierte Kopfbedeckung, seine Worte klangen ernst, aber in seinen Mundwinkeln zuckte ein Schmunzeln.

«Meine Mutter wird mir einen neuen kaufen, wenn ich ihr sage, dass ich ihn der Kanzlei geopfert habe.»

«Ja. Natürlich.» Sein Lächeln wurde breiter. «Meine Verwandtschaft lebt von Damen wie der gnädigen Frau.»

Ihre Augenbrauen hoben sich. Machte er sich lustig über sie? «Bitte?», fragte sie kühl.

«Meine Familie ist im Konfektionshandel tätig», erklärte er. «Wussten Sie das nicht?»

«Ah ... Ja ...?!» Wahrscheinlich hatte sie nicht richtig zugehört, als die Sprache auf Max Emdens Herkunft kam. Hatte er bei dem Diner nicht etwas von einem Handelshaus erwähnt? Ihr war nicht klar gewesen, was seine Familie verkaufte, und sie hatte auch nicht nachgefragt. Zumindest erklärte das Modegeschäft seine stets ungewöhnlich gute Garderobe.

«Allerdings bin nicht nur ich aus der Art geschlagen», fuhr Max wie in einem Selbstgespräch fort. «Schon mein Vater hatte wenig Sinn für das Schneiderhandwerk unserer Vorfahren. Er beschäftigt sich lieber mit den Stoffen als mit der fertigen Kleidung, das Kaufmännische überlässt er meinem Onkel. Im Seidenhandel gibt es kaum jemand Erfolgreicheren als meinen Vater. Er hat in China...»

«China?» Es klang wie ein Kreischen und Marlene erschrak selbst darüber.

«Natürlich China. Warum nicht? Die Seidenraupenzucht ist in Frankreich und Italien fast zum Erliegen gekommen und die feinsten Waren werden heutzutage aus Asien importiert. Mein Vater hat eine Niederlassung in...»

«Er arbeitet doch nicht etwa in China?», unterbrach sie eilig. Aufregung erfasste sie. Dass sie der Stoffhandel des alten Emden einer Welt näher bringen könnte, zu der sie nicht den geringsten Zugang gehabt hatte, war unvorstellbar. Der beste Student ihres Vaters schien eine Quelle unvorhergesehener Möglichkeiten zu sein.

«In Shanghai.»

«Oh!» Sie war enttäuscht. «Nicht in Tsingtau?»

Er nickte ihr anerkennend zu. «Sie sind gut informiert, Fräulein von Runstedt. Tatsächlich plant mein Vater, eine Filiale in der Kolonie zu errichten.»

Ihr Herzschlag schien für einen Moment auszusetzen, um

dann mit einem Hüpfer gegen ihre Brust zu trommeln. Ihre Wangen begannen zu glühen und sie spürte die Rinnsale nicht mehr, die aus ihren Haaren tropften und ihre Kleider durchnässten. «Wissen Sie vielleicht, an welche Adresse ich schreiben muss, um jemanden von unserer Truppe dort zu erreichen?»

«Nein. Ja. Ich...», er unterbrach sich, starrte sie an, als überfordere ihn eine einfache Antwort auf ihre Frage. Seine Stimme war weich, als er geistesabwesend in sich hineinmurmelte: «Sie sehen bezaubernd aus.»

«Unsinn», widersprach sie energisch. Sein Kompliment war ihr peinlich. «Ich bin schrecklich nass geworden, das ist ganz gewiss nicht bezaubernd.» Sie sah an sich hinunter – und stellte fest, dass die Vorderseite ihres Batistkleides so durchnässt war, dass nicht nur die Konturen ihrer Brüste deutlich sichtbar waren, sondern sich dazu auch noch die Brustwarzen durch den dünnen Stoff drückten. Heiliger Strohsack!

Der Regen hatte nachgelassen und der Fahrradfahrer war verschwunden. Sie war allein mit Max. Mit einem attraktiven jungen Mann, der seltsame Sachen sagte, während er auf ihren entblößt wirkenden Körper starrte. Ihr erster Impuls war Flucht, doch dann sagte sie sich, dass Weglaufen ihre Situation auch nicht verbesserte. Hilflos hob sie die Schultasche vor ihren Leib.

Sein Blick veränderte sich, wurde tief, dunkel und unergründlich. «Wenn Sie mir die Akten kurz abnehmen könnten», hob er mit sanfter Stimme an, «werde ich meine Jacke ausziehen und sie Ihnen überlassen.»

In einem umständlichen Handgemenge tauschten sie ihre

Sachen. Marlene bemühte sich, Max nicht zu nahe zu kommen, aber es ließ sich nicht verhindern, dass sie sich berührten, vor allem nicht, als er ihr sein Sakko ritterlich um die Schultern legte.

Er hängte sich ihre Tasche über die Schulter. «Geben Sie mir die Akten, die kann ich auch noch tragen.»

Sie gab sie ihm und wusste einen Moment später nicht mehr, wohin mit ihren Händen. Von ihrer Verunsicherung ablenkend, verkündete sie: «Es regnet kaum noch. Wir sollten uns auf den Weg machen, bevor wir vermisst werden.» Ohne auf ihn zu warten, trat sie unter der Überdachung hervor.

Schweigend folgte er ihr.

Während sie über den wie Platin glänzenden Asphalt in Richtung Steinplatz schritten, hielt sie einen unnötig großen Abstand zu ihm. Sie rettete sich in eine Plauderei über den Bruder einer Schulkameradin, der so klug war, fremde Sprachen zu erlernen, und den Mut besaß, eine völlig andere Welt zu erobern. Dass diese Informationen für Max womöglich nicht sonderlich interessant waren, kümmerte sie nicht.

Er fragte nicht, warum sie nicht einfach die Schwester des jungen Kolonialisten nach dessen Adresse fragte. Stattdessen versprach er ihr, eine Anschrift zu besorgen, an die sie schreiben konnte – und ihren Eltern nichts davon zu erzählen. Ihre Bitte irritierte ihn merklich, aber Marlene war viel zu durcheinander, um zu erkennen, warum Max ohne Widerspruch zum *Postillon d'Amour* werden wollte. Die viel zu leise Warnung in ihrem Hinterkopf überhörte sie.

NOVEMBER 1918

18

«Hast du gehört, wie die Lage in Polen ist?»

«Wieso interessierst du dich für Polen?» Max sah irritiert von der Akte auf, in der er gerade geblättert hatte. «Hat deine Frage etwas mit diesem Fall zu tun? Wohl nicht, nein...», in beredtem Schweigen brach er ab, bevor er sich wieder den Unterlagen vor sich zuwandte.

Natürlich bestand keine Verbindung zwischen der heimlichen Verlobung der angehenden Gärtnerin, deren Schriftwechsel Max prüfte, und der neuen Republik im Osten. Marlene hatte dem Kanzleipartner die Belege zur Kranzgeldforderung vorgelegt und war während seiner Lektüre abgeschweift. Sie saß in dem Besuchersessel an seinem Schreibtisch ihm gegenüber – und irgendwann dachte sie nicht mehr an Marie Beckers zerstörtes Liebesleben, sondern an das eigene, das anders, wenn auch eigentlich nicht hoffnungsfroher war. Aber vielleicht bot ihr das Schicksal eine unerwartete Chance...

«Ist Polen dein neues China?», erkundigte sich Max, ohne aufzublicken.

Überrascht hielt Marlene den Atem an. Für einen Moment fiel die Anspannung von ihr ab. In einer Mischung aus Freude und Verwunderung brach aus ihr heraus: «Daran erinnerst du dich noch?!»

Er sah sie an. «Ich habe nichts vergessen ...» Nach einem tiefen Räuspern fuhr er im Plauderton fort: «Ich habe in der Zeitung gelesen, dass Justus von Ostwald Legationsrat in Warschau geworden ist. Möchtest du die Adresse der deutschen Botschaft dort?»

«Nein.» Ihre Wangen glühten und sie hoffte, dass es nur eine Hitzewallung war und kein Erröten. «Nein. Natürlich nicht. Deshalb habe ich nicht gefragt.»

Max räusperte sich noch einmal. Dann: «Die Situation ist gefährlich, die Polen versuchen sich immer mehr Gebiete im Westen und Osten einzuverleiben. Friedrich Naumann schreibt in seinem Kriegstagebuch in *Die Hilfe*, dass in den preußischen Gebieten Posen und Oberschlesien bewaffnete Aufstände drohen. Die Gefahr liegt nicht nur in unserem Verhältnis zu den Nationalisten im Osten, sondern auch in dem Polens zur Ukraine. Dort stehen noch Hunderttausende unserer Soldaten, die Provinz Galizien und vor allem die Stadt Lemberg sind umstrittene Gebiete. Wenn ein besonnener Mann wie Naumann seine Sorge so deutlich ausdrückt, ist die Situation fatal. Das ist alles, was ich darüber gelesen habe. Beantwortet es deine Frage nach Herrn von Ostwalds Wohlergehen?» Sein Blick wurde scharf, bohrend.

«Es ist unfair von dir, dass du mein Interesse an Polen auf das Niveau einer Tändelei bringst. Tatsächlich gibt es Wichtigeres: Zu den deutschen Truppen, die aus der Ukraine repatriiert werden müssen, gehören auch Etappenhelferinnen. Junge Frauen, die nach Hause wollen.» Sie dachte an die Briefschreiberin, die ihre Schwester vermisste.

«Was?» Erneut wirkte er irritiert.

«Glaubst du wirklich, nur die sechshunderttausend von der Heimat abgeschnittenen Soldaten und Offiziere müssen aus der Ukraine zurückgeholt werden?» Sie richtete sich in ihrem Sessel kerzengerade auf, ihr Ton wurde leidenschaftlich: «Tausende meist junge Frauen gehören zu der Truppe. Krankenschwestern, aber auch Frauen, die sich für die Küche, in den Wäschereien und sogar für die Pferdeversorgung dienstverpflichtet haben, dazu Sekretärinnen und Telefonistinnen. Über die macht man sich im Kriegsamt nach wie vor erst in zweiter Linie Gedanken. Man glaubt anscheinend, es genüge, wenn sich die deutsche Botschaft für die Männer einsetzt, die Frauen laufen ohne besonderen Schutz einfach mit. Genau genommen lehnt der bisherige Verwaltungschef des Generalgouvernements Warschau jede Fürsorge für die ihm unterstellten Frauen grundsätzlich ab. Und du zeigst dich verblüfft!» Sie schüttelte den Kopf.

«Wie ich bereits annahm, bist du bestens über die Verhältnisse in Polen informiert...»

«Sei nicht gleich beleidigt, weil ich die Wahrheit ausspreche.»

«Ich bin nicht...», hob Max an, unterbrach sich jedoch. Kopfschüttelnd fuhr er fort: «Was versuchst du mir zu sagen, Marlene?»

Sie antwortete nicht sofort, sondern atmete erst einmal tief durch, bevor sie so unaufgeregt wie möglich sagte: «Ich bin zur Beauftragten des Kriegsamts für die Rückführung der Helferinnen aus der Bug-Etappe berufen worden.»

Das hatte sie bisher noch niemandem erzählt. Sie verschwieg auch, dass sie sich freiwillig gemeldet hatte. Das letzte Gespräch mit Justus hatte sie an ihre Pflichten im Kriegsamt erinnert, obwohl die Offiziere dort gewiss eher dankbar waren, dass die meisten Frauen in ihrer Dienststelle durch die Revolution hinweggeweht worden waren. Es bedurfte einiger Telefongespräche und Mitteilungen, die durch die wieder funktionierenden Rohrpostleitungen flogen, um Marlene eines Postens an der deutschen Botschaft in Warschau zu versichern. Dass sie dort mit Justus zusammenarbeiten würde, war die Zugabe, die sie sich in ihrem tiefsten Inneren erhofft hatte. Es erschien ihr wie ein Wink des Schicksals, um herauszufinden, was zwischen ihnen beiden noch übrig war und ob es sich nach der langen Zeit lohnte, die vielen gegenseitigen Verletzungen zu vergessen und zu ihren Gefühlen zu stehen – auf Dauer.

«Ich nehme an, du beabsichtigst, nach Polen zu fahren», konstatierte Max. «Vermutlich befindet sich dein neuer Aufgabenbereich an der deutschen Botschaft in Warschau.»

«Mein Zug geht morgen früh.» Sie konnte selbst nicht fassen, wie schnell alles gegangen war.

Energisch schlug er die Akte von Marie Becker zu. «Ich sollte dich von diesem Irrsinn abhalten.»

«Es ist kein Irrsinn, sondern eine ehrenvolle Aufgabe», widersprach sie ebenso energisch. «Aber ich verstehe, dass du mich davon abhalten möchtest.»

«Was ich aber nicht kann...»

«Sicher nicht.»

Langsam nickte er. «Ich bin noch nie gegen deinen Willen angekommen. Und es ist nicht das erste Mal, dass ich mich um dich sorge. Trotzdem wünsche ich dir eine gute Reise und gutes Gelingen.» Sie war nicht sicher, ob sie den letzten Satz versöhnlich oder beleidigt interpretieren sollte.

«Danke, Max.» Spontan beugte sie sich vor und berührte über den Schreibtisch seine Hand. «Würdest du mich zum Bahnhof bringen?»

«Nein.»

Vielleicht war es tatsächlich zu viel verlangt, dass er sie auf dem Weg zu ihrer Mission begleitete. Sicher war es ein Zuviel an Emotionen, auf die sie bei tieferer Überlegung wohl auch verzichten konnte. «Natürlich», räumte sie rasch ein. Als sie spürte, dass er ihr seine Hand entziehen wollte, schloss sie ihre Finger fester um seine. «Aber könntest du Vater bitte beibringen, dass ich morgen nach Polen fahren werde?»

«Wie bitte?!» Fast ruppig entzog er sich ihr, lehnte sich zurück, als wollte er den Abstand zwischen ihnen beiden vergrößern. «Hast du ein so wichtiges Vorhaben etwa nicht mit ihm besprochen?»

Sie schwieg. Was sollte sie auch sagen? Dass sie ihren Vater vor vollendete Tatsachen stellen wollte, bevor er ihr die Aufgabe in Polen ausreden oder gar ihren Einsatz zu verhindern versuchen würde? Eigentlich wunderte sie sich, dass ihre Bewerbung ohne sein Zutun angenommen worden war. Es schien, als hätten die Offiziere diesmal versäumt, bei Professor von Runstedt Rat einzuholen. Oder die Männer hatten keine Lust auf eine Auseinandersetzung mit einer eigensinnigen Frau und setzten sie lieber der Gefahr aus als sich selbst einer unerfreulichen Diskussion.

«Es ist feige, deinen Vater nicht zu informieren.»

«Ich weiß», murmelte sie, bevor sie deutlicher fortfuhr: «Wenn es um ihn geht, bin ich keine Heldin.»

«Er hat dich immer unterstützt...»

«Ja», stimmte sie schlicht zu.

Max nickte noch einmal. Er starrte blicklos vor sich hin, als suche er irgendwo hinter ihr in dem Raum nach einer Lösung für den Loyalitätskonflikt, in dem er sich zweifellos befand. Schließlich sah er sie wieder an und fragte erstaunlich sanft: «Bist du sicher, dass es dir nur um die Etappenhelferinnen und nicht um Justus von Ostwald geht?»

Er war ihr Freund. Der beste Freund, den sie jemals gehabt hatte. Deshalb verdiente er die Wahrheit: «Wenn ich ehrlich bin, ist mir das selbst nicht ganz klar.»

«Ich hoffe, dass er deine Tapferkeit ebenso sehr zu schätzen weiß wie ich deine Aufrichtigkeit.» Sein aufmunternd wirkendes Lächeln fiel ein wenig erzwungen aus. «Ich rede mit deinem Vater, Marlene, versprochen.»

Sie erhob sich.

Automatisch sprang auch er auf.

Einer spontanen Eingebung folgend, streckte sie ihm ihre Rechte entgegen. «Danke. Ich danke dir für alles.»

Zögernd schlug er ein. Ein guter Freund, der sich per Handschlag von ihr verabschiedete. Mehr nicht.

Seltsam nur, dass diese Erkenntnis schmerzhaft war.

◆

Hugo von Runstedt deutete mit dem Zeigefinger auf den kleinen Koffer, den Marlene neben der Wohnungstür abgestellt hatte. «Das ist nicht dein Ernst», brummte er.

«Es ist meine Pflicht», erwiderte sie ruhig. Obwohl sie sicher war, dass Max sein Versprechen gehalten und ihren Vater über ihre Abreise nach Warschau informiert hatte, waren die letzten Stunden mit Hugo in harmonischem Einvernehmen verlaufen. Sie hatten gestern Abend die wässrige Kartoffelsuppe geteilt und dabei über die Rationierungen und die vollmundigen Versprechen des amerikanischen Präsidenten geplaudert, das deutsche Volk mit ausreichend Lebensmitteln zu versorgen. Den Kohlenotstand hatten sie bei ihrem Gespräch ausgespart, da dieses Thema das von belgischen und französischen Truppen besetzte Rheinland tangiert hätte und das Industriegebiet in Oberschlesien, das von Polen beansprucht wurde. Marlene war überzeugt, dass ihr Vater den letzten gemeinsamen Abend nicht mit Tiraden gegen die Feinde belasten wollte. Sie nahm dies als stillschweigendes Einverständnis für ihre neue Aufgabe. Umso erstaunlicher, dass er sie erst unmittelbar vor ihrem Aufbruch zurückzuhalten versuchte.

«Du hast keine Erfahrung im Bahnwesen und nur marginale in der öffentlichen Verwaltung», polterte Hugo von Runstedt. «Was willst du bei der Rückführung der Etappenhelferinnen erreichen?»

«Ich werde Unterstützung vermitteln, Sicherheitsgarantien auf ihre rechtliche Grundlage prüfen, Anzeigen von Frauen aufnehmen, denen übel mitgespielt wurde. Ich werde...»

«Erwartest du wirklich, dass dein juristisches Wissen und dein Sinn für Gerechtigkeit in der derzeitigen Situation in Polen hilfreich sind? Es muss ein Korridor mitten durch ein Land geschaffen werden, das uns feindlich gesinnt ist. Marlene, das ist keine Urlaubsreise!»

Sie knirschte mit den Zähnen. Die Ausführungen ihres Vaters waren zwar richtig, aber dennoch zutiefst enttäuschend. «Ich danke dir für dein Vertrauen», presste sie hervor. «Offenbar bist du davon überzeugt, dass ich eine Gruppenreise in die Sommerfrische planen könnte – mehr aber auch nicht.»

«Dein Platz ist in Berlin», schnaubte Hugo. «Du hast dich für eine Karriere in der Politik entschieden. Das ist gerade einmal ein paar Tage her. Jetzt willst du die Retterin der Etappenhelferinnen spielen. Was möchtest du morgen sein?»

«Reichstagsabgeordnete!», kam es wie aus der Pistole geschossen über ihre Lippen.

Hugo schüttelte den Kopf. «Erwartest du, dass das Mandat vom Himmel fällt? Du solltest dich in deine neue Aufgabe einarbeiten und nicht einem Abenteuer mit ungewissem Ausgang nachjagen.»

«Das ist genau der Punkt, Vater», hob sie an und hoffte, so sachlich wie möglich zu klingen, «ich möchte mich in einem politischen Thema einarbeiten, Erfahrung sammeln. Dies ist die beste Gelegenheit.» Sie wollte ihn nicht im Streit verlassen, daher fügte sie versöhnlich hinzu: «Können wir unsere Auseinandersetzung bitte beenden? Ich werde nach Warschau fahren, es ist alles vorbereitet. Mein Zug geht in einer Stunde vom Bahnhof Zoo und ich bitte dich, mir deinen Segen zu geben.»

«Ist die deutsche Gesandtschaft über dein Kommen informiert?»

Alle Farbe wich aus ihrem Gesicht, weil sie fürchtete, ihr Vater würde diesen wunden Punkt als weiteren Grund nehmen, sie von der Reise abzuhalten. «Es sind alle Telegrafenleitungen nach Polen unterbrochen», gab sie kleinlaut zu. Es war durchaus möglich, dass sie Justus mit ihrer Ankunft vor den Kopf stieß.

«Wie man hört, ist die Botschaft vollkommen abgeschnitten von der Heimat. Ich habe mich erkundigt, Marlene, und ganz sicher ist das kein Ort für eine allein reisende Dame.»

«Oh!», stieß sie erleichtert hervor. «Ich bin nicht alleine. Mir wurde eine Beamtin zur Seite gestellt, die im Kriegsamt in Breslau gearbeitet hat und Polnisch spricht.»

«Soll mir das die Sorge um dich nehmen? Diese Person mag zwar in Behördenangelegenheiten versierter sein, sicher sind ihre Sprachkenntnisse auch hilfreich, aber ein Schutz für jemanden wie dich ist sie ganz sicher nicht.»

Unwillkürlich erhellte ein kleines Lächeln ihre angespannten Züge. Sie begriff, dass ihr Vater aus Sorge mit ihr schimpfte. Sein Verhalten kam einer Liebeserklärung gleich, zu größeren Emotionen war Hugo nicht fähig. Mit einem Mal wurde ihr bewusst, dass er seine Frau und seine Söhne nach einem Abschied an dieser Tür für immer verloren hatte: Ihre Mutter war von einem Kuraufenthalt nicht zurückgekehrt und ihre Brüder waren auf See geblieben. Jetzt ging seine Tochter auf eine ungewisse Reise. Wahrscheinlich hätte sie ihn doch besser auf ihre Pläne vorbereiten müssen und nicht derart überrumpeln dürfen.

Sie trat auf ihn zu und drückte einen sanften Kuss auf seine Wange. «Mir wird nichts geschehen. Du wirst sehen, ich bin pünktlich wieder da, wenn ein Termin für die Wahlen festgelegt wird und ich in den Wahlkampf einsteigen kann.» Sie hatte nicht die geringste Ahnung, wann der Volksrat darüber entschied und – vor allem – wie viel Zeit die Erledigung ihrer Aufgabe in Polen in Anspruch nahm. Aber sie war zuversichtlich, dass beides relativ schnell vonstattenging.

Ihr Vater drückte sie kurz an seine Brust, dann schob er sie ebenso heftig von sich. «Tu, was du nicht lassen kannst, Marlene. Ich bin zwar gegen dein Vorhaben, aber wenn du dein Ziel erreichst, werde ich stolz auf dich sein. Auf Wiedersehen.» Brüsk wandte er sich ab und schritt zu seinem Arbeitszimmer.

Sie atmete tief durch und vergewisserte sich, dass sich in ihrer Handtasche der frisch ausgestellte Militärfahrschein mit dem neuerdings roten Stempel des preußischen Adels befand, dass ihr Handkoffer ordentlich verschlossen war. Als sie die Wohnung schließlich verließ und durch das Treppenhaus nach unten stieg, verfolgte sie die Frage, ob sie richtig gehört hatte. Ihr war es vorgekommen, als habe Hugo bei ihrer Verabschiedung geschnieft wie bei einer schweren Erkältung. Doch sie wusste, dass er sich bei bester Gesundheit befand. Je näher sie dem Bahnhof Zoologischer Garten kam, desto sicherer war sie, dass ihr Vater geweint hatte.

19

Die Mitarbeiterin des Kriegsamtes in Breslau hieß Ricarda Pierrot und war eine bäuerlich wirkende Person, etwa zehn oder noch ein paar Jahre älter als Marlene. Ihre einfache Erscheinung täuschte jedoch über ihre Erfahrung und ihr Wissen hinweg, letztlich auch über ihre Bildung und Herkunft, wie Marlene rasch feststellte. Da ihre neue Kollegin aus Oberschlesien stammte, sprach sie Polnisch, was sie für die Reise nach Warschau qualifizierte. Sie war eine der ersten Absolventinnen im Alter von über dreißig an der Sozialen Frauenschule von Alice Salomon in Schöneberg und war in der Verwaltung ihrer Heimatstadt tätig gewesen, bevor sie dem Nationalen Frauendienst beitrat und schließlich für das Kriegsministerium arbeitete. Obwohl sie die Arbeit eines Beamten erledigte, erhielt sie dessen Status nicht, weil es den Beruf der Beam*tin* nicht gab. Sie erwies sich von Anfang an als ausgesprochen tüchtig. «Zuerst steht die Auflösung des deutschen Lazaretts in Warschau an und die Rückführung der Krankenschwestern sowie des sonstigen weiblichen Personals», erklärte sie mit fester Stimme, als sie und Marlene sich auf dem Bahnhof in Frankfurt an der Oder trafen. «Darin stimmen Sie mit mir überein, nicht wahr, Fräulein Doktor von Runstedt?»

«O ja», versicherte Marlene rasch. «Das Militärkrankenhaus hat Priorität. Davon bin ich ausgegangen.» Genau genommen hatte sie sich noch keine weiterführenden Gedanken über ihre anstehende Arbeit gemacht. Sie hatte es nicht geschafft, die Unterlagen, die ihr das Kriegsamt zur Verfügung gestellt hatte, zu lesen. Eigentlich hatte sie eine Reiselektüre eingeplant, aber nicht damit gerechnet, wie katastrophal die Zustände auf der Bahnfahrt sein würden. Der Militärzug war überfüllt mit Soldaten, der angehängte Waggon für Zivilisten zu klein. Als Marlene einstieg, fand sie nur noch einen Stehplatz. Die üblicherweise gut zweistündige Fahrt verlängerte sich um das Doppelte – und es war ihr vorgekommen, als wäre Frankfurt an der Oder mindestens ebenso weit entfernt wie die Stadt am Main. Als Marlene mit Ricarda Pierrot zusammentraf, war sie nicht nur völlig uninformiert, sondern auch leicht lädiert gewesen.

Dennoch versuchte sie nun, sich möglichst professionell zu geben, und sagte: «Wir sollten uns bald nach unserer Ankunft ein eigenes Bild machen und das Lazarett besuchen.»

Ricarda Pierrot nickte. «Ich werde es mir später notieren.»

Hoffentlich hast du dazu *später* Gelegenheit, dachte Marlene grimmig und klammerte sich fester an die Haltestange des Gepäckkorbs über sich, um nicht das Gleichgewicht zu verlieren. Die Bahn, in die sie umgestiegen waren, erwies sich weder als größer noch komfortabler als der Militärzug zuvor. Irgendwann bot ein vierschrötiger Mitreisender Marlene und Ricarda an, auf seinen Knien Platz zu nehmen, auf jedem Bein eine der Damen. Doch die Damen verständigten sich mit einem Blick und lehnten ab, auch wenn sein Angebot wahrscheinlich nicht einmal anzüglich gemeint war. Obwohl ihre Füße nach einer Weile höllisch brannten, wurde Marlene schläfrig. An den vielen Haltestellen versuchte sie sich die Beine auf dem halben Quadratmeter zu vertreten, der ihr zur Verfügung stand. Die Vorstellung von ein wenig mehr Bewegungsfreiheit an der frischen Luft war verlockend, aber sie getraute sich nicht auszusteigen, weil sie befürchtete, dann auf dem Bahnsteig durch eine unerwartete Weiterfahrt das Nachsehen zu haben – oder keinen Platz mehr zu finden, wenn sie zurückkehrte. In Schwiebus stieg eine alte Frau aus und ohne nachzudenken sank Marlene auf deren verlassenen Sitz.

Sie schloss erleichtert die Augen – und öffnete sie erst, als ihr jemand auf die Schulter klopfte. «Wenn ich mich hinsetzen könnte, würde ich Sie auf den Schoß nehmen», erklärte Ricarda Pierrot. «Ich habe kräftigere Schenkel als Sie.»

Marlene starrte ihre Begleiterin entgeistert an. Sie hatte seit ihrer Kindheit nicht mehr auf den Knien einer anderen Frau gesessen. Selbstverständlich würde sie keinen derartigen Körperkontakt mit einer fremden Person zulassen. Sie öffnete den Mund zum Widerspruch, als ihr plötzlich bewusst wurde, dass Ricarda sicher ebenso sehnsüchtig wie sie auf eine Möglichkeit wartete, sich auszuruhen. Es wäre nur anständig, den Platz zu teilen. Ohne ein weiteres Wort erhob sich Marlene.

Die Weiterfahrt war nicht bequem, aber ihre neue Sitzhaltung war trotz einer gewissen Anspannung erträglich. Marlene nickte sogar für einen kurzen Moment ein – und erwachte, weil sie beinahe von Ricardas Beinen fiel, als der Zug mitten auf freier Strecke anhielt. Unruhe machte sich unter einigen Reisenden breit, in einem Käfig, den eine Bäuerin an ihr Herz presste, gackerte ein Huhn, ein kleines Kind schrie, die meisten Menschen reagierten jedoch mit stoischer Ruhe. Hinter den rußigen Fenstern war es dunkel, lediglich die fehlenden Lichtquellen wiesen darauf hin, dass sich die Eisenbahn zwischen Feldern befand. Nichts als Ödnis. Schlaftrunken richtete sich Marlene auf, streckte sich, so gut es in der Enge möglich war.

«Sie fahren wohl selten mit dem Zug», stellte Ricarda fest.

«In letzter Zeit war ich nicht oft unterwegs.»

«Dann wissen Sie nicht, dass solche Halte Stunden dauern können. Vielleicht fehlen Kohlen für die Weiterfahrt. Vielleicht werden einige Waggons abgehängt, bevor wir in das

Gebiet kommen, das von polnischen Aufständischen kontrolliert wird. Oder wir müssen auf eine neue Lok warten.»

«Sind wir denn schon so nah an der Grenze?», wunderte sich Marlene, während sie sich über die Augen rieb, als könne sie dadurch klarer sehen, was auf ihrer Reise geschah.

«Nein. Aber das kümmert die Aufständischen nicht.»

Marlene nickte still. Eine Konfrontation mit aufgebrachten Polen hatten Max und ihr Vater wohl am meisten gefürchtet. Und wenn sie es sich eingestand, ging es ihr ebenso. Sie konnte nur hoffen, dass die Legitimationspapiere des Volksrats die leidenschaftlich nationalistischen Kämpfer beeindrucken würden. Von Offizieren erwartete sie diplomatischen Respekt, aber niemand wusste, wo an den Gleisen Partisanen auf einen deutschen Zug lauerten.

Ein Rumpeln, das Geräusch von Eisen auf Eisen. Offenbar wurden die Waggons abgehängt. Seufzend sank Marlene zurück auf Ricardas Knie: «Wenn Sie recht behalten, wird unser Aufenthalt hier dauern.»

«Und wir sind noch nicht einmal in Posen», setzte Ricarda nüchtern hinzu.

Nach etwa einer oder zwei Stunden – einer erstaunlich kurzen Zeit, wie Ricarda resümierte – wurde die einsame Bahn mit einem anderen Zug verbunden. Die Lokomotive schob die Waggons langsam vor sich her bis zum Bahnhof in Posen, wo Marlene bei ihrem Blick durch das Fenster von dem hellen Licht der elektrischen Birnen geblendet wurde. Obwohl sie sich so zerschlagen fühlte wie nach einer schlaflosen Nacht, war es erst Abend und die Bahnsteige waren belebt von Passanten. Als sich das Abteil weiter füllte, stand sie auf und stellte sich vor Ricarda, um ihnen beiden ein wenig Raum zu verschaffen. Der Geräuschpegel schwoll an, viele der zusteigenden Passagiere sprachen Polnisch.

Marlenes Hand lag auf der Verstrebung des Gepäckkorbs, als sie sich wieder in Bewegung setzten, diesmal anscheinend hinter dem Triebwagen. Sie waren seit etwa zehn Stunden unterwegs, hatten kaum die Hälfte ihrer Reiseroute hinter sich gebracht und ihr Ziel schien noch unendlich weit entfernt.

Ricarda hatte gerade angeboten, ihr für eine Weile den Sitzplatz zu überlassen, als der Zug in einen hübschen Kleinstadtbahnhof einfuhr und anhielt. Durch das Fenster erkannte Marlene eine Tafel, die an dem Backsteingebäude angebracht war: Der deutsche Ortsname *Wreschen* war durchgestrichen und mit ungelenker Handschrift und einem reichlich verschmierten *Wrzesnia* übermalt worden. Hier regierten anscheinend bereits die polnischen Kriegsgewinner. Dabei lag dieser Ort wohl nicht weit hinter Posen, die offizielle deutsch-polnische Grenze war noch nicht erreicht.

Laute Stimmen, deutsche Protestrufe folgten auf polnische Befehle. Ein erneuter Blick durch das Fenster sandte eisige Schauer über Marlenes Rücken: Sie beobachtete, wie Reisende aus dem Zug gezerrt und in Gruppen über den Bahnsteig getrieben wurden. Koffer flogen hinter den Passagieren durch Türen und Fenster und landeten kreuz und quer neben den Gleisen. Die Abteiltür wurde aufgestoßen, zwei Soldaten in feldgrauer Uniform steckten ihre Köpfe herein.

«*Niemiecki?*»

Ricarda, die vor Marlene stand, zuckte erschrocken mit den Schultern. «Wir verstehen kein Polnisch», erklärte sie den Männern auf Deutsch, doch Marlene hatte das Gefühl, der Hinweis gelte ihr.

Einer der beiden trat näher, nahm Ricarda am Arm. «*Chodz! Wyjsc!*»

Ohne nachzudenken, sprang Marlene auf und protestierte lautstark: «Also, hören Sie mal, wie benehmen Sie sich?»

Einen Atemzug später spürte sie ebenfalls eine Hand auf ihrem Arm, die unmissverständlichen Druck ausübte.

«Lassen Sie mich los!»

Natürlich reagierte der Mann nicht.

Ihre Beine waren schwer vor Müdigkeit. Da sie nicht hinfallen wollte, biss sie die Zähne zusammen und fügte sich. Sie folgte den Soldaten und ihrer Begleiterin nach draußen, wobei sie tatsächlich beinahe auf der Plattform gestolpert wäre. Doch der eiserne Griff zerrte sie weiter und hielt sie – wahrscheinlich unbeabsichtigt – auf den Beinen. Erstaunlich, dass sie noch so reaktionsschnell gewesen war und nach ihrer Tasche gegriffen hatte.

Plötzlich erhob Ricarda ihre Stimme: «Offizier! Wir wollen sofort Ihrem Offizier vorgestellt werden!»

Marlene war nicht klar, warum ihre Begleiterin so vehement behauptete, dass sie kein Polnisch sprach. Sie beschloss jedoch, das Spiel mitzumachen.

Einige Reisende, die sie zuvor auf dem Bahnsteig beobachtet hatte, kehrten wieder zu dem Zug zurück, sammelten Gepäckstücke ein. Die meisten von ihnen wirkten etwas derangiert, aber erleichtert, dass sie ihre Fahrt nun offensichtlich fortsetzen durften. Ihr fiel auf, dass sie keiner Frau begegneten. Flüchtig erinnerte sie sich, dass die Mehrzahl der Reisenden Männer waren, aber eben nicht nur. Lediglich sie und Ricarda hatten aussteigen müssen und wurden nun in einen Raum am Rande des Bahnhofsgebäudes gestoßen. Eine schwere Tür fiel knarrend ins Schloss.

Marlenes Augen brannten von dem Gestank nach Tabak und Petroleum. Die Funzeln beleuchteten einen Schreibtisch und eine eingerissene, teilweise übermalte Karte des Deutschen Reiches und Kongresspolens, was Marlene zu der Annahme veranlasste, dass sie sich im Amtszimmer des Bahnwärters befanden. An die gegenüberliegende Wand waren Feldbetten gelehnt, auf denen sich uniformierte Männer räkelten, deren Gesichter im Dunst ihrer starken Zigaretten verschwammen. Eine lebhafte Diskussion setzte ein.

Während sie sich den schmerzenden Arm rieb, überlegte sie, was sie und Ricarda für die Polen interessant machte. Sie waren beide nicht mehr jung und daher sicher nicht die erste Wahl für eine Vergewaltigung. Wirkten sie vielleicht zu wohlhabend? Sie trugen beide Mäntel von relativ guter Qualität. Himmel, dachte Marlene entsetzt, wollen sie uns etwa unsere Kleider stehlen? Hätte sie doch ihre Reisetasche im Zug gelassen!

«*Dokumenty!*», bellte ein Soldat, der sich hinter dem Schreibtisch niederließ.

«Offizier», antwortete Ricarda mit fester Stimme auf Deutsch. «Wir wollen mit einem Offizier sprechen.»

Ihre Forderung wurde ignoriert. Oder nicht verstanden.

Fasziniert von der Ruhe ihrer Begleiterin registrierte Marlene einen Moment zu spät, dass es ein anderer Mann auf ihre Tasche abgesehen hatte. Sie spürte seinen Griff erst, als er ihr das kleine Gepäckstück entriss. Ihr empörter Aufschrei erfolgte mit Verzögerung.

«Offizier!», wiederholte Ricarda eindringlich.
Der Soldat hielt Marlenes Eigentum ins Licht einer der Petroleumlampen. Ein Kumpan richtete sich von seinem Lager auf und trat hinter ihn. Gemeinsam wühlten sie in Marlenes Besitz.
Ihr wurde übel bei dem Gedanken, wie die fremden Männerhände ihre Unterwäsche berührten.
Schließlich fischte der Erste den auf ihren Namen ausgestellten Militärfahrschein heraus. Sichtlich verblüfft las er: «Doktor...?!» Erstaunt sah er sie an.
Im nächsten Moment setzte wieder eine wilde Diskussion auf Polnisch ein.
Unwillkürlich drückte sie ihren Rücken durch. Gleichzeitig überlegte sie, wie albern es für die Landsmänner einer Marie Curie war, derart fasziniert auf den Doktortitel einer Frau zu reagieren. Ihr fehlten jedoch Mut und Sprachkenntnis, vor den Soldaten über Gleichberechtigung und die naturwissenschaftlichen Errungenschaften der polnisch-französischen Nobelpreisträgerin zu dozieren. Überdies gewann sie den Eindruck, dass man sie für eine Medizinerin hielt. Eine Verwechslung, die aufzuklären sie nicht imstande war.
Einer der Männer verließ den Raum. Die Tür fiel krachend hinter ihm ins Schloss, was Marlene verstörend an den Ton erinnerte, mit dem Radamès in der Oper «Aida» eingekerkert wurde. Der Bühnenheld blieb für immer in der Gruft – an der Seite seiner Geliebten. Ach Max, fuhr es ihr durch den Kopf, ich wünschte, du wärst bei mir. Erst mit einiger Verzögerung fiel ihr auf, dass sie nicht automatisch an Justus gedacht hatte. Über sich selbst erstaunt, nahm sie die Gespräche der Polen

kaum wahr. Selbst als Ricarda leise das Wort an sie richtete, hörte sie kaum zu.

«Sie machen Witze über uns.»

Marlene zuckte mit den Achseln, weil sie nicht gleich verstand, was die andere meinte.

«Verraten Sie bitte nicht, dass Sie keine Ärztin sind. Sonst verlieren die Männer noch den letzten Respekt. Ich hoffe, bei Bedarf können Sie wenigstens so tun, als besäßen Sie ein medizinisches Grundwissen.»

Still nickte sie. Was sollte sie auch sagen? Dass sie aus Sorge um ihren Vater und die Furcht vor einem Einsatz fern von Charlottenburg keine Ausbildung zur Lazarettschwester gemacht hatte, würde Ricarda wahrscheinlich als Schwäche auslegen. Immerhin hatte Marlene einen Lehrgang in Erster Hilfe besucht, mit diesem Wissen würde es ihr gelingen, gegebenenfalls davon abzulenken, dass sie in Rechtswissenschaft promoviert hatte.

◆

Hacken wurden zusammengeschlagen, die Soldaten wichen zurück. Auch der verletzte junge Mann auf dem Feldbett, dessen Wunde Marlene zu behandeln versuchte, richtete sich umständlich auf.

Tatsächlich war sie um Hilfe gebeten worden – vielmehr war es ein Befehl gewesen. Einer der Männer brauchte dringend medizinische Versorgung. Bei der Verwundung handelte es sich um eine stark nässende, sich bereits leicht verfärbende Stelle am Bein, die sich der Kämpfer durch einen Sturz oder einen Tritt von schweren Stiefeln zugezogen haben mochte. Marlene verzichtete darauf nachzufragen, nicht nur, weil ihr die polnischen Wörter fehlten, sondern auch, weil sie besser nicht erfahren wollte, was bei der Besetzung des vormals preußischen Bahnhofs geschehen war. Wild gestikulierend wies sie die Leute an, die Beleuchtung zu verbessern, außerdem fragte sie nach sauberem Wasser, was von einem der Kameraden mit *woda* übersetzt wurde. Schließlich gab man ihr eine halbvolle Flasche Wodka. Nachdem sie ein frisches Taschentuch aus ihren verstreut herumliegenden Sachen gefischt hatte, begann sie unter den argwöhnischen Blicken der Männer mit der Wundversorgung. Ihr Bemühen stellte sich als ausgesprochen schwierig heraus, da der junge Soldat unter großen Schmerzen litt. Wenn er seinen Unterschenkel behalten will, braucht er dringend einen richtigen Arzt, dachte Marlene unwillkürlich. Vor lauter Aufregung war es ihr schwergefallen, mit ruhigen Händen zu arbeiten.

Nun drehte sie sich langsam zu dem Eintretenden um. Anscheinend der Offizier, nach dem Ricarda verlangt hatte. Der Pole war mittelgroß und daher etwas kleiner als Marlene, schmal, gut aussehend mit klugen blauen Augen, das braune Haar unter seiner Schirmmütze war streng mit Pomade nach hinten gekämmt. Er nickte ihr zu.

«Leutnant Rogowski!», stellte er sich auf Deutsch vor. «Guten Abend.»

«*Dobry wieczór*», erwiderte Ricarda ungerührt.

Sein Blick flog mit sichtlicher Verärgerung in ihre Richtung. «Mir wurde gesagt, Sie sprechen kein Polnisch.»

«Ich hatte nicht die Absicht, mit Ihren schlecht erzogenen Leuten zu sprechen.»

Er wandte sich zu Marlene und fragte: «Und Sie? Sind Sie auch so eine Heimlichtuerin wie Ihre Freundin?»

«Außer Deutsch spreche ich nur Französisch und Englisch, kein Polnisch.»

Er nickte. «Sie sind also die Ärztin?!» Es war Frage und Feststellung zugleich.

Dies war der Moment, in dem sie die Wahrheit sagen sollte. Doch stattdessen schwieg Marlene, wog zögernd die Schnapsflasche in der einen und ihr Taschentuch in der anderen Hand. Eine Alkoholfahne waberte ihr entgegen, mischte sich mit dem Gestank von Nikotin, Petroleum, Armut – und eitrigem Blut. Sie blickte von Leutnant Rogowski zu dem jungen Mann mit dem verwundeten Bein, dann wieder zu seinem Vorgesetzten. Obwohl sich alles in ihr dagegen sträubte, holte sie tief Luft.

«Der Patient gehört in ein Hospital», erklärte sie mit fester Stimme. Selbst in ihren eigenen Ohren klang sie angesichts der verheerenden Situation, in der sie sich befand, erstaunlich autoritär. «Die Verletzung muss mit Medikamenten behandelt werden. Das hier ...», sie schwenkte die Flasche, «das hier genügt nicht, um eine Amputation zu verhindern.»

«Bei uns hilft Wodka gegen alles», versetzte der Offizier trocken.

«Schon möglich», sie hob die andere Hand, um das Provisorium zu demonstrieren, «aber mein Taschentuch ist kein ordentliches Verbandsmaterial.»

Endlich half ihr Ricarda. Ein Schwall rasch hervorgestoßener polnischer Sätze ergoss sich über Leutnant Rogowski. Regungslos hörte er sich an, was Marlenes Begleiterin zu sagen hatte. Die Männer im Hintergrund jedoch schienen unruhig zu werden. Der verletzte Soldat starrte Marlene mit weit aufgerissenen Augen panisch an.

«Gut, Fräulein Doktor», unterbrach der Offizier die ambitionierte Rede auf Deutsch, und an Marlene gewandt, sagte er: «Sie haben Ihre Arbeit getan. Vielen Dank. Wir kümmern uns jetzt um ihn.»

Verblüfft starrte Marlene ihn an. «Sie können Ihren Soldaten nicht hier liegen lassen.»

«Ich habe nicht gesagt, dass wir das tun werden.» Er schüttelte den Kopf, wirkte plötzlich nicht mehr so gelassen wie zuvor. «Halten Sie eigentlich alle Polen für unmenschlich?»

Sie biss sich auf die Unterlippe und schwieg.

«Falls Sie die deutschen Truppen für besonders zivilisiert halten, muss ich Ihnen leider sagen – sie sind es nicht. Ihre Leute haben in mehreren Dörfern und Kleinstädten nahe Lublin aus Rache für ihre Entwaffnung die Häuser angesteckt und Gefangene verschleppt.» Sein Blick richtete sich auf Ricarda. «Diese Berichte betreffen nicht nur die deutschen Soldaten auf dem Rückzug, Ihre Offiziere benehmen sich nicht besser. Sie sollten dankbar sein, meine Damen, dass ich kein brutaler deutscher *Szkop* bin, sondern ein polnischer Kavalier.»

Marlene senkte die Lider. Sie hatte keine Ahnung, wovon Leutnant Rogowski sprach, wusste ja gerade einmal, dass Lublin gut einhundertfünfzig Kilometer südöstlich von Warschau lag und bis zum Frieden von Brest-Litowsk zum Zarenreich und dann zum bolschewistischen Russland gehört hatte. Sie hatte sich die Geografie einigermaßen eingeprägt, da sich die Stadt in jenem Korridor befand, den die deutschen Armeeangehörigen auf ihrem Rückzug aus der Ukraine durchqueren mussten. Wenn die Ausführungen des Polen stimmten, gab es für eine Beauftragte des Kriegsamts wahrscheinlich mehr zu tun, als Marlene für möglich gehalten hatte.

Auch Ricarda schwieg. Vielleicht wollte sie Leutnant Rogowski nicht mit einem Widerspruch provozieren, möglicherweise hatte sie auch schon von den Übergriffen gehört. Marlene schauderte bei dem Gedanken, dass ihre Begleiterin mehr über die Umstände in Polen wusste als sie selbst – und nichts davon preisgab.

«Sie können gehen», entschied der Offizier plötzlich. «Gehen Sie! Gehen Sie!» Er wedelte ungeduldig mit der Hand. «Sie werden hier nicht mehr gebraucht.» An seine Untergebenen gewandt, fügte er noch ein paar knapp wirkende Sätze auf Polnisch hinzu, wahrscheinlich Befehle.

Zögernd gab Marlene die Schnapsflasche ihrem Patienten. Dann drückte sie ihr Taschentuch auf seine Wunde, nahm seine freie Hand und legte sie darüber. Einen Moment lang dachte sie, dass es nicht richtig war, den Soldaten seinen Kameraden und dem wankelmütigen Offizier zu überlassen, solange sie nicht wusste, was aus ihm wurde. Doch dann machte sie sich klar, dass sie unter diesen Männern der Feind war. Keine Retterin in höchster Not. Und tatsächlich war ihre medizinische Ausbildung nicht annähernd so umfassend, wie es die Wundversorgung des jungen Polen erforderte. Über kurz oder lang würde sie als Scharlatanin auffallen, eine deutsche Lügnerin – und ob sich Leutnant Rogowski dann noch so höflich geben würde, war zu bezweifeln.

«Alles Gute», wünschte sie dem jungen Mann und schenkte ihm ein kleines Lächeln.

♦

Ricarda stieß ihren Atem in einer kleinen Wolke aus, die sich in der kalten Luft kaum verflüchtigte. «Es sieht nicht gut aus», verkündete sie bedrückt. «Der Bahnwärter sagt, dass heute Nacht keine Verbindung mehr nach Warschau zu erwarten ist.»

Nachdem Ricarda und Marlene den Raum am Ende des Bahnhofsgebäudes hatten verlassen dürfen, waren sie zu ihrem Gleis zurückgekehrt. Natürlich hatte der Lokführer nicht auf sie gewartet, wahrscheinlich war in dem Tumult nicht einmal aufgefallen, dass zwei Fahrgäste fehlten, vielleicht war es den anderen Passagieren und dem Schaffner auch gleichgültig. Erschöpft sank Marlene auf die Ladefläche eines Leiterwagens, der am Rande des menschenleeren Bahnsteigs abgestellt worden war. Wie ein Häufchen Elend sackte sie in sich zusammen, ihre Tasche an die Brust gepresst.

Polnische Gesänge wehten zu ihnen herüber. Die Stimmen klangen ein wenig verschwommen, als wären die Sänger alkoholisiert, aber Marlene erkannte die Sprachfetzen zumindest als polnischen Text. In irgendeinem der niedrigen Häuser hinter dem Bahngleis schienen die Leute zu feiern, schwaches Licht drang aus den Fenstern in die Dunkelheit. Anlässe gab es sicher genug: die Gründung der Republik Polen, der Siegeszug der Aufständischen, die Besetzung ursprünglich deutscher, österreichischer und russischer Landstriche, den Sieg über die alten Feinde... Vielleicht hatte einer aus der Gruppe auch einfach nur Geburtstag und stieß im Kreise seiner Freunde mit Wodka auf sein neues Lebensjahr an. Unwillkürlich dachte Marlene, dass ihr ein Schnaps jetzt guttun würde.

Fröstelnd schlang Ricarda die Arme um ihren Oberkörper.

«Wir müssen hier warten, bis morgen früh ein Zug kommt. Ein respektables Hotel scheint es nicht zu geben, aber im Bahnhofsgebäude habe ich einen kleinen Wartesaal entdeckt, in dem wir wenigstens ein Dach über dem Kopf hätten.»

Marlene fragte geistesabwesend: «Hören Sie das Lied? Es klingt wie eine Hymne. Warum singen die Leute?»

«Keine Ahnung», erwiderte Ricarda prompt, lauschte dann aber doch. Nach einer Weile erwiderte sie: «Das Lied heißt *Sto lat*. Es bedeutet, dass jemand hundert Jahre leben soll, so ähnlich wie *Hoch sollst du leben* bei uns. Dabei ist es egal, ob ein Geburtstag gefeiert wird, eine Hochzeit oder sonst ein großes Fest.»

«Vielleicht ist das Überleben das größte Fest», sinnierte Marlene. «Hundert Jahre! Meine Güte, vor hundert Jahren waren der Wiener Kongress und die Teilung Polens gerade erst drei Jahre her. Was mag wohl in einhundert Jahren sein?»

«Ich hoffe, dass dann Frieden herrscht.»

Unglücklicherweise meldete sich in diesem Moment Marlenes Magen mit einem heftigen Knurren. «Und es genug zu essen gibt», fügte sie mit einem zerknirschten Lächeln hinzu. «Haben Sie in dem Bahnhofsgebäude irgendeine Art von Verpflegung ausgemacht?»

«Liebes Fräulein Doktor, wir befinden uns hier noch im Krieg», seufzte Ricarda. «Auf dieser Etappe müssen Sie leider hungern.» Ihre Stimme verbarg nicht, wie entnervt sie war und dass sie Marlene für eine verwöhnte Dame hielt.

20

In der Stadt schien es von Militärs zu wimmeln. Plätze, Gassen und Prachtstraßen wurden von polnischen Soldaten und Offizieren beherrscht. Die zivilen Passanten wirkten wie eine verstreute Minderheit, an Kreuzungen sammelten sich jedoch wild diskutierende Gruppen von Zivilisten, Männer, die die Köpfe zusammensteckten und die Fäuste schwangen. Aus vielen Fenstern der Barockgebäude hingen Fahnen, zwei Blockstreifen in Weiß und einem kräftigen Purpur, die sich auch an langen Masten vor verschiedenen Palästen und sogar Kirchen wiederfanden. Es schien, als feiere ganz Warschau die gerade einmal sechs Wochen alte Republik Polen.

Marlene ignorierte die politische Demonstration und murmelte angesichts des überwältigend schönen Stadtbildes: «Hier sieht es ja aus wie in Dresden.»

«Wundert Sie das?», gab Ricarda zurück. «Der sächsische Kurfürst August wurde zum König von Polen gewählt und hat auch hier einiges für die Kunst und die städtebauliche Entwicklung getan.»

«Danke für die Information, aber die Geschichte kannte ich bereits.»

Marlene war die oberlehrerhafte Besserwisserei ihrer Begleiterin leid. Verdrossen stapfte sie neben Ricarda über das mit einem schmelzenden weißen Film überzogene Kopfsteinpflaster. Weil sie am Hauptbahnhof keine Droschke bekommen hatten und die Straßenbahn überfüllt war, mussten sie zu Fuß zu dem Hotel gehen, in dem die deutsche Gesandtschaft untergebracht sein sollte. Marlenes in Berlin hastig erworbener Stadtplan erwies sich in dem Gewirr der Straßen als ausgesprochen hilfreich. Doch das war der einzige Lichtblick. Sie war furchtbar übermüdet und kam sich schmutzig, verwahrlost und zerknittert vor in der Garderobe, die sie seit bald zwei Tagen ununterbrochen trug. Ihre Füße brannten und den Rest gab ihr der Verzicht auf frisches Wasser, mit dem sie sich wenigstens die Hände hätte waschen können. Von der mutigen, respektablen Juristin im Dienste des Kriegsministeriums war nichts mehr übrig, nicht einmal in ihrem Herzen brannte noch das Feuer. Da glomm – wenn überhaupt – ein kleines Lichtlein, das allerdings bei dem Gedanken an Justus, dem sie in diesem Zustand und in dieser Aufmachung unter die Augen treten sollte, ganz zu verlöschen drohte. Es war ihr schleierhaft, wie ihre Begleiterin noch so viel Zuversicht und Kraft ausstrahlen konnte.

Als endlich an einer mit Bäumen gesäumten Straße ein luxuriöses siebenstöckiges Eckhaus mit einem Turm über dem Rundbau auftauchte, hätte Marlene am liebsten geweint. Seitlich prangte in goldenen Lettern ein riesiges Schild mit der Beschriftung «Hotel Bristol», über dem Eingang wehte die unvermeidliche polnische Fahne, vor dem Haus parkte eine Limousine. Weniger elegant wirkte jedoch die kleine Gruppe aufgebrachter Frauen und Männer, die offenbar zornige Parolen skandierten und immer wieder die Fassade hinauf zu den hohen Fenstern mit den französischen Balkonen zeigten, einige von ihnen schwenkten weiß-rote Wimpel.

Obwohl es ihr schwerfiel, ihre Unwissenheit zuzugeben, fragte Marlene: «Was ist da los?»

«Sie rufen Anti-Deutsche-Parolen», erklärte Ricarda leise.

Womöglich wollte sie nicht, dass irgendjemand auf der Straße verstand, in welcher Sprache sie mit Marlene kommunizierte. «*Raus mit Kessler* und *Nieder mit den Deutschen.*»

«Das klingt nach einem überaus herzlichen Willkommen», bemerkte Marlene. Ihr war klar, dass mit *Kessler* der neue Botschafter aus Berlin gemeint war. Offenbar erfreute sich der Graf keiner großen Beliebtheit unter der polnischen Bevölkerung.

Mit ihrem Sarkasmus kehrte ihre Entschlossenheit zurück. Sie trat einen Schritt vor – und dann noch einen. Hoch erhobenen Hauptes marschierte sie auf die Demonstranten zu, die ihr den Weg zu dem Hoteleingang weitgehend versperrten.

Zögernd schloss Ricarda zu ihr auf. «Ich weiß nicht, ob es eine gute Idee ist, an den Leuten vorbei in das Hotel zu gehen.»

«Wohin wollen Sie denn sonst?»

Marlene trat in den Rinnstein, um den Protestierenden auszuweichen. Der livrierte Portier sah sie mürrisch an und machte keine Anstalten, ihr und Ricarda die Tür aufzuhalten. Offensichtlich betrachtete er sie nicht als geeignete Gäste. Angesichts ihrer äußeren Erscheinung konnte ihm Marlene den Argwohn nicht verdenken.

Sie reckte ihr Kinn, straffte die Schultern – und schritt an dem verdutzten Mann vorbei auf die Tür zu, die sie eigenhändig aufstieß. Bevor er sie zurückhalten konnte, war sie im Foyer. Ihre Absätze versanken in den dicken Teppichen und klapperten im nächsten Moment über weißen Marmor, als sie der Rezeption entgegenstrebte. Die prachtvolle Ausstattung der Hotelhalle brachte in ihr eine Saite zum Klingen, die sie an ihre Mutter erinnerte. Josephine wäre empört, wenn sich ihre Tochter durch die Umstände ins Bockshorn jagen ließe. Der Empfangschef beäugte sie zwar ebenso skeptisch wie sein Kollege vor dem Eingang, doch ihr wiedererwachtes Selbstbewusstsein trieb Marlene voran.

«Mein Name ist Marlene von Runstedt, meine Begleiterin und ich gehören zu der Delegation um Graf Kessler», stellte sie sich im Tonfall einer Frau vor, die es gewohnt war, mit Untergebenen zu sprechen.

Der Empfangschef neigte sein kahles Haupt und legte seinen Zeigefinger auf die Lippen. «Bitte nicht so laut», wisperte er in einem von seinem slawischen Akzent dominierten Deutsch, «wir wollen doch keinen Ärger.»

Sie senkte ihren Ton kaum merklich. «In der Tat, das wollen wir nicht. Warum sollten wir den auch bekommen? Wir sind Gäste Ihres Hauses!»

«Nein», flüsterte er, «das sind Sie leider nicht. Und die Herren auch nicht mehr. Sie mussten das Hotel aus Sicherheitsgründen verlassen. Die armen Leute draußen sind terrorisiert, verstehen Sie?»

Marlene schüttelte den Kopf. Sie verstand überhaupt nichts. Eine diffuse Enttäuschung begann sich in ihr auszubreiten und der brennende Schmerz kehrte in ihre Füße zurück. Unwillkürlich verlagerte sie ihr Gewicht und trat von einem Bein auf das andere.

«Wir müssen in die deutsche Gesandtschaft», meldete sich Ricarda neben ihr zu Wort – und wiederholte denselben Satz sogleich auf Polnisch. Marlene verstand inzwischen immerhin das Wort *niemiecki* für deutsch.

Der Empfangschef riss ein Blatt von einem Block und notierte darauf etwas. Dann gab er Ricarda den Zettel. «Das ist die Adresse», erklärte er an Marlene gewandt. «Es ist ein Fußweg von etwa einer halben Stunde.»

Marlene stöhnte auf.

«Ujazdowska-Allee zweiundzwanzig», las Ricarda. Sanft zog sie Marlene am Arm. «Kommen Sie, wir schaffen das schon.»

«Bitte nehmen Sie den Hinterausgang», raunte der Empfangschef. «Es ist besser ...»

Weiter kam er nicht, denn Marlenes Hand sauste auf den Tresen. «Ich denke nicht daran, den Hinterausgang zu benutzen», zischte sie. «Ich habe nichts verbrochen und gehe durch die Vordertür ...»

«Madame, es ist nur zu Ihrer Sicherheit», warf der Mann ein.

«... und ich will auch nicht mehr durch diese Stadt irren. Besorgen Sie uns einen Wagen und einen Fahrer. Vorher werden Sie uns nicht los!»

Ein Page, zwei Koffer schleppend, blieb in der Nähe der Rezeption stehen und starrte Marlene mit offenem Mund an. Aus den Augenwinkeln nahm sie eine Dame wahr, die die breite Freitreppe von der Galerie hinabschritt, eine Blondine in einem Pelzmantel und mit mehreren Perlensträngen um den Hals, die ein völlig anderes Bild bot als Marlene in ihrer zerknitterten Kleidung. Sie ertappte sich bei dem Gedanken, dass sie in diesem Augenblick von Herzen gerne ebenso mondän wäre. Da sie momentan alles andere als von auffälliger Eleganz war, sollte sie wenigstens versuchen, sich wie ein Mitglied der besten Gesellschaft zu benehmen.

«Bitte seien Sie so freundlich, uns eine Droschke zu besorgen», bat sie mit einem kleinen, hochmütigen Lächeln auf den

Lippen und in ruhigem, aber schneidendem Ton. «Ich wäre Ihnen für Ihre Hilfe sehr zu Dank verpflichtet, und die deutsche Botschaft wird sich dafür gewiss erkenntlich zeigen.»

Ihr Gegenüber stieß einen tiefen Seufzer aus. «Ich kümmere mich darum.» Er wandte sich ab und rief dem noch immer glotzenden Pagen etwas zu. Der Junge trollte sich unverzüglich. «Bitte warten Sie in meinem Büro», sagte der Portier schließlich zu Marlene und fügte noch etwas an Ricarda gerichtet auf Polnisch hinzu.

«Kommen Sie», raunte Ricarda in Marlenes Ohr, «wir sollten tun, was er sagt.»

♦

Der Wagen, nach dem Marlene verlangt hatte, erwies sich als einfaches Fuhrwerk. Gezogen wurde er von einem Gaul, der gewiss schon bessere Zeiten erlebt hatte, und gelenkt von einem alten, zahnlosen polnischen Bauern mit einer russischen Mütze auf dem Kopf. Unglücklich ließ sich Marlene neben ihm nieder, Ricarda kauerte sich kommentarlos zwischen die Fässer auf der Pritsche. Dennoch war das Gefährt ein besseres Transportmittel als Marlenes Füße. Vor allem, als sie die breite, endlos lang scheinende Straße sah, an der sich Villen und Mietshäuser hinter winterlich tristen Gärten aneinanderreihten.

Schneeregen wehte ihnen ins Gesicht, es war nicht einmal sonderlich kalt, doch feucht und daher ausgesprochen ungemütlich. Marlene sehnte sich nach der Behaglichkeit des Luxushotels, dessen sie verwiesen worden waren. Sie brauchte dringend ein Bad und eine Heizung, über der sie ihre Kleidung trocknen konnte. Aber vor allem brauchte sie ein heißes Getränk und eine Mahlzeit, selbst eine wässrige Suppe wäre ihr willkommen gewesen. Sie war sich sicher, dass man sie in der deutschen Botschaft mit allem versorgen würde, was sie brauchte, um sich besser zu fühlen. Deshalb wuchs ihre Zuversicht, je länger sie auf dem Holzbrett neben dem alten Mann kauerte, der mit seinem Pferd sprach, jedoch nicht mit ihr.

Die Fahrt endete vor einem etwas zurückgesetzt stehenden, eleganten Mehrfamilienhaus im Stil eines italienischen Barockpalastes. Die beiden gelangweilt wirkenden polnischen Soldaten vor der Tür ließen darauf schließen, dass es sich um ein Gebäude von öffentlichem Interesse handelte. Marlene zweifelte nicht daran, am richtigen Ort zu sein. Ohne auf eine Aufforderung zu warten, kletterte sie vom Kutschbock, wobei sich ihr Rock in den Speichen des Rades verfing. Ärgerlich zerrte sie daran. Der Stoff drohte zu zerreißen. Über ihre eigene Ungeschicklichkeit verlor sie die Nerven. Vor Wut kreischte sie unbeherrscht.

«Warten Sie!», rief Ricarda aus. «Ich helfe Ihnen.»

«Marlene?» Offenbar durch die Stimmen der Frauen aufmerksam geworden, trat ein Mann näher. «Marlene, bist du das?»

Sie hatte ihn aus den Augenwinkeln kommen sehen. Einen Passanten wie viele andere, ein Zivilist in einem langen Mantel und mit einem tief in die Stirn gezogenen Hut. Im ersten Moment maß sie ihm keine Bedeutung bei, zu beschäftigt mit ihrem Rock. Erst als Justus ihren Namen ausrief, wurde sie sich bewusst, dass sie tatsächlich am Ziel ihrer Reise angekommen war.

Ihre Knie drohten vor Erleichterung einzuknicken. Gleichzeitig riss sie weiter an dem Stoff, der noch immer zwischen den Speichen klemmte.

Justus schob Ricarda zur Seite und bückte sich. Mit einem Griff befreite er Marlenes Kleidungsstück.

Fast im selben Moment hob der Fuhrmann die Zügel, sein Pferd zog an.

Marlene machte einen Schritt von dem rollenden Wagen fort – und fiel unbeabsichtigt in Justus' Arme.

Wie selbstverständlich hielt er sie fest. Zu ihrem eigenen Entsetzen wurde ihr klar, dass sie sich zum ersten Mal seit ihrer Abreise aus Charlottenburg in Sicherheit fühlte.

21

«Von dem Glanz der kaiserlichen Gesandtschaft sind wir weit entfernt», erklärte Justus. «Der polnische Regentschaftsrat hat uns aber immerhin diese bürgerliche Hinterhauswohnung zugewiesen – für eine funktionierende Heizung und Elektrizität wurde allerdings nicht gesorgt. Mit voller Absicht, denke ich, um es uns bei unserer Arbeit so ungemütlich wie möglich zu machen. Immerhin haben wir Wasser.»

«Solange es Holz und Kerzen gibt, scheint es mir recht angenehm zu sein», meinte Ricarda.

«Der Vorrat ist leider begrenzt», gab Justus zurück. Er nahm Marlene den Becher aus der Hand und füllte ihn aus der Kanne auf dem Tisch auf, an dem sie saßen. «Geht es dir besser?»

Sie nickte und nahm einen Schluck von dem Ersatzkaffee, der heiß und süß war. Tatsächlich wich die Erschöpfung allmählich aus ihren Gliedern. In dem kleinen Salon, in den Justus sie geführt hatte, war es zwar nur unwesentlich wärmer als auf der Straße, aber das schwach prasselnde Kaminfeuer und der Schein einer einzigen Kerze verströmten eine wohlige Atmosphäre. Eingerichtet mit durchgesessenen Barocksofas, deren vergoldete Ornamente abgeblättert und ziemlich angestaubt waren, wirkte der Raum seltsam romantisch. Wie ein Relikt aus ihrer Jugend, ihrer Vergangenheit, die auch Justus' Vergangenheit war. Damals während ihres Studiums in Paris hatte sie in ähnlichen Räumlichkeiten gewohnt. Es war so lange her, doch die Erinnerung mit einem Mal so nah. Nannte man Warschau nicht das Paris des Ostens?

Um sich nicht in ihren Emotionen zu verlieren, fragte sie sachlich: «Wo stehen wir? Ich meine, was ist mit den deutschen Truppen geschehen? Warschau war doch eine Garnison, nicht?»

«Brüssel im Westen, Warschau im Osten», sinnierte Ricarda.

«Davon ist nichts mehr übrig.» Justus stand neben Marlene und verschränkte die Hände hinter seinem Rücken, als müsse er der Versuchung widerstehen, sie zu berühren. «Das Generalgouvernement ist Geschichte, die Soldatenräte haben wie die meisten Offiziere das Weite gesucht, wer blieb, ist verhaftet worden und in polnischem Gewahrsam. Die Polen haben ohne die geringste Mühe die aufgelassenen Militärdepots, Rohstofflager, Büroausstattungen und den Fuhrpark mitsamt der Automobile und Pferde requiriert.»

Bevor ihr Ricarda zuvorkommen konnte, wollte Marlene wissen: «Was ist mit dem Lazarett?»

«Der Abtransport der Verwundeten hat oberste Priorität», erwiderte Justus mit Grandezza.

«Ich hoffe, das betrifft auch die Krankenschwestern und das weibliche Hilfspersonal», warf Ricarda ein.

«Graf Kessler und ich haben das Lazarett besichtigt, wir sind vollständig im Bilde. Die Verhandlungen mit den zuständigen polnischen Behörden dauern allerdings noch an, wir können nur beten, dass wir bald zu einem Ergebnis kommen.»

«Fräulein Doktor von Runstedt und ich sollten uns ein Bild der Lage machen, in der sich die Helfer*innen* hier in Warschau befinden», insistierte Ricarda. «Das ist Punkt eins, bevor wir unsere Arbeit hinsichtlich des Rückzugs aus der Ukraine aufnehmen.»

Stumm sah Justus zu Marlene.

«Natürlich», versicherte sie. «Am besten noch heute.»

Sein Blick wanderte über ihr Gesicht. «Du siehst müde aus...»

Sie versank im Bernsteingold seiner Augen und wünschte, nicht die Sorge sehen zu müssen, die sich darin spiegelte. Gewiss hatte er recht – sie war in einer schrecklichen Verfassung. Aber sie war nun einmal nicht hier, um Justus zu gefallen. Seine Nähe und Unterstützung erschienen ihr wie ein Bollwerk gegen die schwierige Situation in Polen. Er war für sie da. Er würde ihr bei ihrer Aufgabe helfen. Mehr sollte zwischen ihnen beiden ohnehin nicht sein...

«Ich frage mich, warum man dir und Fräulein Pierrot keinen Begleitoffizier zur Seite gestellt hat», fuhr Justus fort. «Es ist unverantwortlich, zwei Damen alleine der Gefahr einer

Reise in den Osten auszusetzen. Ein Offiziersanwärter wäre das Mindeste ...»

«Wir sind gut zurechtgekommen», erklärte Marlene entschieden. Sie dachte an ihre Begegnung mit den polnischen Partisanen und wusste, dass diese in Begleitung eines uniformierten Mannes weitaus weniger glimpflich ausgegangen wäre. «Außerdem sind wir ja nun da», fügte sie mit plötzlich erwachender Energie hinzu. «Darum sollten wir schnellstmöglich an die Arbeit gehen. Könntest du bitte dafür sorgen, dass wir das Lazarett besichtigen dürfen?» Sie stellte die geleerte Tasse auf dem Beistelltisch ab, blieb jedoch sitzen.

Justus musterte sie eine Weile lang nachdenklich, dann nickte er kaum merklich. Er zog die silberne Taschenuhr aus seiner Weste, warf einen kurzen Blick darauf. «Es ist schon recht spät am Tag. Ich glaube nicht, dass wir heute noch einen Termin bekommen, aber ich werde einen der Wachleute zu Oberstabsarzt Haenisch schicken und um eine Unterredung bitten.»

«Wachleute?», schnaubte Ricarda. «Meinen Sie diese Polen, die es sich in Ihrer Küche gemütlich machen und nichts anderes tun als rauchen und saufen? Ist denn auf diese Männer Verlass?»

Der unerwartete Ausbruch irritierte Marlene. «Herr von Ostwald wird sicher alles Notwendige tun, um uns zu unterstützen.»

«Daran habe ich keinen Zweifel», schnappte Ricarda.

Justus zwinkerte amüsiert. «Gerade wollte ich in der Küche um etwas Wodka bitten, eine Stärkung für die Damen, die überdies die Nerven beruhigt. Aber wenn Sie etwas gegen alkoholische Getränke einzuwenden haben, Fräulein

Pierrot, werde ich mich selbstverständlich zurückhalten. Die Wache hat übrigens nur deshalb dort Stellung bezogen, weil die Räumlichkeiten hier sehr beengt sind. Die Büros müssen anderweitig genutzt werden. Davon können Sie sich selbst überzeugen, wenn Sie möchten, ich führe Sie gerne herum.»

Er verneigte sich in Ricardas Richtung, eine Geste, deren Ironie Ricarda nicht entging.

Sie ließ sich jedoch von seiner Überheblichkeit nicht beeindrucken. «Wo werden wir Quartier beziehen, wenn es hier so eng ist?»

«Nun, ich werde mich als Quartiermeister verdingen und ein Zimmer für Sie und Fräulein von Runstedt suchen. Hier können Sie tatsächlich nicht übernachten.»

Marlene kam es vor, als würden Justus und Ricarda über ihren Kopf hinweg Entscheidungen treffen. «Das dürfte schwierig werden. Wenn ich mich recht erinnere, wollte uns der Portier im Bristol kein Zimmer vermieten...»

«Natürlich nicht», unterbrach Justus scharf. «Ein Zimmer im Hotel ist nicht empfehlenswert. Das kann sogar gefährlich sein. Ich werde sehen, ob ich eine deutsche Familie ausfindig mache, die bereit ist, zwei Damen aufzunehmen. Eine Unterkunft im Lazarett ist ebenfalls ausgeschlossen.»

«Alles, worin ein Bett steht, ist besser als eine Nacht in einem Bahnhofswartesaal», meinte Ricarda. «Wo wohnen Sie denn, Herr von Ostwald?»

«Nicht weit von hier. Aber das Apartment, das mir von der polnischen Regierung zugewiesen wurde, kann ich Ihnen und Fräulein Doktor von Runstedt nicht anbieten.»

«Du lieber Himmel!» Marlene war schockiert. «Ist deine Wohnung so schlimm?»

Zum ersten Mal grinste er. «Nein. Es ist eine akzeptable Bleibe. Aber es gehört sich nicht, dass ein unverheirateter Mann zwei ebenfalls unverheiratete Damen bei sich aufnimmt. Nicht wahr?» Um Zustimmung heischend blickte er zu Ricarda.

«Es ist Krieg, Herr von Ostwald, da heiligt der Zweck die Mittel», erwiderte Marlenes Begleiterin ungerührt. «Wenn Sie nichts anderes für uns finden, nehmen wir Ihre Gastfreundschaft gerne an.»

«Vielleicht gibt es ja eine Pension für alleinstehende Damen», murmelte Marlene resignierend.

«Ich erkundige mich», versprach Justus. Als er sich abwandte, strich er wie zufällig über Marlenes Schulter. Eine aufmunternde Geste, aus der Zuneigung und ein gewisser Beschützerinstinkt sprachen.

Ohne darüber nachzudenken, hob sie ihre Hand, um ihn zu berühren. Eine Selbstverständlichkeit zwischen zwei Menschen, die sich zugetan waren und aufeinander verließen. Doch Marlene spürte Ricardas aufmerksamen Blick. Rasch zog sie ihre Finger zurück.

22

Es war ein Bild des Elends, das sich Marlene und Ricarda bot. In dem sogenannten Festungslazarett III lag die letzte Formation der kaiserlichen Armee in Polen. Die Krankensäle waren überfüllt mit zumeist jungen Männern, die offensichtlich unter verheerenden Verwundungen litten, geschiente Arme und Beine und blutgetränkte Kopfverbände zeugten davon. Kaum ausreichend abgeschirmt husteten Schwindsüchtige, die mit Tuberkulose aus der russischen Kriegsgefangenschaft zurückgekehrt und in Warschau gelandet waren, sich die Seele aus dem Leib. Dabei war wohl nicht ganz klar, ob sich der eine oder andere Soldat womöglich mit der Spanischen Grippe angesteckt hatte – die eine Infektion konnte ebenso tödlich sein wie die andere. Dazwischen humpelten Versehrte mit behelfsmäßig geschnitzten Krücken durch die scharf nach Carbolsäure riechenden Flure und trafen sich in den Ecken zu einem Kartenspiel oder einer Zigarette, die kameradschaftlich geteilt wurde. Die Männer wirkten desillusioniert, lediglich ein kleines Quäntchen Hoffnung, am Ende vielleicht doch noch irgendwie lebendig nach Hause zu kommen, schien sie anzutreiben. Seit Wochen ohne Post oder auch nur zuverlässige Informationen aus der Heimat, war der seelische Befund der Patienten dramatisch. In einem verzweifelten Kanon wurden die beiden Frauen mit Fragen nach der neuen Regierung in Deutschland bestürmt, nach Hunger und Kohleknappheit, Sicherheit und Notlage in den jeweiligen Herkunftsorten. Aber die Männer fragten auch nach Wilhelm II., dem Kaiser, der sie in den Krieg geschickt hatte und den nun einige als Verbrecher bezeichneten, andere aber nach wie vor verehrten.

Marlene ergriff ausgestreckte Hände, vermittelte Zuwendung und verteilte aufmunternde Worte. Zu mehr war sie nicht fähig, sie wagte es nicht einmal, die Wahrheit über die noch zu ordnenden politischen Verhältnisse in Berlin öffentlich preiszugeben, und behalf sich mit Ausflüchten.

«Stell dir mal vor, über eine halbe Million Soldaten in diesem geistigen Zustand marschieren ungeordnet von der Ukraine nach Westen quer durch Polen», raunte Justus ihr während des Rundgangs zu. «Wenn uns nicht bald eine Einigung gelingt, gibt es Mord und Totschlag.»

«Und mittendrin eine große Gruppe zumeist junger Mädchen, die sich nicht einmal durch das Tragen einer Uniform ausweisen, geschweige denn Respekt verschaffen können», gab sie schroff zurück. «Ist dir bekannt, dass das Kriegsministerium den Etappenhelferinnen eine entsprechende Dienstkleidung verwehrt hat?»

«In der Tat, das wusste ich nicht.»

«Wahrscheinlich hast du dir niemals Gedanken darüber gemacht», resümierte Marlene trocken. Sie hob die Hand, um seinen Protest zu verhindern. «Keine Sorge, damit bist du nicht alleine. Nicht einmal alle Frauen in der Heimat wissen, was auf der Etappe los ist. Die Helferinnen gehören zur Armee, sie arbeiten unmittelbar hinter der Front, sind aber Freiwild in Zivil. Das ist fatal und muss bei der Rückführung unbedingt berücksichtigt werden. Hier ist ein besonderer Schutz gefordert.» Aus den Augenwinkeln bemerkte sie den überaus interessierten Gesichtsausdruck von Ricarda, die zu jedem ihrer Sätze kaum merklich nickte.

Sie hatten gerade einen der großen Krankensäle verlassen und standen etwas unschlüssig im Flur, da der Stabsarzt und die Oberschwester, die sie herumführten, zu einem Notfall abberufen worden waren.

Justus hatte tatsächlich erreicht, dass sie zwei Stunden nach ihrer Ankunft mit einem polnischen Chauffeur in einem requirierten, vormals deutschen Automobil in das Lazarett fahren konnten. Es war bereits früher Abend und tiefe Dunkelheit legte sich über die Stadt, als sie aufbrachen. Marlene hätte sich gerne der romantischen Stimmung hingegeben, die von den Straßenlaternen ausging, um die feine Schneeflocken tanzten. Auf den Bürgersteigen sah sie hübsche Frauen in den Armen der Soldaten, vor dem einen oder anderen Restaurant an ihrem Weg bildeten sich Trauben von Menschen, die nach einem Tisch für ein frühes Abendessen anstanden. Aus einem anscheinend beliebten Lokal wehte die Melodie eines *Valse Musette*, vielleicht wurde dort ein *diner dansant,* ein Tanzdinner, zelebriert. Ein paar Atemzüge lang brachte die Musik Marlenes Erinnerung an glückliche Tage in Paris zurück.

«Darf ich einen Vorschlag unterbreiten?», meldete sich Ricarda zu Wort.

«Nein», entfuhr es Justus leicht entnervt.

«Selbstverständlich», sagte Marlene. «Reden Sie!»

Ricarda sah von Justus zu Marlene, dann schüttelte sie den Kopf. Mit einer peinlichen Verzögerung hob sie an: «Fräulein Doktor von Runstedt, die meisten Frauen hier tragen Schwesterntracht, das ist hilfreich für ihren Status. Vielleicht können wir die Sekretärinnen, Wäscherinnen und Küchenhelferinnen, die keine bestimmte Kleidung haben, in Gruppen sammeln, denen immer mindestens eine Pflegerin zugeteilt ist.»

«Unsere Vereinbarungen mit den Polen betreffen das Lazarett als Ganzes, die Details ...»

«Wir sind hier, damit das Schicksal der Helferinnen berücksichtigt wird», unterbrach Marlene Justus' Einwand.

«Ja. Natürlich.» Justus schnalzte ärgerlich mit der Zunge.

«Die Detailfragen sollten aber erst geklärt werden, nachdem wir von der polnischen Regierung die Zusicherung zum Abtransport aller Verwundeten und Mitarbeiter des Lazaretts – Männer wie Frauen – erhalten haben.»

«Willst du unsere Arbeit überflüssig machen?»

Er schien die Anwesenheit von Ricarda vergessen zu haben, als er Marlene sanft antwortete: «Soll ich sagen, dass deine Ankunft ungelegen kommt? Das tut sie – ja. Aber ich gebe zu, dass ich selten so angenehm überrascht wurde. Du störst nicht...»

«Ich hoffe, ich störe Sie auch nicht», meinte Ricarda.

Justus schenkte ihr ein souveränes Lächeln. «Ganz im Gegenteil, Fräulein Pierrot. Ich möchte ausdrücklich betonen, dass mir Ihre Anwesenheit sehr gelegen ist.»

«Mein Hiersein soll der Sache dienen – nicht Ihnen, Herr von Ostwald.»

Unwillkürlich verdrehte Marlene die Augen in Richtung Decke.

Das Auftauchen der Oberschwester beendete eine weitere Diskussion. «Wenn die Damen wünschen, können wir jetzt einen Rundgang durch die Helferinnenzimmer machen. Herr von Ostwald, Sie bleiben bitte hier. Herren haben selbstverständlich keinen Zutritt.»

«Ich hatte nichts anderes erwartet.» Justus verneigte sich formvollendet. «Während ich warte, werde ich mir die Zeit mit einer oder zwei Zigaretten an der frischen Luft vertreiben.»

Der Weg zu den Aufenthaltsräumen der Helferinnen führte über eine schmale Stiege sechs Stockwerke hoch unter das Dach des Hospitals. Ein wenig atemlos kam Marlene in einem engen, dämmrigen Flur an, der nur durch eine einzige Glühbirne erhellt wurde, die an einem Kabel von der Decke hing. Durch die rohe Dachkonstruktion pfiff ein eisiger Wind. Sie schlang die Arme um ihren Körper und dachte, dass es hier im Sommer entsetzlich heiß sein musste, jetzt aber war es definitiv zu kalt.

Auch die Quartiere der Helferinnen wirkten nicht bequemer: Schlafsäle mit schmalen Lagern, Schränken und Nachttischen, ohne Privatsphäre, sie erinnerten Marlene an die kargen Dormitorien in Klöstern. Je nach Funktion teilten sich bis zu zehn Frauen einen Raum, wie ihr von der Oberschwester mitgeteilt wurde. Die meisten Pflegerinnen, Wäscherinnen, Küchenhilfen und Bürobediensteten hatten noch Schicht, sodass die Besucherinnen kaum jemanden antrafen.

Nur in einem Bett lag eine junge Frau, notdürftig abgeschirmt durch ein Laken, das eine andere Bewohnerin gerade über eine Leine hängte, die wohl normalerweise dem Trocknen von Wäsche diente. Beim Eintreten der kleinen Besuchergruppe glitt ihr das Tuch aus den Händen. Es fiel herunter und gewährte Marlene einen direkten Blick auf ein mit Blut besudeltes Bett.

Darin befand sich ein Mädchen, sicher noch jünger, als es auf den ersten Blick aussah. Während die andere in einen tiefen Knicks versank, als wäre Marlene die Kaiserin und Ricarda eine Hofdame, versuchte die Kranke, die Decke über ihr Gesicht zu ziehen.

«Verzeihen Sie, Fräulein Doktor von Runstedt», hob die Oberschwester mit deutlicher Verärgerung in der Stimme an, «mir war nicht bewusst, dass unser kleines Problem hier noch nicht aus der Welt geschafft worden ist.»

Marlene sah Angst und Verzweiflung in den Augen des jungen Mädchens aufglimmen, die sich in den Blicken der Zimmergenossin widerspiegelten. Ein Gedanke streifte Marlene. Mit ihrer jahrelangen Erfahrung als Unterstützerin von Frauen in misslicher Lage machte sie sich keine Illusion über das Schicksal der Etappenhelferin. Sie sah die Oberschwester an. «Welches Problem?»

Die Antwort erfolgte kühl und wie aus der Pistole geschossen. «Wir dulden hier keine unsoliden Zustände.»

«Selbstverständlich nicht», bestätigte Marlene liebenswürdig. Sie trat näher an das Bett heran und fragte: «Wie heißen Sie?»

Die zusammengepressten Lippen des Mädchens bebten, stumme Tränen liefen über seine Wangen.

«Nennen Sie mir bitte Ihren Namen», forderte Marlene. «Ich kann Ihnen nicht helfen, wenn ich nicht weiß, wie Sie heißen.»

«Frieda», erwiderte deren Zimmergenossin leise. Sie hatte sich inzwischen aufgerichtet und stand nun neben Marlene. «Frieda Koch, Gnädigste. Und ich bin Schwester Emmy.» Sie senkte ihre Stimme zu einem Flüstern, als sie hinzufügte: «Meine Freundin hat eine Fehlgeburt erlitten.»

«Ich bin untröstlich über den schlechten Eindruck, den Sie nun bekommen, Fräulein Doktor von Runstedt», meldete sich die Oberschwester in Marlenes Rücken zu Wort. «Diese unschickliche Person hätte längst abgeschoben werden sollen, aber anscheinend ...»

Marlene fuhr herum. «Meinen Sie damit etwa, dass Sie das Mädchen vor die Tür setzen wollen?»

«Nun ...», offenbar irritiert über Marlenes Ton, stammelte

die Oberschwester: «Was ... was sollten wir denn sonst mit ihr tun?»

Die blutjunge Frieda war nicht die erste Frau, die nach einer romantischen Verführung oder gar einer Vergewaltigung schwanger geworden und auf die schiefe Bahn geraten war, weil ihr jegliche Hilfe versagt wurde. Marlene kannte unzählige Geschichten dieser Art. Ein solches Schicksal war in Berlin, Düsseldorf oder München dramatisch, wie aber mochte es einer Deutschen ohne Geld und Beziehungen ergehen, die in diesem Zustand von der einzigen Zuflucht im Feindesland verwiesen wurde? Wahrscheinlich blieb Frieda Koch nicht viel mehr als der Sprung in die Weichsel.

Frieda sah aus verquollenen Augen zu Marlene auf. «Ich möchte nach Hause», schluchzte sie kaum hörbar. «Bitte schicken Sie mich nicht weg.»

«Belästige das Fräulein nicht!», wurde sie von der Oberschwester prompt zurechtgewiesen.

Marlene ignorierte den Ausbruch. «Sind Sie transportfähig, Fräulein Koch?»

«Sie ist noch schwach», antwortete Schwester Emmy an Friedas Stelle, «weil sie so viel Blut verloren hat. Aber sie ist zäh und wird sich erholen.»

«Es ist höchst bedauerlich, dass Sie mit ansehen müssen, Fräulein Doktor, wie die Moral gleich zweier Helferinnen untergraben wird», polterte die Oberschwester. «Der Dienst in der Armee verpflichtet auch außerdienstlich zu Standesehre, Berufsethos und Geschlechtertugend. Daran müssen wir unbedingt festhalten. Jede und jeder hier ist ein Teil des Deutschen Reiches.»

«Ich will zu meiner Mutter», jammerte Frieda.

«Sie werden nach Hause kommen», versprach Marlene. Sie legte der Jüngeren kurz die Hand auf den Schopf. «Ich habe nicht vor, Sie Ihrem Schicksal zu überlassen. Niemand ist so grausam.» Sie warf einen raschen Blick zu der Dienstleiterin, deren Miene sich verfinsterte, dann sah sie zurück zu der Patientin. «Sie müssen schnellstmöglich wieder auf die Beine kommen, Fräulein Koch. Nur so können Sie mit den anderen repatriiert werden. Es dauert nicht mehr lange, die Verhandlungen laufen bereits. Ich gebe Ihnen mein Wort darauf, dass Sie Ihre Mutter wiedersehen.» Im Stillen sandte sie ein Gebet in den Himmel, dass dem tatsächlich so war.

«Vielen Dank», raunte Schwester Emmy so ehrfürchtig, als sei Marlene die Verkörperung einer Heiligen.

Unter der Bettdecke schob sich eine kleine, heiße Hand hervor, die erstaunlich schnell und fest nach Marlene griff. Ehe sie es sich versah, küsste Frieda jeden ihrer Finger einzeln. Peinlich berührt entzog Marlene ihr ihre Rechte.

«Sie brauchen sich nicht bei mir zu bedanken», erklärte sie mit erhobener Stimme. «Es ist unsere Pflicht, dafür Sorge zu tragen, dass Sie als Etappenhelferinnen unversehrt nach Hause zurückkommen...» Sie nickte den beiden jungen Frauen kurz zu. «Alles Gute für Ihren weiteren Weg.» Abrupt wandte sie sich zum Gehen.

«Auf Wiedersehen», wurde ihr zweistimmig nachgerufen.

Nachdem die Oberschwester die Tür energisch hinter ihnen verschlossen hatte, sagte Marlene: «Selbstverständlich wird der Name von Fräulein Koch auf der Liste mit den Helferinnen stehen, die im ersten Zug nach Hause fahren. Ich verlasse mich auf Sie!»

Die Oberschwester presste die Lippen zusammen, nickte aber zustimmend.

«Mir fällt auf, wie sauber hier alles ist», sprach Marlene scheinbar unbekümmert weiter. «Diesen Eindruck haben wir sicher nur Ihrem strengen Regiment zu verdanken, Oberschwester. Dafür gebührt Ihnen unser Respekt und unsere Dankbarkeit...» Sie schloss Ricarda in ihren Kommentar ein, aber falls ihr «wir» wie ein majestätischer Plural klang, war ihr das auch recht. Sie wollte unbedingt Autorität vermitteln, damit ihre Anweisung befolgt wurde. Gelassen über Nebensächlichkeiten plaudernd, schritt Marlene in Richtung Treppe weiter.

Justus erwartete sie vor dem Amtszimmer des Oberstabsarztes. Er streckte die Arme nach Marlene aus, ließ sie aber unvermittelt sinken, als sie zwei Schritte vor ihm stand. Sein Lächeln wirkte ein wenig hilflos und wie das eines bei einem Streich ertappten Jungen. Tatsächlich hatte er sie wohl umarmen wollen und sich gerade noch an die Gesellschaft Ricardas und der Oberschwester erinnert.

«Ich konnte in deiner Abwesenheit ein Telefongespräch mit einem Landsmann führen», wandte er sich ohne Umschweife an Marlene. «Herr Korff ist Präsident des deutschen Hilfsvereins und mit einer Polin verheiratet. Das Ehepaar freut sich, dir und Fräulein Pierrot ein Gästezimmer zur Verfügung stellen zu dürfen. Für eine sichere Unterbringung ist also nun gesorgt.»

23

Familie Korff lebte zwischen dem Sächsischen Park und dem Krasinski-Garten in einem schmalen Barockgebäude, eingebettet in eine Gasse mit Häusern aus derselben Epoche, nahe eines großen, von Palästen gesäumten Platzes. Zu müde, um die Schönheit Warschaus aufzunehmen, gab Marlene belanglose Kommentare ab und wünschte sich nichts sehnlicher als ein ordentliches Bett. Die anstrengende Reise und die schlaflose Nacht forderten ihren Tribut. Aber natürlich wusste sie, dass sie der Form halber erst einmal höfliche Konversation mit ihren Gastgebern betreiben musste, einem, wie sich herausstellte, bezaubernden Ehepaar. Sie konnte zwar kaum mehr die Augen offen halten, aber nach einer dankbar angenommenen Tasse Tee gelang es ihr, einige bewundernde Worte für den mit erlesenen Kunstwerken ausgestatteten Salon zu finden, die der Hausherr sammelte.

«Hoffentlich finden Sie die Zeit für einen Stadtrundgang», wandte sich Magda Korff an Marlene. «Das Sächsische und das Brühl'sche Palais, der Krasinski-Palast, der Lazienki-Palast und das Belvedere liegen nur einen Steinwurf entfernt. Allein durch die Außenansicht werden Sie den Reichtum unserer Kultur kennenlernen.»

Obwohl sie sich dessen nicht sicher war, erwiderte Marlene: «Es wird sich bestimmt die Gelegenheit für eine kleine Besichtigungstour finden.»

«Selbstverständlich werde ich Fräulein Doktor von Runstedt herumführen», warf Justus ein. Er hatte Marlene und

Ricarda zu ihren Gastgebern gebracht und war «auf einen Sprung», wie er es nannte, hereingekommen, um die Herrschaften bekannt zu machen.

Marlene blickte in der Runde von einem zum anderen. «Wir werden sehen», meinte sie vage, um mit einem Lächeln liebenswürdig hinzuzufügen: «Ihnen, Frau Korff, meinen herzlichsten Dank für die freundliche Aufnahme. Ich würde mich sehr freuen, wenn Sie mir die Kultur Ihrer Heimat bei Gelegenheit näherbrächten. Jetzt möchte ich erst einmal zu Bett gehen. Ich fürchte, ich bin für nichts mehr aufnahmefähig.»

«Aber ja!», rief Magda Korff aus. Sie sprach mit einem reizenden slawischen Akzent fließend Deutsch. «Sie müssen todmüde sein. Das Gästezimmer ist bereits für Sie hergerichtet ... Fräulein Pierrot, darf ich Ihnen das Zimmer unseres Sohnes anbieten? Die Einrichtung stört Sie hoffentlich nicht. Der Junge ist längst erwachsen, aber ich habe mich noch nicht dazu aufgerafft, sein Zimmer zu verändern ...» Sie brach ab, schluckte und wandte ihr Gesicht kurz zur Seite. Doch die Tränen, die plötzlich in ihren Augen schimmerten, waren unübersehbar.

Nach einem Moment betretenen Schweigens sagte Ricarda: «Ich habe auch einen Bruder, daher kenne ich mich mit den Räumen von Knaben aus. Es wird eine schöne Erinnerung für mich sein, im Zimmer Ihres Sohnes nächtigen zu dürfen, Frau Korff.»

Der Hausherr räusperte sich. «Der Junge wird auf der sogenannten Bug-Etappe vermisst. Wir wissen nicht, was mit ihm geschehen ist. Das bereitet uns große Sorge. Er war noch so jung, als er Soldat wurde, keine achtzehn Jahre.» Er hustete, dann: «Aber ich möchte Sie nicht mit unseren Nöten belasten, Fräulein Doktor von Runstedt, und auch Sie nicht, Fräulein Pierrot. Verzeihen Sie.»

«Sie belasten mich nicht», antwortete Marlene. «Jeder von uns hat in diesen Zeiten doch auf die eine oder andere Art einen Verlust zu beklagen. Ich hoffe aus ganzem Herzen, dass Sie Ihren Sohn wieder in die Arme schließen können. Wir alle – Herr von Ostwald, Fräulein Pierrot und ich – unterstützen den Herrn Botschafter dabei, unsere Soldaten und Etappenhelferinnen aufzufinden und gesund nach Hause zu holen.» Das Schicksal ihrer eigenen Brüder erwähnte sie nicht.

«Die Bemühungen des neuen deutschen Gesandten weiß ich zu schätzen», versicherte Korff. «Leider ist die Mehrheit der Polen dieser Mission gegenüber feindlich eingestellt. Nicht zu Unrecht, wie man anmerken muss. Der angerichtete Schaden durch die deutschen Offiziere ist enorm. Das ist eine äußerst schwierige Situation.»

«Leider scheinen General Pilsudski und seine Leute in der Regierung die Gefahr zu ignorieren. Die Verhandlungen werden verzögert und es vergeht ein Tag nach dem anderen ohne Ergebnis.»

«So oder so werden wir uns bemühen, die als vermisst geltenden Personen ausfindig zu machen», versprach Ricarda mit fester Stimme. «Sobald die Telefon- und Telegrafenleitungen wieder funktionieren, können wir Kontakt zu den Stellen in der Ukraine aufnehmen. Dann werden wir auch nach Ihrem Sohn suchen. Nicht wahr, Herr von Ostwald?»

«Was sonst?», gab er ein wenig ungehalten zurück.

Um eine weitere Diskussion zu beenden, stemmte sich Marlene aus dem Sofa.

Sofort war Justus neben ihr und nahm ihren Arm. «Wenn du erlaubst, bringe ich dich zu deinem Zimmer.»

«Ich zeige Ihnen den Weg», erbot sich Magda Korff.

Im Gefolge ihrer Gastgeberin schritt Marlene still an Justus' Seite die relativ schmale Stiege hinauf. Da sie nebeneinandergingen, stießen sie an den Schultern zusammen und Justus blieb höflich zurück. Dennoch berührten sich wie zufällig ihre Hände, verflochten sich ihre Finger, eine für sie beide selbstverständliche Geste, die Marlene erst auffiel, als sie das Stockwerk mit dem Gästezimmer erreichten.

Magda Korff blieb auf dem Absatz stehen und drehte sich nach ihren Besuchern um. Ein Blick auf das händchenhaltende Paar ließ sie die Stirn runzeln, ihre Augenbrauen hoben sich in einer Mischung aus Irritation und Empörung.

«Ich bin ein Idiot», verkündete Justus plötzlich und schlug sich gegen die Stirn. «Da habe ich doch glatt vergessen, dich auf dieses besondere Bild im Salon aufmerksam zu machen. Es ist das Gemälde über dem Klavier...»

Dankbar, wie einfallsreich er die Peinlichkeit überspielte, lächelte sie ihn an. «Das Bild war nicht zu übersehen. Ich fand diese verschiedenen Goldtöne sehr...», sie suchte nach dem richtigen Wort und fand: «...aufregend.»

«Sie meinen den Klimt», stellte die Hausherrin fest, «das Gemälde ist der ganze Stolz meines Mannes. Wenn er einen Rembrandt besäße, könnte er nicht glücklicher sein. Angesichts des Preises ist das wohl kein Wunder.»

«Es stellt ein Liebespaar dar, nicht wahr?», fragte Justus.

«Der Titel lautet ‹Der Kuss›», Magda Korff schien etwas verlegen, «aber eine ‹Allegorie der Liebe› würde besser passen, sagt mein Mann. Haben Sie bemerkt, dass sich das Paar auf einer Blumenwiese in den Armen hält, aber sich hinter der Frau ein Abgrund befindet?»

«Wie im richtigen Leben», kommentierte Marlene nüchtern.

Magda Korff sah sie erstaunt an. «Wie meinen?»

«Einerlei», wehrte Justus ab, «das Bild ist ein wundervoller Anblick. Ihr Gatte kann stolz darauf sein, gnädige Frau. Mein Kunstverstand ist zwar sicher nicht so ausgeprägt wie der seine, aber ich kann Schönheit durchaus erkennen. Ich wünschte, du hättest es dir genauer angesehen und den Eindruck mit in den Schlaf genommen, Marlene. Ein solches Gemälde vertreibt alle schlimmen Gedanken an den Alltag.»

«Die Bilder bleiben an Ort und Stelle, Fräulein Doktor von Runstedt», warf ihre zuvorkommende Gastgeberin ein. «Sie können sie sich jederzeit ansehen.»

«Nennen Sie mich Marlene, bitte. Und vielen Dank, darauf werde ich, wenn ich ausgeschlafen bin, sicherlich gern zurückkommen.»

Justus ergriff Marlenes Hand und presste seine Lippen auf ihre Finger. «*Dobranoc*. Gute Nacht.» Leichten Fußes lief er die Treppe hinunter.

◆

Marlene hatte geglaubt, dass sie in völliger Erschöpfung schnell einschlafen würde. Doch die «Allegorie der Liebe» verfolgte sie. Vor allem der Abgrund, auf den sie selbst zusteuerte, war in ihrem Albtraum erschreckend präsent. Als sie mitten in der Nacht erschrocken aufwachte, kam es ihr vor, als habe sie die Augen keine Minute geschlossen. Dabei waren bestimmt Stunden vergangen, seit sich Justus von ihr verabschiedet hatte. Müde wälzte sie sich in den fremden Kissen herum. Es war ein bequemes Bett mit einem angenehm nach Lavendel duftenden, wärmenden Plumeau, doch sie fühlte sich wie unter einer schweren Last. Sie strampelte die Decke fort, fror jedoch wenige Minuten später und zog sie wieder über sich.

Vor ihrem geistigen Auge erschien die Erinnerung an die junge Frau im Lazarett und an deren Freundin Emmy, die sich selbst in Gefahr brachte, weil sie der anderen half. Immer wieder waren es Frauen, die unter der Liebe leiden mussten. Unzucht, Notzucht und erzwungener Beischlaf waren im Strafgesetzbuch geregelt, ein weiteres Gesetz befasste sich in diesem Zusammenhang mit der Vorspiegelung falscher Tatsachen, wie etwa einer Trauung. Allein Letzteres wurde eigentlich mit einer Zuchthausstrafe von bis zu fünf Jahren geahndet. Aber abgesehen von der Beweislast war die Frau immer in einer schwächeren Position. Für Marlene bestand kein Zweifel: Frieda Koch hätte nicht so verzweifelt in dem blutigen Bett gelegen, wenn der Mann zu ihr stehen würde.

Der Abgrund war immer gegenwärtig, auch für Marlene selbst.

Über diesen Gedanken schlief sie ein. Sie träumte von unterschiedlichsten Goldtönen, die miteinander verschmolzen. Wie Lava floss der Goldstrom einen Hang hinab in die Unendlichkeit.

24

Ohne Ankündigung wurde die polnische Wache in der deutschen Botschaft abgezogen. Der fehlende Schutz steigerte die Nervosität, aber er schaffte Platz für Marlene und Ricarda. Die beiden zogen von dem kleinen Salon an den Küchentisch, was eine Erleichterung angesichts des Schriftkrams darstellte, den sie zu bewältigen hatten. Darüber hinaus war es dank des Herds deutlich wärmer und ihre Finger wurden nicht so steif beim Blättern durch die Unterlagen. Die Arbeit wurde wegen der anhaltenden Unterbrechung der Telefon- und Telegrafenleitungen erschwert, aber auch ohne direkten Kontakt gab es viel zu tun.

Während Harry Graf Kessler gemeinsam mit Justus Gespräche mit den polnischen Volksbeauftragten führte, gingen Marlene und Ricarda endlos scheinende Listen durch. Es waren so viele Frauen, die unmittelbar hinter der Front ihren Dienst versahen. Insgesamt über zwanzigtausend Helferinnen zwischen Flandern und Bug, die im Kriegsministerium gemeldet waren. Die Frauen kamen aus den unterschiedlichsten Schichten, waren gut ausgebildet oder völlig unbedarft, die einen zupackend, die anderen nur mutig und elegant, wieder andere kannten den Alltag in Fabriken und Büros, während die Bauerntöchter ihre Erfahrungen in der Stallhaltung oder dem Bestellen von Land beitrugen. Sie alle hatte der Wille geeint, ihre Kraft und ihr Können in den Dienst Deutschlands zu stellen – mittlerweile verband sie der Wunsch, auf dem schnellsten Wege heil nach Hause zu kommen. Und eine Situation, die anscheinend Frauen aus allen gesellschaftlichen Schichten gleichermaßen betraf...

«Was ist das?», fragte Marlene in einer Mischung aus Verwunderung und Empörung. Sie hielt eine Kladde hoch, in der Namen und Orte verzeichnet waren. Sollten das tatsächlich Einrichtungen der Art sein, wie sie es auf den ersten Blick annahm? Sie war sich sicher, im Kriegsamt nichts darüber erfahren zu haben.

Ricarda sah kurz von ihrer eigenen Arbeit auf. «Das ist die Aufstellung der Kinderheime.» Sprach's, und blickte wieder hinunter, als handele es sich um eine Nebensächlichkeit.

«Welche Kinderheime bitte?»

Seufzend legte Ricarda den Stift zur Seite, mit dem sie sich gerade Notizen gemacht hatte. «Waisenhäuser in den besetzten Gebieten. Was sonst?»

«Das sehe ich an den Adressen. Aber was machen denn so viele deutsche Kinder ohne Eltern gleich hinter der Front?»

«Was geschieht wohl, wenn junge Frauen auf junge Männer treffen? Sie verlieben sich. Und im ungünstigsten Fall hat das Folgen. Ihr Schützling im Lazarett hier ist kein Einzelfall, obgleich das Fräulein durch die Fehlgeburt Glück im Unglück hatte.»

Gedankenverloren begann Marlene ihre plötzlich schmerzenden Schläfen zu massieren. Die Frage nach dem Verbleib der unehelich geborenen Kinder hatte sie sich nie gestellt. Genau genommen hatte sie gar nicht damit gerechnet, dass es so viele unselige Etappenhelferinnen in dieser schwierigen Lage gab. Offenbar handelte es sich hier um ein Problem, das nicht im Kriegsministerium geregelt worden war, sondern in den Generalgouvernements, also in den militärischen

Dienststellen in Breslau, Warschau und vermutlich auch in Brüssel.

«Sie wissen ebenso gut wie ich, dass viele Mädchen mit großem Diensteifer zum Heer kamen», erklärte Ricarda, während sie sich auf ihrem Stuhl zurücklehnte und sich anscheinend für eine längere Plauderei bequem einrichtete. «Häufig folgten sie dem Ruf warmer Mahlzeiten, manche aber fanden vor allem die Freiheit anziehend, fern ihrer Elternhäuser auf sich gestellt zu sein. Die Armee ist kein Kloster, Fräulein Doktor von Runstedt: Wenn eine Frau Spaß haben wollte, konnte sie ihn bekommen. Und da in einem besetzten Gebiet nicht plötzlich Dutzende von unverheirateten Müttern auf die Straße gesetzt oder auf schwierigen Wegen nach Hause geschickt werden konnten, musste auf andere Weise für sie gesorgt werden. Die Schwangeren wurden in Dienstbereiche geschickt, wo sie unauffällig weiterhin ihrer Pflicht nachkamen, und die Neugeborenen wurden meist in Kinderheime gesteckt. Mancherorts mussten diese Institutionen erst geschaffen werden. Natürlich hat man das nicht an die große Glocke gehängt, die Offiziere im Ministerium in Berlin interessierten sich wahrscheinlich nicht einmal dafür.»

«Und nun?», fragte Marlene tonlos.

«Was sollte nun sein? Die Helferinnen werden repatriiert und die Kinder bleiben in den Heimen in der Ukraine. Wir können nicht auch noch einen Haufen schreiender Bälger in die Züge stopfen, die uns die Polen hoffentlich zur Verfügung stellen. Außerdem gibt es bei uns zu Hause viel zu viele arme Kinder, wir brauchen nicht noch mehr. Die Liste in Ihren Händen dient nur möglichen Rückfragen der Verwaltung. Wahrscheinlich landet sie unbeachtet im Archiv.»

«Aber die Mütter...»

«Die meisten Frauen sind froh, dass sie ihr kleines Problem los sind», unterbrach Ricarda. Ihre Stimme klang plötzlich scharf. «Erstaunlicherweise waren es wohl vor allem die wohlerzogenen jungen Damen aus den besseren Kreisen, die sich in diese Lage brachten. Bürgerstöchter oder von Adel. Die wollen als Heldinnen heimkehren und nicht als gefallene Mädchen. Glauben Sie mir.»

Seltsam, dachte Marlene, in Berlin und den umliegenden Gemeinden waren es überwiegend einfache Frauen und Mädchen, die die Rechtsberatungsstelle aufsuchten. Die höhergestellten waren durch ihre Eltern, eine gewisse Bildung und ihren gesellschaftlichen Status geschützt. Liebschaften wurden in diesen Kreisen im Geheimen gepflegt und die Folgen durch eine rasche Verlobung, ein Kuckuckskind oder andere Möglichkeiten geregelt, für die es einer gewissen finanziellen Grundlage bedurfte. Schlimmstenfalls gab es immer noch Klöster – oder das Wasser. Aber im Großen und Ganzen hielten sich die meisten Vertreterinnen der besseren Gesellschaft an die Regeln ihrer Mütter und Großmütter.

«Haben Sie etwas mit den Augen?», erkundigte sich Ricarda prompt.

Marlene war sich der Tränen, die in ihr aufgestiegen waren, nicht bewusst gewesen. «Das ist die beißende Luft hier in der Küche», wich sie rasch aus und wischte über ihre Lider. Sie begann in der Kladde zu blättern, doch die Buchstaben auf dem Papier verschwammen. «Machen wir weiter», bat sie dennoch.

♦

«Die Polen wollen Fakten schaffen, bevor die Alliierten über einen Friedensvertrag mit Deutschland verhandeln, und vor allem, bevor die amerikanische Regierung einschreiten kann», behauptete Justus. Er war unangemeldet in der Küche erschienen und hatte Marlene und Ricarda bei der Bearbeitung ihrer Listen überrascht. «Sie wollen ein Großpolen wie vor Hunderten von Jahren – und möglichst noch Landstriche außerhalb des polnischen Siedlungsgebiets hinzugewinnen. Auch deshalb gehen die Gespräche so schleppend voran. General Pilsudski erwartet als Regierungschef Zugeständnisse, die über die Befugnisse des Botschafters hinausgehen.»

«Ich dachte, Graf Kessler wäre mit dem General persönlich bekannt – ist das nicht hilfreich?»

«Nein, Marlene, das ist es nicht. Es sichert uns lediglich einen angenehmen Umgangston. Mehr nicht.» Justus breitete die Arme aus, als wollte er die Küche umfassen. «Wie man sieht.»

«Die polnischen Ambitionen gelten den Siegermächten sicher als Bollwerk gegen die Bolschewiken», resümierte Ricarda.

Justus ließ seine Arme sinken. «In der Tat, Fräulein Pierrot, das ist richtig. Es wird täglich die Ankunft französischer Truppen zur Absicherung der polnischen Interessen erwartet. Wenn die Polen bis dahin bestimmte Gebietsansprüche durch Waffengewalt klarmachen, werden sie nicht mehr zum Rückzug gezwungen werden.»

«Diese Situation haben wir auf unserer Reise erlebt», stimmte Ricarda zu. Die Unterhaltung an Marlene vorbei schien ihr zu gefallen. «Die Provinz Posen gehört ebenso zu den umstrittenen Gebieten wie etwa auch Oberschlesien...»

«Ich brauche eine Pause», unterbrach Marlene. *Von allem*, hätte sie gerne hinzugefügt, unterließ es aber. Sie blickte von Ricarda zu Justus. «Ich werde einen Spaziergang unternehmen. Inzwischen können sich die Herrschaften ja über die polnischen Großmachtbestrebungen austauschen.» Brüsk schob sie ihren Stuhl zurück und erhob sich.

«Darf ich dich begleiten?», fragte Justus.

«Nein!»

«Es könnte gefährlich sein für eine Frau alleine...»

«Nein!»

Justus verneigte sich vor ihr. «Ich hole nur rasch meinen Mantel.»

◆

Es war recht mild für einen Wintertag, dennoch wehte um die Häuserblocks ein kalter Wind, der sich in den Gassen fing und um die Ecken pfiff. Marlene schlug ihren Kragen hoch und wärmte ihre Hände in den Manteltaschen. Stumm schritt sie neben Justus her, den Kopf ein wenig eingezogen. Sie sprachen nicht und wurden von den anderen Passanten sicher nicht auf den ersten Blick als Deutsche erkannt – ein unbedeutendes bürgerliches Paar, das Seite an Seite des Weges ging.

Marlene war sich Justus' Nähe schmerzlich bewusst. Sie gestand sich ein, welch große Rolle er in ihren Ambitionen gespielt hatte, Beauftragte des Kriegsamtes in Warschau zu werden. Doch inzwischen war sie von einer Realität gefangen genommen worden, die mit ihrer einstigen Liebesbeziehung nur sehr wenig zu tun hatte, auch wenn sie sich oft an ihre gemeinsame Zeit in Paris erinnert fühlte. Ihre Freundschaft war in den Hintergrund getreten, fühlte sich angesichts der Probleme um sie herum sogar unwichtig an.

Wie zur Bestätigung ihrer Gedanken fiel ihr Blick auf eine Litfaßsäule, an der ein Plakat klebte und um die sich eine Gruppe polnischer Arbeiter und Soldaten scharte. Die Männer schwangen Fäuste, Waffen und Werkzeug. Auch wenn sie kein Wort Polnisch sprach, waren das Johlen und die Rufe eindeutig als Zustimmung zu erkennen.

Justus blieb unvermittelt stehen.

Sie ging einen Schritt weiter, hielt jedoch zwangsläufig an, als sich seine Hand schwer auf ihre Schulter legte.

Bevor sie sich zu ihm umdrehte, sah sie genauer hinüber zu der Litfaßsäule. Der Anlass der kleinen Demonstration war anscheinend die Botschaft auf dem riesengroßen Plakat. In fett gedruckten Lettern stand dort «DO BRONI!» und darunter, weniger auffällig, ein längerer Satz, den Marlene erst recht nicht verstand.

Irgendjemand schien eine Parole zu rufen und die Männer formierten sich in Zweierreihen wie Schulkinder, die zu einem Ausflug aufbrachen. Das Ziel ihres Marsches befand sich eindeutig in der Richtung, aus der Marlene und Justus kamen. Die Gruppe steuerte direkt auf sie zu.

Justus zog sie zur Seite und im nächsten Moment in seine Arme. Er vergrub sein Gesicht in ihrer Halsbeuge.

Im ersten Moment überrascht, wollte sie ihn gleich darauf von sich stoßen. Doch er hielt sie eisern umklammert.

«Halt still!», flüsterte er rau. «Das ist ein aufgewiegelter Mob, der uns sicher an den Kragen will.»

Sie schloss die Augen und gab nach. In unmittelbarer Nähe

hörte sie ein Johlen und Rasseln, Poltern und Schritte, Rufe, das Quietschen von Bremsen, eine Hupe, das Klappern von Kutschrädern, das ängstliche Wiehern eines Pferdes. Die Formation marschierte in ihrem Rücken vorbei. In Justus' Armen blieb sie unbehelligt, sie fielen höchstens als Liebespaar auf, das sich in der Öffentlichkeit ein wenig peinlich benahm. Trotzdem klopfte ihr Herz viel zu schnell. Als der Lärm nachließ, öffnete sie die Augen wieder.

Justus hauchte einen Kuss auf ihre Wange. Vorsichtig löste er sich von ihr.

Sie bewegte sich nicht, blieb dicht vor ihm stehen.

Er verstand ihre stumme Frage. «Auf den Plakaten wird zu den Waffen gerufen», erklärte er so leise, dass niemand in ihrer Umgebung verstand, in welcher Sprache er redete. «Da wird ein Krieg gegen Deutschland proklamiert. Eine Unterschrift fehlt, aber sicher ist es eine von der Entente finanzierte Werbung der polnischen Nationalisten. Harry Kessler und ich haben die Plakate schon gesehen, sie hängen überall in Warschau und ziehen eine ganz bestimmte Klientel an.»

«Meinst du, sie ziehen zu unserem Büro?»

«Ja...»

«Aber da sind keine Wachen mehr!», rief sie alarmiert aus.

Er verschloss ihren Mund mit einem schnellen, harten Kuss, der nicht unbedingt nötig gewesen wäre. «Nicht so laut!»

Stumm nickte sie. Ihre Lippen brannten.

«Niemand wird zu Schaden kommen», versicherte er ihr mit gesenkter Stimme. «Das sind nur Drohgebärden. Noch jedenfalls.»

25

Die Tage verstrichen in einer seltsamen Mischung aus Arbeit, gefährlichen Konfrontationen, Warten und Erschöpfung. Alles, was Marlene in ihrer ersten Zeit als Bedrohung wahrgenommen hatte, entwickelte sich zur Normalität. In der Botschaft herrschte eine stete Unruhe, die bald auch zum Alltag der Mitarbeiter gehörte. Ihre Zusammenarbeit mit Ricarda wurde dagegen zunehmend effizienter und Justus begann die weiblichen Beauftragten des Kriegsministeriums ernster zu nehmen, er behandelte sie mit wachsender Professionalität und Kollegialität.

Manchmal, wenn sie zufällig den Kopf von einer Akte hob, begegnete Marlene seinem nachdenklichen Blick, aber er sah schnell fort und sie fragte sich später, ob diese stumme, nur wenige Sekunden andauernde zärtliche Nähe zwischen ihnen tatsächlich stattgefunden hatte. Ein Kuss wie der vor der Litfaßsäule wiederholte sich nicht. Da sie die Abende bei ihren Gastgebern verbrachte, trennten sich ihre Wege nach Feierabend auf den Treppenstufen in dem Mietshaus an der Ujazdowska-Allee – sie wusste nicht, was er in seiner Freizeit tat, und sie fragte ihn auch nicht danach. Natürlich trieb sie eine gewisse Neugier um, aber die behielt sie für sich.

Auf Geheiß der polnischen Regierung bezog wieder eine Wache Stellung in der Gesandtschaft. Diesmal waren es neun Mann unter der Führung eines Sergeanten, der Deutsch sprach und sich Marlene und Ricarda gegenüber äußerst höflich und zuvorkommend verhielt. Graf Kessler entschied, dass die Männer im Vestibül Aufstellung beziehen sollten, um die Küche weiterhin den beiden Frauen zu überlassen. Als sie ihm dafür dankten, lud er sie zum Abendessen ein. Ein *diner*, bei dem, wie sich herausstellte, auch Justus anwesend sein sollte.

Natürlich war es nichts mehr als eine Einladung an die drei Mitarbeiter, die am engsten mit der Rückführung der Deutschen aus Polen und der Ukraine betraut waren. Dennoch konnte Marlene nicht verhindern, dass sie sich intensiv mit der Frage nach der passenden Garderobe beschäftigte. Rock und Bluse, die sie täglich im Büro trug, erschienen ihr ein wenig zu schlicht für den Anlass. Harry Graf Kessler war ein sehr eleganter, feinsinniger Herr, sie würde sich gewiss wohl in seiner Gesellschaft fühlen, deshalb wollte sie unbedingt angemessen auftreten. Dass ihr Wunsch nach schöner Kleidung durchaus nicht nur auf die Anwesenheit des Botschafters zurückzuführen war, versuchte sie zu ignorieren.

Das von Magda Korff geliehene, elegante dunkelblaue Taftkleid, dessen einzige Zierde in weißen Knöpfen entlang der Miedernähte bestand, war Marlene zwar etwas zu kurz, aber die neue Mode erlaubte den Damen, ihre Knöchel zu zeigen. Ansonsten passte die Robe sehr gut, sowohl zu ihrem Teint und Haar wie auch zu der Gelegenheit. Ricarda hatte sich ebenfalls im Kleiderschrank ihrer Gastgeberin bedient, wenn auch etwas weniger erfolgreich, da Magda Korff deutlich schmaler war. Eine weit geschnittene Tunika musste ausreichen, um für ein wenig Glanz zu sorgen.

Das Hotel Angielski gehörte zu den führenden Häusern der Stadt, das Restaurant suchte seinesgleichen. Untergebracht in einem weitläufigen Rokoko-Palais am Sächsischen Park, fühlte sich Marlene durch das Ambiente auf gewisse

Weise in die Semper-Oper in Dresden versetzt. Sie versuchte sich in Gelassenheit zu üben und nicht wie ein aufgeregtes junges Mädchen bei einem Rendezvous zu zappeln, doch ihre Blicke flogen ständig über die anderen Gäste, Polen in eleganten Anzügen mit schönen Frauen in wundervollen Kleidern, von denen sie sich fragte, wo man die nach dem entbehrungsreichen Krieg kaufen konnte. Eine Kapelle spielte zum Essen Unterhaltungsmusik, vornehmlich französische Walzer und Chansons, zu denen sich die Gäste zwischen den Gängen auf der Tanzfläche drehten. Die Unterhaltungen am Tisch wurden in gedämpftem Ton geführt, die Themen waren ihrem Kreis angemessen: Kessler war Philanthrop, ein Kunstkenner und Mäzen der schönen Künste; dass er sich auch für die DDP interessierte und damit einen starken Anknüpfungspunkt zu Marlene besaß, wurde nur am Rande gestreift, ebenso vermied man die Gründe ihres Hierseins. Bei einem hervorragenden Menü unterhielten sie sich über Kunst, als befänden sie sich in einer traumartigen Parallelwelt.

Trotz der leisen Stimmen fiel ihre fremde Sprache offenbar auf. Marlene bemerkte neugierige Blicke und manchen Kopf, der sich interessiert in ihre Richtung drehte. Sie ignorierte diese Aufmerksamkeit und nahm an, dass ihre Gesellschaft weniger feinfühlig war und das mangelnde Taktgefühl einiger Tischnachbarn nicht beachtete. Doch da schlug Kessler plötzlich vor: «Ostwald, Sie sollten unser Fräulein Doktor zu einem Tanz auffordern. Ich glaube, wir sorgen für weniger Gesprächsstoff, wenn wir uns nicht allzu geschäftsmäßig verhalten.»

Sofort schob Justus seinen Stuhl zurück. «Mit dem größten Vergnügen.»

Er verbeugte sich nicht, forderte sie nicht formvollendet auf – streckte Marlene nur ohne ein weiteres Wort seine Hand hin.

Ebenfalls schweigsam ließ sie sich von ihm auf die Tanzfläche führen. Eine auf Deutsch geführte Unterhaltung wäre dem Zweck ihres Tanzes sicher nicht dienlich, redete sie sich ein. Genau genommen aber sprach sie nicht, um zu verhindern, dass ihre Stimme sanft Dinge raunte, die sie später bereuen würde, und sie am Ende zugeben musste, wie glücklich sie sich in seinem Arm fühlte.

Das letzte Mal, dass sie mit Justus getanzt hatte, war lange her, doch sie fanden sofort zurück in ihre gemeinsame Harmonie. Marlene gab sich der Musik hin, ihre Füße folgten fast selbstverständlich dem Dreivierteltakt eines Wiener Walzers, sie passte sich Justus' Bewegungen an, als wären ihre Körper eine Einheit. Sie fühlte sich wieder jung – und verliebt. Für einen Moment dachte sie, die Bodenhaftung zu verlieren und in den Himmel zu fliegen. Alles schien zu perfekt, um wahr zu sein. Erinnerung und Erlebnis, ein romantischer Traum...

Der Aufprall in der Wirklichkeit war hart.

In die Musik mischte sich unmelodisches Grölen. Dumpfes Gejohle, nur von ferne, aber deutlich genug, dass sich Unruhe unter Gästen und Personal des Restaurants breitmachte. Irgendwo schepperte ein zu Boden fallendes Tablett, irgendjemandem glitt ein Glas aus der Hand und zerschellte. Der Orchesterleiter brachte den Schlager einigermaßen wohlklingend zum Finale, doch Marlene wusste, dass der Schlussakkord viel zu früh einsetzte.

Justus hielt sie fester als zuvor. «Ich wünschte, dieser Tanz würde kein so abruptes Ende nehmen, wir sollten aber an unseren Tisch zurückgehen.»

Sie bemerkte, dass sich Kellner vor den Eingängen postierten, Damen und Herren erhoben sich von ihren Plätzen und drängten zu den Fenstern. Irgendwo sprang ein Mann von seinem Stuhl auf, hielt eine aus dem Kühler gegriffene Champagnerflasche in die Höhe und rief mit belegter Zunge: «*Na zdrowie!*» Niemand prostete ihm zu. Die Stimmung im Restaurant hatte sich gewandelt. Marlene spürte Furcht in sich aufsteigen. In dem schicken Kleid und noch verwirrt von dem Walzer, kam sie sich angreifbarer vor als sonst.

«Was ist los?», erkundigte sich Justus leise bei seinem Vorgesetzten, als er den Stuhl für Marlene zurechtschob und sie sich setzte.

«Auf der Straße ziehen Demonstranten vorbei, die ‹Nieder mit der Regierung› johlen», erwiderte Kessler unaufgeregt. «Der nationalistische Mob hat offenbar nicht nur etwas gegen uns, sondern auch gegen die eigene Elite. Fassen wir uns in Geduld, bis sie vorbeimarschiert sind.»

«Das kann dauern», murmelte Ricarda. «Der junge Hilfskellner sagte eben, es seien Tausende da draußen.»

Kessler lehnte sich auf seinem Stuhl zurück und steckte sich eine Zigarette an.

«Ein ziemliches Aufgebot, um einen Tanz zu beenden», stellte Justus fest.

«Zumindest ist das eine neue Erfahrung», gab Marlene lakonisch zurück. «Ich werde mich noch als alte Frau daran erinnern.»

Bevor Justus antworten konnte, sagte Kessler: «Ich wünschte, Sie würden schönere Erinnerungen mitnehmen.

Ich habe diese Stadt immer geliebt. Auch hatte ich stets große Gefühle für die polnische Sache. Aber dieser blinde Nationalismus gerät an die Grenzen meiner Sympathie.»

Marlene nickte beklommen. Die bisherigen Erfahrungen, die sie mit der protestierenden Bevölkerung gemacht hatte, waren nicht dazu angetan, Verständnis in ihr zu wecken. Natürlich, in Berlin war die Lage kurz vor dem Waffenstillstand und auch danach ähnlich gewesen. Plötzlich besaßen zuvor benachteiligte Männer und Frauen Macht. Allein der Begriff Arbeiter- und Volksrat schien ihnen die Legitimation für ihren Protest zu sein. Doch letztlich war das ihrer Ansicht nach Augenwischerei. Demokratie bedeutete zwar Mitspracherecht, aber in den Schlüsselpositionen würden sich wieder Männer mit einer gewissen Bildung und politischer Erfahrung finden – und Frauen. Unwillkürlich setzte sie sich aufrechter.

«Zur Freiheit gehört Frieden», dozierte sie und fügte hinzu: «Der liberale Politiker und Theologe Friedrich Naumann sagt, der Mensch brauche Zeit, ehe er dankbar wird. Ich denke, nach dem langen Krieg brauchen auch die Menschen hierzulande Zeit, um für das Leben und den Frieden dankbar zu sein. Bis dahin versuchen sie zu nehmen, was sie kriegen können.»

Kessler hob sein Glas. «Besser könnte es ein Diplomat kaum ausdrücken. Auf Ihr Wohl, Fräulein Doktor von Runstedt!»

Der Oberkellner trat an den Tisch. «Meine Herrschaften», hob er in freundlichem Ton an, «ich möchte Sie bitten, den hinteren Ausgang zu nehmen. Wenn die jungen Offiziere, die auf der Straße Stellung bezogen haben, den Saal stürmen wollen, können wir sie nicht aufhalten. Ich werde Sie durch die Küche hinausführen. Die Vordertür ist zu gefährlich für Sie.»

«Oje!», entfuhr es Ricarda. «Jetzt werden wir auch noch hinausgeworfen ...» Sie fügte einen Satz auf Polnisch an, den der Oberkellner mit einem Nicken kommentierte. Darauf fuhr sie fort: «Offenbar wird draußen nicht nur gegen die eigene Regierung, sondern auch wieder gegen das Deutsche Reich demonstriert – und gegen Sie persönlich, Graf. Deshalb sollten wir dem Wunsch der Restaurantleitung wohl nachkommen.»

«Es scheint mir zur Gewohnheit zu werden, Hotels auf diese Weise zu verlassen.» Der lockere Ton täuschte über den verärgerten Gesichtsausdruck des Botschafters hinweg. «Es mag nicht sonderlich mutig sein, wohl aber klug. Kommen Sie, meine Lieben, lassen Sie uns verschwinden.»

Gefolgt von Dutzenden Augenpaaren verließ die kleine Gesellschaft das Restaurant, begleitet von der wiedereinsetzenden Musik des Salonorchesters, das in schwungvoll romantischem Rhythmus die «Barcarole» von Jacques Offenbach intonierte. Auf der Tanzfläche fanden sich wieder Paare ein und verdeckten mit ihren Körpern den Abgang, der dicht am Parkett vorbei und zu der Schwingtür führte, die neben der kleinen Bühne lag. Gleich dahinter erstreckte sich der Arbeitsbereich des Personals. Hier wartete der Hilfskellner mit den Mänteln der deutschen Gäste. Ausgestattet für die kalte Winternacht, durchquerten sie die überhitzte Küche und traten schließlich in die kühle Dunkelheit hinaus. Die Rückseite des Hotels lag auf den großen Park ausgerichtet. Wie ein Tuch aus weißem Chiffon breitete sich eine dünne Schicht frisch gefallenen Schnees über der Gartenanlage aus und tauchte die Wege in silbernes Licht.

«Bringen Sie die beiden Damen bitte nach Hause», wies Kessler seinen Mitarbeiter an. «Ich werde mir indes einen Eindruck von der Sicherheit unseres Büros verschaffen.» Er verneigte sich vor Marlene. «Gute Nacht, Fräulein Doktor, es war mir ein Vergnügen.»

«Das Vergnügen liegt ganz auf meiner Seite», erwiderte sie wohlerzogen.

Während sich Kessler von Ricarda verabschiedete, beugte sich Justus zu Marlene und raunte: «Mein Vergnügen wäre zweifellos größer, wenn ich dich noch einmal zum Tanz hätte auffordern dürfen.»

«Ach was!», wehrte sie ab. Und gestand sich ein, dass der eine Walzer für genug Verwirrung in ihr gesorgt hatte. Am liebsten hätte sie Justus sogar gebeten, sie und Ricarda alleine zum Haus der Korffs zurückgehen zu lassen. Doch da ihr der Stadtplan mit seinen Alleen und verwinkelten Gassen noch nicht vertraut war, verzichtete sie auf ihre Selbstständigkeit. Sich in der Dunkelheit zu verlaufen kam nach dem ganzen Aufruhr nicht infrage.

«Das Hotel Angielski scheint für geheime Fluchten prädestiniert», plauderte Justus mit gesenkter Stimme, während er neben den Damen an Bäumen vorbeischritt, die ihre kahlen Äste in den bewölkten Himmel streckten. «Angeblich soll sich Napoleon dort inkognito aufgehalten haben, um die Nachricht von seinem verlorenen Russland-Feldzug hinauszuzögern.»

«Ich kann keine Parallele erkennen», widersprach Ricarda. «Graf Kessler ist nicht unter falschem Namen unterwegs und mit dem annullierten Waffenstillstandsabkommen zwischen dem Deutschen Reich und den Bolschewiki dürften alle verlorenen Feldzüge im Osten derzeit ziemlich öffentlich sein.»

Marlenes Schritte knirschten im Schnee. Sie wünschte, schweigend durch diesen ansonsten menschenleeren, verwunschen wirkenden Park mit seinen winterlich stillen Springbrunnen und romantischen Steinfiguren gehen und ihren Gedanken nachhängen zu können. Gleichzeitig fühlte sie sich ein wenig angespannt und ließ die Augen umherschweifen, auf der Suche nach einem versprengten Nationalisten, der es auf Leib und Leben seiner deutschen Feinde abgesehen hatte. Seltsamerweise war es jedoch weniger Justus' Begleitung, sondern Ricardas forsche Art, die ihr jegliche Furcht vor dem dunklen Gelände nahm.

«Fräulein Pierrot, Sie verderben mir jede Pointe», knurrte Justus.

«Sehen Sie, Herr von Ostwald, das ist nun wiederum mir ein Vergnügen.»

26

Endlich funktionierten die Telegrafenleitungen wieder. Nach langem Warten gingen erste Weisungen des Außenministeriums in Berlin und des Oberbefehlshabers Ost ein, sodass der Botschafter Verhandlungen mit der polnischen Regierung bezüglich der Rückführung der deutschen Truppenverbände forcieren konnte, die mit den entsprechenden Dokumenten nun auch akzeptiert wurden. Als erste erfolgreich abgeschlossene Amtshandlung wurde ein Lazarettzug für den zweiten Dezember bereitgestellt, mit dem die Verwundeten, Ärzte, Pflegepersonal und Helferinnen aus Warschau nach Hause reisen durften. Für Marlene ein Grund, dem Hospital noch einmal einen Besuch abzustatten. Ricarda hatte zwar Absprachen mit der Oberschwester getroffen und entsprechende Listen erstellt, doch Marlene wollte sich noch einmal persönlich von dem geordneten Abzug der Frauen überzeugen und sich verabschieden.

Obwohl es bereits Abend war, herrschte reger Betrieb auf den Stationen. Die Aufbruchstimmung schien selbst die am schwersten getroffenen Patienten erfasst zu haben, die Krankenschwestern schwirrten wie Bienen herum, um die Verletzten reisefertig zu machen, Krücken und Bahren zu organisieren, Medikamente zu sortieren und Verbandsmaterial einzupacken. Hoffnung und Lebhaftigkeit herrschten unter Männern wie Frauen, in der Gewissheit, dass nun alles gut werden würde.

Marlene verteilte gute Wünsche wie süße Bonbons. Während sie ein paar freundliche Worte mit den diensthabenden Pflegerinnen sprach, die in einem Flur Aufstellung bezogen hatten, hielt sie vergeblich nach dem zarten Gesicht der jungen Frau Ausschau, die sie in ihrem Quartier kennengelernt hatte. Offenbar hatte Frieda Koch gerade keinen Dienst, vielleicht befand sie sich nach der Fehlgeburt aber auch noch immer in einem bedenkenswerten Zustand, das arme Mädchen. Erleichtert entdeckte Marlene Schwester Emmy, die aus einem Krankensaal trat, ein Tablett in den Händen, die Augen auf den Boden gerichtet.

«Ich wünsche Ihnen eine gute Reise», rief Marlene der Gruppe vor sich zu und schenkte den Krankenschwestern ein zuversichtliches Lächeln, bevor sie sich rasch abwandte und hinter Frieda Kochs Freundin hereilte. Ohne die kleine Abschiedszeremonie zu beachten, lief die Helferin schnellen Schrittes in die entgegengesetzte Richtung. «Schwester Emmy! Warten Sie bitte!»

Der Schritt der Pflegerin wurde langsamer, sie blieb jedoch nicht stehen. Den Kopf gesenkt, murmelte sie: «Guten Abend, Fräulein Doktor von Runstedt, ich habe viel zu tun...»

«Ja. Das ist mir bewusst.» Marlene griff sanft nach ihrem Arm. «Vor der Abreise haben Sie natürlich viel zu tun», wiederholte sie. «Ich halte Sie auch nicht lange auf.»

Emmys Lippen bebten. Das Geschirr auf dem Tablett in ihren zitternden Händen klirrte leise.

Aus Furcht, Emmy werde davonlaufen, wenn sie sie nicht festhielt, zog Marlene ihre Hand nicht zurück. «Ich möchte mich nur nach dem Befinden von Fräulein Koch erkundigen.»

Die junge Frau schüttelte stumm den Kopf.

«Was ist passiert?»

«Nichts.» Emmy biss die Lippen aufeinander.

«Bitte, sagen Sie es mir!», forderte Marlene eindringlich.

«Die Oberschwester möchte nicht, dass ich mit Ihnen spreche.»

Unwillkürlich ließ Marlene ihre Hand sinken. Als sie sich umblickte, sah sie in einen leeren Flur. Die Gruppe der anderen Krankenschwestern hatte sich zerstreut, sie gingen wieder ihrer Arbeit nach, die Patienten befanden sich wohl inzwischen in ihren Betten zu einer letzten Nachtruhe in der Fremde. Obwohl es keine Zeugen für ihre Unterhaltung mit Emmy gab, trat Marlene einen Schritt zur Seite. Sie wollte der jungen Frau keinen Ärger bereiten. Was sie zu wissen wünschte, würde sie mit der Oberschwester klären.

Doch Emmy lief nicht weiter, wie Marlene erwartet hatte, sondern blieb mit gesenktem Haupt stehen.

«Was ist passiert?», wiederholte Marlene. Sie sprach sehr leise, doch es kam ihr vor, als hallte ihre Stimme von den kahlen, hohen Mauern des Krankenhauses wie ein trauriges Echo zurück.

Emmy blickte nicht auf, als sie flüsterte: «Frieda ist gestorben.»

Die Nachricht drückte Marlene nieder wie ein schweres Gewicht. Sie wünschte, sie könnte sich irgendwo abstützen, vielleicht sogar hinsetzen. Doch es gab an diesem kargen Ort keine Möglichkeit, sich von dem Schock zu erholen. Als sie diesmal nach Emmys Arm griff, suchte sie nach Halt. Sie hoffte jedoch, die andere würde es als Versuch verstehen, Trost zu spenden.

«Das tut mir sehr leid», sagte sie, nur weil sie etwas sagen sollte. Mehr fiel ihr im Moment jedoch nicht ein.

Schuldzuweisungen wechselten sich in ihren Gedanken mit einem schlechten Gewissen ab, weil sie sich nicht früher nach der jungen Frau erkundigt hatte. Das Gemälde über dem Klavier der Korffs fiel ihr ein. Es waren immer die Frauen, die am Abgrund standen ...

«Sie hat so schrecklich viel Blut verloren», berichtete Emmy nach einer Weile stockend, dabei sprach sie wie zu sich selbst. «Und wer hätte auch eine Kürettage machen sollen? Hier ist das unmöglich. Es gab keine Hilfe für sie.»

Natürlich. Ein Lazarett war für die Behandlung von verwundeten Soldaten eingerichtet, nicht auf Gynäkologie. Zudem war der Bestand an Medikamenten begrenzt.

Dabei war Marlene klar, dass Frieda Kochs Chancen von Anfang an schlecht gestanden hatten, wenn ihr Körper nicht von sich aus heilte. Als medizinische Laiin hatte sie übersehen, dass die junge Frau umfassendere Hilfe brauchte. Doch sie war eine Frau, sie hätte wissen müssen, dass Frieda in Lebensgefahr schwebte.

Ich habe zugelassen, dass sie stirbt!

«Verdammt noch mal», entfuhr es ihr.

Erschrocken blickte Emmy zu ihr auf. «Wie meinen?»

«Es tut mir wirklich sehr leid», wiederholte Marlene. Sie räusperte sich. «Hat Ihnen die Oberschwester befohlen, diese traurige Sache vor mir geheim zu halten?»

Emmy nickte stumm.

«Belassen wir es dabei. Von mir wird sie nichts erfahren. Das verspreche ich Ihnen.»

«Darf ich gehen?» Die Knöchel der Finger, in denen Emmy das Tablett hielt, traten weiß hervor.

«Natürlich.» Obwohl Marlene den Tränen nahe war, fragte sie sachlich: «Kann ich etwas für Sie tun, Schwester?»

Emmy schüttelte den Kopf. «Ich bin so froh, dass wir alle nach Hause können.»

Marlene zwang sich zu einem Lächeln. «Wo befindet sich Ihr Zuhause?»

«In Schwerin, Fräulein Doktor von Runstedt.»

«Das ist eine sehr schöne Stadt. Ich wünsche Ihnen dort alles Gute. Leben Sie wohl, Schwester Emmy.» Ihr fiel auf, dass ihre Hand noch auf der Schulter der jungen Frau lag. Sachte ließ sie sie sinken.

«Auf Wiedersehen, Fräulein Doktor von Runstedt.» Emmy ging ein paar Schritte, dann drehte sie sich noch einmal um. «Ich möchte mich bei Ihnen bedanken. Sie haben dafür gesorgt, dass ich wegen Frieda keinen ... ich will sagen, *kaum* Ärger bekommen habe. Wer weiß, ob ich morgen in den Zug steigen dürfte, wenn Sie nicht mit der Oberschwester gesprochen hätten. Gott schütze Sie!» Dann setzte sie ihren Weg fort.

Marlene sah ihr nach. Gott hat im Moment ziemlich viel zu tun, fuhr es ihr durch den Kopf. Eine stille Träne rann über ihre Wange.

27

Wenn es etwas gab, das Sonja aus ganzem Herzen hasste, dann die Gelegenheiten, bei denen sie nicht im Mittelpunkt des allgemeinen Interesses stand. Zu lange hatte sie in ihrer Jugend im Hintergrund agieren müssen, um sich nun als Star dorthin zurückdrängen zu lassen. Dennoch gab es Anlässe, bei denen sie nicht die Hauptrolle spielte, die für ihre Bekanntheit aber von Bedeutung waren. Große Freude bereitete es ihr allerdings nicht, nur als Gast auf einer Premierenfeier zu erscheinen, während andere Schauspielerinnen den Beifall einheimsten.

An diesem Abend war jedoch alles ein wenig anders. Sie wollte im Metropol Hof halten, obwohl sie nicht die Hauptdarstellerin des Spielfilms «Das Mädel vom Ballett» war.

Ihre Konzentration auf die Bühne und die Vernachlässigung des Kinos hatten dazu geführt, dass sie die Leinwand anderen überlassen musste. Die Hauptrollen erhielten entweder deutlich jüngere Frauen wie Ossi Oswalda in dem aktuellen Streifen von Ernst Lubitsch oder Asta Nielsen und Henny Porten, die etwa so alt wie Sonja waren, aber schon frühzeitig vor der Kamera Karriere gemacht hatten. Erstaunlicherweise hatte man aber für die Produktion eines Streifens, der im Auftrag des Volksrats gedreht und vor dem Hauptprogramm ausgestrahlt werden sollte, ausgerechnet nach einem Theaterstar gesucht und Sonja für das ungewöhnliche Projekt engagiert. Besser noch: Der Kurzfilm trug ihren Namen: «Sonja Grawitz kandidiert» hieß die spielerische Anleitung für die bevorstehende Wahl. Regisseur Werner Sinn hatte sich für sie entschieden, weil er sich durch ihren bekannten Namen ein breiteres Echo erhoffte. Tatsächlich hieß die Protagonistin laut Drehbuch jedoch Amanda Himmelfahrt und trat für die Partei der radikalen Frauen und Jungfrauen an. Sonja war bewusst, dass das alleine für Lacher im Publikum sorgen würde. Der Hintergrund war jedoch ein ernster: Anhand der Fehler, die Amanda bei der Wahl machte, sollte das Publikum – darunter besonders die Zuschauerinnen und künftigen Erstwählerinnen – über den Ablauf der Stimmabgabe zur Nationalversammlung informiert werden. Am Ende erschien schließlich eine Schrifttafel mit dem Text: «Das Recht zu wählen – ist die Pflicht zu wählen.»

Eine Diva in einem amüsanten Kurzfilm mit seriösem Inhalt vor dem Hauptprogramm – das war immerhin etwas Neues. Nicht auch die Hauptrolle in der großen Komödie des Abends zu spielen, zehrte zwar an Sonja, doch konnte sie der

Premiere nicht fernbleiben. In dem zu erwartenden Trubel würde es zum Glück nicht auffallen, wenn sie einer Kollegin nicht zu deren Erfolg gratulierte. Und vielleicht stahl sie Ossi Oswalda ja auch die Schau.

Doch herrschte am Nollendorfplatz eine andere Art von Treiben als erwartet. Als Sonja mit einer Droschke vor dem prachtvollen Theatergebäude eintraf, hatten sich Menschengruppen versammelt, die weder den Eindruck der üblichen Schaulustigen vermittelten noch den eines Premierenpublikums. Arbeiter standen mit Soldaten um eine Feuerstelle unter der mächtigen Kuppel des U-Bahnhofs und wärmten ihre Hände. Vor der Amerikanischen Kirche gegenüber lagen Kriegsversehrte im Straßenstaub, Kinder wühlten in den Abfällen der nahe gelegenen Restaurants und Cafés – wahrscheinlich nach Lebensmitteln. In der hellen elektrischen Straßenbeleuchtung waren rote Fahnen ebenso zu erkennen wie fortgeworfene Banner, die anscheinend bei einer Demonstration getragen worden waren: «Nur der Kommunismus wird euch retten!», stand in dicken schwarzen Lettern weithin sichtbar auf einem Plakat, das nun in der Gosse lag. Die allgemeine Stimmung wirkte gedrückt, ein feierfreudiges Premierenpublikum, das durch ein Spalier von jubelnden Verehrern schlenderte, war kaum auszumachen. Natürlich waren da die jungen Mädchen vor den beleuchteten Schaukästen, die auf Harry Liedtke, den Filmhelden, warteten. Aber Sonja meinte, die Bewunderinnen an einer Hand abzählen zu können. Ebenso schien die Zahl der anwesenden Pressevertreter recht überschaubar zu sein. Es kam ihr vor, als konzentriere sich das allgemeine Interesse gerade weniger auf die Komödie im Kino als vielmehr auf das Drama um sie herum.

Sonja tippte dem Kutscher auf die Schulter. «Ist etwas passiert?»

«Haben Se die Abendzeitungen noch nich' jelesen, Jnädigste?», fragte er Mann über die Schulter zurück.

Das hatte sie in der Tat nicht. Sie hatte die vergangenen Stunden mit Schönheitspflege verbracht, sich den Luxus eines warmen Bades ebenso geleistet wie den Besuch ihrer Friseuse und eine Kopfmassage. Diese Aufmunterung hatte sie dringend nötig. Alles half ihr, nicht allzu schwermütig zu werden. Nicht nur das wolkenverhangene Wetter, anhaltende Protestkundgebungen und die Lebensmittelknappheit waren deprimierend. Der Erfolg einer fast zwanzig Jahre jüngeren Schauspielerin wie Ossi Oswalda kam erschwerend hinzu, ebenso wie das Warten auf eine Nachricht von Justus. Natürlich, sie war es gewohnt, lange Zeit nichts von dem Geliebten zu hören, doch irgendetwas an dieser Reise nach Warschau verunsicherte sie zutiefst. Nicht einmal bei seinem Kriegseinsatz hatte sie solche Sorgen um ihn ausgestanden. Sich mit sich selbst zu beschäftigen, sich ihres guten Aussehens und damit ihres Wertes zu versichern, hatte sie wieder aufgerichtet. Ein kleiner Likör – oder zwei – und die Zeitungen waren vergessen. Es schien inzwischen ohnehin keine guten Nachrichten mehr aus der Politik zu geben. Die Euphorie des Neuanfangs war schnell im Kampf der verschiedenen Meinungen, vor allem in der Zersplitterung der Sozialdemokraten, versiegt. Außerdem waren die Zeiten so schnelllebig, stündlich schien etwas Neues zu passieren, da war die Mittagsausgabe bei Auslieferung schon überholt.

«Ich habe nicht die geringste Ahnung, was los ist», gestand sie dem Kutscher.

«An der Chausseestraße jab es heute Nachmittag ziemlick viele Tote und Verletzte. E'ne Plauderstunde der Linken in den Germania-Sälen wurde uffjemischt von det Freikorps, da haben Spartakus-Leute ausjerufen: ‹Hängt Ebert›, det jeht zu weit, det find ick och. Der Liebknecht, der will die Revolution wie in Russland, wissen Se. Aber det die ollen Militärs wieder det Sajen haben sollen, find ick och nich' richtich. Über zwanzig Tote soll et jeben und wat weß ick wie viele Verletzte.»

Sonjas Blick flog unwillkürlich zu dem Plakat auf dem Boden. Als ob ein bewaffneter Bruderkrieg für ein gutes Leben sorgen könnte! Sie hatte von russischen Emigranten, die in die Berliner Theaterszene strebten, gehört, dass sich bislang nichts im Alltag der normalen Leute verbessert hatte. Nun hatten die linken Sozialisten ihren Volksrat, gebildet aus Arbeitern und Soldaten, aber das genügte den aggressiven Kräften anscheinend auch nicht. Als hätte es diesen furchtbaren Krieg nicht gegeben, als wäre alles nur auf eine Revolution ausgerichtet. Die schrecklichste Vorstellung war für Sonja zweifellos, dass die Aufständischen die Herrschaft über die Bühnen an sich reißen und den Künstlern vorschreiben könnten, was sie spielen sollten. Dann würde man sie womöglich vertreiben und durch eine der Partei treu ergebene Zweitbesetzung austauschen. Alles, was sie sich über die Jahre so hart erkämpft hatte, wäre dahin, die Mühe umsonst gewesen.

Nein, das durfte nicht geschehen! Die alte Ordnung durfte auf keinen Fall durcheinandergebracht werden. Sahen die Menschen das denn nicht? Gut, in den ärmeren Bezirken der Stadt hatten sie ihr Geld für Notwendigeres auszugeben als für die Tageszeitung. Vielleicht verstanden sie nicht richtig, was um sie herum passierte. Oder dachten, das alles ginge sie nichts an, weil sie ohnehin keinen Einfluss nehmen konnten. Aber da irrten sie sich.

Der Kampf gegen die Rebellion war der einzig sichere Weg in eine – auch für Sonja – sichere Zukunft Und vermutlich war es höchste Zeit, dass sie die Sache selbst in die Hand nahm. Sie kannte sich aus in den Mietskasernen und Hinterhöfen. Sie konnte den Leuten auf der Straße in ihrer eigenen Sprache sagen, welche Richtung die beste war, den Männern, die ihre Hände an der Feuerstelle wärmten, ebenso wie den Bettlern und auch den Bürgern, die achtlos an ihnen vorübereilten und meist nicht einmal einen Groschen übrig hatten. Dank ihrer Bekanntheit besaß sie eine Stimme, die gehört wurde. Darin hatte Justus recht. Sie sollte sich einen Platz in der Politik erobern. Und zwar nicht nur auf der Leinwand.

Aber würden die Männer, die die Parteien führten, sich nicht trotz des Wahlrechts für Frauen köstlich über einen Bühnenstar amüsieren, der sich einbildete, mitreden zu können? Zum ersten Mal bedauerte Sonja, dass sie sich bisher nicht mehr in den Frauenverbänden eingebracht hatte. Aber Kollegialität gegenüber ihren Geschlechtsgenossinnen gehörte nicht zu ihren Eigenschaften, dafür hatte sie in ihrem Leben zu viel Neid, Missgunst und Eifersucht gerade unter ihresgleichen kennengelernt. Nicht zuletzt Marlene von Runstedt, ihre einstige beste Freundin, hatte sie gelehrt, dass auf andere Weibspersonen kein Verlass war. Was also tun? Erst einmal hieß es wohl, ihre Mußestunden nicht länger mit Schönheitspflege, sondern mit Zeitungslektüre zu verbringen, um bei dem aktuellen Geschehen wieder auf dem Laufenden zu sein. Sie würde sich alle Abendzeitungen kaufen, die sie bekommen konnte, sogar die «Vorwärts» der SPD und erstmals die «Rote Fahne» des Spartakusbunds lesen. Natürlich wusste sie, dass diese politischen Richtungen für sie nicht infrage kamen, aber der Feind ließ sich am besten bekämpfen, wenn man ihn kannte. Jedenfalls hatte Justus das einmal gesagt.

«Wollen Se nun aussteijen, Jnädigste, oder nich'?»

«Doch, doch», versicherte Sonja. Sie schlug die Decke zurück, die auf ihren Beinen gelegen hatte. Dann atmete sie tief durch, reckte das Kinn und setzte ihr strahlendstes Lächeln auf.

«Kiekt mal, da is' die Grawitz!», rief einer der Passanten.

In die auf der Straße herumlungernden Gruppen kam Bewegung. Fußgänger blieben stehen oder liefen neugierig zu dem roten Teppich, die jungen Mädchen wandten sich von den Fotos von Harry Liedtke ab und der eintreffenden Diva zu. Der Lärmpegel, der bisher vor allem vom Verkehr bestimmt gewesen war, veränderte sich. Bravo-Rufe schallten über den Platz, manche Menschen schrien ihren Namen. Der neben dem Eingang des Metropol aufgestellte Kohlescheinwerfer richtete sich auf Sonja, Fotoapparate klickten, Blitzlichter zischten, Reporter riefen durcheinander: «Bitte hierhin sehen, Fräulein Grawitz!»

Langsam flanierte sie durch die Menge. Die Aufmerksamkeit ihrer Bewunderer war immer wieder eine Wohltat. Es ging ihr zu Herzen, wie sehr die Menschen sie liebten. Jetzt stand sie im Mittelpunkt – und niemand fragte nach Ossi Oswalda oder den anderen Filmstars. Es war ein wundervolles Erlebnis. Fast so schön wie in jenen friedlichen Zeiten, als noch nicht von Toten bei Revolutionen die Rede war, nicht von Gefallenen im Krieg. Sonja schwebte wie auf dem Höhepunkt ihrer Karriere in den als Kino eingerichteten Mozartsaal des Theaters. Sie neigte ihren Kopf, lächelte in alle Richtungen, schüttelte Hände, die ihr entgegengestreckt wurden.

Ich werde nicht abwarten, dass mir irgendjemand meinen Ruhm nimmt, sinnierte sie während ihres triumphalen Einzugs zur Filmpremiere ihres eigenen kleinen Kurzfilms. Ich werde helfen, die alte Ordnung wiederherzustellen. Die Männer in den Parteien werden sich die Finger lecken, wenn sie einer Berühmtheit wie mir die Hand reichen dürfen. Das Volk liebt mich. Und als Politikerin werde ich womöglich noch bekannter sein, als ich es jetzt bin. Mächtiger auf jeden Fall.

Sie lächelte in die Kameras und ihr Strahlen erreichte zum ersten Mal an diesem Abend auch ihre Augen.

28

Ricarda stellte zwei Tassen mit dampfendem Zichorienkaffee, den sie gerade zubereitet hatte, vor Justus und Marlene auf den Küchentisch. «Gibt es Neuigkeiten über die Verhandlungen des Herrn Botschafters mit den polnischen Stellen über die Repatriierung?»

«Wie ich hörte, wurden Fortschritte erzielt – ja», erwiderte Justus zwischen zwei vorsichtigen Schlucken seines heißen Getränks. «Aber eine Lösung in der Litauen-Frage gibt es noch nicht, zumal dafür Rücksprache mit dem Außenministerium in Berlin genommen werden muss – und das dürfte nicht einfach sein.»

«Meinst du, der Arbeiter- und Volksrat stellt sich gegen die polnischen Ambitionen?», wollte Marlene wissen.

«Genau genommen ist das nicht unsere Entscheidung, sondern die der Entente. Die Polen verschaffen sich mit ihrer Anbiederung an die Franzosen bereits Sympathien ...»

«Na ja, Polen und Franzosen waren historisch fast immer Verbündete», warf Marlene ein.

«Eine Allianz, die zum ersten Mal seit über zweihundert Jahren einen Krieg gewonnen hat», gab Ricarda trocken zurück, während sie sich mit ihrer eigenen Tasse in der Hand wieder vom Herd fortdrehte.

«Auch Napoleon war als Verbündeter Polens hier und da ziemlich siegreich», widersprach Marlene.

Justus überhörte ihre Bemerkung. «Litauen ist inzwischen de facto unabhängig von Russland und auch vom Deutschen Reich», sagte er zu Marlene. «Es ist Unsinn, sich von den Alliierten Zugeständnisse zu unseren Gunsten zu erhoffen. Einen Verhandlungsspielraum gibt es daher so gut wie gar nicht, auch wenn die litauische Regierung durchaus deutschfreundlich gesinnt ist. Der Druck des polnischen Volksrats ist brüskierend: Heute Morgen erreichte den Botschafter eine Mitteilung, wonach es uns ab sofort verboten ist, chiffrierte Telegramme nach Berlin zu senden.»

«Wie bitte?» Marlene schnappte erschrocken nach Luft.

«Ich frage mich, was die sich alles noch ausdenken, um uns zu gängeln», knurrte Ricarda.

«Graf Kessler ist bereits unterwegs, um eine Beschwerde

einzureichen. Das ist ein diplomatischer Vorgang, der letztlich aber wenig erfolgversprechend ist.»

Marlene sah zu Ricarda, deren bekümmerter Gesichtsausdruck Bände sprach. Ihnen beiden war klar, dass die Botschaftsangehörigen keine Absprachen mehr mit dem Auswärtigen Amt treffen konnten, ohne die Polen gleichzeitig ins Bild zu setzen. Das war zweifellos eine Belastung für ihre Arbeit.

«Um was wetten wir, dass unsere Tage in Polen gezählt sind?», schnaubte Ricarda. «Irgendwann werden sie dem Herrn Gesandten auch noch den Status entziehen.»

«Ich bin keine Spielerin, ich wette nicht», gab Marlene unwillig zurück. Die Frage, wie belastbar das deutsch-polnische Verhältnis war, stand unausgesprochen im Raum – und sie dachte, dass sie einen Bruch bedauern würde. Nicht nur wegen der Hoffnung auf ein friedliches Nebeneinander beider Länder und die sichere Rückführung der Etappenhelferinnen. Zu ihrer eigenen Überraschung gestand sie sich ein, dass sie ihren Posten ungern aufgeben würde – trotz ihrer Ambitionen im Deutschen Reich. Die Gesellschaft von Ricarda war zuweilen recht unterhaltsam, die Gastfreundschaft der Korffs sehr angenehm – und die Nähe zu Justus wärmte trotz der geheimen Nadelstiche ihr Herz. Die Schönheit der Stadt überwog die spürbare Abneigung der Bevölkerung, ja, sie weilte gern in Warschau. Aber das sagte sie Ricarda nicht. Stattdessen versuchte sie Tatkraft zu demonstrieren: Sie setzte sich, um mit der Arbeit zu beginnen.

Justus verstand ihre Geste sofort. «Ich sollte auch etwas tun. Danke für den Kaffee, Fräulein Pierrot.» Er hob seine Tasse, als wollte er Ricarda zuprosten.

Bevor er mit der freien Hand die Tür aufmachen konnte, klopfte jemand von der anderen Seite dagegen. Ohne eine Reaktion der Damen abzuwarten, öffnete Justus. Im Rahmen stand der junge Sekretär, der wegen einer schweren Verwundung nur noch als Zivilist für das Deutsche Reich tätig sein durfte. Der ehemalige Soldat reichte ihm mehrere Papiere. «Herr Legationsrat, diese Telegramme sind eben übermittelt worden. Sicher wollen Sie die Nachrichten in Abwesenheit des Herrn Botschafters unverzüglich zur Kenntnis nehmen.»

«Ja. Danke.» Justus nahm ihm die Blätter ab, entließ ihn jedoch nicht gleich: «Waren die Kabel chiffriert?»

«Ja, Herr Legationsrat. Ich habe die Inhalte entschlüsseln können, obwohl ein paar Begriffe geschwärzt wurden.»

«Danke», wiederholte Justus ruhig. «Sie können gehen.» Er wandte sich wieder um, trat zurück an den Tisch und stellte die Tasse ab, um die Depeschen mit beiden Händen festzuhalten, als fürchte er einen Windstoß, der die Papiere fortwehen könnte.

Trotz unbändiger Neugier zwang sich Marlene, ihn stumm zu beobachten. Sie nahm seine gerunzelte Stirn wahr, die Fahrigkeit, mit der er die Seiten umschlug, ein plötzliches Aufflackern in seinem Blick. Schließlich hielt sie es nicht mehr aus. «Nun?»

Justus betrachtete noch einmal die erste Nachricht, bevor er antwortete: «Die Polen werden sich über die Rüge des Oberbefehlshabers Ost freuen. Graf Kessler wird angewiesen, sich nicht allzu offen für die polnischen Belange zu zeigen, sondern vielmehr für die deutschen Forderungen einzustehen. General Hoffmann hat als Stabschef darüber zwar nicht zu entscheiden, aber er schürt böses Blut und schwächt unsere Verhandlungsposition.»

Als sei nicht klar, dass ein feinsinniger Mensch wie Harry Graf Kessler, dessen militärische Ambitionen sich im Krieg auf die Rolle eines Reservehauptmanns in hohem diplomatischen Dienst beschränkte, nicht den energischen Vorgaben eines eigentlich entmachteten Generalstabs folgen würde. Männer!, fuhr es Marlene durch den Kopf. Martialisch, machtbewusst und aggressiv, blind und zuweilen nicht besonders geschickt darin, den erwünschten Einfluss zu nehmen. Sie fragte: «Was gibt es sonst Neues?»

«Oh, das wird dich interessieren ...» Justus reichte ihr das andere Blatt. «Der Rätekongress in Berlin hat entschieden, dass die Wahlen zur Nationalversammlung am neunzehnten Januar stattfinden sollen.»

«So bald schon?», entfuhr es Ricarda.

«Den linken Gruppierungen passt das sicher nicht.»

Marlene hob nach der Lektüre der kurz gehaltenen Information den Kopf. «Es bleibt in der Tat kaum Zeit für einen Wahlkampf. Andererseits ist es wichtig, die Demokratie zu legitimieren. Aber wie sollen wir Frauen so rasch an die Wahlurnen schicken, die gar nicht wissen, wie das funktioniert?»

«Mit Verlaub, Fräulein Doktor von Runstedt, mir erscheint vordringlicher, die Akzeptanz der männlichen Wähler für die Abstimmung zu erreichen. Viele Männer werden nicht wollen, dass sich ihre Gattinnen und Töchter eine eigene Meinung bilden, und deren Wahlverhalten zu beeinflussen versuchen.»

«Ich bin sicher, Fräulein Pierrot, Frauen wie Sie beide werden das zu verhindern wissen», spöttelte Justus mit einem leichten Lächeln. Er berührte Marlenes Schulter. Eine Geste der Aufmunterung wohl, aber auch voller Zärtlichkeit.

Marlene schüttelte ihn ab, obwohl er seine Hand längst zurückgezogen hatte. Die erneute Vertraulichkeit im Beisein ihrer Kollegin war ihr peinlich. Sie musste ein wenig zappelig wirken, aber vielleicht nahmen die anderen beiden es als Zeichen ihrer Aufgeregtheit hinsichtlich des Wahltermins. Deshalb resümierte sie sachlich: «Wenn wir bleiben, damit die Etappenhelferinnen geordnet zurückkehren können, wird die Zeit auf jeden Fall noch knapper, um in der Heimat etwas zu unternehmen.»

«Ich versichere dir, Graf Kessler und ich werden uns nunmehr noch größere Mühe geben, die Rückführung so schnell wie möglich zu organisieren. Die Polen wünschen eine Entscheidung bis Weihnachten. Das wird unter den gegebenen Bedingungen schwer, aber sicher nicht unmöglich.»

«Die Frauen werden sich freuen, wenn sie das Fest zu Hause verbringen dürfen», meinte Ricarda.

«Die Männer auch, Fräulein Pierrot, die Männer auch.» Justus nahm Marlene das Telegramm mit dem Wahltermin ab. «Ich muss mich empfehlen, mich ruft die Arbeit.» Diesmal schritt er durch die noch offen stehende Tür hinaus. Die Tasse mit dem inzwischen kalt gewordenen Zichorienkaffee ließ er auf dem Küchentisch zurück.

Marlene blickte ihm nach und überlegte, was mit ihnen geschehen würde, wenn sie ihren Posten verlassen mussten. Sie hatte in den vergangenen Tagen keinen Gedanken an die Zukunft verschwendet, wusste nicht, was Justus plante – und vor allen Dingen, mit wem. Sie spürte, dass er nur darauf wartete, von ihr erhört zu werden. Doch war eine Verbindung zwischen ihnen nicht noch immer nur eine Illusion, die Sehnsucht von zwei Menschen, die in der Fremde endlich zueinanderfinden wollten? Es wäre unsere letzte Chance, dachte sie, sofern wir überhaupt je eine hatten.

Nach einer Weile fiel ihr auf, dass Ricarda vor ihrem Gesicht mit den Fingern schnippte. Offenbar hatte sie nicht hingehört, als die andere sie ansprach. «Ja?»

«Was werden Sie tun, Marlene?»

Verstört schüttelte sie den Kopf. «Nichts. Ich ...», sie unterbrach sich, weil ihr erst jetzt auffiel, dass Ricarda vermutlich nicht ihre Beziehung zu Justus gemeint hatte. Sie schalt sich still, dass sie sich nicht in Tagträumereien verlieren sollte. Die Vorstellung, Justus warte auf sie, war sicher nichts als Einbildung. Es gab Wichtigeres zu überdenken. «Verzeihen Sie, ich war mit meinen Gedanken abgeschweift.»

«Das habe ich gemerkt. Es dürfte nicht einfach für Sie sein, zu entscheiden, ob Sie hier bleiben und die Rückführung der Etappenhelferinnen bis zur Heimkehr organisieren wollen oder sich für ein politisches Amt aufstellen lassen.»

«In dieser Hinsicht steht mein Entschluss fest», antwortete Marlene. «Ich werde meine Pflicht für die Frauen erfüllen, als Beauftragte des Kriegsministeriums ebenso wie als Politikerin. Den Wahlkampf muss ich hintanstellen, solange wir unsere Arbeit hier noch nicht beendet haben.»

«Aber wenn Ihre Partei eine Frau auf die Wahlliste setzt, die schon jetzt vor Ort in Berlin ist?»

«Das kann ich ohnehin nicht beeinflussen. Außerdem wäre es der Bruch eines mir gegebenen Versprechens.» Und einer Abmachung mit meinem Vater, fügte Marlene in Gedanken hinzu. Sie wollte sich nicht vorstellen, dass so etwas geschehen könnte, aber die Möglichkeit war nicht ganz auszuschließen. Vor persönlichen Eitelkeiten, Feindschaften und Animositäten war niemand gefeit, schon gar nicht eine ambitionierte Frau. Tatsächlich war es für ihre Karriere wohl am besten, sie würde so rasch wie möglich nach Hause zurückkehren. Ihr Gewissen würde ihr aber kaum erlauben, mit dieser Hypothek in den Reichstag einzuziehen. Die Unversehrtheit der Etappenhelferinnen ist vorrangig, sagte sie sich still. «Lassen Sie uns an die Arbeit gehen», fügte sie an Ricarda gewandt hinzu. «Vielleicht kann ich ja alles schaffen, was ich mir vorgenommen habe.»

Ich habe dafür schließlich einmal sehr viel aufgegeben, dachte sie.

MAI 1903

29

Nach den bestandenen Prüfungen zur Zulassung für ein Studium in Zürich erfuhr Marlene, dass die Eidgenössische Technische Hochschule ihre Pforten für ausländische Studentinnen mit Beginn des neuen Semesters schloss. Angeblich war die Universität überlaufen von aufstrebenden jungen Russinnen, die inzwischen sogar die einheimischen Frauen von einem Studienplatz verdrängten, ganz zu schweigen von den für die Hochschulreife geprüften deutschen. Es war die erste große Niederlage auf ihrem bislang sicher geglaubten Weg.

Ihr Vater wollte sich nicht dafür einsetzen, dass sie sich an der Friedrich-Wilhelms-Universität in Berlin als Gasthörerin einschreiben durfte. Er erklärte ihr, dass er ihr keinen Vorteil verschaffen würde, indem er sie protegierte. Sie bettelte und tobte, aber er ließ sich nicht erweichen. Also wurde sie bei seinen Kollegen vorstellig, redete mit Engelszungen und hörte immer wieder dieselben Sätze: «Kleines Fräulein, eine Universität ist nichts für Mädchen. Sie würden nicht verstehen, was hier gelehrt wird. Überlassen Sie Ihren Brüdern das Studieren.» Sie protestierte: «Meine Brüder sind auch nicht klüger als ich!» Doch erntete sie damit nur nachsichtiges Lächeln oder ein ärgerliches Schnauben, weil sie dem jeweiligen Dozenten gerade die Zeit stahl.

Die Vorstellung, ihre künftigen Tage ausschließlich beim Tennisspielen, Reiten und Schlittschuhlaufen zu verbringen und ihre künstlerischen Fähigkeiten bei einem Klavier-, einem Tanzlehrer und im Malunterricht zu vervollkommnen, um bei abendlichen Geselligkeiten nach einem geeigneten Gatten Ausschau zu halten – diese Vorstellung war furchtbar. Sie hatte weder etwas gegen sportliche Ertüchtigung noch gegen kulturelle Vergnügungen, aber als Lebensinhalt begriff sie sie nicht. Hinzu kam, dass sie keinen Mann wollte.

Wenn sie nicht ohne einen Herrn ausgehen konnte, bat sie Max Emden um seine Gesellschaft. Sie begegneten sich häufig im Büro ihres Vaters und bei den üblichen Einladungen zum Abendessen. Bei Anlässen, für die Marlene einen Begleiter brauchte, vertieften sie ihre Freundschaft, wie etwa bei den Pferderennen in Hoppegarten, der Europameisterschaft der Eiskunstläufer auf der West-Eisbahn neben dem Bahnhof Zoo oder Sonjas ersten Auftritten als Sängerin und Schauspielerin. Diese fanden in Häusern wie dem bunten Theater am Alexanderplatz statt, die nichts für eine alleinstehende Besucherin waren. Sonja mühte sich in den Cabarets ab, um genug Erfahrung zu sammeln, dass sie an einem der großen Theater zur Ausbildung als Schauspielschülerin angenommen wurde – bislang jedoch waren ihre Zukunftsaussichten ebenso unerfreulich wie die von Marlene. Obwohl sich ihre Wege getrennt hatten, als Sonja die Schule abbrach, um Vorführdame im Konfektionshaus Emden zu werden, waren sie Freundinnen geblieben.

Eine weitere Konstante in Marlenes Leben war ihre Korrespondenz mit Justus. Sie schrieb ihm nach China – und nach bangen Wochen des Wartens erhielt sie eine Antwort, die ihr Herz berührte: Er freue sich über den überraschenden Kontakt, der seine anfängliche Einsamkeit in der fremden Welt aufhelle, beschrieb die stürmische Überfahrt und seinen Traum, eines Tages als Dolmetscher-Lehrling an der deutschen Gesandtschaft in Peking arbeiten zu dürfen. Im Laufe der Zeit brachte er ihr in seinen Briefen die Kultur Chinas näher, schien für den Reiz der chinesischen Mädchen jedoch weniger empfänglich als seine Kameraden und beteuerte immer wieder, dass er auf Marlene warten würde, wenn sie ihm diese Freiheit erlaube. Sie sog die Wörter wie ein Schwamm auf, wollte ihm unbedingt glauben, weil der Austausch ihr so guttat, auch wenn seine Versprechungen ziemlich unglaubwürdig klangen.

Ihr war klar, dass er sicher nicht wie ein Mönch lebte, und es hieß hinter vorgehaltener Hand, dass sich die jungen Offiziere in den Kolonien die Hörner abstießen. Zu seinem Brief an Sonja, der Marlene zufällig in die Hände gefallen war, äußerte sie sich nicht, und er fragte nicht ein einziges Mal nach ihrer Freundin. Marlene ignorierte deshalb weiter den verschlossenen Umschlag in ihrer Schublade, vergaß ihn sogar zeitweise ganz. Zwischen Sonja und ihr war Justus als Gesprächsthema tabu.

Mit jeder Zeile wuchs seine Anziehungskraft und Marlene verliebte sich unsterblich in ihn – oder in seine Briefe. Sie schickte ihm eine Haarsträhne von sich, die sie ebenso heimlich wie umständlich aus ihrem Pferdeschwanz schnitt. Postwendend erhielt sie die Fotografie eines streng wirkenden Unteroffiziers, der seinen Degen wie eine Auszeichnung trug. Das Bild erinnerte Marlene nur schemenhaft an den gut gelaunten, ein wenig frechen Kadetten, dem sie vor ihrem Klassenzimmer zum ersten Mal begegnet war. Sie rief sich diese Episode immer wieder ins Gedächtnis und regte sich genauso oft über die Anmaßungen seiner Schwester auf – bis ihr ein Gedanke kam, der eng mit dem Französischunterricht von damals verbunden war.

Hatte ihr Max nicht kürzlich erzählt, dass Frauen das Studium an der *École de Droit* in Paris erlaubt war? Marlene erkundigte sich und erfuhr, dass Französinnen einen Zugang zu den Universtäten ihres Landes erhielten. Sie schlussfolgerte, dass diese Möglichkeit auch Ausländerinnen offenstand – und begann umgehend, ihre Sprachkenntnisse zu verbessern. Diesmal ging sie einen anderen Weg als bei dem Versuch, Gasthörerin in Berlin zu werden – sie bat zunächst ihre Mutter um deren Einwilligung. Josephine war es dann überlassen, Hugo von Runstedt von Marlenes Vorhaben zu überzeugen. Und das konnte seine Frau zweifellos besser als seine Tochter.

Es dauerte noch einige Monate, in denen Marlene intensiv Französisch lernte, eine Reise in Begleitung ihrer Eltern nach Paris unternahm und ein schwieriges Aufnahmeprozedere absolvierte – dann durfte sie sich endlich immatrikulieren. Gut zwei Jahre nach den Schulabschlussprüfungen, die sie auf den Stand eines Jungenabiturs gebracht hatten, verließ sie das *Bureau de Renseignements* in der Sorbonne als Studierende. Es war ein erhebender Moment, der ihr den Atem raubte, ein Moment, den sie Justus in der folgenden Nacht in einem ausführlichen Brief beschrieb. Er war der Erste, dem sie von ihrem Erfolg erzählte. Ohnehin schlief sie in dieser Nacht im Grand Hotel d'Harcourt am Boulevard Saint Michel so gut wie gar nicht, da konnte sie auf gewisse Weise auch mit dem jungen Mann feiern, den sie insgeheim bereits liebte.

Am nächsten Morgen reisten Josephine und Hugo von Runstedt zurück nach Deutschland und Marlene zog in eine Pension für junge Damen. Ihr Zimmer war eigentlich als vorläufiges Zuhause gedacht, doch drei Semester später wohnte sie noch immer dort und fühlte sich im Quartier Latin fast heimischer als in Charlottenburg. Sie schloss neue Freundschaften, aber da sie sich auf ihr Studium konzentrierte, blieb wenig bis gar keine Zeit für das vielgerühmte Amüsement. Das wollte sie jedoch ändern, sobald Justus in Paris eintraf. Nach fünf Jahren in China wurde er nun in die Heimat abberufen, den anstehenden Urlaub beabsichtigte er nicht nur in Berlin zu verbringen, sondern auch mit einem Besuch bei Marlene zu verbinden.

Justus kündigte seine Ankunft in einem Telegramm an, und Marlene stand bereits eine halbe Stunde vorher am Gare du Nord, begleitet von der Furcht, ihn in dem Getümmel womöglich nicht zu erkennen. Natürlich war eine preußische Uniform leicht auszumachen, aber sie wusste nicht, wie viele deutsche Offiziere mit dem Nord-Express eintreffen würden. Wie peinlich, wenn sie auf den falschen Ankömmling zuginge! Und überhaupt: Wie sollte sie Justus begrüßen? Sie waren sich nur zweimal kurz begegnet, aber sie kannten sich durch ihre Briefe so gut, als hätten sie viel Zeit miteinander verbracht. Auf dem Papier waren sie sich sehr nah – und in der Realität vollkommen fremd.

Buchstäblich händeringend stand sie an der Rue de Lafayette, die den Nord- vom Ostbahnhof trennte, und wünschte, in die Zukunft schauen zu dürfen. Hinter ihr klingelten und ratterten die Straßenbahnen, die Hupe eines *Trouvé Tricycle* ließ ein Kutschpferd empört wiehern, Wagen und Lastkarren rollten dicht an dicht vorüber, dazwischen Fußgänger, die den Lenkern nachriefen, dass sie aufpassen sollten. Es war der übliche Verkehr an einem Wochentag, doch Marlene erschien der Lärm lauter, die Luft schwüler und die Passanten lebendiger als sonst, als nähme sie die Eindrücke plötzlich viel klarer wahr. Wie durch ein Brennglas blickte sie auf die französische Hauptstadt, in der sie sich so rasch eingelebt hatte, dass es bereits *ihre* Stadt war. Ein bisschen chaotischer als in Berlin ging es hier zu, aber zugleich mondäner und vor allem aufregender. Dennoch wurde auf höfliche Umgangsformen in der Regel noch größerer Wert gelegt als zu Hause, auch wenn das manche Menschen im Bahnhofsbereich vergessen zu haben schienen.

Marlene schüttelte den Kopf, als sie einen Herrn mit Strohhut und Spazierstock beobachtete, der eine ältere Dame fast über den Haufen rannte. Er blickte immer wieder hinauf zu der großen Uhr über dem prächtigen Portal. Wusste er nicht, dass in Paris die Uhren an den Bahnhöfen generell fünf Minuten vorgestellt waren, damit die Reisenden ihre Verbindungen problemlos erreichten? Oder jemand wie sie pünktlich zum Gleis aufbrechen konnte, um ihren Besucher abzuholen? Bei diesem Gedanken stolperte ihr Herz, weil sie sich vor dem Wiedersehen ein ganz kleines bisschen fürchtete.

Der Nord-Express war ein moderner Zug, der regelmäßig zwischen St. Petersburg und Paris verkehrte und auf der Strecke auch in Berlin haltmachte. Als die blauen Waggons von der dampfenden Lok in den Gare du Nord gezogen wurden, war Marlene ein Nervenbündel, das nun auch noch Schweißausbrüche und einen rotierenden Magen verkraften musste. Die ersten vornehmen Passagiere verließen ihre Abteile, kaum dass die Eisenbahn anhielt. Schaffner eilten zwischen offenen Türen, Dienstleuten, Koffern und Fahrgästen herum. Ein Karren versperrte Marlene die Aussicht. Auf den wurden die Gepäckstücke der Ankommenden gewuchtet und später zum Zoll im Bahnhofsgebäude gebracht, wo sie dann von ihren Eigentümern abgeholt werden konnten. Sie stellte sich auf die Zehenspitzen, um darüber hinwegspähen zu können.

Es kamen nur wenige Männer in preußischer Uniform an. Eine kleine Gruppe Offiziere, ganz offensichtlich ältere Herren auf einer Vergnügungstour, stach ihr besonders ins Auge. Die Leichtlebigkeit der französischen Frauen in der Stadt der Liebe fand wohl auch im Kaiserreich ihre Befürworter, sinnierte Marlene. Dabei schämte sie sich ein bisschen für ihre Landsleute, die lautstark Zoten rissen und tatsächlich jede Dame begierig anstarrten, die jung genug war. Gleich würden sie an ihr vorbeikommen und sie mit ihren Blicken belästigen, obwohl sie in ihrem lachsfarbenen Rock und einer cremeweißen, hochgeschlossenen Bluse sehr züchtig gekleidet war. Es war einfach nur widerlich.

«Pardon, Mademoiselle! Sind Sie vielleicht Fräulein Marlene von Runstedt?»

Diese tiefe Stimme und die Mischung aus französischen und deutschen Wörtern traf Marlene wie ein Büchsenknall. Ihre Knie zitterten, die Hände flogen zu ihrem mädchenhaften Strohhut, als könne sie sich an der schmalen Krempe festhalten.

Ihre Suche nach einem deutschen Waffenrock war völlig umsonst gewesen – Justus von Ostwald stand in Zivil vor ihr. Ein schmaler junger Mann, mittelgroß, aber mit kräftigen Schultern unter einem hellen Tagesanzug, mehr Gentleman als Junker. Er war braungebrannt, seine Züge inzwischen ein wenig härter, vielleicht auch einfach nur erwachsener. Als sie nichts sagte und ihn nur stumm ansah, wurde sein Gesicht weich, das höfliche Lächeln verbreiterte sich zu einem Strahlen. Für ihn stand offenbar fest, dass nur seine Brieffreundin so verwirrt auf seine Frage reagieren würde.

In der einen Hand trug er eine Reisetasche, die andere hob er, um seinen braunen Filzhut zu lüften. Die Kopfbedeckung war typisch deutsch und entsprach so gar nicht dem, was in Paris gerade *en vogue* war. Die Erkenntnis erschien Marlene in diesem Moment so unfassbar komisch, dass sie in schallendes Gelächter ausbrach, in dem sich all ihre Anspannung mit einem Mal auflöste.

Jetzt war es an Justus, irritiert zu sein. Er wirkte sogar ziemlich geknickt. «Was ist so lustig? Verzeihung, Fräulein von Runstedt, ich bedaure zutiefst, nicht Ihren Erwartungen zu entsprechen.»

«Marlene», korrigierte sie schmunzelnd. «Wir waren doch schon bei Marlene – und Justus.» Tatsächlich hatten sie sich in ihren Briefen seit geraumer Zeit sogar geduzt. Doch wollte sie erst einmal bei den Vornamen und Sie bleiben, das schaffte Distanz, machte ihren Umgang aber nicht zu steif.

Einem Impuls folgend, beugte sie sich vor und hauchte ihm einen Kuss auf die eine Wange, dann küsste sie die Luft ganz nach französischer Manier auf der anderen Seite. «Herzlich willkommen in Paris!» Atemlos sah sie ihn an. Natürlich war ihre Spontanität ein wenig peinlich, aber er sollte keinesfalls das Gefühl haben, womöglich unerwünscht zu sein.

«Danke», erwiderte er nach einem tiefen, erleichterten Seufzer. «Ich hatte schon befürchtet, Sie wären enttäuscht von... von...» Er zögerte: «Enttäuscht von mir.»

«O nein, das bin ich ganz und gar nicht. Ich hatte nur nach einem Offizier Ausschau gehalten und keinen Zivilisten erwartet.»

«Den Leutnant habe ich zu Hause gelassen.» Er setzte seinen Kalabreser wieder auf. «Ich bin nicht im Dienst.»

«Wenn dem so ist, sollten wir Ihnen zuallererst einen neuen Hut kaufen», erklärte Marlene munter. «In Paris tragen die mondänen Herren in der Saison niedrige Hüte aus Stroh oder sogenannte Panamahüte. Sogar zum Abendanzug verzichten die Franzosen auf einen Zylinder. Sie werden sehen, mit der richtigen Kopfbedeckung fühlen Sie sich gleich ganz privat.» Meine Güte, sie redete wie aufgezogen. Damit versuchte sie ihre Nervosität zu überspielen, wurde aber nur noch kribbeliger. Hoffentlich spürte er das nicht.

Mit größter Gelassenheit bot er ihr seinen Arm. «Dann lassen Sie uns rasch in das nächste Geschäft für Herrenmoden gehen.»

Sie zögerte. «Haben Sie denn keinen Koffer?», erkundigte sie sich mit einem Seitenblick auf seine Reisetasche.

«Nein. Ich komme mit wenig zurecht. Aber wahrscheinlich haben Sie recht und ich sollte mehr für mich einkaufen als bloß einen Hut. Es wäre mir eine große Freude, wenn Sie mich dabei beraten würden.»

«Als wenn ich eine Ahnung von Herrengarderobe hätte»,

murmelte sie kichernd. Flüchtig dachte sie an Max Emden und an das Konfektionshaus seiner Familie. Obwohl ihr guter Bekannter ständig wie geschniegelt aussah und ihre Freundin Sonja erstaunlicherweise als Vorführdame Geld verdiente, hatte sie eigentlich kein großes Interesse an Mode und daher auch nicht wirklich Ahnung. Außer der Sache mit der Empfehlung für einen Hut konnte sie wenig zu Justus' Erscheinung beitragen.

Das sagte sie ihm natürlich nicht. Vielmehr hakte sie sich bei ihm unter und wechselte das Thema: «Sie müssen auf jeden Fall zuerst zum Zoll. Man wird Sie nach der Menge Tabak fragen, die Sie bei sich tragen, und die Einfuhr von Zündhölzern, Spielkarten und Nachdrucken literarischer Werke ist streng verboten. Bei der Befragung dürfen Sie keinesfalls flunkern, sonst drohen Ihnen empfindliche Geld- und sogar Gefängnisstrafen ...» Wieder ohne Pause plaudernd, schritt sie in Richtung Empfangsgebäude des Bahnhofs. Dabei sah sie nur Justus neben sich.

Plötzlich hielt er sie zurück.

Wenn sie nicht stehen geblieben wäre, hätte sie in ihrer Unachtsamkeit ein Paar überrannt, das in stiller Wiedersehensfreude versunken war, als sei es ganz allein am Gleis. Der Mann umarmte die Frau, er drückte sie fest an sich, ihre Hutkrempen berührten sich und verdeckten die Gesichter der beiden ebenso wie den Kuss, den sie tauschten.

«Oh!», entfuhr es Marlene. Der Anblick der Liebenden machte sie verlegen.

«Was für eine gute Idee!», stellte Justus fest.

Er drehte sich zu ihr um und ließ seine Reisetasche fallen. Ohne dass sie auch nur annähernd begriff, was er vorhatte, ließ sie sich von ihm umarmen. Im nächsten Moment lag sein Mund auf ihren Lippen.

Natürlich war sie überrascht, aber seltsamerweise nicht schockiert. Irgendwie schien es folgerichtig, was Justus tat.

Marlenes ganzes Denken und Fühlen konzentrierte sich auf ihren Kuss, die gesellschaftlichen Gepflogenheiten ließ sie außer Acht. Sein Kuss war zärtlich, spielerisch, verheißungsvoll. Er forderte nicht, aber weckte in ihr die Lust, immer so weiterzumachen. Nie war ihr in den Sinn gekommen, wie aufregend sich die Zungenspitze eines anderen Menschen anfühlen konnte. Noch dazu in aller Öffentlichkeit. Es war wundervoll. Sinnlich und aufregend. Wenn er doch nur nie damit aufhören würde.

Nach einer atemberaubenden Ewigkeit schob er sie sanft von sich.

Ihr kam es vor, als habe die Erde aufgehört, sich zu drehen. Als sei der Lärm am Bahnhof für einen Moment verstummt. Nun schien alles in äußerster Deutlichkeit wieder einzusetzen: das Schnauben der Lokomotiven, das Stampfen und metallische Klirren der Eisenbahnbremsen, die Rufe der Schaffner, die Gespräche der Reisenden, das Poltern der Gepäckkarren. Die Normalität hatte sie nach dem zauberhaften Augenblick wieder. Und doch war nichts mehr wie zuvor. Sie wusste nicht einmal, wie lange sie in seinen Armen gelegen hatte.

Verwundert sah sie sich um. Niemand interessierte sich für sie und ihren Kavalier. Sie waren kein Ärgernis, noch hatten sie für Aufsehen gesorgt. In Paris waren die Zeichen der Liebe nicht so verpönt wie in Deutschland. Das Paar, das Justus zu dem Begrüßungskuss inspiriert hatte, war nicht mehr da.

«Jetzt bin ich angekommen», meinte er wie zu sich selbst, als er sich nach seiner Reisetasche bückte. Im Aufrichten fügte er hinzu: «Wir sollten die Zollbeamten nicht warten lassen.»

Marlene nickte stumm. Alles, was ihr zu sagen einfiel, erschien ihr nicht richtig. Sie konnte ihm nicht mitteilen, wie sehr ihr sein Kuss gefallen hatte. Ihm zu sagen, dass er ein famoser Kerl war, fiel auch aus. Außerdem war es ihr peinlich, ihm nach der zärtlichen Begrüßung in die Augen zu sehen. Was dachte er von ihr? Von einem Mädchen, das sich bereitwillig mitten auf einem Bahnsteig küssen ließ? Würde er sich jetzt verpflichtet fühlen, ihr einen Heiratsantrag zu machen? Um Himmels willen! Und im nächsten Moment ging ihr der Gedanke durch den Kopf, dass sie ihn hätte zurechtweisen müssen, bevor er sie küsste. Oder ihn wegstoßen. Ach, wenn er sie doch noch einmal so küssen würde!

«Was ist los?» Er legte den Zeigefinger seiner freien Hand unter ihr Kinn. «Habe ich dich aus der Fassung gebracht? Das wollte ich nicht. Verzeih mir, bitte!»

«Hast du schon viele Frauen auf diese Weise begrüßt?», brach es aus ihr heraus.

Justus lächelte. «Nein.» Sein Finger strich an ihrem Unterkiefer entlang und jagte ein Frösteln über ihren Rücken. «Nein. Du bist die Einzige. Es gibt keine, die so ist wie du.»

«Mein Herr», ein Schaffner mit starkem elsässischem Akzent trat neben Justus und Marlene, «bitte begeben Sie sich zum Zoll. Sie finden die Beamten im *Salle des baggages et douane.*»

Justus wandte sich um, hob demonstrativ seine Reisetasche. «Ich verfüge nur über Handgepäck.»

«Dann müssen Sie am Ausgang Auskunft über genehmigungspflichtige Waren geben.» Er tippte mit den Fingern gegen seine Mütze. «Einen schönen Tag in Paris.»

«Danke. Der schönste Tag meines Lebens hat eben begonnen.» Da Marlene seinen dargebotenen Arm vor lauter Aufregung übersah, hakte er sich bei ihr unter. «Komm, lass uns die Stadt erobern!» Dann liefen sie mit immer schnelleren Schritten unter der unendlich hohen Stahlkuppel des Bahnhofs entlang dem Sonnenschein entgegen.

Erst nach einer Weile fiel Marlene auf, dass sie im Gleichschritt gingen. Gerade so, als wären sie bereits zu einer Person verschmolzen.

30

Marlene führte ihren Besucher zunächst in das *Café de la Paix*, eines der vornehmsten Kaffeehäuser von Paris, das auch über eine Reihe von Stühlen und Tischen an der Place de l'Opéra verfügte. Es war einfach herrlich, von hier aus den Blick schweifen zu lassen, elegante Passanten zu beobachten und das wunderschöne Opernhaus zu bewundern. Doch Justus hatte keinen Blick für andere Menschen und die Aussicht – er sah Marlene unverwandt an, als wollte er sich jeden Ausdruck in ihrem Gesicht, jede ihrer Gesten einprägen. Sie saßen bei einem Kaffee, der mit einem winzigen Gläschen Cognac serviert wurde, und redeten in einem fort. Marlene schien es, als habe es keinen ihrer Briefe gegeben, als müssten sie bereits am ersten Tag ihres Zusammenseins all die Gespräche nachholen, die sie im Laufe der Jahre versäumt hatten. Dabei hatten sie viel Zeit: Justus wollte drei Wochen in Frankreich bleiben, zwei davon in Paris.

«Vielleicht kann ich meinen Aufenthalt sogar noch verlängern», plauderte er fröhlich. «Ich möchte mir allerdings auch ausreichend Zeit für die Besichtigung von Madrid nehmen, wenn...»

Ihre gute Laune verflog. «Was willst du denn in Spanien? Ich dachte, du bist hier, um mich zu besuchen...» Ihr leiser Protest verhallte.

«Na, dann komm doch einfach mit.»

«Nach Madrid? Was soll ich da?»

«Eigentlich ist ja der Weg das Ziel, aber ich denke, man kann nicht in Madrid ankommen und auf eine Stadtbesichtigung oder etwa den Besuch des Prado verzichten. Einige touristische Attraktionen sollten wir uns unbedingt anschauen.»

«Wir?!», echote Marlene. Sie fühlte sich überfordert, weil sie nicht die geringste Ahnung hatte, wovon Justus sprach. Warum genügte es ihm nicht, mit ihr in Paris zu sein? Er war doch gerade erst angekommen, wieso dachte er da bereits an die nächste Reise? Immerhin bezog er sie in seine Pläne ein. Doch das genügte ihr nicht.

Er beugte sich ein wenig vor, sah sie eindringlich an. In seinen Augen schienen Flammen der Begeisterung zu tanzen. «Und sicher gibt es nicht vieles, das so aufregend ist wie ein Straßenrennen. Die schnellsten Automobile und Motorräder sind zum Start gemeldet. Die sollen Spitzengeschwindigkeiten von bis zu einhundertvierzig Stundenkilometer schaffen. Das wird ein großes Spektakel.»

«Aha», erwiderte Marlene nur. Automobile oder Motorräder interessierten sie nicht, diese Begeisterung überließ sie den Männern, ihren Brüdern etwa – oder eben auch Justus. Deshalb konnte sie mit seiner Erklärung nichts anfangen. «Was hat das alles mit Madrid zu tun?»

Zu ihrer größten Überraschung brach er in schallendes Gelächter aus. «Sagte ich das nicht? In zweieinhalb Wochen startet das Straßenrennen von Paris nach Madrid und ich möchte unbedingt dabei sein. Mit dir, Marlene. Das wird wahnsinnig spannend.»

«In zweieinhalb Wochen habe ich Vorlesungen, Seminare, Bibliothekstermine und eine Verabredung mit meinem Tutor», antwortete sie automatisch. Sie zählte ihre Verpflichtungen ganz selbstverständlich auf, weil sie davon ausging, dass Justus Verständnis für ihr Studium hatte. In seinen Briefen hatte er ihre Anliegen jedenfalls stets verstanden. Er konnte doch nicht ernsthaft annehmen, dass ihr eine Autorallye wichtiger war?

Doch genau das schien der Fall zu sein. Justus griff nach ihrer Hand. «So ein Rennen erlebt man nicht jeden Tag. Du und ich bei einem Ereignis des Jahrzehnts – das wäre fantastisch. Das Versäumte kannst du an der Universität bestimmt nachholen.»

Sie schüttelte den Kopf und entzog ihm ihre Hand. «Du magst es für wichtiger halten, im Straßenstaub zu stehen und Automobilen nachzugucken. Für mich haben die Rechtswissenschaften oberste Priorität. Ich kann nicht alles hinwerfen, um einem solch simplen Vergnügen nachzureisen. Nach Madrid.» Sie seufzte. «Meine Güte, was für eine alberne Idee!»

«Ja», stimmte er zerknirscht zu. Die Enttäuschung war ihm

anzusehen. «Das war wohl kein guter Einfall. Natürlich war mein Vorschlag auch ein wenig skandalös – wir können keinesfalls gemeinsam verreisen. Das gehört sich nicht. Du hast schon recht, dass du mich in die Schranken verweist.»

Dass er so schnell aufgab, stimmte sie nicht froher. «Dann fährst du also alleine nach Madrid?»

«Auf jeden Fall. Aber ich komme wieder und bleibe noch ein paar Tage in Paris. Dann erzähle ich dir, was ich erlebt habe.»

Es waren Opern, Theaterstücke und Romane über Eifersuchtsdramen zwischen Männern und Frauen geschrieben worden, aber hatte jemals ein Dichter eine Geschichte über eine junge Frau verfasst, die auf elektrisch oder mit Dampf betriebene Motoren eifersüchtig war? Marlene war klar, wie lächerlich sie sich benahm, aber sie konnte nichts dagegen tun. Justus teilen zu müssen, tat ihr in diesem Moment einfach zu weh.

«Automobile bedeuten dir wohl sehr viel», entfuhr es ihr.

«Ich gebe zu, dass mich die Geschwindigkeit fasziniert. Stell dir vor, wie schnell man von einem Ort zum anderen kommen kann, wenn man im richtigen Wagen sitzt.»

«Mir genügt die Eisenbahn.»

«Ein Zug wird vom Lokführer gefahren. Das ist etwas anderes. In einem Automobil hast du selbst in der Hand, wie schnell und wohin du fährst. Für mich ist das grenzenlose Freiheit.»

«Ach, Justus, Freiheit ist, wenn Arbeiterinnen nicht um ihren Hungerlohn betrogen werden, ihnen das Geld nicht von ihren Männern für Trinkgelage weggenommen wird und sie nicht auch noch Prügel beziehen, wenn sie sich dagegen wehren.»

«Oh, eine Sozialistin. Weiß das dein Vater?» Ohne ihre Antwort abzuwarten, fügte er schmunzelnd hinzu: «Da kann man ja nur froh sein, dass Frauen von der Reichstagswahl im nächsten Monat ausgeschlossen sind. Jedenfalls kenne ich eine Menge Leute, die das gut finden.»

Sie sah ihn scharf an. «Gehörst du dazu?»

«Nein. Ja. Ich weiß nicht.» Er steckte sich, wahrscheinlich um Zeit zu gewinnen, eine Zigarette an, nach dem ersten Zug sah er dem Rauch sinnierend nach. Doch Marlene wartete geduldig auf seine Antwort, weil sie ihr wichtig war. Schließlich gab Justus zu: «Genau genommen habe ich mir darüber keine Meinung gebildet. Ich bin noch keine fünfundzwanzig Jahre alt und darüber hinaus Militärangehöriger, darf also selbst nicht wählen. Warum sollte ich mir den Kopf über andere Personen zerbrechen, die es auch nicht dürfen?»

«Du bist wenigstens ehrlich», konstatierte sie.

Stumm an seiner Zigarette ziehend, wandte Justus den Blick von ihr ab und betrachtete die Passanten: Herren in Anzügen und mit Strohhüten, zierliche, dunkelhaarige Damen jeden Alters, die eine natürliche, offenbar angeborene Eleganz besaßen, die Marlene schon bei ihrem ersten Besuch in der französischen Hauptstadt aufgefallen war. Nirgendwo schienen Reformkleider dermaßen souverän und schick getragen zu werden, kamen Boleros und kurze Mäntel so geschmackvoll zur Geltung. Gegen die Pariserinnen fühlte sie sich mit ihrer Körpergröße und in ihrer schlichten Garderobe meist nur plump. Vielleicht sollte sie sich ein neues Kleid kaufen, wenn sie mit Justus ausgehen und ihm gefallen wollte...

«Glaubst du ernsthaft, die Welt würde besser werden,

wenn jedes Püppchen einen Stimmzettel ausfüllen dürfte?», fragte er in ihre Gedanken.

Es dauerte eine Weile, bis sich Marlene von ihrem luxuriösen Traum losriss. Sein etwas abfällig klingender Kommentar half ihr dabei. Ein «Püppchen» wollte sie bestimmt nicht sein. «Wenn Frauen über Bildung und die Rechte verfügen, die ihnen eigentlich zustehen, werden sie selbstverständlich versuchen, die Welt zu verbessern.»

«Ja, dem ist wohl so», stimmte Justus unumwunden zu. «Du hast recht. Frauen sind wunderbar. Und du bist die wunderbarste von allen, Marlene. Dir traue ich zu, die Welt zu retten.»

31

Paris mit Justus zu erkunden war für Marlene wie eine Neuentdeckung der Stadt – und ein bisschen auch ihrer selbst. Nicht nur, dass die vertrauten Plätze, Straßen und Brücken über die Seine durch ihn ein neues Gesicht gewannen, sie selbst ließ Gefühle zu, die sie zuvor verdrängt, wenn denn überhaupt gekannt hatte. Zum ersten Mal standen nicht mehr ihre Ziele an erster Stelle, sondern der Mann, den sie an das Grab Napoleon Bonapartes im Invalidendom führte, mit dem sie das Panthéon und das Musée Carnavalet besichtigte. Sie wandelten unter den menschenleeren Laubengängen des Place Vendôme und sie spürte ein magisches Zittern, als sich ihre Schultern berührten. Er fühlte es offenbar ebenso, denn er drehte sich kurz zu ihr und vergrub sein Gesicht in ihrer Halsbeuge. Er küsste sie nicht, stand einfach nur für einen Moment still da – und das war aufregender als jede Umarmung.

Als sie durch den Jardin du Luxembourg spazierten und Justus leidenschaftlich von China erzählte, übersah Marlene die Zeit und verpasste ihre Vorlesung. Nach dem ersten Schrecken beschloss sie, sich – entgegen allen guten Vorsätzen – für die kommenden Tage krankzumelden. Eine Erkältung. Und eine Magenverstimmung. Ja, ihr ganzer Körper litt in gewisser Weise tatsächlich unter einem fiebrigen Unwohlsein, was sie aber glücklich machte. Sie schrieb eine Nachricht an ihren Tutor und versicherte, nächste Woche den versäumten Stoff aufzuholen. Auf diese Weise von ihren Pflichten befreit, erkundete sie an Justus' Hand die Künstlercafés am Montmartre und wunderte sich am nächsten Morgen, wie lange sie schlafen konnte.

Sie kaufte sich ein Abendkleid in den Galeries Lafayette, dem neuen, als besonders schick geltenden Kaufhaus, und besuchte mit ihm eine Vorstellung in der Oper. Sie wusste nicht, was sie mehr beeindruckte: die glamouröse Architektur, die eleganten Zuschauer, die Geschichte von Orpheus und Eurydike, die Musik von Christoph Willibald Gluck – oder Justus im Frack. Sie saß neben ihm in der Loge, hielt zuweilen den Atem an, staunte und kniff sich verstohlen, weil sie nicht glauben konnte, dass dieses umwerfende Erlebnis real war.

Anschließend flanierten sie über den abendlich belebten Boulevard des Capucines zur Kirche Madeleine. Seufzend stand Justus vor den verschlossenen Toren, während Marlene in Erinnerung an einen längst gelesenen Reiseführer zitierte: «Napoleon wollte hier eine Ruhmeshalle für seine Soldaten errichten, daraus wurde aber nichts.»

«Der einstige Kaiser der Franzosen scheint in dieser Stadt so allgegenwärtig, dass selbst du als Preußin dich für ihn interessierst», meinte Justus. «Oder bist du nur so begeistert von Napoleon, weil er den *Code civil* eingeführt hat? Langsam werde ich eifersüchtig! Ich weiß nur noch nicht, ob auf den Mann oder das Gesetzbuch.»

Lächelnd legte sie ihre Hände um sein Gesicht. Im Schatten der Säulen verschmolzen sie beide mit der nächtlichen Dunkelheit. Es fiel niemandem auf, wie sie ihn küsste – mit purem Begehren, das jede keusche Zärtlichkeit übertraf.

Sekunden zerrannen zu Minuten, die Marlene wie Stunden vorkamen. Schließlich trennte er sich atemlos von ihr.

«Wir sollten uns ein wenig sammeln, bevor wir zum Mitternachtsimbiss ins Maxime's gehen. Ich habe einen Tisch für uns reservieren lassen.»

Marlene berührte mit den in zartes weißes Kalbsleder gehüllten Fingerspitzen ihre sich herrlich wund und aufgeschwollen anfühlenden Lippen. Sie war noch ganz eingelullt von seiner Leidenschaft, der Gegenwart entrückt. Eigentlich wäre sie lieber allein mit Justus geblieben, anstatt sich sittsam in der Öffentlichkeit an einen Tisch zu setzen. Selbst die Tanzmusik, die im Maxime's bekanntermaßen gespielt wurde, erschien ihr nach dem Operngenuss und der Stille im Schatten der Kirche unpassend. Dennoch ließ sie sich ohne Widerspruch von ihm die Treppen hinunter zur Rue Royale führen.

Unter der roten Markise des Restaurants wartete ein älteres Paar offenbar auf eine Droschke. Die Frau redete auf ihren Mann ein, der seinen Zylinder anhob und sich gedankenverloren am Kopf kratzte.

Marlene nahm die Leute kaum wahr. Sie hatte nur Augen für Justus. An französische Höflichkeit gewöhnt, murmelte sie ein vages «*Bonsoir*» in die Richtung der Fremden.

«Mademoiselle de Runstedt?»

Die Männerstimme ließ sie erschrocken innehalten. Auch Justus blieb stehen. Er wandte sich zu dem Herrn um.

«*Bonsoir*», grüßte er mit einem Fragezeichen in der Stimme.

Der Herr würdigte den Deutschen nur eines flüchtigen Blicks. Seine Frau hatte angesichts der offensichtlichen Anspannung ihren Redefluss unterbrochen und musterte Marlene neugierig.

Marlenes Wangen begannen zu glühen. Sie fragte sich, ob sie das Paar erst durch ihre alberne Höflichkeit auf sich aufmerksam gemacht hatte. Aber sie musste so oder so an Maître Grosjean vorbei, um mit Justus durch die von einem Portier geöffnete Tür ins Restaurant zu gehen. Sicher hätte der Jurist sie in jedem Fall erkannt. «*Bonsoir, monsieur le professeur*», sagte sie artig.

«Sind Sie nicht krank? Ich muss sagen, Sie sehen ausgesprochen wohl aus, Mademoiselle!»

Der Vorwurf ließ Marlene zusammenzucken. «Seit heute spüre ich eine deutliche Verbesserung meiner Gesundheit», versicherte sie.

Maître Grosjean sah kurz zu Justus, dann nickte er. «Ich erwarte Sie morgen um zehn Uhr in meinem Büro.» Er nahm den Arm seiner Frau. «Komm, Elise, wir fahren nach Hause.»

Wie versteinert stand Marlene da. Walzerklänge wehten

aus dem Restaurant nach draußen, Stimmengewirr und Lachen. Doch ihr war plötzlich weder nach einem guten Essen und Champagner noch nach einem Tanz und Ausgelassenheit zumute. Ihr eben noch heiß liebendes Herz hatte sich in einen Eisblock verwandelt. Die Kälte zog durch ihren Körper und ließ sie stärker frösteln als die Abendbrise.

«Wer war das?», wollte Justus wissen.

«Mein Professor für Zivilrecht an der Universität. Ich habe seine Vorlesungen geschwänzt.»

«Er tut bestimmt nur so ungehalten und wird Verständnis für dich aufbringen. Studenten schlagen nun einmal über die Stränge. Das passiert überall und seit ewigen Zeiten. Professoren wissen das. Und die Franzosen lieben das leichte Leben.»

Marlene schüttelte den Kopf. Eigentlich wollte sie fragen, woher Justus denn wisse, was an den Universitäten üblich war, er hatte nie eine besucht. Stattdessen erklärte sie: «Für eine Studentin gelten andere Regeln. Die Männer können sich amüsieren – ja. Aber wir Frauen dürfen das nicht. Von uns wird erwartet, dass wir immer nur kämpfen.» Sie wandte sich ab. Es war, als wäre sie nicht nur aus einem schönen Traum erwacht, sondern unmittelbar danach in einen kalten See gestoßen worden, dessen Strudel sie hinabzuziehen drohte.

◆

Tatsächlich hielt ihr Maître Grosjean am nächsten Tag eine Standpauke, die für sie peinlicher war als jede Debatte mit ihrem Vater. Sie argumentierte, verteidigte, entschuldigte sich – und fühlte sich wie eine Angeklagte vor Gericht. Vielleicht wollte der Juraprofessor sie einer privaten Prüfung unterziehen. Oder die Handlungsweise von Prozessbeteiligten war ihm derart in Fleisch und Blut übergegangen, dass er ganz automatisch Richter und Staatsanwalt in einer Person spielte. Marlene ahnte jedenfalls, dass sie ihren Studienplatz verlieren könnte, wenn sie diesen Prozess nicht meisterte. Als Grosjean sie schließlich nach zwei Stunden gnädig aus seinem Büro schickte, war sie am Ende ihrer Kraft. Sie fühlte sich zwar nicht wie eine Siegerin, aber er hatte ihr Hinweise auf den verpassten Stoff gegeben, was letztlich einer Entlassung auf Bewährung gleichkam. Jetzt galt es, sich ganz auf ihr Studium zu konzentrieren. Ein weiteres Fehlverhalten durfte sie sich nicht erlauben. Justus ...

Justus! Entsetzt presste Marlene die Hand auf den Mund. Sie hatte ihre Verabredung vergessen!

Sie raffte ihren Rock, um schneller die Treppe hinunterlaufen zu können, und war dabei so unachtsam, dass sie stolperte und fast hingefallen wäre, doch hielt sie sich reaktionsschnell am Geländer fest. Sie rempelte Kommilitonen an, entschuldigte sich hastig bei einem ihr unbekannten Dozenten in Robe, mit dem sie zusammenprallte. Als sie endlich die Seine erreichte, spürte sie nicht die Frühlingssonne, roch nicht den süßen Duft der am Ufer wachsenden Linden, der gewürzt wurde von den Gerüchen nach Teer und Algen. Sie rannte zur Île de la Cité, als liefe sie um ihr Leben, zumindest lief sie um ihr Herz. Sie war mit Justus vor der Kathedrale Notre-Dame verabredet – und wenn er überhaupt noch da war, wartete er seit gut einer Stunde auf sie.

Und wenn er nicht mehr wartete?

Wenn er in dieser dicht bevölkerten Stadt seines Weges gegangen war, würde sie nicht gleich nach ihm suchen. Sie würde einen Brief schreiben und ihm erklären, dass ihr Studium nun Vorrang vor seinem Besuch haben musste. Dann würde sie das Schreiben zu der Pension bringen, in der er logierte, und der Concierge übergeben. Anschließend konnte sie nur noch hoffen, dass er nicht eingeschnappt war und sich bei ihr meldete ...

Schweißperlen traten auf ihre Stirn. Es war warm und sie lief zu schnell. Gleichzeitig schwammen ihre Augen in Tränen. Die Furcht, Justus vielleicht niemals wiederzusehen, trieb sie an und lähmte gleichzeitig ihre Glieder.

Aber er war noch da!

Er stand vor dem großen Portal unterhalb der symmetrischen Türme des Gotteshauses. Ein Tourist auf Stadtrundgang, der sich nicht zu langweilen schien. In dem hellen Sommeranzug und dem Strohhut, den sie ihm gekauft hatte, wirkte er verwegen wie der Liebhaber in einem Roman von Guy de Maupassant, eine Zigarette im Mundwinkel, ein aufgeschlagenes Buch in Händen.

Marlene verlangsamte ihren Schritt.

Er schien ihren Blick zu spüren und sah auf. Ein Lächeln erhellte sein Gesicht.

In diesem Moment war ihr vollkommen egal, ob es sich gehörte, was sie tat. Sie lief auf ihn zu, schneller noch als aus dem Universitätsgebäude – und flog in seine Arme. Dabei lachte und weinte sie gleichzeitig.

«Was ist mit dir?»

«Nichts», versicherte sie schniefend, «nichts.»

Er begann, mit dem Daumenballen die Tränen von ihren

Wangen zu wischen. «Was hat der strenge Herr Professor mit dir gemacht? Mittelalterliche Folterwerkzeuge aus seinem Pult geholt?»

«Nein», schluchzte sie. Die Erleichterung über den positiven Ausgang ihrer Unterredung mit Maître Grosjean und die Freude über Justus' Geduld hatte sie vollkommen erschöpft. Einen Moment fürchtete sie, in Ohnmacht zu fallen. Die Verstrebungen des Korsetts, das sie trug, weil sie sich für Justus hatte schön machen wollen, drückten auf ihre Lungen. «Nein, es ist alles in Ordnung. Hat nur etwas gedauert.»

«Das habe ich mir gedacht.»

Sie legte den Kopf in den Nacken, um ihm ins Gesicht sehen zu können. «Hast du deshalb so lange gewartet?»

Seine Augen glitzerten, kleine goldene Punkte blitzten darin auf. «Wie hätte ich gehen können?», gab er zurück. Er holte tief Luft: «Ich liebe dich, Marlene, ich will nicht ohne dich sein.»

In diesem Moment begannen die Glocken von Notre-Dame zum Angelusläuten zu erklingen. Eine vierstimmige Melodie dröhnte über den Platz, ließ die Passanten verweilen und den Atem anhalten, während die Gläubigen zur Mittagsmesse in die Kathedrale strömten. Das Geläut hallte voll und tief und machte jede Konversation eigentlich unmöglich. Doch Justus' Mund neigte sich zu Marlenes Ohr, er hielt sie noch immer umfangen. «Ich werde dich heiraten», murmelte er in ihr Haar.

Marlene war nicht klar, ob er ein Selbstgespräch führte oder wusste, dass sie seine Worte gehört hatte. Vom Glockenspiel untermalt klang sein Heiratsantrag, als folge er einer höheren Macht.

Jeder anderen jungen Frau wäre schwindelig gewesen vor Aufregung und Glück. Justus von Ostwald war zweifellos eine hervorragende Partie, zudem liebte sie ihn ebenso wie er sie. Doch für Marlene bedeutete Justus' Ankündigung eine Katastrophe.

32

Sie hielt sich wacker. Während ihre Gedanken darum kreisten, wie sie der viel zu romantischen Situation entkommen konnte, blieb Marlene stumm. Glücklicherweise läuteten die Glocken von Notre-Dame minutenlang so laut, dass Justus ihr Schweigen wohl nicht auffiel. Er hielt sie umschlungen, sie spürte seinen schweren Atem an ihrem Hals, seinen Herzschlag an ihrer Brust, der sich mit ihrem verband. Sie konnte sich nicht erinnern, wann sie die kleinste Bewegung eines anderen Menschen zuletzt so intensiv wahrgenommen hatte. Es war ein seltsamer Moment der Zweisamkeit. Er hätte berauschend sein können, stürzte sie jedoch in tiefe Verzweiflung.

Die Glocken verstummten, aus den sich immer wieder öffnenden und schließenden Toren der Kathedrale drang Chorgesang nach draußen. Nach und nach wurde es jedoch ruhiger, der Platz leerte sich, Kutschen fuhren vorbei, ohne anzuhalten.

Unwillkürlich erwartete Marlene, dass Justus seinen Heiratsantrag wiederholte und sie zu einer Antwort zwang.

Doch Justus ließ von ihr ab, als sei nichts gewesen. Er bot ihr lediglich seinen Arm und schlug einen Spaziergang vor. In Gedanken versunken blickte er dann vor sich hin, ohne die aus Sandstein gemauerte Fassade des Hôtel-Dieu, des ältesten Krankenhauses von Paris, zu beachten. Er legte seine linke Hand um ihre rechte und drückte sie kurz, eine Geste, die Zuversicht ausstrahlte, Vertrauen vermittelte und ihr Geborgenheit schenkte. Einen Herzschlag lang schloss sie die Augen, genoss die Glückseligkeit, die mit seiner Berührung durch ihre Glieder flutete. Dann sah sie wieder auf und erblickte das schmiedeeiserne Tor des Palais de Justice vor sich, hinter dem das wichtigste Gericht Frankreichs lag.

Ihm mochten die Glocken von Notre-Dame geeignet erscheinen, eine Hochzeit in Erwägung zu ziehen. Der Anblick des Justizpalastes bewirkte in Marlene genau das Gegenteil.

«Justus, ich...», hob sie an.

«Du willst...», sagte er.

Beide hatten gleichzeitig zu sprechen begonnen. Sie verstummten im selben Moment und lächelten.

Justus nickte. «Du zuerst!»

«Nein. Ich...», sie unterbrach sich, entschlossen, die Wahrheit noch ein wenig hinauszuzögern. Schließlich erklärte sie: «Ich muss heute Nachmittag lernen.»

«Das habe ich mir gedacht. Kann ich dir helfen? Dich vielleicht abfragen?»

Für sein Angebot wäre sie ihm am liebsten um den Hals gefallen. Dennoch: «Du sprichst nicht gut genug Französisch, um Gesetzestexte und Kommentare überprüfen zu können...»

«Ich danke dir für das Vertrauen in meine Fremdsprachenkenntnisse», gab er beleidigt zurück.

«Ach, Justus!», seufzte sie. «Noch gibt es nichts abzufragen. Seit du hier bist, habe ich nicht mehr in meine Bücher geschaut.»

«Bin ich etwa ...?», fuhr er auf, unterbrach sich jedoch rasch. Er schenkte ihr ein zerknirschtes Lächeln. «Tut mir leid, ich sollte nicht ständig an mich denken. Ich bin nur ungern ohne dich, Marlene, jede Stunde mit dir ist mir sehr kostbar. Aber ich werde mich heute Nachmittag anständig verhalten, zum Barbier und vielleicht auch in eine Badeanstalt gehen und dich mit deinen Studien vorankommen lassen.»

Spontan hauchte sie ihm einen Kuss auf die Wange. «Danke.»

«Es bleibt doch aber bei unserem Ausflug nach Versailles morgen?»

Schon wieder etwas, das sie in der Aufregung vergessen hatte.

Justus bemerkte ihr Zögern und drängte: «Bitte enttäusche mich nicht. Wir wollten zusammen das Schloss besichtigen. Außerdem beginnt das Straßenrennen nach Madrid übermorgen in Versailles. Es wird bestimmt viel los sein.» Er hob die Arme wie zur Kapitulation: «Und dann bist du mich sowieso erst einmal wieder los.»

«Ach, Justus!», wiederholte sie mit einem Aufstöhnen. Als wenn sie ihn nicht ebenso festhalten wollte wie er sie...

33

Die elektrische *Tramway* fuhr von der Innenstadt nach Versailles und erinnerte Marlene an die Dampfstraßenbahn, die Charlottenburg mit dem Grunewald verband. Es herrschte dieselbe fröhliche Stimmung, die Fahrgäste waren auch hier bester Laune, schließlich zu einem Ausflug unterwegs. Doch an diesem Samstag versammelten sich nicht nur die überwiegend amerikanischen und britischen Touristen an der Haltestelle vor dem Louvre, es waren auch viele Pariser mit von der Partie, junge Leute ebenso wie Familien mit Kindern. Trotz der Abfahrt alle 30 Minuten herrschte großes Gedränge, der Lärmpegel war enorm. Marlene und Justus wurden eingepfercht zwischen anderen Menschen, sodass die herrliche Aussicht auf die Seine nur eine Ahnung blieb und ein Gespräch vollkommen ausgeschlossen war. Eineinhalb Stunden lang konnten sie sich lediglich mit einem Lächeln oder einem Lidschlag verständigen.

Von dem Endhaltepunkt auf der Place d'Armes vor dem schmiedeeisernen Tor des Schlosses drängten die meisten Ausflügler jedoch nicht zu den Gemächern des Sonnenkönigs und dessen Nachfolgern, nicht in den wundervollen Garten Marie Antoinettes, sondern zu der in Richtung Süden führenden Avenue de Sceaux. Der Duft von Crêpes wehte über die Platanen, mischte sich mit den Gerüchen von Öl und Benzin; mit der Musik aus dem Trichter eines Grammophons und dem Geklingel eines Karussells erinnerte die Atmosphäre an einen Jahrmarkt.

Widerstrebend ließ sich Marlene von Justus ein paar Schritte mitziehen, dann schüttelte sie ihn ab und sah zu, wie er von der Menge, die sich um die auf der Straße ausgestellten Automobile scharte, verschluckt wurde. Er drehte sich nicht nach ihr um. Wahrscheinlich bemerkte er nicht einmal, dass er seine Begleiterin im Getümmel verloren hatte.

Sie blieb wie angewurzelt dort stehen, wo er sie verlassen hatte. Die Rempler der nachfolgenden Besucher ignorierte sie. Während sie die Hüte und Rücken unzähliger Fremder an sich vorbeiziehen ließ, bedauerte sie, dass sie dem Spektakel nicht einmal halb so viel abgewinnen konnte wie die Menschen um sie herum, vor allem Justus. Irrte sie sich vielleicht in ihrer Liebe zu ihm? Gab es doch nicht so vieles, das sie verband? War ihre Nähe nur eine Illusion? Die vergangenen Tage mit ihm waren aufregend und romantisch gewesen – bis jetzt gab es eigentlich keine Stunde, die sie missen wollte. Doch im Grunde hatte sie dafür alles zur Seite geschoben, das ihr wichtig war. Sie hatte sich auf Justus und die Leichtigkeit des Seins eingelassen, aber genügte das für eine Zukunft mit ihm? Nicht als Ehepaar, natürlich nicht, nur als heimlich Liebende oder wenigstens als Freunde.

Nach einer Weile beobachtete sie ein leichtes Gerangel in dem Gedränge – und dann tauchte Justus wieder auf, der sich unter dem Einsatz seiner Ellenbogen einen Weg durch den Gegenverkehr zu ihr frei kämpfen musste. Ein wenig erschöpft stand er schließlich vor ihr. «Wo bleibst du denn?»

Sie zuckte mit den Schultern. «Ich möchte mir das Schloss ansehen und keine motorisierten Ungetüme.»

«Aber es ist großartig, Marlene! Man kann all diese Fahrzeuge besichtigen...»

«Das sehe ich. Aber es interessiert mich nicht, so leid es mir tut.»

«Die Fahrer und ihre Mechaniker sind sehr freundlich und haben sämtliche meiner Fragen beantwortet. Ich finde sehr interessant, dass das Gewicht des Automobils entscheidend ist für die Zulassung zu dem Rennen. Das hat mir Monsieur Renault erklärt, ein Konstrukteur, der mit seinen Brüdern eine Motorenfabrik in der Nähe betreibt. Er zählt zu den Favoriten auf den Sieg, wusstest du das? Unser Gespräch war sehr aufschlussreich...!»

«Das sagtest du bereits.» Sie wusste, dass sie kühl klang, aber beschloss, standhaft zu bleiben. Die meisten jungen Frauen hielten sich mit kritischen Äußerungen zurück und folgten dem erklärten Willen ihrer Männer, aber genau das wollte Marlene nicht. Sie wollte ihre eigene Meinung vertreten. Und sie wollte sehen, wie Justus damit umging.

Er blinzelte irritiert. «Ich dachte...», murmelte er, unterbrach sich, seufzte. «Es nehmen auch Damen an dem Rennen teil: Madame du Gast, Madame de Rothschild und die Herzogin von Uzès werden einen Wagen fahren.» Er seufzte noch einmal. «Aber das interessiert dich wohl auch nicht so sehr, oder?» Er wartete ihre Antwort nicht ab, sondern legte seinen Arm um sie. «Komm!»

Zu ihrer größten Überraschung versuchte er nicht, seinen eigenen Wunsch durchzusetzen. Zielstrebig schob er sie in Richtung der prächtigen Sehenswürdigkeit aus der Barockzeit, die Marlene dem Fortschritt vorzog. Doch seltsamerweise stellte sich kein Triumphgefühl bei ihr ein.

Je näher sie der riesigen Schlossanlage kamen, desto ruhiger wurde es. Vereinzelt strebten Touristen von den verschiedenen Gebäudeteilen über den Marmorhof, doch im Vergleich zu den Massen, die sich für das Spektakel um die Autos und Motorräder interessierten, war es ausgesprochen leer.

Inzwischen hatte Justus seinen Arm sinken lassen und Marlene schicklich, aber doch vertraut, untergehakt. Er schwieg, was sie zu einem nervösen Monolog veranlasste: «Wusstest du, dass die Ähnlichkeit zwischen Versailles und Potsdam kein Zufall, sondern Absicht ist? Die breiten Straßen und die Bauart der Häuser sind natürlich am auffälligsten. Potsdam hat in einem Punkt aber einen gewaltigen Vorteil – die Stadt ist von deutlich mehr Wasser umgeben, was ja immer ausgesprochen schön wirkt...» Sie plapperte und war sich nicht einmal sicher, ob der in sich gekehrte Justus ihre Worte überhaupt wahrnahm.

Ganz automatisch schlossen sie sich einer Gruppe Touristen auf ihrem Weg durch die Innenräume an. Ein Diener empfahl den Besuchern, sich zunächst für die Gemächer und Salons der jeweiligen Könige und Königinnen zu entscheiden, da die Fülle an Sehenswürdigkeiten zu groß sei, um sie alle in einem Rundgang unterzubringen. In stiller Einigkeit trotteten Marlene und Justus in den ersten Stock, wo sich nach Angabe des Angestellten die königlichen Wohnräume und das Schlafzimmer Ludwigs XIV. befanden, daran angrenzend der Spiegelsaal.

Wandbehänge, Gemälde, vergoldete Säulen, ein riesiges Bett mit einem ebensolchen Baldachin empfingen die Gäste. Hier ergriff Justus zum ersten Mal das Wort: «Kein schlechter Ort, um zu sterben.»

«Um zu leben sicher auch nicht», meinte Marlene. «Die Franzosen nennen Ludwig XIV. auch Louis Le Grand. Seine

Regentschaft war nicht nur lang, sondern brachte dem Land viele Vorteile, zumindest in militärischer und kultureller Hinsicht. Allerdings ordnete der König auch die französische Verwaltung: Sein *Code Louis* bildet noch heute die Grundlage für viele Gesetze, ist das nicht faszinierend?»

«Der Stolz Frankreichs also», resümierte Justus schmunzelnd. «Danke für den Geschichtsunterricht, Mademoiselle, du lernst ziemlich viel an der Universität, nicht nur Gesetzestexte, sondern auch die historischen Zusammenhänge. Das ist wirklich beeindruckend.»

Sie erwiderte sein Lächeln. «Das finde ich auch.»

«Wenn ich dich nicht von deinem Studium abhalte ...»

Gnädig fiel sie ihm ins Wort: «Das tust du nicht. Ich war nur ein paar Tage lang abgelenkt und muss aufholen, was ich versäumt habe. Das schaffe ich schon.»

«Manchmal frage ich mich», erwiderte er nach einer kleinen Gedankenpause ernst, «was dir ein Mann bieten können muss, um gegen deine hohen Ziele anzukommen.»

Sie blickte in seine warmen, bernsteingoldenen Augen und wusste mit einem Mal, dass er der Richtige für sie war. Leise und sehr sanft sagte sie: «Es genügt völlig, wenn er nicht versucht, mich von meinen Plänen abzubringen.»

Stumm schritten sie weiter, folgten der Anordnung der Räume – und fanden sich plötzlich in einer pompösen, langgestreckten, vergleichsweise schmalen Galerie wieder, mehr eine Promenade als ein Saal. Durch die hohen Fenster an der einen Seite fiel Sonnenlicht, das sich auf der gegenüberliegenden Wand in den verbauten Spiegeln brach. Goldene Pilaster und Kristallüster erstrahlten, die Fresken mit Allegorien aus dem Leben des Sonnenkönigs lenkten den geblendeten

Blick kaum ab. Angesichts solcher Pracht stockte Marlene der Atem.

«Jetzt ist es an uns, stolz zu sein», erklärte Justus feierlich.

Auch in Zivil bleibt er ein Offizier Seiner Majestät, dachte sie, plötzlich bedrückt. Justus hatte sein persönliches Schicksal in die Hände Wilhelms II. gelegt, dessen Großvater an diesem Ort vor zweiunddreißig Jahren zum deutschen Kaiser ausgerufen worden war.

Justus schlug die Hacken zusammen wie die anwesenden deutschen Fürsten nach der Proklamation damals. Seine Augen suchten ihren Blick, doch er kniete sich nicht hin, weswegen seine folgenden Worte an diesem Ort vollkommen überraschend für sie kamen: «Hier in dem Saal, der für uns Deutsche so viel bedeutet, verspreche ich, dir stets ein treuer und liebender Ehemann zu sein. Ich werde alles in meiner Macht Stehende tun, um deine Träume zu erfüllen. So wahr mir Gott helfe. Marlene, willst du mich heiraten?»

Sie starrte ihn an. Fassungslos. Ungläubig. Überfordert.

Die unterschiedlichsten Gefühle stürzten auf sie ein, als lösten sich die immensen Stuckverzierungen von der Decke und fielen auf sie herab.

«Nein», entfuhr es ihr. Und noch einmal: «Nein!»

Dabei war sie sich nicht sicher, ob sie damit wirklich Justus' Antrag ausschlug. Vielleicht kommentierte sie auch nur den Druck, dem sie sich ausgesetzt fühlte. Die Angst, unter der Last ihrer Emotionen zusammenzubrechen.

Im ersten Moment wirkte er ebenso unsicher wie sie. Er schien in sich zusammenzufallen wie ein Männlein aus Pappmaché. Doch einen Atemzug später straffte er die Schultern. Er nickte knapp.

«Justus...», hauchte sie.

Vielleicht dachte sie aber auch nur, dass sie seinen Namen aussprach, jedenfalls schien er sie nicht zu hören. Er wandte sich um und verließ raschen Schrittes den Spiegelsaal. Er hielt sich mit Würde, aber er floh, das war unübersehbar. Seine Absätze hallten auf dem Marmorboden wie der Trommelwirbel einer Militärkapelle vor dem Angriff. Nur dass er sich auf dem Rückzug befand.

Marlene lief ihm nicht nach. Es gab ja nichts, das sie an der Situation ändern konnte. Sie wollte ihn nicht heiraten, konnte es nicht. Ihre Träume und eine Ehe widersprachen sich. Da er das nicht zu verstehen schien, gab es auch nichts mehr zu sagen.

Dennoch zerriss ihr sein Abgang das Herz. In diesem Moment war ihr klarer als je zuvor, wie sehr sie ihn liebte.

◆

Sie hatte erwartet, dass er vor dem Schloss stand und eine Zigarette rauchte, um sich von dem Schock zu erholen, den sie ihm zweifellos zugefügt hatte. Diesseits des Gitters war es übersichtlich, die meisten Touristen hatten sich zerstreut, doch konnte Marlene Justus nirgendwo entdecken. Sie lief über den Hof, blickte in die Eingänge. Außer einem Diener, der sie darauf hinwies, dass die Tore für Besucher in einer halben Stunde geschlossen würden, traf sie keinen Menschen an. Sie beschrieb ihren Freund und fragte, ob der Mann ihn gesehen habe. Die Antwort war ein Kopfschütteln.

Ihre Schritte beschleunigten sich, als sie der Place d'Armes entgegenstrebte. Inzwischen drang von der Automobil-Ausstellung ein fast ohrenbetäubender Lärm herauf. Eine Kapelle spielte schmissige Melodien, Hupen ertönten, Lachen, hektisches Geschrei und fröhlicher Gesang. Offenbar wurde der morgige Start der Rallye mit einem ausschweifenden Fest begangen. Marlene tauchte ein in die Menge, bemühte sich anfangs, auf der Suche nach Justus, sich ihren eigenen Weg zu bahnen. Doch gab sie bald auf, ließ sich mit dem Strom treiben. Tatsächlich schoben sich immer größere Menschenmassen über die Avenue de Seaux, beäugten neugierig die modernen Fahrzeuge, tranken, tanzten, feierten. Automobilisten und Motorradfahrer stellten sich in Positur, Väter trugen kleine Kinder auf den Schultern und junge Männer hielten hübsche Mädchen im Arm, schunkelten, machten halt an einer der vielen Buden, wo es Getränke, süße Crêpes und salzige Galettes zu kaufen gab oder harmlose Spiele angeboten wurden. Marlene nahm diese Eindrücke jedoch nur am Rande wahr, ihre Augen suchten die Rücken vor ihr nach der vertrauten Haltung ab. Nachdem sie mehrmals einen Fremden angesprochen hatte, gab sie es auf, Justus an seinem Strohhut erkennen zu wollen.

Sie verlor ihr Zeitgefühl, lediglich der Einbruch der Dämmerung gab ihr eine gewisse Orientierung. Sie klapperte die Teilnehmer der Rallye ab, weil sie annahm, dass sich Justus mit der Betrachtung eines schnittigen Autos oder im Gespräch mit einem Mechaniker über ihre Abfuhr hinwegtröstete. Auch dieser Versuch endete vergeblich. Erst als sie sich zum wiederholten Mal an den Wagen vorbeischieben ließ, fiel ihr auf, wie sehr ihre Füße schmerzten. Inzwischen war es fast vollständig dunkel geworden, nur die chinesischen Lampions an den Buden spendeten buntes Licht. Sosehr sie sich auch bemühte, ihn zu finden, Justus blieb verschwunden.

Ihr sank das Herz. Vielleicht war er so verletzt gewesen, dass er die nächste Tramway nach Paris zurückgenommen und gar nicht erst zu der Ausstellung der Fahrzeuge gegangen war. Sie sollte sich auch schnellstmöglich um die Rückfahrt bemühen. Es gehörte sich nicht für eine anständige junge Frau, abends alleine unterwegs zu sein, es war sogar gefährlich. In die Verzweiflung, Trauer und das schlechte Gewissen, das sich nach Justus' Abgang eingestellt hatte, mischte sich plötzlich Wut. Es war nicht nur ungalant von ihm, sie sich selbst zu überlassen – es war unverschämt!

Der aufsteigende Zorn half Marlene, ihren Liebeskummer und letztlich auch ihre Sorge um Justus' Wohl zu überwinden. Sie beschloss, nicht die Straßenbahn, sondern einen Zug zurück nach Paris zu nehmen.

In der Nähe krachten Böller. Über dem Château erstrahlte ein Feuerwerk.

Marlene, am Ende ihrer Kraft, brach in Tränen aus.

34

Ihre Hoffnung, wenigstens einen Abschiedsgruß von Justus zu erhalten, erfüllte sich nicht. Andererseits gab es für ihn ja auch nichts mehr zu sagen. Ein Mann, dessen Heiratsantrag mit einem – wie auch immer gemeinten – «Nein» beantwortet wurde, fühlte sich gewiss tief in seiner Ehre gekränkt. Sie hätte ihm gerne erklärt, wie es zu ihrer spontanen Reaktion gekommen war, doch die Möglichkeit blieb ihr verwehrt. Vor allem hatte sich ja nichts an ihrer Meinung geändert, seit Justus den Spiegelsaal verlassen hatte. Das wusste er vermutlich auch. Der Verlust seiner Freundschaft wog allerdings so schwer, dass ihr Studium seinetwegen nun zum zweiten Mal in den Hintergrund trat.

Zwei Tage später saß Marlene in der Bibliothek Cujas in ihrem Hochschulgebäude am Panthéon, wo sie ihre Pflicht als Jurastudentin zu erfüllen versuchte. Sie war jedoch nicht in der Lage, sich auf den Inhalt der Bücher zu konzentrieren, die aufgeschlagen vor ihr auf dem Tisch lagen. Sie sah Buchstaben, Wörter, Sätze, Zeilen, Ziffern – aber ihr Gehirn setzte nichts davon um. Durch ihren Geist schwirrte das versteinerte Gesicht des Mannes, den sie liebte und so tief verletzt hatte. Ihr Zorn war nach einer weiteren schlaflosen Nacht verraucht, nun litt sie nur noch.

In das Knistern von Buchseiten, das die Stille im Lesesaal durchbrach, und das gelegentliche mahnende Flüstern des Aufsichtspersonals mischten sich plötzlich aufgeregte Töne. Marlene entdeckte eine Gruppe junger Studenten, die die Köpfe zusammensteckten. Einer von ihnen saß an einem der Tische, die anderen beiden standen daneben und gestikulierten, ein vierter verbarg sich hinter einer aufgeschlagenen Zeitung. Das Geraschel, als der junge Mann das Papier fester griff und umschlug, wirkte ungewöhnlich laut. Offensichtlich verbreitete sich unter den angehenden Juristen eine spektakuläre Neuigkeit, die weitere Studenten anzog. Irgendjemand sandte ein verärgertes «Psst!» in ihre Richtung, die Empörung des Bibliothekars am Eingang wuchs. Nach einer deutlichen Aufforderung verließen die Studenten samt Zeitung den Saal. Trotzdem kehrte keine Stille ein, da sich ein neuerliches Flüstern wie das Rauschen einer Brandung von Tisch zu Tisch ergoss. Die Begriffe *mort* und *accident* – Tod und Unfall – wurden nun unüberhörbar weitergegeben.

Marlene wandte sich zu dem älteren Herrn an der Leselampe neben sich um. «*Pardon, Maître*», hob sie mit gesenkter Stimme an, «können Sie mir sagen, warum hier alle so aufgeregt sind?»

Mit finsterem Gesicht nahm ihr Tischnachbar den Zwicker von seiner Nase, rieb sich mit zwei Fingern über die Druckstelle. Dann erwiderte er knapp: «Ein Drama, Mademoiselle, eine Tragödie ist geschehen.»

Fragend hob sie die Augenbrauen.

«*Silence, s'il vous plaît!*», forderte der Bibliothekar mit erhobener Stimme. «Bitte Ruhe!»

«Wenn Sie mehr erfahren wollen, Mademoiselle, gehen Sie nach draußen auf die Place de Panthéon und hören den Zeitungsjungen zu, die die Schlagzeilen ausrufen.» Der Jurist setzte seine Sehhilfe wieder auf und beugte sich über seine Lektüre.

Marlene versuchte noch eine Weile, es ihm nachzumachen, doch ohne Erfolg. Entweder schadete die nicht abebbende Unruhe ihrer Konzentration oder die Erinnerung an Justus machte ihr wieder zu schaffen. Schließlich knurrte ihr Magen so laut, dass es fast das Geraune im Saal übertönte. Peinlich berührt fiel ihr ein, dass sie zuletzt vor ihrem Ausflug nach Versailles vorgestern eine Kleinigkeit gegessen hatte.

Wieder machte sich ihr Hunger lautstark bemerkbar, Leibschmerzen schnitten durch ihre Mitte. Es kam ihr vor, als brenne ihr Körper. Für diesen Vormittag musste sie es gut sein lassen mit ihrem Studium. Niedergeschlagen klappte sie die Bücher vor sich zu, legte sie auf einen Stapel und gab sie am Eingang zurück.

Der Sekretär dort achtete kaum auf Marlene, er war vertieft in die Lektüre einer Zeitung. Während er kurz unterbrach, um die Leihgaben flüchtig auf ihren ordnungsgemäßen Zustand zu prüfen, warf Marlene einen Blick auf die fett gedruckte Überschrift:

KATASTROPHE AUF DER RALLYE PARIS–MADRID

Die über mehrere Spalten reichende Zeichnung darunter zeigte einige Automobile, die sich überschlagen hatten, ein Durcheinander aus Rädern und Trümmern.

Ohne darüber nachzudenken, ob sich gehörte, was sie tat, griff Marlene nach der Ausgabe von *Le Temps*.

«Mademoiselle ...!», protestierte der Bibliotheksangestellte, doch sie ignorierte ihn.

Mit wachsendem Unbehagen las sie den Artikel über verheerende Unfälle auf der ersten Etappe des Motorsportrennens von Versailles nach Bordeaux. Angesichts von wahrscheinlich zehn Toten und rund einhundert Verletzten klagte die Zeitung die neue Mode des Rennsports an und befand, dass das Publikum auf dem Altar eines unsicheren Fortschritts geopfert wurde. Offenbar waren einige Zuschauer schwer verletzt oder gar getötet worden, weil sie vom Straßenrand auf die Fahrbahn gelaufen waren, um die heranbrausenden Fahrzeuge besser in Augenschein nehmen zu können, ein Wagen war in eine Gruppe Menschen gefahren. Im durch das trockene Wetter aufwirbelnden Staub hatten viele Fahrer die Sicht verloren und waren gegen Bäume geschleudert worden, ein Automobilist hatte eine Bahnschranke übersehen, ein Fahrzeug von Mercedes war nach einem Aufprall explodiert. Wahrscheinlich musste die Hälfte aller Teilnehmer der Rallye bereits nach der ersten Etappe ausscheiden.

Der Artikel verschwamm vor Marlenes Augen. Sie rang um Atem. Ihre Gedanken fuhren Karussell und versetzten sie in einen ungeheuren Schwindel.

Wo war Justus? Hatte er sich unter den Zuschauern des Rennens aufgehalten? Oder gar die Gelegenheit erhalten, in einem Wagen mitzufahren? Zu Marlenes Entsetzen stach ihr der Name des Konstrukteurs Marcel Renault ins Auge, der nach einem Überholmanöver auf der Landstraße nahe Poitiers mit hoher Geschwindigkeit verunglückt war. Hatte Justus nicht ausgerechnet mit diesem Mann gesprochen? Was war mit ihm geschehen, wenn er Renaults Beifahrer geworden war?

Sie hatte das Gefühl, sich plötzlich immer schneller zu drehen. Ihr Magen rebellierte, sie bekam keine Luft mehr, in ihren Ohren sauste es. Sie klappte den Mund auf, wollte etwas sagen, was ihr jedoch nicht gelang.

Mit einem Mal wurde um sie alles schwarz. Dann herrschte Stille.

DEZEMBER 1918

35

Erstaunlich rasch schien nun eine Einigung zwischen dem deutschen Botschafter und dem zuständigen polnischen Staatssekretär herbeigeführt zu werden. Vielleicht war das Schicksal auf Marlenes Seite. Oder eine höhere Macht wies ihr den direkten Weg in die Politik. Jedenfalls stand ihre Heimkehr plötzlich so unmittelbar bevor wie die der deutschen Soldaten und der Etappenhelferinnen von der Front am Bug: Die ersten Gruppen sollten die Ukraine am 23. Dezember verlassen, der Rest bis spätestens Anfang Februar unterwegs sein, die Gleise flankiert von polnischen Militärs, um eine geordnete Rückführung quer durch das Land zu ermöglichen. Sobald die Vereinbarung von allen Beteiligten unterzeichnet worden war, wäre Marlenes Mission erfüllt und sie könnte ebenfalls nach Hause reisen.

Da die Telegrafen- und Telefonleitungen aus Warschau nicht sicher waren, beschloss Graf Kessler, in das inzwischen zuständige Hauptquartier nach Kaunas zu fahren, um eine verbindliche Absprache mit dem Oberbefehlshaber an der Ostfront zu treffen. Von dort aus war es ihm zudem möglich, chiffrierte Depeschen nach Berlin zu schicken. Als sich der Ton zwischen dem deutschen Gesandten und der polnischen Regierung aufgrund der ungeklärten Fragen zu Litauen und den polnischen Besitzansprüchen in Westpreußen, Posen und Oberschlesien jedoch verschärfte, entschied Kessler kurzfristig, lieber die Stellung in Warschau zu halten und Legationsrat von Ostwald zu entsenden.

Justus setzte Marlene über seine Abfahrt nach einem ereignisreichen Arbeitstag in Kenntnis, als sie im Begriff war, das Büro zu verlassen. Das Hin und Her in den Verhandlungen war auch in der Küche nicht unbemerkt geblieben. Marlene hatte sich in dieser Zeit überlegt, ob es sinnvoll war, in jedem Fall vor Ort zu bleiben und auf eigene Faust mit den Polen zu verhandeln. Als Frauenrechtlerin wäre sie vielleicht willkommener denn als Beauftragte des Kriegsamtes. Die Korffs könnten ihr behilflich sein, die nötigen Kontakte zu knüpfen. Doch plötzlich lenkten die Behörden ein, alle blieben auf ihren Posten. Während sie schließlich ihren Platz aufräumte, sehnte sich Marlene nach einem ruhigen Abend, als Justus sie mit der Frage überraschte: «Würdest du mit mir einen kleinen Ausflug unternehmen?»

«Jetzt?»

«Morgen früh reise ich ab.»

«Es ist stockdunkel draußen», wich sie aus, während sie sich einen Schal um den Hals schlang. «Außerdem schneit es seit Stunden. Das ist kein Wetter für eine Vergnügungstour.»

Justus nahm ihr den Mantel ab und half ihr hinein. Kurz ruhten seine Hände auf ihren Schultern. Absichtliche Berührung oder Zufall – Marlene wusste es nicht. Sie schüttelte ihn ab, als sie die Arme hob, um die Mantelknöpfe zu schließen.

«Betrachte es als Abschiedsgeschenk. Bitte!»
Ihre Hände sanken herab, sie starrte ihn erstaunt an. «Bist du denn nicht bald wieder zurück?»
Ein trauriges Lächeln umspielte seine Mundwinkel. «Es kommt darauf an, was du unter *bald* verstehst. Ich werde nicht lange fort sein, aber ein paar Tage werde ich benötigen. Vielleicht bist du schon auf dem Heimweg, während ich noch irgendwo im Memelland festhänge.»
Justus sprach einen Gedanken aus, der Marlene seit Stunden insgeheim quälte. Spätestens seit der Konferenz des Botschafters war ihr klar, dass sich ihre Zeit in Warschau abrupt dem Ende zuneigen könnte. Allerdings hatte sie sich bei der derzeitigen Nachrichtenlage kaum um ihre eigene Befindlichkeit gekümmert. Ihre Arbeit für das Kriegsamt stand im Vordergrund. Private Gefühle verbaten sich in dieser Situation. Doch plötzlich machte ihr nicht nur die bevorstehende Trennung Kummer, sondern eine altbekannte Sorge um Justus' Wohl griff nach ihr. «Wird deine Mission gefährlich sein?»
Er machte eine kleine Kunstpause, blickte sie für einen Moment nachdenklich an. Dann schmunzelte er. «Ich denke, die Reise ist eher unbequem als riskant. Wenn ich in deine Augen sehe, wünschte ich mir aber fast, irgendwo da draußen lauerte eine Bedrohung.»
«Was für ein Unsinn!»
«Deine Gefühle hast du bisher gut verborgen.»
Versuchte er, sie aus der Reserve zu locken? Nicht sonderlich selbstbewusst senkte sie die Lider und nestelte nervös an ihren Knöpfen. «Welche Gefühle denn?», gab sie dabei in einem Ton zurück, als rede sie von Schimmelflecken an der Wand.

Eine Weile lang beobachtete er ihr Tun, dann nahm er ihre Hand zwischen seine und hielt sie energisch fest, als sie sich ihm zu entziehen versuchte. «Sei unbesorgt – meine Mission wird keine Spazierfahrt, aber ich werde sie überstehen. Apropos Spazierfahrt: Ich habe uns einen Schlitten besorgt.»

«Was?» Spontan dachte sie, dass sie und Justus zu alt für eine Rodelpartie waren. «Niemals! Ich habe keine Lust, mir in der Dunkelheit an irgendeinem Hügel den Hals zu brechen.»

Lachend ließ er ihre Hand los. «Wo denkst du hin? Ich habe einen Pferdeschlitten gemietet.»

Wahrscheinlich hat ihm der Fuhrunternehmer den doppelten Preis abgenommen, vermutete Marlene. «Was für ein Unsinn», murmelte sie erneut.

«Kein Unsinn. Sondern sehr praktisch bei dem Wetter heute Abend.» Er strahlte sie an, als wäre sein Einfall eine Folge von höchster Genialität ebenso wie von höherer Gewalt.

«Ich mag Abschiede nicht.»

«Einander auf Wiedersehen zu sagen, ist uns in der Vergangenheit meist nicht besonders gut gelungen, aber...», Justus unterbrach sich, weil sich eine Tür zum Flur öffnete.

Die Mitarbeiter des Sekretariats drängten sich auf ihrem Weg zum Ausgang an ihnen vorbei, wünschten einen schönen Abend und verließen die Wohnung. Ricarda hatte sich schon frühzeitig verabschiedet, da sie mit Magda Korff irgendwelche Einkäufe zu tätigen beabsichtigte. Deshalb stand Marlene Justus nun allein gegenüber, ohne sich auf die sichere Begleitung ihrer Kollegin herausreden zu können.

«Es ist nur eine Schlittenfahrt, Marlene.»

Er hat keine Hochzeitskutsche gemietet, sagte sie sich im

Stillen. Kein Grund zur Beunruhigung. Wären da nur nicht die Bilder, die sich vor Marlenes geistigem Auge einstellten: Erinnerungen an romantische Szenen in Romanen von Fontane und Tolstoi. Mit einem Kopfschütteln versuchte sie die Sehnsucht zu vertreiben, die sich ihrer zu bemächtigen drohte. Es war nur eine Schlittenfahrt. Justus hatte recht. Dennoch bat sie: «Lass uns keine Abschiedszeremonie veranstalten, sondern einfach nur Adieu sagen.»

«Ich hoffe, du hast keinen Zweifel daran, dass ich wiederkomme», gab Justus lächelnd zurück. Die Fröhlichkeit spiegelte sich jedoch nicht in seinem ernsten Blick.

Nach Kaunas zu reisen, ist wohl doch gefährlicher, als er zugibt, stellte Marlene stumm fest.

Schweigend verließ sie an seiner Seite die Wohnung.

♦

Die Kufen glitten fast geräuschlos über den dicken weißen Teppich, der sich auf Warschaus Boulevards und Gassen ausbreitete, die Flocken lasteten schwer auf den Dächern und Türmen, häuften sich zu Schneeungetümen auf, wurden auf den Bürgersteigen zertreten und sammelten sich in Hutkrempen und Mantelaufschlägen. Die meisten Menschen kämpften sich zu Fuß durch die Schneemassen; Fuhrwerke waren am Straßenrand liegen geblieben, weil sie mit ihren großen Rädern nicht vorankamen; Männer, die ihren Pferden Stollen über die Hufe gestülpt hatten, ritten im Schritt vorbei. Die Stadt schien zum Stillstand zu kommen, war so ruhig, wie Marlene es noch nicht erlebt hatte, selbst die dauernden Demonstranten schienen an diesem Abend zu schweigen.

Sie stieß den Atem aus und vor ihrem Gesicht bildeten sich kleine weiße Wolken. Gern hätte sie wohlig geseufzt oder gejauchzt. Sie fühlte sich unglaublich luxuriös unter einer mottenzerfressenen Pelzdecke, auch wenn sie diese nicht so warm hielt, wie sie erwartet hatte.

«Wie lange wirst du noch hierbleiben?», wollte Justus plötzlich wissen.

Sie drehte sich verwundert zu ihm um. «Natürlich warte ich ab, bis sichergestellt ist, dass die Etappenhelferinnen wohlbehalten nach Hause kommen.»

«Hoffen wir, dass die Polen deinen Enthusiasmus nicht bremsen...»

«General Pilsudski wird uns schon nicht vertreiben.»

Er griff unter der Decke nach ihrer Hand und hob sie an seine Lippen. «Ich habe dich stets dafür bewundert, dass du immerzu die Welt retten möchtest. Vor allem die weibliche Hälfte natürlich.» Er lachte leise, bevor er fortfuhr: «Trotzdem möchte ich dich genau deswegen manchmal packen und schütteln. Es gibt Situationen, in denen selbst du mit deiner Kraft und deinem Mut nichts ausrichten kannst. Wenn die Botschaft geschlossen wird, musst du abreisen, einerlei, welche Entscheidungen hinsichtlich der Repatriierung noch ausstehen. Versprichst du mir das?»

Wie gut er sie kannte! Deshalb zögerte sie die Antwort hinaus: «Ist das nicht alles nur Schwarzmalerei?»

«Meine Warnung ist der Erkenntnis geschuldet, dass wir uns auf nichts und niemanden verlassen können. Es macht mich krank, zu wissen, dass ich dich nicht beschützen kann.»

Er ließ sie los, kramte mit umständlichen Verrenkungen in seinen Manteltaschen und fischte schließlich ein Silberetui hervor. Während sie beobachtete, wie er sich eine Zigarette anzuzünden versuchte, was ihm wegen des frischen Nachtwindes erst im zweiten Anlauf gelang, stellte sie für sich fest, dass es wohl kaum eine männlichere Geste gab als den Schutz einer Flamme mit der hohlen Hand und den leicht geneigten Kopf mit dem Glimmstängel im Mund. Gleichzeitig spürte sie, wie sich ihr Herz für ihn öffnete. Seine Sorge um sie berührte sie. Er liebte sie. Noch immer. Immer wieder. Alles, was sie in der Zeit ihrer Zusammenarbeit als Geste tiefer Freundschaft oder als harmlose Neckerei abgetan hatte, löste sich in der kalten Schneeluft auf wie die Eiskristalle, die auf den Ofen einer Kastanienrösterei am Straßenrand fielen. Und plötzlich sehnte sie sich nach genau dieser Liebe. Seiner Liebe.

Nach seinem ersten Zug an der Zigarette beugte sie sich zu ihm. Ihr Hut berührte die steife Krempe seines Homburgs und verrutschte auf ihrem Kopf. Einen Herzschlag lang zögerte sie. Wie würde Justus auf ihre Annäherung reagieren? Doch da bemerkte sie das feine, erwartungsvolle Lächeln.

Bevor sie noch weiter darüber grübeln konnte, lagen ihre Lippen auf seinem Mund. Vielleicht war er ihr entgegengekommen – sie wusste es nicht. Es war auch gleichgültig. Sie fühlte seine Nachgiebigkeit, die erwachende Leidenschaft, sie schmeckte Vertrautheit und Vertrauen, kostete aus, was sie so gut kannte, aber doch immer wieder neu zu erleben schien. Es war aufregend, Justus zu küssen. Atemberaubend. Verwirrend. Und gleichzeitig war sie erstaunlicherweise sicher, das Richtige zu tun.

Bis er sie sanft von sich schob.

«Wenn du so weitermachst, kann ich für nichts mehr garantieren», stieß er hervor. Tief durchatmend zog er wieder an seiner Zigarette.

Marlene schob ihren Hut zurecht. «Ich erwarte keine Garantie.»

«Das weiß ich.»

Sie nickte und nestelte weiter an ihrer Kopfbedeckung. Sie musste ihre Hände beschäftigt halten, um nicht sein Gesicht zu umfassen und ihn erneut zu küssen. Natürlich gehörte sich diese Knutscherei in der Öffentlichkeit nicht. Es war ihr jedoch egal. Gesellschaftlich brauchte sie nichts zu befürchten, als Deutsche wurde sie hier ohnehin geächtet. Außerdem achtete wohl niemand auf ein Paar in einem Schlitten.

«Vielleicht erwarte *ich* eine Garantie», sagte Justus.

«Wir sind erwachsen!» Ihr Kommentar kam zu schnell, klang vielleicht sogar ein wenig lasziv. Beides gefiel ihr nicht. Justus schaffte es immer wieder, ihr jegliche Besonnenheit zu rauben. Dabei hatte sie geglaubt, sich endlich selbstbewusst nehmen zu können, was sie wollte. Wie es auch ein Mann tun würde. Warum nur fühlte sie sich plötzlich nicht mehr gut dabei?

«Eben weil wir aus dem Alter der jugendlichen Dummheiten heraus sind, wird es Zeit, dass wir die Spielregeln ändern. Erwachsene Menschen wissen, was sie wollen, und handeln danach.»

Sie suchte keinen Streit. Natürlich nicht. Dennoch gab sie zurück: «Das sagst ausgerechnet du mir? Was willst *du*?»

Er ließ sich Zeit mit seiner Antwort. Rauchte, blies Atemwölkchen aus, die sein Gesicht umschwebten. Nach einer Weile erwiderte er ernst: «Ich will dich!»

Ihr war klar, was er meinte. Aber sie wollte nicht mit ihm

diskutieren, nicht in den Abgrund zurückschauen, der sich vor ihr aufzutun drohte. Nicht an Sonja denken. Sie wollte lieben. Geliebt werden. Vergessen. Nur dieses eine Mal, bevor er abreiste.

«Ich bin hier. Bei dir.»

Stumm rauchte er weiter. Nach einer Weile warf er die Kippe aus dem Schlitten in den Schnee, wo sie wie ein Glühwürmchen versank. Dann nahm er seinen Hut ab und legte den freien Arm um sie.

«Ich bin sicher, wir gehen von zwei verschiedenen Szenarien aus», raunte er heiser in ihrer Halsbeuge. «Aber ich will verdammt sein, wenn ich nicht nehme, was mir so freimütig dargeboten wird.»

Ohne ihr die Möglichkeit einer Antwort zu geben, drückte er seinen Mund auf ihre Lippen. Ein harter, begieriger Kuss. Pure Lust, die alle Vorsicht verschlang und keinen Raum für zärtliches Tändeln ließ.

Marlenes Körper drängte sich gegen den seinen. Hungrig erwiderte sie seinen Kuss. Endlich schien die Welt stillzustehen. Es gab nur noch sie beide und dieses gegenseitige Fordern nach mehr.

Als Justus sie abrupt losließ, sank sie wie betäubt in den Sitz zurück.

«Bevor wir den Kutscher in Verlegenheit bringen, sollte ich ihn bitten, zu meiner Adresse zu fahren. Ich hoffe, wir können meine Hauswartsfrau überlisten...»

«Du willst mich in deine Wohnung schmuggeln?» Unwillkürlich schnappte sie nach Luft.

Seine Finger strichen über ihre Wange. «Was sonst?»

«Ja...» Es war Frage und Zustimmung zugleich. Was sonst?

Eine Kirchturmuhr schlug die volle Stunde. Andere Glocken fielen in den Klang ein. Marlene beobachtete die Schneeflocken, die wie Diamanten an den alten Laternen hängen blieben. Eine tiefe Ruhe legte sich über sie, obwohl sie sich gleichzeitig seltsam aufgekratzt fühlte.

Justus' Zimmer befand sich in einem der in klassizistischem Stil errichteten, palastartigen Mehrfamilienhäuser der besseren Wohnviertel. Hinter den Fenstern brannte vereinzelt einladendes gelbes Licht, aus der Beletage drangen die Töne eines Klavierkonzerts auf den Bürgersteig. Der Bolero von Chopin, registrierte Marlene automatisch, ein schwer zu spielendes Stück.

Die Kufen knirschten, als der Kutscher sein Pferd zügelte und der Schlitten anhielt. Justus stieg aus und gab dem Mann ein paar Kopeken Trinkgeld, bevor er Marlene half. Sie stapften durch den Schnee zu der Doppeltür in der prächtigen Fassade.

Wie Marlene es aus Paris kannte, wohnte auch in Warschau im Erdgeschoss die Hauswartsfrau. Durch die zugezogenen Vorhänge der zur Toreinfahrt liegenden Fenster schien eine Lampe. Für Marlene war es wie ein Déjà-vu, als Justus den Zeigefinger auf seine Lippen legte und ihr schelmisch zuzwinkerte. Auf Zehenspitzen gingen sie hintereinander zu der Treppe, die mit elegantem Schwung in die oberen Etagen führte...

«*Dobry wieczór panie.*»

Marlene erstarrte.

«Guten Abend, Frau Tylczinska», grüßte Justus freundlich. Er war bereits eine Stufe über Marlene, drehte jedoch um und schritt an ihr vorbei zurück nach unten. «Geht es Ihnen gut?»

«Jesus, Maria, Sie haben Besuch?», fragte die Frau auf Deutsch.

«Das ist meine Schwester», behauptete Justus kühn.

Caroline wird sich bedanken, fuhr es Marlene durch den Kopf.

Tapfer lächelte sie die Polin an, die sich vor ihrer Wohnungstür aufbaute wie ein Ritter vor seiner Burg.

Die früh ergraute und noch immer recht ansehnliche Frau stemmte die Hände in die breiten Hüften. «Es ist keine gute Zeit für einen Besuch», sagte sie zu Marlene. «Fahren Sie nach Hause und kommen Sie ein anderes Mal wieder, *pani* von Ostwald.»

«Nun bin ich aber da...»

«Meine Schwester bleibt nur kurz», improvisierte Justus. «Nur für diese Nacht. Es fand sich kein Hotelzimmer für sie. Morgen reist sie ab. Wir werden niemanden stören...»

«Sie können auch nicht bleiben, *panie*. Ich habe Ihre Sachen zusammengepackt. Ihr Koffer ist hier bei mir. Und ich gebe Ihnen auch gleich Ihre Papiere und die polizeiliche Anmeldung zurück...»

«Wie bitte?», unterbrach Justus den Eifer der Frau. Die Freundlichkeit war aus seinen Zügen gewichen. Fassungslos und wütend blickte er die Hausmeisterin an. «Sie haben *was* getan?»

Das resolute Gehabe der Polin verwandelte sich in Furcht. Sie blickte sich nach allen Seiten um, als befürchte sie Spione im Eingang und im Treppenhaus. Dann erklärte sie mit gesenkter Stimme: «Überall in der Stadt gab es heute immer wieder Kundgebungen, es wird gegen die Regierung protestiert und gegen die Deutschen. Sie sind Deutscher, *panie*, und ich bin nur eine einfache Frau, ich weiß nicht, was geschieht, wenn die Demonstranten vor dieses Haus kommen. Jesus, Maria, es ist meine Aufgabe, dafür zu sorgen, dass nichts passiert, verstehen Sie?»

Justus atmete hörbar tief durch, widersprach aber nicht.

«Es tut mir leid», sagte die Polin. Sie machte das Kreuzzeichen. «Gott schütze Sie, *panie*.» Sie machte rasch kehrt und eilte in ihre kleine Behausung.

«Na, großartig!», entfuhr es Justus.

Keine Liebe. Kein Abschied. Nur ein weiterer Abgrund. Marlene seufzte.

Dann schritt sie die wenigen Stufen hinab an Justus' Seite. Bevor sie wusste, was sie tat, schlug sie vor: «Komm mit zu mir.»

Er fuhr zu ihr herum. «Was meinst du? Wie das?»

«Wo willst du hin? Herr und Frau Korff werden nichts dagegen haben, dass du unter den gegebenen Umständen für diese eine Nacht bei ihnen unterkommst. Morgen fährst du doch sowieso ab.»

«Ich kann mich unmöglich ohne eine Einladung...»

«*Panie* von Ostwald, hier sind Ihre Sachen», die Hauswartsfrau erschien wieder auf der Bildfläche. In der einen Hand schleppte sie einen Koffer, in der anderen hielt sie eine kleine Dokumentenmappe. «Die heilige Mutter Gottes weiß, wie leid es mir tut, Sie ziehen zu sehen. Sie sind ein so angenehmer Mieter. Und keine Frauenbesuche», fügte sie mit einem Seitenblick auf Marlene hinzu. «Aber die Zeiten sind nun einmal so, wie sie sind, *panie*, da kann man nichts machen, nicht wahr?» Zustimmung heischend blickte sie wieder zu Marlene.

«Natürlich kann man da nichts machen», erwiderte Marlene. Sie nahm der Frau die Papiere ab. «Komm, Justus, wir sollten gehen.» Als der sich nicht rührte, fügte sie ein drängendes «Bitte!» hinzu.

In stoischem Schweigen packte Justus den Griff seines Gepäcks. Er drehte sich um und marschierte ohne einen Blick zurück in die Dunkelheit.

«Adieu», sagte Marlene zu der Polin, bevor sie ihm nacheilte.

Er wartete auf der Straße auf sie. Der Schneefall war stärker geworden, die Flocken bildeten einen dichten Schleier. Justus setzte seinen Koffer ab und schlug seinen Mantelkragen hoch, die geschmolzenen Tropfen rannen von seiner Hutkrempe. Für einen Moment wirkte er hilflos und irgendwie klein, ein Mann am Ende seiner Illusion. Marlene empfand seinen Anblick als unfassbar berührend. Am liebsten hätte sie ihn in die Arme genommen und getröstet. Doch war genau das wohl der falsche Gedanke nach der Leidenschaft zwischen ihnen.

Sie hakte sich bei ihm unter. «Niederlagen machen uns nur stärker. Daran darfst du nicht zweifeln. Herr und Frau Korff werden...»

«Ich bin kein Bittsteller!», unterbrach er sie brüsk.

«Natürlich nicht. Ich wollte sagen, dass sich Herr und Frau Korff freuen werden, einen Landsmann zu bewirten. Sie sind sehr gastfreundlich, Justus, das weißt du. Sie werden dich mit offenen Armen empfangen.»

Er sah sie nachdenklich an. «Ich hatte die Nacht anders geplant. Ganz anders.» Stirnrunzelnd und wohl noch in seinen Überlegungen gefangen, beschloss er: «Ich werde im Büro schlafen.»

«Das kannst du nicht tun!»

«Warum nicht?»

«Es ist peinlich», protestierte sie. Sie sprach ein wenig zu laut vor Aufregung. Ihre Stimme klang in der stillen Straße fast schrill. «Es ist unpassend und unbequem. Und vielleicht auch gefährlich ohne eine Wache in der Nacht.»

«Mäßige dich, bitte», zischte er. «Es braucht nicht jeder in Warschau zu wissen, dass ich aus meiner Wohnung geworfen wurde.»

Tränen der Hilflosigkeit traten in ihre Augen, und sie war dankbar für die Flocken auf ihren Wangen. Justus' Halsstarrigkeit machte sie wütend. Aber sie konnte ihn auch verstehen. Die plötzliche Obdachlosigkeit wäre für jeden ärgerlich – für einen Mann, der die Macht des preußischen Junkertums und des kaiserlichen Militärs gewohnt war, bedeutete sie eine Katastrophe. Mit einem Mal war Justus von Ostwald auf das Niveau eines Almosenempfängers gesunken.

Sie rettete sich in eine praktische Überlegung. «Wie bedauerlich, dass du den Schlitten fortgeschickt hast. Jetzt müssen wir zu Fuß gehen.»

«Es tut mir leid, Marlene.»

«Mir auch.»

«Unsere Abschiede waren nie sonderlich gelungen. Und dabei wird es nun bleiben.»

Sie lächelte ihn an. Ohne darüber nachzudenken, entfuhr ihr: «Vielleicht sollten wir einfach aufhören, Abschied voneinander zu nehmen.» Erst als sie ihren Satz beendet hatte, wurde ihr die Zweideutigkeit ihrer Worte bewusst.

36

Als Marlene und Justus im Haus der Korffs ankamen, fanden sie dort eine illustre Gesellschaft versammelt. Der Hausherr debattierte im Rauchzimmer mit Graf Kessler und einigen anderen Besuchern, bei denen es sich anscheinend um polnische Zivilisten und einen ehemaligen Mitarbeiter der russischen Militärbehörde handelte. In dieser Runde wurde Justus sofort willkommen geheißen, die Anwesenheit einer Dame war indes offensichtlich nicht erwünscht. Die Männer waren so höflich, nicht auszusprechen, dass sie unter sich bleiben wollten, doch Marlene folgte den Gepflogenheiten und ging auf ihr Zimmer. Dort herrschte die Ruhe, die sie nach dem turbulenten Tag ursprünglich gesucht hatte. Doch fand sie keine Entspannung.

Es war nicht so sehr die Neugier auf die Besprechung im Herrensalon, die sie wachhielt. Natürlich hätte sie gerne gewusst, wie die Sachlage beurteilt wurde. Wie lange würde das Agrément Graf Kesslers noch Bestand haben? Welche Gerüchte kursierten über eine mögliche Schließung der deutschen Botschaft? Würde die aktuelle Vereinbarung über die Repatriierung aus der Ukraine weiterhin gelten? Es gab so vieles zu bedenken. Doch quälte Marlene nichts so sehr wie die Frage, was sie tun sollte, wenn Justus in der späteren Nacht an ihre Tür klopfte. Was wäre, wenn er im Dunkeln den Weg zu ihr suchte? Er kannte sich in diesem Haus aus, er wusste, wo sich ihr Zimmer befand. Sie zweifelte nicht einen Moment an der Nachsichtigkeit ihrer Gastgeber, wohl aber an ihrem eigenen Schneid. Amouröse nächtliche Ausflüge waren in großen Haushalten zwar nicht ungewöhnlich, aber inzwischen begann ihre Vernunft über ihre Sehnsucht zu siegen. Es war eine dumme Idee gewesen, ihm Hoffnungen auf eine leidenschaftliche Nacht zu machen. Eine sehr dumme Idee...

Über diesen Gedanken fiel sie in den frühen Morgenstunden in einen unruhigen Schlaf. Justus klopfte nicht. Als er aus Warschau abreiste, lag sie noch im Bett.

◆

Kein «Auf Wiedersehen» also. Ein weiterer schmerzlicher Abschied. Doch diesmal wusste sie immerhin, dass er in die Botschaft – und zu ihr – zurückkehren würde. Die Angst, dass er von Partisanen aufgegriffen und womöglich erschossen würde, verfolgte sie zwar, war aber recht unbegründet, wie er ihr ja selbst versichert hatte. Justus' Abwesenheit sollte nur eine Episode sein, doch nahm sie Marlene mehr mit als gedacht. Er fehlte ihr.

Sie versuchte, sich ihren persönlichen Verlust nicht anmerken zu lassen, verspürte jedoch an dem Wochenende nach Justus' Abreise eine durch und durch schlechte Laune und eine innere Unruhe, zu der die hektische Situation um sie her noch beitrug, in die alle Mitarbeiter der deutschen Vertretung durch die politischen Machtspiele gerieten.

Es war ein sich über drei Tage hinziehendes Drama. Marlene und Ricarda waren zu den Gesprächen nicht geladen, sie mussten warten, bis ihnen die Ergebnisse mitgeteilt wurden. Sie hatten aber auch so alle Hände voll zu tun: Die Gerüchte über einen bevorstehenden Abbruch der Beziehungen zwischen Polen und dem Deutschen Reich trieben scharenweise deutsche Staatsbürger in die Gesandtschaft. Die meisten Männer wollten Pässe oder sonstige Ausreisepapiere für sich und ihre Familien, viele Kaufleute erbaten sich wirtschaftliche Hilfen, manche Menschen fragten einfach nur nach Informationen. Marlene und Ricarda mussten in der Konsularabteilung aushelfen, damit der Ansturm einigermaßen bewältigt werden konnte, der auch am folgenden Sonntag anhielt. Dennoch wanderten Marlenes Gedanken in jeder freien Minute zu Justus.

Sie hatten in der Küche eine Art Amtsschalter geschaffen. An dem Tisch, an dem sie seit fast drei Wochen über die Rückführung der Etappenhelferinnen brüteten, prüfte Marlene nun Dokumente, die ihr vorgelegt wurden. Sie traf eine Art Vorauswahl, um die betreffenden Personen dann an die richtige Stelle weiterzuleiten oder nach Hause zu schicken. Ricarda kontrollierte die Schlange, die sich durch den Flur bis über die Schwelle der Eingangstür zog. Gewohnt resolut griff sie aber auch ein, wenn der Protest eines Mannes zu laut wurde, dem Marlene nicht helfen konnte, oder es Handgreiflichkeiten unter den Wartenden gab.

«Es ist besser, wir regeln die Probleme selbst und warten nicht erst darauf, dass einer der Wachleute sich dazu aufrafft», erklärte sie einer etwas indignierten Marlene.

Ricarda hatte gerade einen Mann am Mantelkragen gepackt und nach draußen befördert. Zuvor hatte der sich herumschreiend und Drohungen gegen Marlene ausstoßend einen Pass zu erschleichen versucht, der ihm als gebürtigem Russen nicht zustand. Die Alkoholfahne, die bei seinem Ausbruch aus seinem Mund strömte, waberte noch Minuten nach seinem unfreiwilligen Abgang durch die Küche.

Als einer der polnischen Soldaten unvermittelt bei den Frauen auftauchte, fuhr Ricarda prompt auf. «Wir brauchen keine Hilfe.»

«Ich übernehme hier!», lautete die unmissverständliche Antwort. Dann fügte der Pole etwas freundlicher hinzu: «Herr Graf Kessler will Sie sprechen. Alle beide.»

Marlene tauschte einen raschen Blick mit Ricarda. Es war unwahrscheinlich, dass den Botschafter schon eine Beschwerde über ihr rigides Verhalten erreicht hatte, sicher wünschte er die Zusammenkunft aus einem anderen Grund. Dennoch blieb die Unsicherheit auf jedem ihrer Schritte zu seinem Arbeitszimmer ein unsichtbarer Begleiter. Sicher, Ricarda griff manchmal etwas harsch durch, aber das war kein Grund, sie beide wie Schulmädchen zum Direktor zu zitieren. Kurz vor seiner Tür wurde ihr plötzlich bewusst, dass er ihnen eine traurige Mitteilung machen könnte. Entweder es gab Schwierigkeiten bei der Vereinbarung zur Rückführung der Etappenhelferinnen – oder ihn hatten schlechte Nachrichten über Justus erreicht!

Sie versuchte, sich gegen alle Eventualitäten zu wappnen, schluckte schwer, presste die Lippen aufeinander und straffte die Schultern. Die Anwesenheit der anderen hochgestellten Mitarbeiter der Gesandtschaft bei Kessler verstärkte ihre Befürchtungen. Marlene suchte sich einen Stehplatz am Rande der Versammlung.

«Nun sind alle da», verkündete der Botschafter. «Fräulein Pierrot, würden Sie bitte die Tür schließen. Danke.»

Trotz des brennenden Kamins spürte Marlene, wie ein

Frösteln über ihren Rücken rieselte. Sie zog die Ärmel ihrer Strickjacke bis zu den Fingerspitzen und verschränkte die Arme vor ihrer Brust. Als wäre sie ihr eine unverzichtbare Stütze, sah sie sich nach Ricarda um, doch die war am Eingang stehen geblieben.

Kessler räusperte sich, dann: «Ich habe Sie hierhergebeten, um Ihnen mitzuteilen, dass die Beziehungen zwischen der Republik Polen und dem Deutschen Reich mit sofortiger Wirkung abgebrochen wurden. Heute Morgen um zehn Uhr hat man mir die entsprechenden Schriftstücke überreicht.»

Ebenso empörtes wie erstauntes Gemurmel schwoll an. Fragen flogen durch den Raum. Schließlich hob der Botschafter die Hand: «Darf ich Sie um Ruhe bitten!» Unverzüglich herrschte Stille. Doch die Stimmung blieb aufgeheizt.

«Selbstverständlich habe ich sofort Beschwerde eingelegt», fuhr Kessler fort. «Uns trifft an diesem Abbruch keine Schuld. Wir haben uns hier in Warschau Unerhörtes gefallen lassen, ohne jemals unsere Vermittlungsversuche aufzugeben. Trotz des aggressiven Tons in den Schriftstücken scheint Pilsudski den Bruch nicht zu wollen. Die polnische Regierung steht offenbar nicht nur unter dem Druck eigener Nationalisten, sondern vor allem unter dem Frankreichs. Die französische Nation zeigt sich unerbittlich in Hass und Rachgier gegen das Deutsche Reich.» Er unterbrach sich, schüttelte den Kopf und fügte hinzu: «Daran wird sich wohl künftig nichts ändern. Die Franzosen werden gegen uns kämpfen, bis sie selber oder wir zugrunde gehen.»

Wieder setzte Getuschel ein. Die Bitterkeit in den Worten eines Mannes, der, wie sie wusste, in der französischen Hauptstadt geboren und aufgewachsen war, betrübte Marlene zutiefst. Die Erinnerung an ihre Studienzeit in Paris war noch so lebendig, sie hatte sich dort so wohlgefühlt, dass ihr die Feindschaft in den vergangenen Jahren das Herz zerrissen hatte. Unwillkürlich dachte sie an Justus.

Ohne erst darüber nachzudenken, hob sie die Hand, um sich zu Wort zu melden.

«Was wird aus der Repatriierung der Bug-Etappe?», erkundigte sie sich. Sie zwang sich zu einem sachlichen Ton, obwohl sie innerlich aufgewühlt war.

«Auch ohne meine Unterschrift werden die Inhalte unserer Verhandlungen Gültigkeit haben. Ich habe auf Ober Ost und die Regierung in Berlin den größtmöglichen Druck ausgeübt, um den Polen entgegenzukommen. Es gibt keinen Grund, an einer geordneten Rückführung unserer Truppen ...», er legte eine Kunstpause ein, lächelte sie aufmunternd an, «und Etappenhelferinnen zu zweifeln, Fräulein von Runstedt.»

Sie nickte. War damit ihre Aufgabe in Warschau erfüllt? Konnte sie leichten Herzens nach Berlin zurückkehren, um sich der Zukunft zu widmen? Justus hatte sie eindringlich darum gebeten, Polen zu verlassen, wenn dies notwendig wurde. Von Kaunas würde er selbst sicher nicht mehr nach Warschau fahren, sondern den direkten Weg nach Hause nehmen und sich im Kriegsministerium zurückmelden. Würden sie sich in der Heimat wiedersehen?

«... heute noch die Stadt verlassen ...»

«Heute?!» Ein empörter Aufschrei Ricardas.

«Die Gesandtschaft soll bis heute Abend geräumt sein. Sammeln Sie bitte alle Akten ein, die Sie finden können. Ich will keinen Fetzen Papier zurücklassen. Bitte gehen Sie an die Arbeit, die Zeit drängt. Ich werde mich währenddessen bei

Pilsudski noch einmal für die inhaftierten Deutschen einsetzen. Mehr kann ich Ihnen nicht sagen, meine Herren ... und Damen. Danke für Ihre Aufmerksamkeit.»

Während sich die anderen Mitarbeiter flüsternd hinausdrängten, blieb Marlene auf ihrem Platz. Aus den Augenwinkeln beobachtete sie, wie Ricarda sich kurz nach ihr umdrehte, dann aber gleichmütig die Achseln zuckte und ging. Stumm wartete Marlene ab, bis sie alleine mit dem Botschafter war.

Kessler schien ihre Anwesenheit anfangs nicht zu bemerken. Er ging um seinen Schreibtisch herum, an dem er zuvor gelehnt hatte, blätterte gedankenverloren in Papieren, die sich dort befanden. Erst als er im Begriff war, sich zu setzen, sah er zu Marlene hin. Verwundert richtete er sich auf. «Ja, bitte?»

«Haben Sie etwas von Herrn von Ostwald gehört?», brach es aus ihr heraus. Im nächsten Moment wünschte sie, ihre Frage diplomatischer gestellt zu haben. Oder zumindest zurückhaltender. Es war unprofessionell, aber sie musste wissen, ob der Botschafter über das persönliche Befinden seines Legationsrats informiert war – oder nur über die Sachlage.

«Vermutlich geht es ihm gut, seine Reise ist erfolgreich, Ober Ost entspricht den polnischen Wünschen.»

Sie wollte nachfragen, stockte jedoch. Irgendetwas irritierte sie an Kesslers Ton. Oder war es der interessierte, aufmerksame Blick? Vielleicht auch das kleine Schmunzeln, das seinen schmalen Mund umspielte.

«Lieben Sie ihn?»

Was für eine Indiskretion! Peinlich berührt suchte Marlene nach einer geeigneten Antwort, doch ihr fielen nur eine Reihe schnippischer Bemerkungen ein und sie wollte einen Affront nicht mit einem Affront parieren. Deshalb presste sie nur ein leises «Ich denke nicht, dass meine Gefühle von Bedeutung sind» heraus. Ich kenne sie ja selbst nicht einmal genau, fügte sie in Gedanken hinzu.

«Als Sie hier eintrafen und ich Sie beide zusammen sah, wuchsen meine Bedenken, ob Sie und Ostwald zusammenarbeiten könnten. Ein professioneller Umgang mit studierten und berufstätigen Frauen ist nicht jedem gegeben und für einen stolzen Mann nicht immer leicht. Auch war vom ersten Moment an deutlich, dass Sie beide sich gut kannten.»

Mit vor Staunen offenem Mund starrte sie ihn an. War jedem in der Botschaft klar gewesen, was sie selbst lange Zeit nicht wusste?

«Heute muss ich sagen», fuhr Kessler fort, «dass alles hervorragend geklappt hat. Sie haben viel für die Frauen getan, für deren Schicksal Sie sich so verantwortlich fühlen. Und Sie und Ostwald haben bemerkenswert harmoniert.»

«Wie kommen Sie darauf?», entfuhr es ihr, wobei ihr selbst nicht ganz klar war, worauf genau sie sich bezog. Meinte Kessler ihre private Beziehung oder ihre berufliche Qualifikation?

Er folgte der privaten Linie: «Es ist unübersehbar, dass Ostwald Sie liebt, Fräulein von Runstedt.»

«Oh!»

«Ich freue mich für Ostwald, wenn seine Gefühle erwidert werden.» Er schenkte ihr ein breites Lächeln. «Aber nun lassen Sie uns bitte unsere Abreise vorbereiten. Die Zeit drängt.»

Marlene nickte stumm. Als sie das Arbeitszimmer des Botschafters verließ, war ihr nur allzu bewusst, wie peinlich das alles doch war.

◆

Exakt zwölf Stunden später verließ Marlene Warschau mit der versammelten Delegation von Graf Kessler, im Gefolge sechzig deutsche Staatsbürger, die sich unter den Schutz ihres Botschafters stellten. Das war nur ein Bruchteil derjenigen, die wegen der Erteilung von Reisedokumenten vorgesprochen hatten. Nach der Veröffentlichung der Neuigkeit durch Extrablätter waren die Schlangen vor der Konsularabteilung stark angewachsen. Die meisten Deutschen wollten zwar zunächst in ihrer Wahlheimat bleiben, anscheinend fühlten sie sich jedoch sicherer mit einem gültigen Pass in der Tasche. Marlene hatte alle Hände voll zu tun und kam kaum zum Luftholen, doch immer wieder schlich sich das zwiespältige Gefühl ein, das sie schon die vergangenen Tage begleitet hatte: Sie war nur knapp drei Wochen hier gewesen, aber sie hatte sich trotz der Anfeindungen und Demonstrationen wohlgefühlt, ein bisschen wie in einer anderen Welt, in der es glücklichere Momente gab als zu Hause. Als sie schließlich ihre Tasche packte und sich von den Korffs verabschiedete, versprach sie wiederzukommen – und bediente damit nicht nur eine höfliche Floskel.

Ihre Abreise gestaltete sich vollkommen anders als ihre Ankunft. Ein polnisches Militärfahrzeug, ein geräumiges Automobil und ein Lastenfahrzeug brachten die Botschaftsangehörigen und deren Gepäck zum Bahnhof.

Zum ersten Mal seit nunmehr sechzehn Stunden war Marlene zum Nichtstun verurteilt. Schweigend blickte sie aus dem Fenster im Fond des Wagens und dachte daran, wie sie denselben Weg in entgegengesetzter Richtung an ihrem ersten Tag zu Fuß bewältigt hatte. Damals war es früher Nachmittag gewesen, jetzt herrschte dunkle Nacht, der Himmel war wolkenverhangen, die Temperaturen milder, der Schnee zu hässlichem Matsch geschmolzen. Sie war hoffnungsfroh angereist und verließ die Stadt mit einer gewissen Demut, großen Enttäuschungen, aber auch gestärkt und mit neuem Selbstbewusstsein für ihre bevorstehende Kandidatur. Damals war am Ende ihres Wegs Justus aufgetaucht. Heute erwartete sie ein Bahnhof, der trotz der späten Uhrzeit voller Menschen war: Reisende, Schaulustige und polnisches Militär, das den Gesandten und seine Mitreisenden zum Gleis eskortierte. Die antideutschen und nationalistischen Proteste, die Marlene erwartet hatte, blieben aus. Es herrschte eine seltsame Ruhe, die vor allem von den Rufen der Träger unterbrochen wurde, die die Schubschränke aus der Botschaft in den Gepäckwagen hievten. Da auf die Schnelle keine passenden Kisten zu bekommen waren, hatten sie die Unterlagen einfach in den Schubladen belassen und abtransportiert. Es war ein solches Durcheinander, dass Marlene sich fragte, ob sich überhaupt jemals ein Sekretär die Mühe machen würde, die Akten zu sortieren – oder ob Kesslers Mitbringsel nicht ungesehen in einem Keller des Außenministeriums oder im Preußischen Staatsarchiv landen würden.

Obwohl es fast Mitternacht war, fühlte sie sich seltsam aufgekratzt. Tatsächlich versetzte sie der bereitgestellte Sonderzug mit dem Salonwagen für den Botschafter in Hochstimmung. Verglichen mit ihrer Anreise war dies purer Luxus.

«So nobel bin ich seit Kriegsbeginn nicht mehr unterwegs gewesen», staunte Ricarda an ihrer Seite.

«Unseren Rausschmiss gestalten die Polen mustergültig», erwiderte Marlene, während sie sich in die Schlange ihrer Mitbürger einreihte, die vor dem Eingang zu den D-Zug-Abteilen anstanden. Es würde eng werden, gewiss, aber zweifellos gab es ausreichend Sitzplätze. Deshalb wandte sie sich zu Ricarda um und fügte hinzu: «Vielleicht wollen sie uns beeindrucken. Womöglich ist das aber auch eine Geste der Versöhnung.»

«Der nette polnische Begleitoffizier meinte, dass die Beziehung unserer beiden Länder nicht abgebrochen, sondern nur *unterbrochen* sei.»

«Solange es keinen Krieg gibt, ist mir alles recht.»

«Doktor von Runstedt ... Fräulein Doktor ...» Ein wenig atemlos lief der *nette polnische Begleitoffizier* auf sie zu. Marlene erinnerte sich, dass er ihr als Leutnant Bednarz vorgestellt worden war und sehr gut Deutsch sprach. «Der Herr Botschafter bittet Sie und Fräulein Pierrot, in seinem Wagen Platz zu nehmen.»

Marlene zögerte. Seit ihrem Gespräch mit Graf Kessler heute Vormittag versuchte sie, ihm aus dem Weg zu gehen. Das war ihr in dem Trubel des Tages ohne Probleme geglückt. Inmitten der Vorbereitungen für die Abreise hatte es keine Gelegenheit mehr für ein persönliches Wort gegeben – und sie war froh darum. Eine gemeinsame Fahrt durch die Nacht ließ viel Raum für private Gespräche. Er war zwar ein Kavalier der alten Schule, der sie gewiss nicht provozieren wollte, doch allein sein Wissen um ihre – und Justus' – Gefühle verunsicherte sie.

«Was ist?» Ricarda zupfte ungeduldig an dem Ärmel ihres Mantels. «Wollen Sie nicht mitkommen?»

«Doch. Natürlich.» Marlene riss sich zusammen. Die Einladung auszuschlagen, war keine Option. «Ich fahre natürlich gerne im Salonwagen nach Berlin.» Sie schenkte Ricarda und Leutnant Bednarz ein etwas gezwungenes Lächeln. «Also, los!»

37

Zwischen die Säulen des Brandenburger Tors waren Girlanden gehängt worden, vor den Reliefs an der Stirnseite prangten Lorbeerkränze. Dazwischen hingen schwarz-weiße Kriegsflaggen und die schwarz-weiß-roten Fahnen und Fähnchen des Kaiserreichs, die auch die Gaskandelaber am Pariser Platz und Unter den Linden schmückten. Eine riesige Menschenmenge hatte sich versammelt. Männer, Frauen und Kinder jubelten den Soldaten zu, als kehrten diese siegreich aus dem Feld zurück. An den Stahlhelmen der Soldaten, an Uniformrevers und in Gewehrläufen steckten kleine Blumensträuße, ebenso an den Trensen der Offizierspferde, die die Formationen anführten. Hoch-Rufe und ein immer wiederkehrendes «Hurra!» hallten durch Berlin-Mitte.

«Nirgendwo eine rote Fahne», stellte Claus Georgy fest, den Blick auf das Geschehen unterhalb des Fensters gerichtet. «Und die Offiziere tragen voller Stolz ihre Kokarden und Achselstücke. Das beweist die Kraft unseres deutschnationalen Gedankens.»

«Ich bin sehr froh, dass die rote Gefahr gebannt ist», erwiderte Sonja. Tatsächlich stach ihr das Schauspiel mehr ins Herz, als sie zuzugeben bereit war. Scham und Trauer beherrschten sie angesichts der repatriierten Verbände. Dabei hatte sie selbst eigentlich Grund zu großem Jubel.

Sie stand neben dem Geschäftsführer der Allgemeinen Anzeigen GmbH in einem Séparée des Hotels Adlon, von dem aus ein direkter Blick auf den Pariser Platz und das Brandenburger Tor möglich war, als säße sie in der Königsloge eines Theaters. Ihr Gefühl kam der Ehre einer höfischen Einladung tatsächlich ziemlich nah. Dort, wo früher der Kaiser getafelt und gefeiert und Prinz Max von Baden als Reichskanzler logiert hatte, wurde sie, Sonja Grawitz, die Tochter einer Näherin und eines Tagelöhners, auf Augenhöhe empfangen. Zum ersten Mal in ihrem Leben fühlte sie sich von jener Schicht gewürdigt, zu der sie lange keinen Zugang gefunden hatte, von der sie sogar verachtet worden war.

Der Hugenberg-Konzern, vor wenigen Jahren von dem ehemaligen Direktor der Firma Krupp in Essen, Alfred Hugenberg, gegründet, war durch seine Verbindungen zur Großindustrie ein mächtiger Konkurrent der etablierten Zeitungsverlage geworden. Es war vermutlich folgerichtig, dass ein derart ambitionierter Mann auch in der Politik mitmischen wollte und eine Partei gründete, die aus einem Zusammenschluss der Freikonservativen Partei, der Deutschen Vaterlandspartei und der Deutschvölkischen Partei bestand. Hier wurden vor allem auch die Interessen der ostelbischen Rittergutsbesitzer gebündelt, was Sonja schon wegen Justus wichtig war, und eine Rückkehr zur Monarchie angestrebt. Die Partei und ihre Mitglieder standen konträr zu Sonjas Herkunft, ihrer gesellschaftlichen Stellung als Bühnenstar und ihrem üblichen Umfeld. Vor zwei Wochen hatte sie über die Gründung der neuen konservativen, nationalistischen Partei in der Zeitung gelesen – und sich nach kurzer Bedenkzeit in dem Parteibüro an der Bernburger Straße neben dem Konzerthaus der Berliner Philharmonie beworben. Dass die Herren dort Vorbehalte gegen eine Jüdin haben könnten – wenn sie sie nicht schon gegen eine berufstätige, unverheiratete

Frau hegten –›, war ihr bewusst. Aber sie war ein stadtbekannter Bühnenstar, zudem durch den Kurzfilm das Gesicht der Wahlwerbung im Kino – und auch hochnäsige Menschen brauchten zuweilen einen berühmten Namen, um sich im Rampenlicht darzustellen. Dennoch überraschte sie, wie schnell sie die Einladung des mächtigen Pressemannes zu einem Mittagessen im Adlon erhielt. Kein Tête-à-Tête mit einem Verehrer, sondern die Bitte um ein Gespräch über ihre politische Haltung.

«Es ist unsere Pflicht, dafür zu sorgen, dass diese tapferen Männer in geordnete Verhältnisse heimkehren und nicht zwischen Arbeitslosigkeit, Rebellion und Armut aufgerieben werden.»

«Selbstverständlich», stimmte Sonja zu.

Claus Georgy sah sie von der Seite scharf an. «Das bedeutet auch, dass die Arbeiterinnen aus den Fabriken, dem Handwerk und dem Staatsdienst entlassen werden müssen. Die Frauen haben die Stellen der Männer übernommen, um ihren Beitrag zum Krieg zu leisten, aber nun müssen sie ihren Platz in der Arbeitswelt räumen und an den Herd zurückkehren. Stimmen Sie mir da zu, Fräulein Grawitz?»

«Selbstverständlich», wiederholte sie mit fester Stimme und vollkommen überzeugt von der Richtigkeit der Ansichten ihres Gesprächspartners.

Georgy nickte. «Sie sind in keinem der üblichen Vereine mit keifenden Frauen Mitglied, nicht wahr?»

«Ich war lediglich während des Krieges für den Dienst am Vaterland tätig ...», Sonja legte eine kleine Kunstpause ein, bevor sie hinzufügte: «... und sehe darin auch in Friedenszeiten meine Verpflichtung.»

«Friedenszeiten!», schnaubte Georgy, als handele es sich um ein Schimpfwort. «Darauf können Sie lange warten, Werteste. Die Engländer haben ihre Seeblockade noch nicht aufgegeben und an unserer Grenze im Osten toben die Polen. Als wären die außenpolitischen Verfehlungen des Arbeiter- und Volksrats nicht genug, tut dieser bolschewistische Aufwiegler in München nichts anderes, als das deutsche Volk öffentlich zu denunzieren und der Entente damit Mittel in die Hand zu geben, um uns hart anzugehen. Nein, von Friedenszeiten kann man nun wirklich nicht reden.»

Durch ihre regelmäßige Zeitungslektüre wusste Sonja, worauf sich Georgy bezog: Der bayerische Ministerpräsident Kurt Eisner von der USPD hatte die Veröffentlichung bislang geheimer Dokumente lanciert, um die alleinige Kriegsschuld des Deutschen Reiches zu beweisen – und damit ein Thema aufgeworfen, das bislang nicht so groß auf der Tagesordnung gestanden hatte, zumal im Waffenstillstandsabkommen nichts über die Schuldfrage stand. Namhafte Pressevertreter hatten dem öffentlich entgegnet, dass die Auszüge nicht der Wahrheit entsprachen, auch Friedrich Ebert sprach sich strikt gegen Eisners Ansichten aus. Die Alliierten hatten die Meldungen jedoch mit einer gewissen Begeisterung aufgenommen – und es sah nicht so aus, als würde der Freistaat Bayern die wohl erhoffte Sonderbehandlung erfahren. Im Gegenteil schien sich innenpolitisch eine größere Kluft zwischen den Mehrheitssozialdemokraten und ihrer nach links abgerutschten Gruppierung aufzutun. Sonja wünschte, sie hätte dieses Thema mit Justus besprechen können, doch zu ihrem Geliebten hatte sie seit seiner Abreise nach Warschau keinen Kontakt. Zwar war sie es gewohnt, geduldig auf ein

Lebenszeichen von ihm zu warten, doch jetzt fehlte ihr seine Weitsicht.

«Bitte ersetzen Sie den Begriff *Frieden* durch das Wort *Zukunft*», stellte sie richtig. Diesen Satz hatte sie irgendwo gelesen, obgleich sie nicht mehr wusste, wo. Die Lektüre von Bühnenstücken konnte in vielen Lebenslagen hilfreich sein. «Ich möchte die Zukunft des Deutschen Reiches im Sinne der Tradition fortsetzen.» Zufrieden über ihren Kommentar lächelte sie.

«Das klingt vortrefflich, Fräulein Grawitz, wirklich vortrefflich.» Georgy drehte sich um und deutete auf den für zwei Personen gedeckten Tisch. «Wollen wir uns nicht zum Essen setzen? Wir sind ja nicht hier, um am Fenster zu stehen und zu plaudern, sondern um ein paar wichtige Dinge zu besprechen. Wobei es äußerst umsichtig von Herrn Adlon ist, dass er die Fenster reparieren ließ, die im November zerschossen wurden. Überhaupt ist der alte Glanz wiederhergestellt – und wir werden uns bemühen, dies an allen Fronten zu tun, nicht wahr?»

«Unbedingt.»

Er klingelte nach dem Kellner, der so rasch erschien, als habe er vor der Tür gelauscht. Der junge Mann kam aus der Schweiz, wie Sonja an seinem Tonfall hörte. Natürlich war er kein Deutscher. Die meisten Angestellten des Adlon kamen seit Kriegsbeginn aus der Alpenrepublik oder den Niederlanden, weil ihre deutschen Kollegen eingezogen worden waren. Er schob Sonja den Stuhl zurecht, während sich Georgy seinerseits setzte.

«Ich habe diesen Rahmen gewählt, weil wir hier unter uns sind», erklärte Sonjas Gastgeber. «Im Adlon herrscht noch

Kaisertreue. Man erzählt sich, die Hausdame habe einen Gast, einen alten Offizier, im Wäscheaufzug versteckt, als die Bolschewisten das Hotel stürmten. Mit einer Flasche Cognac hätten sie sich die Zeit vertrieben. Möchten Sie ein Glas Riesling, Fräulein Grawitz? Den Hennessy sollten wir uns für später aufheben.»

«Keinen Weinbrand für mich, bitte», erwiderte Sonja artig. Wollte Georgy sie testen? Versuchte er über ihren Genuss alkoholischer Getränke festzustellen, ob sie einfach nur ein leichtes Mädchen vom Theater war oder sich tatsächlich wie eine Dame benahm? «Und auch nur einen klitzekleinen Schluck Weißwein.»

Georgy gab dem Kellner ein Zeichen. Er ließ sich nicht anmerken, ob ihn Sonjas Tugendhaftigkeit beeindruckte. Die Anwesenheit des Schweizers nunmehr ignorierend, fuhr er fort: «Kommen wir also zu Ihrer Rolle, Fräulein Grawitz. Grundsätzlich empfinde ich das Frauenwahlrecht als Fehlentscheidung, Frauen sollten sich nicht in die Sachen einmischen, die nur Männer etwas angehen. Aber nachdem ihnen das Wahlrecht nun einmal gegeben wurde, sollten wir das Beste daraus machen. Dabei bauen wir darauf, dass ‹Sonja Grawitz› für die richtige Seite kandidiert. Für uns.» Natürlich bezog er sich auf den Kurzfilm im Vorprogramm der Lichtspielhäuser.

Ihr Lächeln wurde zu ihrem schönsten Strahlen. Stumm nickte sie.

Der Kellner verschwand wieder hinter der Tür.

Als sie alleine waren, beugte sich Georgy zu Sonja und sagte: «Später werden sich zwei Herren zu uns gesellen, die Ihre Bekanntschaft machen möchten. Der Verleger Alfred Hugenberg und der ehemalige kaiserliche Finanzminister, der Geheime Rat Oskar Hergt, unser Parteivorsitzender, möchten Sie kennenlernen.»

«Es ist mir ein Vergnügen», antwortete Sonja höflich. Am liebsten wäre sie in ein Jauchzen ausgebrochen.

«Wir haben Großes mit Ihnen vor!»

Ich habe es geschafft, dachte sie, Justus wird stolz auf mich sein. Mit ihrem Schritt in die Politik würde sie die Reste von Marlenes Schatten gründlich beseitigen, was sie seit bald zwölf Jahren versuchte. Nun war ihre Zeit gekommen.

JANUAR 1907

38

Sonjas Herz raste, ihre Wangen glühten, die Schnappatmung verschaffte ihr kaum genug Luft. Doch trotz der Aufregung stand sie still vor der Litfaßsäule an der Prachtstraße Unter den Linden und betrachtete eines von den vielen Plakaten. Es machte ihr nichts aus, dass ihre Füße in einem Schneehaufen versanken, die durch ihre Stiefel dringende kalte Nässe spürte sie nicht. Für diesen Sturm der Gefühle sorgte die Ankündigung des Lessing-Theaters in der Mitte des Werbeturms:

> Anfang 7 ½ Uhr
> *Sonnabend, 2. Februar 1907*
> Zum ersten Male:
> DIE JUNGFERN VOM BISCHOFSBERG
> Lustspiel in fünf Akten von Gerhart Hauptmann

Darunter wurden in deutlich kleinerer Schrift die Mitwirkenden aufgeführt: An erster Stelle die bekannten Hauptdarsteller Else Lehmann, Albert Bassermann und Ida Orloff, danach Grete Hofmann und Fritzi Schaffer – und dann stand dort ihr Name: Sonja Grawitz. Unter ferner liefen zwar, aber schwarz auf weiß.

Es war nicht das erste Mal, dass sie in einer Nebenrolle auf einem Theaterplakat erwähnt wurde. Aber noch nie hatte sie in einem so großen, renommierten Haus spielen dürfen wie dem Lessing-Theater. Auf dieser Bühne zu stehen, war wie ein Ritterschlag. Es war der Weg hinaus aus den kleinen Theatern mit teilweise zweifelhaften Aufführungen hin zu den großen Dramatikern. Es war das Ergebnis ihrer jahrelangen Bemühungen, sich ein Können anzueignen, das seinesgleichen suchte, das Ergebnis durchspielter Nächte in schlechten Rollen und Dutzender Schuhe, die sie tagsüber als Vorführdame ablief, um den Schauspielunterricht bezahlen zu können. Jetzt war sie endlich gut genug für die Chance, die ihr der Intendant Otto Brahm gab. Und vielleicht – wer konnte das schon wissen? – würde ein Dichterfürst auf sie aufmerksam werden und in ihr seine Muse sehen, so wie Gerhart Hauptmann in Ida Orloff.

«Nu' friert se mal nich' fest, junge Frau», riet ihr eine hohe Männerstimme.

Wie sie diesen breiten Berliner Jargon hasste!

Es hatte sie unendlich viel Zeit und Mühe gekostet, ihre Herkunft aus ihrer Sprache zu verbannen. Ganz abgesehen vom Geld. Deshalb nahm ihre Stimme im Umgang mit Menschen niederer Schichten inzwischen stets eine gewisse Überheblichkeit an. «Sie sollten sich um Ihre eigenen Angelegenheiten kümmern und um mich keine Sorgen machen», erwiderte sie kühl, während sie sich halb zu ihrem Gesprächspartner umdrehte.

Der Mann war eine Art lebendige Litfaßsäule. Über seinen Schultern hing ein Gestell mit einem großen Plakat auf der Vorderseite. Er trug eine graue Mütze, die ein wenig an die Rundhaube des Originals erinnerte. Die wenigen Passanten, die an diesem eiskalten Wintertag zu Fuß unterwegs waren, betrachteten kurz die Werbung vor seiner Brust, bevor sie davoneilten. Unwillkürlich warf auch Sonja einen Blick darauf – es war eines der Wahlplakate, die man überall in der Stadt finden konnte:

Von vormittags 10 Uhr bis nachmittags 6 Uhr
kann der Stimmzettel abgegeben werden.
Wer es ermöglichen kann,
benutze zur Stimmabgabe die Zeit
von 10 bis 12 Uhr und von 2 Uhr an,
damit die Mittagsstunden
für die zur Arbeit Gezwungenen frei bleiben
und zu großer Andrang vermieden wird.
Der Reichstag wird auf fünf lange Jahre gewählt.
Kein Wahlberechtiger darf sich säumig zeigen.

Blablabla, fuhr es Sonja durch den Kopf. Die Abstimmung war ihr gleichgültig – das Drei-Klassen-Wahlrecht in Preußen verbesserte, genau wie das allgemeine Wahlrecht für den Reichstag, nichts an den Lebensbedingungen einfacher Leute. Und wer es schaffen will, schafft es sowieso, fügte sie in Gedanken hinzu. Dafür war sie selbst der beste Beweis. Stolz straffte sie die Schultern.

Ihr fiel der neugierige Blick des Mannes auf. Was wollte der von ihr? Seine Reklame war nicht für ihresgleichen gedacht, sie durfte nicht wählen. Und bemerkte er nicht, dass sie nicht zu der Sorte junger Frauen gehörte, die sich auf der Straße ansprechen ließen?

Unwillkürlich sah sie an sich hinunter. Ihre Garderobe war schlicht, weder schick noch teuer. Sie zog sich einfach an, um Geld für ihre Aus- und Weiterbildung zu sparen. Ihr genügte, sich auf der Bühne in aufwendige Kostüme hüllen zu dürfen. Die abgelegten Kleider von Marlene hingen schon lange nicht mehr in ihrem Schrank. Mit der einstigen Freundin hatte sie auch kaum noch Kontakt, sie schrieben sich einen Brief zum Geburtstag der jeweils anderen und erzählten sich ein paar Begebenheiten aus dem Alltag, dazu eine Karte zu Chanukka oder Weihnachten. Ihre Lebenswege hatten sich getrennt und verliefen in völlig andere Richtungen. Sonja wusste aber immerhin, dass Marlene demnächst an die Universität nach München gehen wollte, wo Frauen ein Jurastudium inzwischen erlaubt war. Es war ihr schleierhaft, wieso Marlene nicht nach Berlin zurückkehrte. In Preußen konnte sie sich zwar nach wie vor nur als Gasthörerin immatrikulieren, aber warum nicht? Letztlich war es nichts anderes als Luxus, ums Geld ging es bei Professor von Runstedts Tochter nicht. Anwältin durfte Marlene so oder so nicht werden, und ob sie als Angestellte in der juristischen Verwaltung Fuß fassen könnte, stand genauso in den Sternen wie der Ausgang der Parlamentswahlen am kommenden Freitag.

Sie selbst hatte ihr Ziel jedenfalls erreicht. Auch wenn sie nicht so aussah wie eine junge Frau, die es geschafft hatte, stellte Sonja für sich fest. Eher wie eine Bürokraft. Von meiner nächsten Gage kaufe ich mir einen anständigen Mantel, entschied Sonja. Einen mit Fellbesatz würde sie sich nicht leisten können, aber vielleicht einen mit Samtkragen – dieser Putz machte schon eine Menge her.

Die Fistelstimme des Mannes riss sie aus ihren Gedanken: «Da kiekste mal!»

Tatsächlich schien nicht mehr ihre Person von Interesse für den Werbeträger zu sein, sondern das Automobil, das gerade vorbeischlitterte. Ein jadegrüner Wagen mit sandfarbenem, geschlossenem Verdeck. Offensichtlich hatte der Fahrer einige Mühe, die Spur auf der schneebedeckten Fahrbahn zu halten. Die Räder griffen nicht, der Schnee knirschte, Flocken stoben auf wie bei einer Fontäne, Bremsen kreischten.

Sonja sah den Wagen auf sich zurollen – und sprang instinktiv zur Seite.

Im nächsten Moment lag sie kopfüber im Schnee. Den Mann neben sich hatte sie mitgerissen, eine Ecke seiner Werbetafel stach ihr schmerzhaft in die Seite.

«Dit jibst ja janich!», näselte es an Sonjas Ohr.

Der Mann lag der Länge nach auf ihr.

Wütend versuchte sie ihn von sich zu schieben, ruderte in wachsendem Ärger und so verzweifelt wie hilflos mit den Armen und strampelte mit den Beinen. Doch er war zu schwer, ohne sein Zutun wurde sie ihn nicht los.

Offenbar hatte der Mann jedoch nicht vor, seine bequeme Position so schnell zu verlassen. Sein heißer Atem streifte ihre Wange. Unwillkürlich stieß Sonja einen Schrei aus.

«Lassen Sie die Frau in Ruhe!»

«Nu' machen Se mal keene Fisimatenten...», hob die Fistelstimme an. Der Mann wuchtete sich halb hoch, wohl um dem anderen Paroli zu bieten.

Aus den Augenwinkeln nahm sie die Gestalt eines Herrn

wahr. Es war nicht nur ein offensichtlich vornehmer Mann, sondern ein Offizier in dunkelblauer Uniform, dessen schwerer Militärmantel *einen Pelzkragen* besaß. Der zweifellos von höherem Stand geborene Automobilist stand zwischen dem Kotflügel seines Wagens, die Räder waren in dem Schneehaufen dicht neben der Litfaßsäule zum Stehen gekommen. In seinem bernsteinbraunen Blick lag Besorgnis, aber auch ein unterdrücktes Schmunzeln. Offensichtlich machte er sich lustig über sie. Dabei war er doch schuld an dem Malheur!

«Der hat ja nicht mehr alle Latten am Zaun», entfuhr es Sonja.

«Wen immer Sie meinen – ihn …», der Offizier neigte kurz seinen Kopf in Richtung des Werbeträgers, der inzwischen wieder auf seinen Beinen stand und langsam davonhumpelte, «… oder mich – Sie haben vermutlich recht.» Er streckte seine in feines, sandfarbenes Leder gehüllte Hand aus. «Darf ich Ihnen meine Hilfe anbieten?»

Sie wollte etwas sagen, doch als sie ihn nun direkt ansah, verschlug es ihr die Sprache.

«Es tut mir leid, dass ich Sie beinahe umgefahren habe.»

Zögernd ergriff sie seine Hand. Kaum, dass er sie hochgezogen hatte, ließ sie ihn los. Nervös nestelte sie an ihrem Hut.

«Geht es Ihnen gut? Falls ich Ihnen einen Schaden zugefügt haben sollte, komme ich natürlich dafür auf.» Offenbar irritierte ihr Schweigen ihn. Während er in die Innentasche seines Mantels griff, setzte er hinzu: «Mein Name ist …»

«Justus von Ostwald», sagte Sonja leise.

Er erstarrte mitten in der Bewegung. Verblüfft sah er sie an. «Kennen wir uns? Pardon, ich erinnere mich nicht …», in beredtem Schweigen brach er verlegen ab.

«Ick ...», sie schluckte. Zu dumm, dass sie ausgerechnet jetzt in ihre alte Mundart verfiel. «Ich», wiederholte sie mit Betonung, «ich bin Sonja Grawitz, eine Schulkameradin ... Ihrer Schwester Caroline.» Sicher war ihm Marlene ebenso wenig im Gedächtnis geblieben wie sie selbst, vermutete Sonja. Deshalb nannte sie die ursprüngliche Verbindung nicht.

Gedankenverloren sah er sie an, seine Blicke schweiften ab. Nach einer Weile schien er sich zu erinnern und fragte prompt: «War Marlene von Runstedt nicht Ihre Freundin?»

«Ja. Damals.» Seine Frage verunsicherte sie. Sollte sie behaupten, dass sie noch immer eng verbunden waren? Warum kam er überhaupt auf Marlene zu sprechen? Wieso war die ihm präsent und sie, Sonja, nicht? Sie entschied sich für eine vage Antwort: «Es ist lange her.»

«In der Tat.»

Ein seltsam bedrücktes Schweigen legte sich über sie. Justus starrte auf die kaum mehr zu erkennenden Spitzen seiner Stiefel im Schnee. Sonja betrachtete ihn dabei und fragte sich, was sie tun könnte, um die Unterhaltung lebendig zu halten.

Ihre bislang einzige Begegnung lag neun Jahre zurück – und doch wusste sie noch jede Einzelheit. Sie hatte ihn in der langen Zeit nicht vergessen, Justus von Ostwald war das Sinnbild ihres ganz persönlichen Helden. Im Laufe der Jahre vergötterte sie ihn in ihren Erinnerungen so sehr, dass kein anderer an ihn herankam. Im Theater gab es viele Verehrer, Kavaliere und weniger höfliche Männer, an Aufmerksamkeit hatte es ihr nie gemangelt – und doch bewahrte sie sich durch den Gedanken an den Einen eine gewisse Tugend. Natürlich erwartete sie nicht, ihn jemals wiederzusehen, so realistisch war sie trotz der Träumerei. Doch nun stand er leibhaftig vor ihr und sie wünschte, er würde ihr noch einmal die Hand reichen, damit sie ihn festhalten und nicht mehr loslassen konnte.

«Sie haben ein schönes Auto», brach es aus ihr heraus. Ein intelligenterer Kommentar wollte ihr beim besten Willen nicht einfallen.

Er sah sie überrascht an. «Sie interessieren sich für Automobile?»

«Natürlich», log sie. «Das ist doch die Zukunft.»

«Das ist ein Wolseley mit einem Vierzylindermotor», erwiderte er strahlend. Die Begeisterung für den Wagen war ihm anzuhören: «Ein Modell aus England, drei Komma drei Liter und achtzehn PS, ein rasanter Motor mit Kettenantrieb und einer Höchstgeschwindigkeit von fast achtzig Stundenkilometern...» Atemlos hielt er inne. Doch plötzlich lachte er auf. «Nun langweile ich Sie doch. Das tut mir leid.»

«O nein! Ich höre Ihnen gerne zu. Leider verstehe ich nur viel zu wenig von der Technik. Also, eigentlich verstehe ich gar nichts davon.»

Er verneigte sich. «Hiermit lade ich Sie zu einer Spritztour ein, gnädiges Fräulein.»

Skeptisch musterte sie die großen Reifen über den goldglänzenden Felgen, die in dem Schneehaufen stecken geblieben waren. «Ich weiß nicht...», murmelte sie. In Anbetracht des Bremsmanövers zuvor war sie nicht sicher, ob sie den Mut und Justus die Fahrkünste aufbrachte, das Automobil unfallfrei durch die winterliche Stadt zu lenken.

«Machen Sie sich bitte keine Sorgen um Ihren untadeligen Ruf, Fräulein Grawitz. Eine gemeinsame Ausfahrt ist absolut *comme il faut*», versicherte er. Offenbar missverstand er ihre Zurückhaltung. «Zumal Sie eine Schulkameradin meiner Schwester und eine Freundin von Marlene waren.»

Der vertraute Ton, mit dem er Marlenes Namen erwähnte, stach ihr ins Herz. Sie erinnerte sich noch gut daran, wie ablehnend sich Marlene gegenüber dem Kadetten damals gezeigt hatte. Und sie erinnerte sich *nicht* daran, dass sie ihn später noch einmal erwähnt hatte. Doch offenbar verband Justus und die alte Freundin etwas, von dem Sonja ausgeschlossen war. Dabei hatte sie zumindest in jener Zeit geglaubt, dass kein Blatt zwischen sie und Marlene passte. Ein Irrtum, wie seine Bemerkung nun verriet. Sonja war gleichermaßen verletzt wie neugierig.

«Mit Ihnen würde ich sehr gerne eine Spritztour unternehmen», versicherte sie eilfertig.

Es war fast so wie vor fast zwanzig Jahren, als sie Marlene gedrängt hatte, mit Justus durch den Tiergarten zu spazieren. Doch diesmal lasse ich ihn nach unserem Ausflug nicht einfach gehen, entschied Sonja bestimmt. Eine falsche Anschrift würde sie jedenfalls nicht mehr angeben müssen – das Lessing-Theater war eine der kultiviertesten Adressen Berlins.

39

Sonja war noch nie in einem Automobil gefahren. Sie hatte bisher nicht einmal in einem mit feinstem Leder ausgestatteten Tonneau gesessen. Es war sehr bequem, wenn auch vielleicht etwas hart gepolstert, doch Sonja war ohnehin völlig verkrampft und hielt sich mit beiden Händen ängstlich an ihrem Sitz fest. Ob Justus gut oder weniger gut fuhr, konnte sie nicht sagen, da sie die Lider zusammenpresste, sodass sie lediglich die schlitternden Bewegungen des Fahrzeugs und das Schnaufen des Motors wahrnahm. Im vorigen Herbst hatte sie sich einmal in einen Motor-Omnibus verirrt, war aber an der nächsten Haltestelle ausgestiegen. Nicht nur, weil ihr die moderne Technik nicht ganz geheuer war, sondern weil ihr recht blümerant geworden war. Sie hatte sich Übelkeit und Schwindel damals mit der hohen Geschwindigkeit erklärt – und heute genauso. Es kam ihr vor, als würde sie wie das Leinenzeug in einer Schaukelwaschmaschine durchgeschüttelt werden. Dagegen half auch die eiskalte Zugluft nicht, die ihr um die Nase wehte. Doch nie und nimmer hätte sie sich die Blöße gegeben und Justus gebeten abzubremsen.

Plötzlich rollte der Wagen aus. Der Motor brummte so leise, dass Sonja den Schnee unter den Reifen knirschen hörte. Dann hielt er an.

Sie öffnete ihre Augen und blickte in den winterlichen Grunewald: Äste ragten in den grauen Himmel, einige schienen sich unter ihrer schweren, weißen Last zu ducken und beinahe zu brechen. Der Fußweg führte unberührt in die Anlage, nirgendwo tauchte die schwarze Silhouette eines Menschen zwischen den Bäumen auf, nicht einmal Fußspuren konnte Sonja ausmachen. Auch auf der Straße herrschte kein Verkehr, es war so still, dass Sonja sich einen Moment lang der Illusion hingab, allein auf der Welt zu sein. Mit Justus von Ostwald. Sie wandte sich zu ihm um. «Es ist wunderschön.»

«Warum sind Sie dann ganz bleich?»

Er hatte sie ertappt. War sie wirklich eine so schlechte Schauspielerin, dass sie ihm nicht einmal Begeisterung für etwas vorspielen konnte, an dem ihm offensichtlich viel lag? Nun ja, sie war während der Fahrt leider sie selbst gewesen. Mit einem zerknirschten Lächeln erklärte sie: «Der Grunewald ist wunderschön. Aber an das Automobil muss ich mich wohl noch gewöhnen.»

Er schlug sich mit der Hand gegen die Stirn. «Und ich dachte, ich würde Ihnen mit der Spazierfahrt eine Freude bereiten...», kopfschüttelnd brach er ab.

«Oh, das haben Sie!», beeilte sie sich und improvisierte sogleich: «Es war schon immer mein Traum, einmal in so einem schönen Wagen sitzen zu dürfen. Doch wie das so ist mit Träumen – die Realität kommt manchmal etwas überraschend. Das bedeutet aber nicht, dass die Erfüllung des Wunsches nicht willkommen ist.»

«Bemerkenswert», stellte Justus schmunzelnd fest. «Es sind hierzulande keine sechzig Automobile in Privatbesitz zugelassen – und ausgerechnet ich fahre Ihnen über den Weg, um Ihnen diesen Wunsch zu erfüllen.»

«Das ist Schicksal.»

«Vielleicht», sagte er leichthin.

Sonja beschloss, alle gesellschaftlichen Konventionen zu vergessen. Sie holte tief Luft, wappnete sich insgeheim gegen sein Erstaunen und rettete sich in die Rolle der jungen Liebenden. Darin war sie gut. «Ich erinnere mich noch oft an unsere Begegnung damals, als ich ein Schulmädchen war», begann sie mit sanfter Stimme. «Sie haben einen tiefen Eindruck auf mich gemacht.»

«Ach! Tatsächlich?»

«Ich habe mir immer gewünscht, dass wir uns wiedersehen.»

Er sah sie in einer Mischung aus Verwunderung, Neugier und Amüsement an. Entweder glaubte er ihr kein Wort – oder sie hatte zu dick aufgetragen. Männer waren Eroberer, vielleicht stieß sie ihn ab, wenn sie zu forsch vorging. Verlegen knabberte sie an ihrer Unterlippe und wartete, dass er etwas sagte. Doch erst einmal begann er zu lachen. Machte er sich etwa lustig über sie?

«Vier Jahre lang habe ich in Berlin gelebt und ausgerechnet an meinem letzten Tag treffen wir uns.»

Sie sah ihn aus großen Augen an. «Wo waren Sie denn vorher? Und wo wollen Sie nun hin?»

«Hat Marlene Ihnen nicht... Sie sind... waren Freundinnen... da erzählt man sich doch...», stammelte er und brach schließlich verwirrt ab.

«Was?»

Sein stummer Blick wanderte über ihr Gesicht. Offenbar war er verunsichert. Er zögerte seine Antwort hinaus. Nach einer Weile stöhnte er gequält auf. «Sie haben wirklich keine Ahnung, nicht wahr?»

«Ich weiß nicht, wovon Sie sprechen. Was ist mit Marlene? Ich habe sie schon lange nicht mehr gesehen.»

Wieder schien er unschlüssig. Plötzlich jedoch lächelte er. «Das ist eine lange Geschichte, die ich Ihnen ganz sicher nicht jetzt erzählen möchte. Verschieben wir das bitte auf ein andermal. Ich würde viel lieber wissen, was Sie machen, wenn Sie nicht gerade vor Litfaßsäulen stehen und von alleinstehenden Automobilisten fast umgefahren werden.»

«Zuerst Sie», bat Sonja. Sie war ein wenig kleinlaut. Der

Schatten von Marlene verdüsterte die Stimmung zwischen ihnen. Deshalb fiel es ihr schwer, mit Leichtigkeit weiter mit ihm zu kokettieren. Ein Wagen war eben doch keine Bühne. Aber sie blieb aufrichtig an Justus von Ostwald interessiert. «Wo waren Sie in all den Jahren? Ich meine, vor Ihrer Zeit in Berlin», fragte sie zaghaft.

«Nach der Kadettenanstalt kam ich nach Deutsch-China», gab er bereitwillig Auskunft, «und als ich vor vier Jahren wieder nach Hause geschickt wurde, erhielt ich einen Platz an der Kriegsakademie und am Institut für Orientalistik. Ich wollte eine Weile hierbleiben, um zu heiraten, aber daraus wurde nichts. Lediglich das Studium habe ich abgeschlossen. Tja, und morgen fahre ich wieder nach Peking.»

Sonja war fassungslos. «So weit reisen Sie?»

«Sie sind ja schon wieder ganz bleich», stellte er fest. «Wahrscheinlich ist das die Kälte. Wir sollten zurückfahren, bevor wir hier im Frost zu Eis erstarren.»

«Das ist nicht schlimm», murmelte sie. Viel schlimmer ist, dachte sie, dass er schon wieder aus ihrem Leben verschwinden würde.

Er schien eine Episode zu bleiben, wie ein Intermezzo in einem Theaterstück. Dabei war er nicht nur der Mann ihrer Jungmädchenfantasien, sondern auch im wirklichen Leben eine gute Partie, der Wunschkandidat wohl jeder Frau ihres Alters: Der Besuch der Kadettenanstalt und Kriegsakademie brachten ihn auf den Weg zu einem hohen Offizierspatent und damit in eine gesellschaftlich noch angesehenere Stellung als sein Geburtsrecht; das Institut für Orientalistik in seiner Biografie ließ zudem auf eine umfassende geisteswissenschaftliche Bildung schließen. Er sah gut aus, war abenteuerlustig, dabei zuvorkommend und schlichtweg gutherzig. Es stand außer Frage: Er war der Mann ihrer Träume. Und würde dort wohl auch bleiben.

«Wir sollten trotzdem zurückfahren.» Justus rieb seine Hände aneinander. «Es ist reizend, sich mit Ihnen zu unterhalten, aber ich will nicht verantwortlich dafür sein, dass Sie sich am Ende doch noch erkälten.»

«Ich bin nicht so anfällig», wehrte sie ab. Ihr lag auf der Zunge, von ihrer Kindheit und Jugend im dritten Hinterhaus einer Mietskaserne zu erzählen, davon, dass dieser Werdegang abhärtete, wenn man die ersten Jahre überlebte. Angesichts seiner brillanten Vita sagte sie jedoch nichts davon. Stattdessen behauptete sie: «Machen Sie sich bitte um mich keine Sorgen. Mit einem heißen Getränk habe ich noch jeden Schnupfen besiegt.»

«Unter diesen Umständen möchte ich Sie unbedingt auf einen Tee oder einen Glühwein einladen, Fräulein Sonja.»

Der Gedanke, mit ihm in einem Café zu sitzen, machte sie glücklich. Obwohl sie ihre eiskalten Zehen schon in den Stiefeln kreisen ließ, weil sie sonst ganz steif würden, pulsierte das Blut in ihren Adern, zog Wärme durch ihren Körper. Strahlend forderte sie Justus auf: «Worauf warten Sie noch?» Auf der Rückfahrt behielt sie ihre Augen offen.

DEZEMBER 1918

40

«Es ist keine Selbstverständlichkeit, dass ich heute hier sein und zu Ihnen sprechen darf. Zum ersten Mal in der Geschichte Deutschlands haben wir Frauen die Macht und die Möglichkeit...»

Ein unglaublicher Krach ließ die Fensterscheiben erzittern. Marlene zuckte zusammen. «Was war das?», stieß sie erschrocken hervor.

«Unten auf der Straße wird wieder geschossen», erläuterte Fräulein Martius unbeeindruckt, «das passiert andauernd...», sie unterbrach sich. Offenbar war ihr ein Gedanke gekommen, denn sie sah Marlene erstaunt an und fragte: «Gab es diese Scharmützel in Warschau denn nicht?»

«In Polen gibt es keine Revolution, wenn auch reichlich Protest», erwiderte Marlene, «allerdings bislang in der Regel nicht mit Waffengewalt.» Während sie sprach, schlang sie die Arme um ihren Leib. Sie fror. Tatsächlich war es in dem kleinen Büro recht kühl, aber ihr Schaudern rührte vor allem von der Gewalt her, die vor dem Gebäude tobte. In den drei Wochen, die sie nicht in der Heimat gewesen war, hatte sie sich an eine andere Welt gewöhnt und geglaubt, der Aufruhr im Deutschen Reich hätte sich seit dem unmittelbaren Kriegsende wieder gelegt.

Es war ihr erster Tag an ihrem neuen Arbeitsplatz, einem Zimmer in der Schützenstraße, gegenüber dem architektonisch spektakulären Mossehaus, in dem sich Verlag, Redaktion und Druckerei von Theodor Wolffs *Tageblatt* befanden. Nach einer erstaunlich angenehmen, wenn auch durch Umleitungen auf der Bahnstrecke bedingt sehr langen Zugfahrt war Marlene nach Hause gekommen – und hatte nicht nur umgehend ihre Tätigkeit in der Frauenberatungsstelle wieder aufgenommen, sondern mit Feuereifer erste Vorbereitungen für ihre politischen Pläne getroffen. So hatte sie beispielsweise mit anderen Frauen die Texte geprüft, die auf Flugblättern zum Wählen aufrufen sollten. Sie und ihre Mitstreiterinnen von der DDP konnten auf einen erstaunlichen Etat zurückgreifen, da der Industrielle Carl Friedrich von Siemens der Partei eine Million Reichsmark für den Wahlkampf gespendet hatte. Eine unglaublich hohe Summe, von der auch die Frauen profitierten. Das kleine Wahlbüro war ihr während ihrer Abwesenheit zugeteilt worden und ihr Vater – oder Max – hatten die junge Kanzlei-Sekretärin in das Berliner Zeitungsviertel geschickt, um Vorbereitungen für Marlenes Rückkehr zu treffen. Heute hatte Marlene nun Einzug als zur Wahl nominierte Politikerin gehalten, ein wenig verunsichert zwar, weil sie sich über ihre Aufgaben nicht genau im Klaren war, aber mit einem guten Gefühl. Das begann jedoch angesichts der anhaltenden Kämpfe zu schwinden.

Offenbar hatte sich in den vergangenen Wochen nichts geändert. Die Hoffnung auf ein besseres Deutschland hatte sich inzwischen sogar weitgehend verflüchtigt. Hunger und Arbeitslosigkeit prägten das Leben der meisten Menschen, die unverändert große Gefahr durch wild herumschießende Männer jeder politischen Couleur ließ die Ahnung von einem friedlichen Zusammenleben schrumpfen. Prof. von Runstedt behauptete, Karl Liebknecht vom Spartakusbund wolle einen Bürgerkrieg nach dem Vorbild Russlands anzetteln. Dort hatte die Revolution mit meuternden Matrosen begonnen, hier hatten die rebellierenden Angehörigen der Marine für das Ende von Kaisertum und Krieg gesorgt. Die Freikorps dagegen schienen die alten Herrschaftsstrukturen aufrechterhalten zu wollen und schossen sich den Weg zu ihrem Ziel gnadenlos frei. Aber das Ende der demokratischen Bewegungen werden sie durch ihr Herumgeballere nicht erreichen, entschied Marlene still. Zu ihrer Sekretärin sagte sie: «Wie sollen wir hier vernünftig arbeiten, während vor der Tür Krieg gespielt wird?»

«Daran gewöhnen Sie sich», versicherte Fräulein Martius. «Aber wenn Sie in Richtung Leipziger Straße zu Fuß unterwegs sind, sehen Sie sich vor! Am besten, Sie behalten immer die nächste Toreinfahrt im Auge.»

«Wozu das?»

«Um hineinzuschlüpfen natürlich.» Fräulein Martius sah sie aus großen Augen an, fügte jedoch geduldig hinzu: «Wenn geschossen wird, sollten Sie in Deckung gehen, solange Ihnen Ihr Leben lieb ist.»

Marlene schnalzte ärgerlich mit der Zunge. «Und ich dachte, die Revolution sei mit der Arbeit des Volksrats um Friedrich Ebert beendet worden. Offenbar haben wir noch eine Menge zu tun. Es scheint mir wirklich höchste Zeit für ein bisschen weiblichen Einfluss in der Politik. Wir Frauen haben nach meiner Erfahrung weniger das Bedürfnis, unkontrolliert mit Waffen herumzufuchteln.»

«Zwischen dem Alexanderplatz und dem Potsdamer Platz ist man nicht sicher vor Spartakusleuten und dem Freikorps. Es sind auch viele versprengte Soldaten darunter, die sich in privaten Brigaden sammeln. Arme Teufel, wissen Sie. Fast jeden Tag marschieren repatriierte Truppenteile zum Brandenburger Tor, werden mit Blumen geschmückt und gefeiert. Aber was danach aus ihnen wird, darum kümmern sich nicht viele. Die meisten jungen Männer haben doch nichts anderes gelernt, als zu kämpfen, und die Kommunisten bezahlen ihnen wenigstens einen guten Sold.» Marlenes entsetzter Gesichtsausdruck sorgte jedoch wohl für die schnelle Richtigstellung: «Das habe ich jedenfalls gehört. Ich kenne keinen Kommunisten persönlich.»

«Wenn ich vertrauensvoll mit Ihnen arbeiten kann, ist mir gleichgültig, woher Sie Ihre Informationen beziehen.»

«Fräulein Doktor von Runstedt, Sie können sich auf mich verlassen.» Die Sekretärin knickste unterwürfig.

«Dann lassen Sie uns bitte weitermachen und meine Rede vorbereiten. Wo waren wir stehen geblieben?»

Fräulein Martius schaute auf den Block, auf dem sie sich Marlenes bisheriges Diktat notiert hatte: *«Es ist keine Selbstverständlichkeit, dass ich heute hier sein und zu Ihnen sprechen darf. Zum ersten Mal in der Geschichte Deutschlands haben wir Frauen die Macht und die Möglichkeit...»*

«Streichen Sie bitte *die Macht*», unterbrach Marlene.

«Selbstverständlich, Fräulein Doktor.»

«Dann weiter.»

Während Fräulein Martius aus den stenografierten Aufzeichnungen rezitierte, nahm Marlene ihre Wanderung durch den kleinen Raum wieder auf. Obwohl sie sich zu sammeln versuchte, schweiften ihre Gedanken ab.

Nach ihrer Rückkehr hatte sie ihrem Vater gesagt, dass sie ihr Zimmer in seiner Kanzlei für ihren Wahlkampf nutzen wolle. Das Sekretariat, das ihr dort zur Verfügung stand, wäre organisatorisch unschätzbar hilfreich. Doch davon wollte Hugo von Runstedt nichts wissen. Sein Büro sollte ein neutraler Ort bleiben, in dem Rechtspflege betrieben wurde, aber keine Politik. Energisch verwies er sie in die Schützenstraße in der Mitte Berlins. Daneben gab es noch ihren Schreibtisch im Kartell für Auskunftsstellen für Frauenberufe, an dem sie ebenfalls regelmäßig präsent sein wollte. Sie würde Tag und Nacht arbeiten müssen, um den Anforderungen gerecht zu werden, die sie an sich selbst stellte. Sie wollte die Frauen, die zu ihr kamen und Rat suchten, unbedingt weiterhin unterstützen. Doch würde ihre Tätigkeit hintanstehen müssen, wenn sie zu Vorträgen in der Stadt und im Umland aufbrach, um genau diese Frauen zur Wahl zu bewegen. Frauen, die ihre Arbeitsstellen verloren, weil ihre Männer weitgehend gesund aus dem Krieg heimkehrten. Was konnte sie denen versprechen? Einsatz, fuhr es Marlene durch den Kopf. Sie konnte ihnen zusichern, dass sie sich für sie verwenden würde ...

Erneut knallte ein Schuss. Die Fensterscheiben klirrten.

«So kann ich nicht arbeiten», murmelte Marlene.

♦

«So kann ich nicht arbeiten!», wiederholte Marlene mit erhobener Stimme. Sie saß mit gestrafften Schultern und durchgedrücktem Kreuz auf dem Besucherstuhl am Schreibtisch von Max Emden. Er war ihre erste Anlaufstelle, um sich über die Unzulänglichkeiten in ihrem neuen Büro zu beschweren. «Wie soll ich mich konzentrieren, wenn direkt vor meiner Tür eine Revolution stattfindet?»

«Niemand zwingt dich, dein Wahlbüro für deinen Schreibkram zu nutzen», erwiderte Max gelassen. «Dafür kannst du dich genauso gut hier an deinen Schreibtisch setzen. In der Schützenstraße geht es doch vor allem darum, dass du dich als Frau und Politikerin präsentierst.»

«Wie nett, dass du meine Parteiarbeit auf das Niveau einer Modenschau hebst.»

Max seufzte. «Und warum bist du heute so schlecht gelaunt?»

«Weil ...», hob sie an und brach fast zeitgleich wieder ab. Weil nichts so war, wie sie es sich erhofft hatte, hätte sie sagen können. Weil sie mit allen Sinnen und ihrem Herzen weit weg war. Weil sie die Menschen vermisste, die ihr nur wenige Wochen lang nah gewesen waren. Die vertrauensvolle Zusammenarbeit mit der tatkräftigen Ricarda fehlte ihr; die Frauen, mit denen sie in Berlin zu tun hatte, lebten über die Metropole und die Vorstädte verstreut, sodass eine enge Abstimmung unter den gegebenen Umständen nur begrenzt möglich war. Ricarda indes war nach Breslau gefahren, wo sie mit neuen Aufgaben in der Verwaltung betraut wurde. Darüber hinaus hatte dieser etwas morbide Charme, der den Polen und ihrer Hauptstadt anhaftete, sie trotz aller Feindseligkeiten berührt, ihre feuchtfröhliche Mentalität, in der Essen, Trinken und Musik vorherrschten und letztlich alle Probleme vergessen ließen, selbst die Rationierungen. Und wenn Marlene an Justus dachte, kam sie sich wie verloren vor. Einmal mehr war er in ihr Leben zurückgekehrt und wieder daraus verschwunden. Der Trennungsschmerz zehrte dieses Mal besonders stark an ihren ohnehin leicht reizbaren Nerven.

Sie registrierte den aufmerksamen Blick von Max. Er wartete offenbar auf eine Antwort. «Mir missfällt die Revolution», wich sie aus. «Haben die Männer nicht genug vom Krieg? Müssen sie immer weiterkämpfen? Ich bin es so leid, Geschosse zu hören und mir über Verwundete oder gar Tote Gedanken machen zu müssen.»

«Es dauert eben seine Zeit, bis die Leute lernen, dass Demokratie vor allem Freiheit bedeutet.»

«Oh, das ist gut», lobte sie und ein kleines Schmunzeln stahl sich auf ihre Lippen. «Darf ich ...» Weiter kam sie nicht, denn vom Steinplatz wehte plötzlich unerwartet großer Lärm in Max' Zimmer. Es klang wie eine Protestkundgebung. Das Lächeln verschwand aus ihrem Gesicht, sie sprang auf und lief zum Fenster, um nachzusehen, was los war.

Eine Gruppe von vielleicht einem Dutzend Männern taumelte vorüber. Auf den ersten Blick wirkten sie wie Seeleute, die noch die Wellen unter den Planken ihres Schiffs spürten. Mal schwankten sie in die eine, dann in die andere Richtung. Anscheinend waren sie trotz ihres Gegröls friedliche Menschen – eine Waffe war nicht zu erkennen. Statt ein Scharmützel anzuzetteln, gaben die Männer schließlich ihre Gesangskünste zum Besten: Ein unverständlicher, chaotischer Chor setzte ein. Die vielen Beine versuchten vergeblich im

Takt des Liedes aufzustampfen. Einer der Sänger strauchelte, zwei andere packten seine Arme und verhinderten, dass er auf den Asphalt schlug.

«Das sind die Russen», erklärte Max in Marlenes Rücken. «Sie betrinken sich und singen. Immer mehr Flüchtlinge aus dem ehemaligen Zarenreich kommen hier an, man nennt Charlottenburg inzwischen auch ‹Charlottengrad› nach ihrer Heimat Petrograd.»

«Meine Güte! Seit meiner Abreise nach Warschau hat sich hier aber ziemlich viel verändert.»

«Die Russen residieren im Hotel gegenüber. Wie ich hörte, ist es ausgebucht. Die Zimmer sind besetzt von Großfürsten oder sonstigen Adeligen und Offizieren. Herren und Damen aus der Hofgesellschaft auf der Flucht vor den Bolschewiki.»

«Na, da kommen sie ja wohl vom Regen in die Traufe», kommentierte Marlene lakonisch.

Max antwortete nicht. Er saß noch immer an seinem Schreibtisch, hatte sich auf seinem Stuhl nur halb zu ihr umgedreht. Nach einem gedankenverlorenen Blick zog er schließlich die Schublade unterhalb der ausladenden, von Papieren überladenen Platte auf. Seine Hand verschwand im Innern, er schien immer noch zu zögern.

«Was suchst du?», fragte Marlene automatisch.

«Ein Geschenk für dich.» Er zog seine Rechte aus der Schublade. Zwischen seinen Fingern hielt er eine Pistole. Er zielte auf den Boden, doch das änderte nichts an der Bedrohlichkeit.

Erschrocken wich Marlene zurück.

«Das ist eine Ordonnanzwaffe», erklärte Max unaufgeregt. «Du wirst dich sicherer fühlen, wenn du sie bei dir hast.» Arglos, als handele es sich um eine Schachtel Pralinen, hielt er ihr die Pistole hin.

Unwillkürlich griff sie danach. Im nächsten Moment hätte sie sie beinahe fallen gelassen. «Mein Gott, ist die schwer...!»

Einen Atemzug später wurde sie sich dieses kalten Fremdkörpers in ihrer Hand bewusst. Was bin ich für ein Schaf, alles anzufassen, das mir gereicht wird, schalt sie sich. Am liebsten hätte sie die Pistole tatsächlich fallen lassen. Doch da sie nicht wusste, ob sie geladen war, hielt sie sie krampfhaft fest. Ihr Körper versteifte sich, ihre Sorge, dass sich ein Schuss lösen könnte, wuchs. Ihr Arm begann zu brennen.

«Marlene», sagte Max sanft, während er ihr sein Geschenk wieder abnahm, «die Luger soll dich beschützen und nicht umbringen.»

Erleichtert atmete sie aus. «Die Gefahr, dass ich mich versehentlich erschieße, besteht allerdings durchaus. Ich habe nicht die geringste Ahnung, wie man mit einem solchen Mordinstrument umgeht.»

«Ich werde es dir zeigen.»

Seine Selbstsicherheit überraschte sie. «Woher weißt *du*, wie man schießt?»

«Im Wehrdienst für den Kaiser musste ich lernen, mit einer Waffe umzugehen.»

«Du hast mir nie erzählt, dass du gedient hast...»

Er legte die Pistole vorsichtig auf eine Akte auf seinem Schreibtisch, behielt sie aber im Auge. «Natürlich habe ich das. Es bestand ja Wehrpflicht. Nach einem ungeschriebenen Gesetz konnten Juden natürlich keine hohen Dienstgrade erwerben, obwohl die Voraussetzungen, wie eine höhere Schulbildung, bei mir gegeben waren. Aber eine Karriere beim Militär wollte ich sowieso nicht. Deshalb machte ich es kurz: Durch das Familiengeschäft konnte ich mich selbst einkleiden, und da ich die finanziellen Mittel hatte, um mich selbst zu versorgen, bestand für mich die Möglichkeit, dem dreijährigen Wehrdienst als sogenannter Einjährig-Freiwilliger zu entkommen. Ich war nicht glücklich bei der Armee, deshalb habe ich diesen Teil meiner Lebensgeschichte für mich behalten. Wer will schon als Feigling dastehen, vor allem vor einer Frau wie dir?» Die rhetorische Frage begleitete er mit einem zerknirschten Lächeln. Ironisch fügte er hinzu: «Und neben einem Helden wie von Ostwald.»

«Justus ist kein Held», entgegnete sie spontan. Nach kurzer Überlegung dachte sie jedoch, dass es durchaus heldenhaft war, Ober Ost dazu bewogen zu haben, die friedliche, geordnete Repatriierung der Bug-Etappe zu befehlen. Justus war zweifellos sehr gut in dem, was er tat. Dennoch stand Max ihrer großen Liebe in nichts nach. In Sachen Zuverlässigkeit war Max Justus sogar definitiv überlegen. Um seiner zynischen Bemerkung die Schärfe zu nehmen, legte sie ihm liebevoll die Hand auf die Schulter.

«Wie auch immer ...» Max strich kurz über ihre Finger. Dann nahm er die Pistole und verstaute sie wieder an ihrem alten Platz in der Schublade. Durch die Bewegung schüttelte er ihre Hand ab. «Ich werde dir beibringen, wie du schießt», sagte er. «Wenn du dich einigermaßen verteidigen kannst, brauche ich mir wenigstens keine Sorgen mehr zu machen...»

Sie sah ihn erstaunt an. «Warum machst du dir denn Sorgen um mich?»

«Ehrlich gesagt», er grinste, «das weiß ich auch noch nicht genau.»

41

In der Morgendämmerung dieses Sonntags wirkte der Tiergarten mit seinen in den bedeckten Himmel ragenden Bäumen und leeren, grauen Wegen gespenstisch. Die Szenerie erinnerte Marlene an Zeichnungen in einem Märchenbuch, vor denen sie sich als kleines Mädchen gefürchtet hatte. Niemand war unterwegs, kein Spaziergänger, kein Reiter, nicht einmal versprengte Soldaten. In den verrottenden Blätterhaufen raschelten der Wind, Igel oder Ratten. Es war für die Jahreszeit nicht besonders kalt, überdies war es trocken, aber als Marlene neben Max tief in das Gehölz eintauchte, fror sie erbärmlich. Sie schob das auf ihren Hunger, der sich gnadenlos einstellte, weil sie auf ihr Frühstück verzichtet hatte. Am Vormittag sollte sie vor einigen Frauen in Zehlendorf eine Rede halten, dort erwartete sie wohl ein Imbiss, deshalb sparte sie die Lebensmittel zu Hause.

Sie zog die Schultern hoch und hielt ihren Mantelkragen unter dem Kinn zusammen. «Vielleicht ist das Schießtraining doch keine so gute Idee.»

«Warum? Es ist doch alles wunderbar. Keine Menschenseele weit und breit. Du kannst in aller Ruhe üben.»

«Ruhe? Jeder Schuss wird weithin zu hören sein. Und wenn dann die Polizei auf uns aufmerksam wird...»

«Niemand wird sich daran stören. Es wird so viel herumgeballert, dass ein paar Kugeln mehr oder weniger gar nicht auffallen.»

Ach, wäre sie doch zu Hause geblieben. Dann hätte sie die

Wärme ihres Federbetts genießen und ihre Rede noch einmal durchgehen können. Abgelenkt durch den Gedanken an wohligen Luxus passte sie nicht auf und stolperte prompt über eine Wurzel. Max nahm ihren Arm. «Gleich sind wir weit genug von der Straße entfernt. Dann bekommst du erst einmal einen Kaffee.»

«Kaffee?»

«Muckefuck. Aber der tut es auch.»

Verblüfft blickte sie auf die Aktentasche in seiner Hand. Plötzlich wirkte die alte Mappe aus abgeschabtem Leder voller und schwerer. «Du hast an alles gedacht.»

«Wahrscheinlich nicht an alles, aber an vieles.»

Mehr aus dem Wunsch heraus, ihm einen Gefallen zu erweisen, denn aus persönlichem Interesse stapfte sie weiter neben ihm her. Das krächzende Bellen eines Fuchses hallte durch den Park. Die gespenstischen Laute ließen Gänsehaut über Marlenes Rücken rieseln.

«Da ist eine Fähe auf der Suche nach ihrem Rüden», stellte Max fest.

Marlene schüttelte den Kopf, obwohl sie wusste, dass er recht hatte. Justus hatte ihr das einmal erklärt. Aber der war im Gegensatz zu Max auf dem Land aufgewachsen. Die Füchsin schrie lauthals nach ihrem Partner, weil sie nur zwei bis drei Tage lang fruchtbar war und deshalb wenig Zeit für die Balz hatte. Justus und ich hatten auch niemals ausreichend Zeit füreinander, dachte Marlene. Ihr Herz zog sich zusammen. «Gibt es eigentlich etwas, das du nicht weißt?», gab sie pampiger als beabsichtigt zurück.

«Warum hast du eigentlich ständig schlechte Laune, seit du aus Warschau zurück bist?»

Sie schwieg und rückte etwas von Max ab, stapfte aber weiter tapfer neben ihm her.

An einer verwitterten Parkbank machte er halt. Im Sommer war das gewiss ein lauschiges Plätzchen, ein wenig verwunschen zwischen Rosensträuchern und den tief hängenden Ästen einer Birke. An diesem trüben Tag kurz vor Weihnachten kam sich Marlene in der unwirklichen Umgebung seltsam verlassen vor – trotz der Gegenwart von Max. Sie sah ihm stumm zu, wie er seine Tasche abstellte, öffnete und darin herumfingerte. Schließlich drehte er sich um und reichte ihr zwei silberne Schnapsbecher. «Es tut mir leid, ich habe nichts Besseres.» Als Nächstes förderte einen Flachmann aus Silber mit einer Lederhülle zutage. Während er braune Flüssigkeit in die kleinen Gefäße goss, erklärte er: «Du kannst das beruhigt trinken, es ist kein Alkohol.»

«Da du mich zum Flintenweib ausbilden willst, wäre etwas Hochprozentiges nicht zu verachten.» Sie setzte einen der Becher an und trank ihn mit einem Schluck aus, als befände sich tatsächlich Branntwein darin. Eine unerwartet süße Wärme rann ihr die Kehle hinab und floss durch ihren Körper. «Für Muckefuck schmeckt das ziemlich gut.»

«Ich war recht großzügig mit dem Zucker. Bevor du dich aber nun weiter an meinem Ersatzkaffee berauschst, sollten wir den Flachmann gegen die Pistole eintauschen.»

Max versuchte sich professionell zu verhalten, doch Marlene irritierte die körperliche Nähe, die sich zwischen ihnen aufbaute, anfangs mehr als das Schießeisen. Als sie nicht richtig auf seine Aufforderung reagierte, den Rücken gerade zu halten, einen Fuß nach vorne zu stellen und ihr Gewicht gleichmäßig auf beide Sohlen zu verteilen, trat er hinter sie, legte die Hände auf ihre Schultern und bog sie so zurecht, wie er es für notwendig hielt. Er nahm ihre Hand und legte die Waffe zwischen ihre Finger, mahnte einen festen, hohen Griff an und hielt dabei ihre Rechte und die Pistole mit seiner Hand umschlossen. Es war keinesfalls angenehmer als beim ersten Mal, die Luger zu halten, sie nahm ihre zweite Hand zu Hilfe, das Gewicht wurde durch Max' Griff zusätzlich abgemildert. Noch viel seltsamer war jedoch, seine Berührung zu spüren. Früher hatten sie auf Bällen miteinander getanzt, aber noch nie war sie sich seines Körpers so bewusst gewesen wie in diesem Augenblick. Wenn sie sich nur leicht umdrehte, könnte er sie in einer leidenschaftlichen Umarmung umschlingen. Schlug ihr Herz deshalb bis in ihre Kehle? Oder weil sie sich bewusst war, dass sie jeden Moment ein Mordinstrument betätigen würde?

«Jetzt schieß!»

Ohne darüber nachzudenken, drückte sie ab. Der unerwartete Rückstoß riss ihren Arm hoch. Sie verlor ihr Gleichgewicht und machte automatisch einen Schritt zurück. Dadurch stieß sie gegen Max, der unwillkürlich taumelte.

Im nächsten Moment lag er rücklings auf dem Boden – und sie auf ihm.

Der Knall war verhallt. In den Bäumen zwitscherten aufgescheuchte Spatzen.

Max' abgehacktes, schweres Japsen drang an Marlenes Ohr. «Wenn du so freundlich sein würdest, von mir herunterzugehen, muss ich nicht ersticken.»

Seine Nähe verstörte sie ebenso sehr wie der Schuss, den sie abgefeuert hatte. Ihr wurde schwindelig. Ihre rechte Hand zitterte.

Wo war die Waffe? Sie konnte sich nicht erinnern, die Pistole fallen gelassen zu haben. Wenn sie sich unachtsam bewegte, löste sich vielleicht eine Kugel und träfe Max oder womöglich sie selbst. Plötzlich panisch, rollte sich Marlene von ihm herunter, blieb aber auf allen vieren am Boden. Konfus wühlte sie im Laub.

Max kam auf die Füße. Während er Erde, Staub und alte Blätter von seinem Mantel klopfte, fragte er beiläufig: «Was machst du da?»

«Ich suche die Pistole ... und ich kann sie nicht finden ...»

«Sie ist hier.» Mit einer eleganten Bewegung bückte er sich nach dem Schießeisen, das neben seinen Füßen lag, und sicherte es. «Worüber regst du dich eigentlich so auf?»

«Puh!», stöhnte Marlene. Sie ging in die Hocke, beschämt sah sie zu ihm auf. «Ich hatte Angst, dich zu treffen.»

Er beugte seine Knie, um auf Augenhöhe mit ihr zu sein. «Eine Kugel fliegt nicht nach hinten. Die Wahrscheinlichkeit, dass du mir die Luft abdrückst, war viel größer. Aber es freut mich sehr, dass du mir nicht nach dem Leben trachtest.»

«Ach, du bist ein Dummkopf!» Spielerisch versetzte ihm Marlene einen Boxhieb in die Seite.

«Ganz sicher – ja», stimmte er zu. Lachend richtete er sich auf und reichte ihr die Hand, um sie hochzuziehen. «Komm! Wir versuchen es gleich noch einmal.»

Sein Lachen war ansteckend. Wie von selbst stimmte Marlene mit ein. Seltsam, dachte sie, wie leicht alles mit Max schien. Wenn sie mit ihm zusammen war, wirkte sogar jede Bedrohung nur halb so schlimm – gleichgültig, ob es sich um eine Pistole oder die Revolutionäre handelte. Dennoch zögerte sie.

«Ich weiß nicht, ob ich weiter üben möchte», gestand sie. «Bevor ich im Ernstfall abdrücke, fürchte ich mich ohnehin zu Tode, weil ich ja unter Umständen einen Menschen erschießen könnte.»

«*Nicht wer zuerst die Waffe ergreift, ist Anstifter des Unheils, sondern wer dazu nötigt.* Das stammt von Machiavelli.»

«Ich weiß. Notwehr. Paragraf dreiundfünfzig, Strafgesetzbuch des Deutschen Reichs.» Sie seufzte. «Bist du jetzt enttäuscht von mir? Ich bin schrecklich feige, nicht wahr?»

Er beugte sich vor, küsste sie sanft auf die Wange. «Nein. Du bist umsichtig. Das ist nicht die schlechteste Eigenschaft für eine künftige Parlamentarierin. Du solltest die Pistole trotzdem in deiner Handtasche verwahren. Auch mit leerem Magazin wirst du einen Angreifer damit erst mal erschrecken und hoffentlich in die Flucht jagen. Ich nehme die Patronen raus und dann üben wir die richtige Haltung. So sieht es bald nicht mehr aus, als hättest du größere Angst vor deiner eigenen Waffe als vor den Aufständischen.» Ein klapperndes Geräusch folgte seiner Ankündigung.

«Was würde ich nur ohne dich tun?»

Sein Blick tauchte in ihre Augen, als wolle er tief in ihr Innerstes sehen. «Ich wünschte, du würdest dir diese Frage einmal ganz ernsthaft stellen.»

♦

Nach einer mehr oder weniger erfolgreichen Übungsstunde kehrten sie schließlich zur Kanzlei zurück. Als Max ihr die

Tür aufhielt, sagte er leise: «Danke für einen schönen Morgen.»

Bevor Marlene antworten konnte, erblickte sie ihren Vater. Hugo von Runstedt stand im Eingangsbereich, als habe er auf sie gewartet. Tatsächlich galt seine Ungeduld wohl Max. «Da sind Sie ja endlich, Emden!», knurrte er.

«Vater, es ist Sonntag!», mahnte Marlene.

«Ja, und? Der Partner in einem Anwaltsbüro arbeitet auch am Sonntag. Wie die Post – für dich ist ein Telegramm abgegeben worden.» Hugo von Runstedt streckte ihr die Hand entgegen, in der sich ein Blatt billigen Papiers befand. «Von Ostwald meldet sich bei dir zurück. Ich habe keine Ahnung, warum er dir deswegen telegrafiert, aber es wird wohl seine Richtigkeit haben.»

Mit einem Mal waren die vergangenen beiden Stunden vergessen. Hastig trat Marlene auf ihren Vater zu. «Justus ist wieder da?», fragte sie atemlos.

«Justus ist wieder da», echote Max, begleitet von einem spöttischen Seufzen.

Sie hörte kaum hin. Ihre Augen waren auf das Telegramm gerichtet, das ihr Vater ihr reichte. In grauer Maschinenschrift stand dort ein auf den ersten Blick unpersönlicher Text, der jedoch eine verschlüsselte, zärtliche Botschaft an sie enthielt:

MELDE MICH ZURÜCK +++ MUSSTE ZUERST NACH HAUSE +++
MUTTER SCHWER ERKRANKT +++ UNS FEHLTE EIN ABSCHIED +++
WIR FANGEN NEU AN +++ JUSTUS +++

Sie spürte das Glühen auf ihren Wangen und atmete tief durch, um die Hitzewallung zu beruhigen, die vor Aufregung durch ihren Körper strömte.

«Du siehst aus wie ein Backfisch», stellte Hugo von Runstedt fest. «Das ist nicht vorteilhaft für eine Dame deines Alters. Was immer es mit dieser Nachricht auf sich hat, bitte bewahre Haltung, Marlene, und erinnere dich daran, dass du gleich zu deiner Veranstaltung aufbrechen musst.»

«Warum eigentlich liest *du* an mich adressierte Post?», gab sie zurück, während sie nervös eine Haarsträhne hinter ihr Ohr strich, die sich aus ihrem Knoten gelöst hatte.

«Telegramme, die in meinem Büro eingehen, lese ich immer.»

«Ich ...», begann sie, unterbrach sich jedoch, als sie einen Blick von Max auffing. Er sah sie nachdenklich an, seltsam zurückhaltend, vielleicht enttäuscht. Während sie seinen Blick ruhig erwiderte, dachte sie, dass sie ihm erklären musste, wie sich die Dinge in Warschau entwickelt hatten. Im nächsten Moment fragte sie sich jedoch, warum sie Max eine Erklärung schuldig sein sollte. Er war ihr ein guter Freund. Nicht mehr. Trotzig straffte sie die Schultern. «Ich bereite mich auf den Wahlkampf vor.» Dann wandte sie sich ab und marschierte zu ihrem Zimmer. Warum nur fühlte sie sich plötzlich so schlecht?

42

Das Streichholz zischte an dem Zündblatt entlang. Dann flammte es auf. Einen Moment lang sah Sonja in das Feuer, bevor sie sich vorbeugte und den Docht der Kerze in dem kleinen Porzellanleuchter ansteckte.

Es war Dienstag und Heiligabend.

In den Zeitungen wurde dazu aufgerufen, nur eine einzige Weihnachtskerze zu entzünden. Die Entbehrungen an dem ersten friedlichen Weihnachtsfest nach dem Krieg machten die anhaltende Blockade Deutschlands und die damit verbundenen Nöte der Bevölkerung noch deutlicher als der übliche Alltag. Für Sonja spielte es keine Rolle, sie feierte in der Regel stets nur ein oberflächliches Weihnachten – und das auch nur, weil sie den Lichterglanz, der sich meist an Chanukka anschloss, als Kind so schön gefunden hatte. Dann war da natürlich noch Justus, der protestantisch war, bislang jedoch keinen einzigen Heiligabend mit ihr verbracht hatte. Für ihn schmückte sie dennoch ihre Wohnung. In besseren Zeiten hatte sie Karpfen und Gänsebraten aufgetischt, in der Hoffnung, Justus würde sie überraschend besuchen. Heute hatte das Dienstmädchen ein überschaubareres Mahl zubereitet, und Sonja wusste, dass Justus nicht kommen würde. Wie in den Jahren zuvor schwebte er lediglich als Geist über ihr.

Neben dem Leuchter lag ein Blatt Büttenpapier, geziert von dem geprägten Monogramm JvO. Die Kerze warf Licht auf die handschriftlichen Zeilen. Am Morgen war der Brief mit der Post ausgeliefert worden, was an ein Wunder grenzte, denn in der Stadt tobte wieder die Revolution, die Salven der Maschinengewehre hallten sogar bis in das Tiergarten-Viertel. Von einer wirklich friedlichen Weihnacht konnte keine Rede sein. Aber vielleicht war die Nachricht von Justus ja Sonjas Weihnachtswunder:

Sonja, wie gerne würde ich persönlich bei Dir vor der Tür stehen, statt einen Postboten zu schicken. Ich bin vor ein paar Tagen zurückgekommen, und da man im Moment keine diplomatische Verwendung für mich hat, steht mir meine Zeit zur freien Verfügung und ich bin nach Brandenburg gefahren, um nach dem Befinden meiner Eltern zu sehen. Zu meinem Erschrecken stellte sich heraus, dass meine Mutter schwer erkrankt ist. Wir müssen mit dem Schlimmsten rechnen. Es ist ein tragischer Zufall, dass ich in diesen Stunden bei ihr sein kann, und auf gewisse Weise ein Glück, sie noch einmal sehen zu dürfen. Ich wollte, dass Du das weißt. Wie immer – Dein Justus.

Es ging ihm gut. Er war gesund aus Polen heimgekehrt. Doch trotz dieser guten Nachrichten gefiel Sonja sein Ton nicht. Er wirkte sehr sachlich. Es fehlten ihr das Versprechen auf ein baldiges Treffen und ein liebevolles Wort. Doch ihre Zweifel an seiner Zuneigung wurden von seiner Unterschrift gemildert. *Dein Justus.* Das war eine deutliche Aussage. Und dass er nicht «für immer» schrieb, war in Anbetracht der Anspannung, unter der er gewiss litt, nur ein Versehen. Warum machte sie sich neuerdings eigentlich so viele Sorgen? Das ungute Gefühl, das sie bei ihrem Wiedersehen vor sechs Wochen beschlichen hatte, war schließlich in Liebe ertrunken.

So würde es wieder sein. Und er schrieb ja auch, dass er gerne zu ihr gekommen wäre ...

Sonja gab sich einen Ruck. Sie sollte nicht Trübsal blasen. Es war gut, dass Justus außerhalb der Stadt weilte. Der Aufruhr drohte zu eskalieren, wenn dies nicht bereits geschehen war. Für einen ehemaligen Offizier war diese Zeit keine gute. Glücklicherweise erschienen die Zeitungen mit aktuellen Ausgaben. Und die Telefonleitungen funktionierten, sodass sich Sonja auch bei ihrer Parteizentrale informieren konnte. Warum eigentlich hatte Justus nicht angerufen? Sie schob die Frage auf und dachte an die Marinedivision, die sich nicht nur im Schloss verschanzt, sondern inzwischen auch Stadtkommandant Otto Wels entführt und die Reichskanzlei abgeschirmt hatte. Die Matrosen, Anfang November noch bejubelte Revolutionäre, versuchten die Auszahlung des ihnen versprochenen Solds zu erzwingen, der Volksrat schob die Zahlung jedoch auf und verlangte die Freilassung des SPD-Politikers. Kurz bevor alle Leitungen in die Reichskanzlei gekappt wurden, hatte Friedrich Ebert Reste des alten Gardeschützenregiments aus Potsdam angefordert. Ein Mann wie Justus, der einst dazugehört hatte, würde sich der Verteidigung des Staates mit allen Mitteln sicher anschließen.

Seltsamerweise hatte Sonja aber gehört, dass sich nicht nur die Arbeiter, sondern auch die bürgerliche Mittelschicht auf die Seite der Rebellen stellten. Was versprachen sich diese Leute davon? Sahen sie nicht, dass eine sogenannte liberale Demokratie ebenso schädlich für das Volk war wie die Bolschewiken? Der Parlamentarismus des Kaiserreichs hatte doch gut funktioniert, die Rechte der ostelbischen Großgrundbesitzer und des Bürgertums galt es gegen die Gleichmacherei der Linken zu beschützen.

Für diese Überzeugung war Sonja bereit, von Bühnen zu sprechen und auf Tische zu klettern, um sich Gehör zu verschaffen, keine Leiter war ihr zu hoch. Inzwischen firmierte der Zusammenschluss der rechten Gruppierungen unter dem Namen Deutschnationale Volkspartei, kurz DNVP, und sie brachte die politischen Vorgaben nicht nur zu ihren Bewunderern. Fast täglich hielt sie irgendwo mindestens eine Rede, in Berlin ebenso wie in Brandenburg, vor den Mitgliedern der Frauenverbände, in Fabriken, vor Lehrerinnen, in den Hinterzimmern von Gasthäusern. Sie schwor die Frauen auf die Wahlen ein, nannte es ihre Pflicht, an die Urnen zu gehen. Aber sie appellierte auch an die Männer, ihre Mütter, Gattinnen und Töchter bei dieser Wahlpflicht zu unterstützen. Die vom Militär organisierte Kriegswirtschaft sollte aufrechterhalten bleiben, rief Sonja ihren Zuhörern entgegen, und dann stellte sie Rosa Luxemburg an den Pranger, deren Politik den deutschen Frauen alles nehmen wollte, wofür sie standen: Pflichtbewusstsein, Ehre, Ordnungsliebe, christliche Überzeugung. Aber das war von einer Polin natürlich nicht anders zu erwarten. Auf diesen Satz erhielt Sonja in der Regel tosenden Beifall – die Besetzung von Posen stieß ebenso auf Proteste wie der Krieg Polens gegen die Ukraine um jene Gebiete in Galizien, durch die die deutschen Truppen zurückgeführt wurden.

Selten fragte sie sich, warum sie sich eigentlich so stark für das nationalistische Gedankengut einsetzte. Die vorwiegend protestantische Klientel entsprach nicht ihrem Hintergrund, im Gegenteil. Letztlich war sogar ihr Lebensglück bisher vor allem an dem Widerstand von Justus' Familie gescheitert. Sie sollte nicht für das preußische Junkertum sprechen, für das sie – auch in ihrer neuen Rolle und trotz ihrer Berühmtheit – ein Nichts war. Doch diese nüchternen Betrachtungen hielten sie nicht davon ab, immer wieder an jene Ordnung zu glauben, in der sie groß geworden war. Die Ordnung, in der sie aufsteigen wollte. Dafür hatte sie ihr Leben lang gekämpft. Und wenn sie – vielleicht durch eine Heirat mit Justus? – endlich am Ziel angelangt wäre, wollte sie nicht in einer Welt leben, in der plötzlich das Oben bröckelte und das Unten erstarkte. Ihre ganze Mühe wäre umsonst.

Sie teilte den Schmerz, den Justus über das Ableben seiner Mutter fühlte. Dabei stand die Baronin von Ostwald ganz oben auf der Liste jener Menschen, denen Sonja nichts Gutes wünschte. Dicht gefolgt von seiner Schwester Caroline.

AUGUST 1912

43

Der kleine Sportwagen raste die Auffahrt entlang, zu beiden Seiten flogen die in geraden Linien gepflanzten Bäume an Sonja vorbei. Sie hatte nicht die geringste Ahnung, um welche Sorte es sich handelte, vielleicht waren es Linden, Botanik gehörte nicht zu ihren herausragenden Wissensgebieten. Ebenso wenig hätte sie bestimmen können, welches Korn noch auf den Feldern stand, an denen sie zuvor vorübergefahren waren. Justus hatte auf die Bremse getreten und ihr die Ländereien gezeigt, die zum Rittergut derer von Ostwald gehörten. Sie reichten bis an den Waldrand am Horizont.

Schließlich hielt er vor dem überdachten Eingangsportal des Haupthauses, einer zweiflügeligen Holztür, die über ein paar Stufen zu erreichen war. «Da sind wir», verkündete er und in seiner Stimme schwang Stolz. «Hier bin ich zu Hause.»

Sonja hatte sich am Armaturenbrett festgehalten, um beim Bremsen nicht durch die Fliehkraft nach vorne geschleudert zu werden. Das mulmige Gefühl in ihrem Magen ignorierend, sah sie sich um.

In Erwartung eines Schlosses wurde sie enttäuscht. Preußische Junker, so hatte Sonja angenommen, lebten ähnlich wie die Adeligen im Märchen. Doch das Gutshaus wirkte zwar ein wenig weitläufiger als die Bauernkaten in den Brandenburger Straßendörfern, war aber in seiner Bescheidenheit überraschend: ein lang gestrecktes zweigeschossiges Gebäude aus unverputztem Ziegel, darüber ein Walmdach, kein prätentiöser Stuck, keine geschnitzten Dachgauben, die Fenster vielleicht etwas größer als üblich. Das Inspektorenhaus und der Wirtschaftshof, hinter den Baumgruppen halb verborgen, sahen wie kleinere Kopien des Haupthauses aus, Im Großen und Ganzen hatte die Anlage etwas Bodenständiges, das Justus' – von ihr angezweifelte – Aussage bestätigte, sein Vater sei Landwirt und Förster.

Als sich die Tür öffnete und eine Dame auf die oberste Stufe ins Sonnenlicht trat, korrigierte Sonja ihren ersten Eindruck. Das Gut derer von Ostwald besaß höfischen Glanz – und wenn auch nur durch die Erscheinung der Hausherrin. Sonja hatte sie als Absolventin des Königin-Luise-Stifts von ferne gesehen und erkannte sie sofort wieder, die große Ähnlichkeit mit Justus war ihr seinerzeit jedoch nicht aufgefallen. Seine Mutter trug einen cognacfarbenen Rock und eine ebensolche Tunika, die ein braunes Seidenband in ihrer Taille zusammenhielt, darunter eine hochgeschlossene Bluse mit breiten Manschetten. Die Garderobe war für ein Hauskleid unfassbar elegant, die Farbwahl ein bisschen gewagt, aber vornehm, die Trägerin schlank und energisch.

«Justus, mein Lieber!», rief Auguste von Ostwald aus, während sie einen Schritt weiter die Treppe herunterkam.

Die Beklemmung, die sich angesichts dieser einschüchternden Dame bei Sonja einstellte, verstärkte sich durch die zweite Person, die auf der Treppe erschien – Caroline. Justus' Schwester trug ein tannengrünes Reitkostüm und dazu eine weiße Bluse, auf dem Kopf einen sogenannten Damendreispitz aus hellem Stroh. In der Hand hielt sie eine Gerte, die Sonja auf den ersten Blick als Bedrohung empfand.

«Wie schön, dass ich dich noch vor meinem Ausritt antr...», zwitscherte Caroline, unterbrach sich jedoch mitten im Wort. Sie erstarrte.

Sie hat mich erkannt, dachte Sonja unwillkürlich. Und dann dachte sie, dass Justus es anscheinend versäumt hatte, ihren Besuch in aller gebotenen Ausführlichkeit anzukündigen. War ihre Gesellschaft für ihn bereits so selbstverständlich? Oder war er gegenüber seiner Familie ein Feigling?

In den vergangenen beiden Jahren hatten sie langsam, aber stetig zueinandergefunden. Nach ihrer Begegnung im Winter damals war ihr Kontakt durch Justus' Reise nach China zwar nicht abgebrochen, aber zumindest von seiner Seite wohl abgekühlt. Anfangs hatte er ihr schwärmerische Briefe geschrieben, doch da Sonja es mühsam fand, lang und breit darauf einzugehen, waren seine Zeilen weniger geworden und hatten sich schließlich auf Postkarten beschränkt. Die kurzen Mitteilungen beantwortete sie mit Begeisterung. Sechsunddreißig Monate später wurde Justus an die Gardeschützendivision nach Berlin versetzt. Er meldete sich bei ihr zurück, besuchte ihre Vorstellungen, stand eines Abends plötzlich in ihrer Garderobe – und machte sie zu seiner Geliebten. Sonja, inzwischen häufig in musikalischen Komödien besetzt, nahm sein Angebot, ihr eine Gesangsausbildung zu bezahlen, gerne an. Auf diese Weise konnte sie endlich darauf verzichten, wohlhabenden Frauen die neueste Mode vorzuführen, und sich ganz auf ihre berufliche Zukunft konzentrieren. Justus' eigene Karriere klang vielversprechend und Sonja verstand nicht, warum er sich ärgerte, nicht in den diplomatischen Dienst eintreten zu dürfen. Sie fand es wundervoll, ihn in ihrer Nähe und nicht in einem fremden Land zu wissen. Für seine Unterstützung bedankte sie sich mit aufopferungsvoller Zuneigung, Verständnis und Leidenschaft, aber auch mit Diskretion und ihrer Ambition, mit seiner Unterstützung ein Bühnenstar zu werden, was ihn durchaus beeindruckte. Inzwischen war sie auf dem besten Weg dorthin – und Justus so in sie verliebt, dass er die gesellschaftlichen Schranken zwischen ihnen niederriss. Einen anderen Grund konnte sich Sonja jedenfalls nicht vorstellen, der ihn dazu bewogen haben mochte, sie zu einem Besuch bei seinen Eltern mitzunehmen. Er wollte sie heiraten. Daran bestand für sie kein Zweifel.

Doch als sie nun aus dem Automobil stieg und sich Justus' Mutter und Schwester gegenübersah, war sie sich nicht mehr sicher, ob ihre Zukunftspläne eine gute Idee waren.

Justus schien die Kälte, die Sonja von Caroline entgegenschlug, nicht zu bemerken. Oder er ignorierte sie. Zunächst umarmte er seine Mutter, dann wandte er sich lächelnd zu Sonja um. «Mama», er sprach das Wort französisch aus, mit der Betonung auf dem zweiten a, «darf ich dir meine Freundin Sonja Grawitz vorstellen?»

Bevor Auguste von Ostwald etwas sagen konnte, zischte Caroline: «Wie kannst du es wagen, diese Person hierherzubringen?»

Verblüfftes Schweigen war die Antwort.

Hitze stieg in Sonja auf, die sich aus ihrer Wut auf die einstige Schulkameradin speiste. Damals hatte Caroline ihr das

Leben schwermachen können, heute würde sie es nicht mehr zulassen. Sie klappte den Mund auf, um Justus' Schwester zurechtzuweisen ...

Da klatschte Auguste von Ostwald mit aufgesetzter Fröhlichkeit in die Hände. «Was für eine Überraschung, dass ihr euch schon kennt. Ihr müsst mir alles erzählen. Seien Sie willkommen, Fräulein Grawitz.»

Sonja schluckte ihren Zorn hinunter. «Danke schön, gnädige Frau.»

«Mutter!», mahnte Caroline empört.

«Die Eingangstür ist kein geeigneter Ort für eine Szene», gab ihre Mutter leise, aber hörbar zurück. Ohne sich nach Justus oder Sonja umzudrehen, schritt sie ruhig in ihr Haus. Zweifellos erwartete sie, dass ihr die anderen folgten. In der Halle angekommen, schlug sie vor: «Fräulein Grawitz, Sie möchten sich gewiss ein wenig frisch machen. Das Mädchen wird Ihnen unser Gästebad zeigen.» Entschlossen wandte sie sich ab. Ganz offensichtlich war die Besucherin damit erst einmal zu ihrer Zufriedenheit aus dem Weg geschafft.

Wie festgewurzelt stand Sonja inmitten von altdeutschen Möbeln in einer mit dunklem Holz vertäfelten Diele. Von den Wänden starrten Jagdtrophäen auf sie nieder. Nicht nur Carolines Protest und Auguste von Ostwalds Befehlston waren bedrückend, die ausgestopften Tierköpfe mit den glänzenden Augen wirkten beklemmend.

Sie spürte eine Bewegung in ihrem Rücken. Justus übergab der Zofe seinen Staubmantel, dann legte er Sonja kurz die Hand auf die Schulter. «Wir erwarten dich im Salon. Nicht wahr, Mama?» Seine Stimme klang liebenswürdig, aber nicht weniger energisch als die seiner Mutter.

«Ja...», Auguste von Ostwalds leises Zögern war unüberhörbar, «natürlich.»

Caroline schnaubte einen unverständlichen Kommentar. Dann setzte sich das Trio von Ostwald in Bewegung.

Das Hausmädchen knickste vor Sonja. «Wenn Sie bitte hier langgehen würden, gnädiges Fräulein.» Sie deutete in Richtung der breiten Stiege.

Das «Gästebad» befand sich unter dem oberen Treppenabsatz, ein kleiner, fensterloser Raum mit einem Porzellanwaschbecken, einem Spiegel und Petroleumlampen daneben, die das Hausmädchen entzündete, bevor Sonja eintrat. Der scharfe Geruch stieg Sonja in die Nase und erinnerte sie an den dunklen Hinterhof ihrer Kindheit, sicher diente er auch dazu, die unangenehmen Düfte aus dem Plumpsklo zu übertünchen. Es war ein blitzsauberes stilles Örtchen, verstärkte aber Sonjas Zweifel an ihrem Aufenthalt in Justus' Elternhaus.

Bevor sie eintrat, streifte sie den Mantel ab. Sie wusch sich die Hände und strich sich über ihr streng unter einen cremefarbenen Hut zurückgekämmtes Haar. Die Krempe war nicht so breit, dass sie ihre Augen beschattete, das leuchtend rote Hutband war zu einer großen Schleife gebunden. Die Farben standen ihr und passten gut zu ihrem Kostüm mit den ebenfalls roten Aufschlägen. Es war ein schickes Ensemble, doch in diesem Moment kam sie sich darin billig vor. Weder Auguste von Ostwald noch ihre Tochter trugen Zinnober, genau genommen kannte Sonja keine Dame, die sich diese Extravaganz erlaubte. Sie ging schon lange ihren eigenen modebewussten Weg. Womöglich war ihr Stil jedoch nicht gesellschaftsfähig. Seufzend verließ sie die Toilette.

Die Tür zu dem Salon, zu dem die Zofe Sonja führte, stand einen Spalt breit offen. Aufgeregte, wenn auch gedämpfte Stimmen waren in der Halle zu vernehmen. Es gehörte sich nicht, das war Sonja bewusst, aber sie hielt ihre Begleiterin zurück, als diese anklopfen wollte.

«... als du sagtest, du brächtest über das Wochenende eine Freundin mit, hatte ich eine junge Frau von tadellosem Ruf erwartet», erregte sich Auguste von Ostwald.

«Ich bitte dich, Mama, Sonja ist eine anständige junge Frau.»

«Sie ist am Theater», konstatierte Caroline. «Oder etwa nicht?»

Ein, zwei Atemzüge lang herrschte Schweigen. Dann war wieder die Mutter zu hören: «Also, wirklich, Justus, es ist mir einerlei, was du in deiner Freizeit tust. Das ist es mir auch bei deinem Vater. Aber in der Familie wünsche ich dieselbe gesellschaftliche Ordnung, die du deiner Karriere beim Militär schuldig bist. Ich werde keine Schauspielerin unter meinem Dach beherbergen. Nach dem Kaffee reist ihr ab!»

«Sie ist ...», hob Justus an, wurde jedoch von der entrüsteten Caroline unterbrochen: «Verstehst du nicht, was Mutter meint? Du sollst dir eine Braut suchen, die zu uns passt. Aus keinem anderen Grund habe ich einen bürgerlichen Landwirt geheiratet. Was du sonst treibst, ist allen egal.»

Sonja wurde gleichzeitig heiß und kalt, sie spürte, wie rote Flecken ihre bleichen Wangen überzogen. Einen Moment lang befürchtete sie an der Bösartigkeit der beiden Frauen jenseits der Tür zu ersticken. Sie hatte es als Ehre empfunden, dass Justus sie in seine Familie einführen wollte. Jetzt empfand sie nichts als Schmach.

«Sollen wir froh sein, dass du keine Chinesin mitgebracht hast? Stattdessen ist es also eine kleine Jüdin. Hättest du doch nur dieses Mannweib genommen!», fuhr Caroline erbarmungslos fort. «Von Runstedt ist wenigstens ein tadelloser Name.»

«Lass Marlene aus dem Spiel!» Justus klang wütend. Ein Stuhl knarrte, offenbar sprang er auf.

«Du solltest ihr schreiben», ließ sich Auguste von Ostwald in dem Befehlston vernehmen, in dem sie Sonja zuvor in das sogenannte Gästebad geschickt hatte. «Sie hat vorige Woche ihre Mutter verloren. Josephine von Runstedt ist bei dem Einsturz der Seebrücke in Binz auf Rügen ums Leben gekommen.»

Schweigen. Nach einer Weile sagte Justus: «Das wusste ich nicht. Aber ich glaube nicht, dass sie meines Trostes bedarf. Es ist so lange her...» Seine Worte verloren sich, womöglich in einer Erinnerung.

«Es ist eine Frage der Höflichkeit», erwiderte seine Mutter streng. «Ich hoffe doch nicht, dass du deinen Anstand durch diese unsägliche Liaison mit der Schauspielerin verloren hast.»

Darauf folgte wieder eisiges Schweigen. Dann brach aus Justus heraus: «Sonja und ich werden sofort zurückfahren. Ich sage ihr, dass du Migräne hast, Mama, und die Kaffeestunde ausfällt.»

Sonja taumelte zurück. Die Vorurteile, die ihr hier entgegenschlugen, waren schwerwiegend und kaum noch zu überbieten. Aber am schlimmsten war für sie, dass der Name ihrer einst besten Freundin mit einer Vertraulichkeit gefallen war, die auf eine tiefere Verbindung zwischen Justus und Marlene schließen ließ. Sonja entsann sich, dass da schon einmal ein Verdacht gewesen war, aber den hatte sie im Laufe der Zeit verdrängt. Nun kam er mit aller Macht wieder an die Oberfläche.

Justus stieß die Tür auf und rempelte Sonja an. «Oh!» Er schien sich sammeln zu müssen. «Da bist du ja, Sonnilein», murmelte er zerstreut.

Der Schock über das Gehörte saß so tief, dass Sonja zu keiner Antwort fähig war. Stumm sah sie ihn an.

«Es tut mir leid, meine Mutter fühlt sich nicht wohl. Wir sollten fahren.» Er gab dem Hausmädchen ein Zeichen, das unverzüglich zur Garderobe eilte, wo es zuvor die Staubmäntel aufgehängt hatte.

Hinter Justus erschien Caroline in der Zimmertür. Obwohl sie im Gegenlicht stand, konnte Sonja den Ausdruck größten Triumphs in ihrem Gesicht erkennen. Unwillkürlich stieg Übelkeit in Sonja hoch. Sie wandte sich ab, um sich nicht auch noch mitten in der Eingangshalle auf dem Rittergut derer von Ostwald zu übergeben.

44

Sie fuhren nicht nach Berlin zurück, sondern in Richtung Norden, durch endlos scheinende Mischwälder, an Feldern vorbei, durch Straßendörfer. Weiher und Seen glitzerten im Sonnenlicht. Dabei hielt Justus ein hohes Tempo, der Motor heulte auf, die Reifen quietschten, wenn er an Fuhrwerken vorbeilenkte oder einem Hofhund auswich. Der Fahrtwind schlug Sonja trotz des Sommerwetters kalt ins Gesicht. Justus fuhr so schnell, dass sie keine Gelegenheit fand, ihn nach seinem Ziel zu fragen. Es war offensichtlich, dass er seinen Zorn an dem Automobil ausließ. Doch solange er sich über das Benehmen seiner Mutter und Schwester ärgerte, stand er ihr, Sonja, zur Seite. Diese Erkenntnis half ihr, die Geschwindigkeit zu ertragen. Was immer Justus tat – solange er bei ihr war, gestattete und verzieh sie ihm alles.

Plötzlich nahm er den Fuß vom Gas. Langsam glitten sie durch ein langes, schattiges Waldstück. Dahinter öffnete sich der Blick auf einen See und eine bezaubernde Schlossanlage mit Erkern, Türmen und Zinnen. Es war genau so ein Gebäude, wie es sich Sonja irrtümlich als den Sitz derer von Ostwald ausgemalt hatte. «Das ist ja wunderschön», hauchte sie ergriffen.

Justus bremste und wandte sich zu ihr um. «Das ist Schloss Rheinsberg, wo Friedrich der Große aufgewachsen ist. Die Perle preußischen Rokokos.»

«Was tun wir hier?»

Er grinste. «Wir verbringen das Wochenende in Brandenburg. Es ist zwar nicht das Havelland, sondern die Mark, aber das macht nichts.»

«Ja, natürlich, aber ...»

«In den Pensionen in Rheinsberg wird nicht nach den Ausweisen gefragt, sodass wir uns als Ehepaar einmieten können.»

Der Schalk glänzte in seinen Augen. Vielleicht war es auch das Sonnenlicht, das die goldenen Sprenkel glitzern ließ. Sonja fühlte sich jedoch nicht halb so aufgekratzt wie er. Sie wünschte sich nichts sehnlicher als in seine Arme, doch sein deutlicher Hinweis auf ein gemeinsames Zimmer machte sie genau zu dem, was sie in den Augen seiner Mutter war – das Flittchen von der Bühne, das mit einem Offizier ins Bett ging.

Sie stellte ihm die Frage, die sie mehr beschäftigte als alles andere: «Was war zwischen dir und Marlene?»

Sein Lächeln erlosch, sein Blick schweifte ab. Er sah sie an, doch eigentlich durch sie hindurch. Es war genau so wie damals, als sie Marlene nötigte, seine Einladung zu einem Spaziergang anzunehmen, und sie sich den beiden aufdrängte. Er nahm Sonja wahr, aber seine Augen hingen an Marlene. In ihren Gedanken stieß sie Flüche aus, die einem Bierkutscher zur Ehre gereichten.

Justus räusperte sich, betrachtete eingehend das lederbezogene Lenkrad seines Wagens. «Was soll ich sagen, Sonja? Ich kann es dir nicht verschweigen: Marlene war meine große Liebe.»

Immerhin sprach er in der Vergangenheit von ihr, die andere teilte also nicht seine Gegenwart. Der Gedanke bestärkte Sonja darin, weiter nachzuforschen: «Woher wissen deine Mutter und deine Schwester davon?»

«Nach unserer Trennung war ich in einen Unfall verwickelt und musste mich eine Weile lang in meinem Elternhaus erholen. Da habe ich wohl ein bisschen zu viel geredet.» Endlich sah er Sonja an. «Ich weiß nicht, was mir damals größere Schmerzen bereitete: Marlenes Abfuhr oder meine körperlichen Verletzungen. Letztere waren nicht so schwer, deshalb ist die Antwort wohl eindeutig.»

Seine Offenheit berührte sie. Dass er Marlenes Zurückweisung zugab, zeugte von einer Verletzlichkeit, die unter Männern seiner Generation selten war. Spontan ergriff sie seine Hand. «Wann war das?»

«Oh, das war vor neun Jahren. Im Grunde spielte es keine Rolle mehr...», er unterbrach sich, eine stumme Weiterführung seines Satzes hing in der Luft.

Bis eben, vollendete Sonja still.

«Marlene ist Vergangenheit!», behauptete er und drückte ihre Hand, bevor er ihr die seine entzog. Nunmehr äußerst gut gelaunt fuhr er fort: «Wir befinden uns an einem der romantischsten Orte des ganzen Landes und ich werde einen Teufel tun, meine Gedanken auf etwas zu konzentrieren, das längst vergessen ist. Ab jetzt beginnt unser traumhaftes Wochenende, Sonnilein!» Kaum ausgesprochen, trat er das Gaspedal wieder durch und brauste weiter.

Sonja sank in ihren Sitz. Seine Fröhlichkeit machte sie nicht glücklich, seine Worte klangen nicht aufrichtig. Er hatte Marlene nie vergessen, die Trennung womöglich nicht einmal verwunden. Vielleicht war die Erinnerung tief vergraben in seinem Innersten gewesen und erst durch das unsägliche Gespräch auf dem Gut hervorgeholt worden. Aber nun war Marlene wieder in seinem Kopf. Und schlimmstenfalls bald zurück in seinem Leben. Daran bestand für Sonja kein Zweifel. Justus würde Marlene anlässlich des Todes ihrer Mutter kondolieren – und dann...? Sonja fühlte die alten Minderwertigkeitskomplexe, die durch Carolines Kommentar befeuert worden waren. Eine starke Verlustangst überkam sie.

Aber dieses Mal werde ich nicht einfach klein beigeben und geduldig darauf warten, dass er mir sein Herz schenkt, dachte sie. *Bessere Gesellschaft hin oder her – ich werde mir nichts mehr bieten lassen!*

JANUAR 1919

45

Warum nur hatten alle den Brief für eine Albernheit gehalten? Ein Schreiben war unmittelbar nach Silvester an einige honorige Berliner, darunter auch Hugo von Runstedt, und die Redaktion der *B.Z.* gegangen. Darin behauptete der anonyme Verfasser, der Spartakusbund wolle am vierten Januar die Ratsregierung stürzen und alle Guthaben auf der Reichsbank, in den privaten Geldinstituten und auch dem Postscheckamt beschlagnahmen. Den wohlhabenden Bürgern wurde dringend geraten, sich alle Einlagen per Wertbrief oder Postanweisung zuschicken zu lassen. «Ein Verrückter!», behauptete Marlenes Vater. Max meinte, es handele sich um einen Kriminellen, der Briefträger und Geldboten ausrauben wolle. Pünktlich am Sonnabend, dem vierten Januar, begannen nach der Entlassung des linken Polizeipräsidenten Emil Eichhorn Demonstrationen und Schießereien. Ein toter Postbeamter fiel in diesem Chaos nicht weiter auf.

Während Marlene sich in der Dunkelheit von Hauseinfahrt zu Hauseinfahrt stahl, fragte sie sich, warum niemand mit einem Aufbäumen jener Kräfte gerechnet hatte, die versuchen würden, die Wahl zur verfassunggebenden Nationalversammlung in rund zwei Wochen zu verhindern.

Nur noch zwei Wochen, dachte sie. Die Zeit drängte. Heute war Sonntag, doch mitten im Wahlkampf wurden die Wochenenden einfach gestrichen, nicht einmal Weihnachten und Neujahr hatte es für Marlene gegeben. Der Sonntag war ein günstiger Tag, um die Massen zu mobilisieren: Hunderttausende zogen friedlich durch Mitte und wurden dabei Zeuge, wie die radikalen Kräfte das Zeitungsviertel besetzten. Die meisten Demonstranten verhielten sich ruhig und gingen abends nach Hause, während Freikorps gegen die Revolutionäre zu marschieren begannen.

Mit Blicken suchte Marlene die Jerusalemer Straße ab, nur noch ein paar Schritte, dann konnte sie sich in die Zimmerstraße ducken, von dort weit hinter dem umkämpften Redaktionsgebäude des Vorwärts in die untere Lindenstraße fliehen und Sicherheit suchen. Es war die entgegengesetzte Richtung ihres Nachhausewegs, doch die kürzere Strecke durch das Regierungsviertel war ihr versperrt. Sie hatte gar nicht erst versucht, sich direkt zum Tiergarten durchzuschlagen, der Geschützlärm hielt sie ebenso davon ab wie die Posten, die die Gegend rund um die Zeitungsverlage abriegelten. Sie hatte ein Schlupfloch gefunden, als ein paar Aufständische damit beschäftigt waren, erbeutete Ausgaben des *Berliner Tageblatts* und des *Vorwärts* zu verbrennen; auf eine harmlos wirkende Passantin achteten sie nicht. Das Feuer züngelte in den wolkenverhangenen Abendhimmel und drohte auf eine Druckerei überzugreifen. Von der nahe gelegenen Feuerwache schallte eine Sirene, der schrille Ton mischte sich mit dem Geknatter der Maschinengewehre.

Die große, schwere Tasche, die sie mit sich führte, behinderte sie beim Laufen. Sie trug sie abwechselnd in der Hand, wobei sie gegen ihre Beine schlug, oder im Arm, um das Gewicht besser zu verteilen. Darin befand sich nicht nur die Pistole von Max, sondern auch größere Mengen von Handzetteln mit Werbung für ihre Partei. Ein Stapel war ihrem Laufburschen auf dem Weg von der Druckerei zu Marlenes Büro von Revolutionären entrissen worden. Aufgelöst hatte er vor ihr und Fräulein Martius gestanden. Sie begriffen seine Geschichte als Warnung. Zu dritt versteckten sie in Windeseile die Schreibmaschine und bereits gelieferte Drucksachen, bevor nach dem gegenüberliegenden Mossehaus auch dieses Gebäude mit viel Geschrei und Schüssen angegriffen wurde. Nur wenig später tauchte ein Marineinfanterist in ihrem Büro auf.

Atemlos sah Marlene der glücklicherweise nur oberflächlichen Durchsuchung ihres Arbeitsplatzes zu. Der Marineinfanterist, ein hübscher junger Kerl mit blonden Locken unter seinem Schiffchen, baute sich vor ihr auf und forderte die Herausgabe ihrer Wertsachen.

«Wir haben nichts», behauptete Marlene mit fester Stimme.

Die Faust des Soldaten fuhr hoch und kam ihrer Nase bedenklich nahe. «Sie sollten mich nicht anlügen, Gnädigste. Frauenzimmer, die nicht die Wahrheit sagen, mag ich nicht.»

Fräulein Martius schnappte im Hintergrund nach Luft. Marlene betete stumm, dass ihre Sekretärin den Mund hielt. Laut sagte Marlene: «Durchsuchen Sie mich, wenn Sie mir nicht glauben.» Das Pochen ihres Herzens rauschte in ihren Ohren wie der Geschützlärm, der von der Straße heraufdrang.

«Sie sind verhaftet!» Die Hand, eben noch vor ihrem Gesicht zur Faust geballt, umschloss mit brutalem Griff ihren Arm. «Sie kommen mit zum Alex. Da werden Sie schon gestehen.»

«Fräulein Doktor ...», hob die Sekretärin an, unterbrach sich jedoch und schwieg.

In einer winzigen Bewegung war Marlenes Fuß nach hinten geschwungen. Sie hatte Fräulein Martius gegen das Schienbein getreten. «Wenn Sie mich loslassen», sagte sie dabei zu dem jungen Mann mit der roten Binde, «werde ich meinen Mantel holen. Den brauche ich wohl, um mit Ihnen zum Alexanderplatz zu gehen.»

Verblüfft ließ er von ihr ab. Offensichtlich hatte er nur gebluff. «Für heute lasse ich Sie noch einmal laufen», verkündete er überheblich, jedoch mit weniger überzeugender Stimme als zuvor. Dann wandte er sich den Männern in seinem Gefolge zu: «Abziehen!» Stiefelschritte polterten über den Dielenboden.

Obwohl ihre Knie einzuknicken drohten, versuchte Marlene Autorität auszustrahlen. Sie wartete hoch erhobenen Hauptes auf den Abzug, zwang sich, ihren schmerzenden Oberarm nicht zu reiben. Als die Tür hinter den Rebellen in den Angeln schwang, wandte sie sich zu dem Laufburschen neben dem bleichen und zitternden Fräulein Martius um. Aus ihrer Rocktasche, in der immer ein paar Münzen klimperten, fischte sie ein paar Geldstücke.

«Bringen Sie Fräulein Martius aus dem Viertel heraus, damit sie wohlbehalten nach Hause kommt», wies sie den Jungen an, während sie ihm eine Mark zusteckte.

«Und Sie?», raunte die Sekretärin ängstlich.

«Machen Sie sich keine Sorgen. Ich finde alleine nach Charlottenburg.»

Inzwischen war sie sich dessen jedoch nicht mehr vollkommen sicher.

Sie erschrak über den Klang ihrer eigenen Absätze auf dem Pflaster. Jenseits des Zeitungsviertels schien der Sonntagabend ruhig. Es war finster, hinter den Fenstern brannte kaum eine Lampe, der Mond war von Wolken verdeckt, die Straßenlaternen abgeschaltet oder zerschossen. Auf dem Trottoir gegenüber entdeckte sie einen Fußgänger, der Schatten eines Mannes in einem langen Mantel. Er eilte mit eingezogenem Kopf irgendwohin, wahrscheinlich ebenso verängstigt wie sie.

Marlene versuchte sich in der Gegend östlich der Lindenstraße zurechtzufinden, um zum U-Bahnhof an der Prinzenstraße zu gelangen. Wenn sie sich richtig erinnerte, befand sich einer der Eingänge in einem Haus an der Gitschiner Straße. Von dort fuhr die Bahn direkt zum Zoologischen Garten. Mit ein wenig Glück schaffte sie es ohne weitere Zwischenfälle nach Hause. Doch da sie im Zickzack lief, war sie länger als nötig unterwegs, bog auch einmal in die falsche Straße ein und musste umkehren. Ihre Arme schienen unter dem Gewicht der schweren Tasche länger zu werden, die Muskeln waren zum Zerreißen angespannt, irgendwann nur noch taub.

Es war sicher weit nach Mitternacht, als sie endlich in Charlottenburg eintraf. Ihr Zeitgefühl hatte sie längst verloren. Obwohl die U-Bahn unter dem Potsdamer Platz hindurchfuhr, blieb es in den Zügen ruhig. Einer der wenigen Fahrgäste behauptete, auf dem Platz würde gekämpft wie seinerzeit in Verdun, aber Marlene hörte nicht weiter hin.

Zwischen dem Bahnhof Zoologischer Garten und dem Steinplatz war es dann so friedlich, dass sie glaubte, aus einem Albtraum erwacht zu sein.

Ihre Füße brannten, ihre Hände konnten die Tasche kaum mehr halten. Wie eine Betrunkene taumelte sie nach Hause. Kaum dass sie das Eingangsportal aufdrückte und nach dem Lichtschalter der Flurlampe suchte, flog die Tür zum Büro von Runstedt & Partner im Hochparterre auf.

«Marlene! Da bist du ja endlich!»

Die Erleichterung in Max' Stimme wärmte sie. Obwohl sie eben noch gedacht hatte, sie könne kaum die Treppe erklimmen, lief Marlene plötzlich raschen Schrittes nach oben.

Max stand mit offenem Hemdkragen in der Tür, das Haar zerzaust. Als sie sich auf der obersten Stufe befand, breitete er die Arme aus.

Marlene dachte nicht lange darüber nach. Vielleicht lag es an der Aufregung des Tages, vielleicht an einem bisher verdrängten Gefühl. Sie ließ die Tasche fallen und sank an seine Brust. Ihr Kopf lag an seinem Herzen, sie spürte das rasche Pochen an ihrer Wange. Offenbar war er ebenso aufgewühlt wie sie. Er hatte sich um sie gesorgt – wie immer. Und wie immer schenkte er ihr Geborgenheit.

Marlene schloss erleichtert die Augen.

46

Die Schießereien und Protestkundgebungen hielten eine gute Woche an. Trotz heftiger Angriffe durch regierungsfreundliche Truppen blieben die Redaktionen des *Berliner Tageblatts* und die Räumlichkeiten der Verlage Scherl, Ullstein und Mosse sowie das Wolffsche Telegraphenbüro und die Redaktion des sozialdemokratischen Organs *Vorwärts* besetzt. Die Umstände machten es Marlene unmöglich, noch einmal in ihr Büro zu gelangen. Es war wie ein Déjà-vu der Revolution bei Kriegsende – sie saß mehr oder weniger in Charlottenburg fest und musste sich auf Informationen verlassen, die sie von Mitstreiterinnen in ihrer Partei, dem Kartell und aus anderen Frauenverbänden per Telefon oder als Mitteilung durch die Rohrpost erhielt. «Es gab einen Aufruf zum Generalstreik», hieß es einmal. Dann meldete eine Frau aus einer Fabrik: «Die Arbeiter in den Betrieben fordern ein Ende der Straßenkämpfe.» Sicher war dieser Tage jedoch nichts, weder das Gerücht, die alten Regimenter stünden auch diesmal auf der Seite der Aufständischen, noch jenes, dass Karl Liebknecht, der Führer der gerade gegründeten Kommunistischen Partei, einen Bürgerkrieg anzettelte. In ihrer Ratlosigkeit und der Sehnsucht nach Frieden sicherten viele Arbeiter die Reichskanzlei als lebende Schutzschilder gegen Angriffe.

Obwohl es in ihrer Wohngegend weitgehend ruhig blieb, fand Marlene Flugblätter der verschiedenen Konfliktparteien, die an Laternenmasten und Litfaßsäulen klebten oder weggeworfen und eingerissen im Straßenstaub lagen. Sie bemühte sich, die Waschzettel mit sachlicher Neugier zu betrachten, wobei sich ihr bei der Lektüre von Links und Rechts jedes Mal der Magen umdrehte:

«Die Judasse in der Regierung gehören ins Zuchthaus
und aufs Schafott!
Gebraucht die Waffen gegen eure Todfeinde!»

«Das Vaterland ist dem Untergang nahe!
Es wird nicht bedroht von außen, sondern von innen:
von der Spartakusgruppe!
Schlagt ihre Führer tot! Tötet Liebknecht!»

Die Botschaften waren keiner Partei sicher zuzuordnen. Aber dennoch war klar, wer hinter den Pamphleten steckte.

Hätte Marlene noch an ihrer Entscheidung gezweifelt, in die Politik zu gehen, so wäre jetzt der Moment, in dem sie sich dafür entschieden hätte, für Liberalismus und Demokratie zu kämpfen. Deshalb fühlte sie sich auch gestärkt in dem Entschluss, den sie bereits vor Wochen gefasst hatte.

Beim Abendessen teilte sie ihn ihrem Vater mit: «Morgen werde ich nach Neukölln fahren, um dort im Saalbau meine Rede zu halten, die ich schon so lange geplant habe.»

«Ich war davon ausgegangen, dass die Veranstaltung abgesagt wird», brummte Hugo von Runstedt, ohne aufzublicken. Marlene hatte für ihren Vater ein etwas größeres Stück Kasseler auftragen lassen, um ihn in gute Stimmung zu versetzen. Ganz offensichtlich schmeckte es ihm, doch der Genuss schien ihn nicht nachsichtiger zu machen. «Und etwas anderes will ich auch nicht hören. Nach Neukölln zu fahren, ist derzeit viel zu gefährlich für dich. Der Bezirk befindet sich außerdem nicht einmal in deinem Wahlkreis.»

Das Besteck, das Marlene in Händen gehalten hatte, fiel klirrend auf ihren Teller. «In vier Tagen wird gewählt. Gerade unter den gegebenen Umständen muss ich den Leuten da draußen überall erklären, dass eine Demokratie die einzige Möglichkeit ist, in Freiheit zu leben.»

«Es ist so viel Blut geflossen – willst du deines auch noch opfern?»

«Die Regierung fahndet nur nach den Putschisten. Davon bin ich weit entfernt, wie du weißt.»

«Und deshalb willst du dich freiwillig in ein Arbeiterviertel begeben, wo es eine Menge Spartakistennester gibt, die noch nicht ausgehoben wurden», gab er trocken zurück.

«Ich glaube nicht, dass Anhänger der Kommunistischen Partei zu einer Rede kommen, die eine Frau von der DDP hält.»

«Das tun sie ganz sicher – um die Veranstaltung zu stören. Nimm dich in Acht vor fliegenden Stühlen.»

Unwillkürlich lächelte sie. «Der Saalbau ist eine Gaststätte mit einem Ballsaal und einem Theater. Dort gehen traditionell eher bürgerliche Herrschaften hin. Andere Zuhörer erwarte ich eigentlich nicht.»

Er schüttelte den Kopf. «Glücklich bin ich nicht über deinen Weg, Marlene.» Und nach einem langen Schweigen fuhr er mit gesenkter Stimme fort: «Aber ich bin stolz auf dich.» Dann wandte er seine volle Aufmerksamkeit wieder seinem Abendessen zu.

◆

In dem Torbogen, der das Vorderhaus von dem Ballsaal im rückwärtigen Gebäude trennte, wo Marlene sprechen sollte, hatten Helfer ihrer Partei Plakate aufgehängt. Eines der Bilder zierte eine überdimensionale stilisierte Germania samt der Botschaft in fettgedruckten Lettern:

Ruhe, Ordnung, Frieden, Freiheit will die Deutsche Demokratische Partei.

Daneben ein Aushang mit der Zeichnung einer Frau, die sich aus dem Gefängnis der männlichen Herrschaft zu befreien schien, und der Werbespruch: «Das Frauenrecht ist ein Hauptziel der Deutschen Demokratischen Partei.» Gut gemacht, dachte Marlene. Dennoch war ihr ein wenig mulmig.

Obwohl der Alltag wieder einigermaßen seinen gewohnten Gang zu nehmen schien, erinnerten die übrig gebliebenen Barrikaden eindringlich an die Straßenkämpfe der letzten Tage. Regenschauer verhüllten die Gründerzeithäuser an der Bergstraße wie ein grauer Schleier, die vereinzelten Straßenbäume waren winterlich kahl und drückten die Stimmung ebenso wie die dünnen Gäule, die schwere Lastkarren vor die Läden zogen. Die einsamen Frauen, die ihre Dienste in den Torbögen anboten, erinnerten an die einstige Frivolität des Viertels, als in Rixdorf noch feuchtfröhliche Feste gefeiert wurden. Es war eine andere Welt als der Westen Berlins, wo Marlene für gewöhnlich Vorträge hielt oder Frauenverbände besuchte, selbst in den bäuerlichen Gegenden Brandenburgs herrschte mehr Zuversicht als hier. Eine Gruppe Freikorps-Soldaten zog vorüber und verschwand in einem Eingang. Wahrscheinlich waren die Männer auf der Jagd nach

Aufständischen, möglicherweise würden sie auch nur harmlose, wenn auch unliebsame Leute mitnehmen, die von ihren Nachbarn als Putschisten angezeigt worden waren.

Im Saalbau selbst herrschte viel Betrieb. Obwohl es noch früh am Abend war, wirkte die Gaststätte bei einem Blick durch die hohen Fenster vor allem von Arbeitern gut besucht. In dem schönen, stuckverzierten Ballsaal hatten sich erstaunlich viele Frauen eingefunden. Marlene war aus den wohlhabenden Gegenden ein größeres Publikum gewohnt, aber offensichtlich waren auch die Frauen anderer Schichten an Politik interessiert. Ein paar von ihnen waren in männlicher Begleitung. Offenbar gestand nicht jeder Mann seiner Frau, Schwester oder Tochter die Bildung ihrer eigenen Meinung zu. Eine Schar kleiner Kinder wuselte um die Beine der Zuhörerinnen und trug zu dem erheblichen Geräuschpegel bei. Es herrschte eine Stimmung voller Neugier und Aufmerksamkeit, geprägt sicher von Frustration, aber auch dem Willen zu einem Neuanfang. Nicht nur Marlene war die Demonstrationen und das Blutvergießen leid – das spürte sie deutlich.

Mit einer Glocke sorgte der Wirt des Etablissements für Ruhe. Er schritt durch die Stuhlreihen, klingelte und sprang schließlich auf die Bühne, wo er ein Kohlemikrofon ausrichtete, durch das er die Rednerin vollmundig als künftige Parlamentarierin ankündigte. Verhaltener Applaus folgte. Die Leute hier waren skeptisch und klatschten nicht einfach für eine Unbekannte.

Tief Luft holend, begann Marlene mit erhobener Stimme: «Meine Damen...», sie legte eine kleine Pause ein, fuhr dann fort: «... und Herren, Sie und Ihre Kinder brauchen Frieden, Freiheit und Brot, und ich bin gekommen, weil ich weiß, wie wir gemeinsam erreichen können, dass sie genau das bekommen: durch Einigkeit und liberales Denken! Jeder Mann und auch und vor allem jede Frau sollte selbstständig handeln können, ohne dass er oder sie Willkür und Missbrauch von Macht fürchten muss. Frauen, ihr habt das Wahlrecht wie ein großzügiges Geschenk erhalten. Aber das ist es nicht! Es ist euer gutes Recht! Deshalb geht zur Wahl, gebt eure Stimme ab...»

Die Worte kamen ihr sicher und bestimmt über die Lippen, kaum musste Marlene in ihre Notizen sehen. Sie rief der Menge Anpreisungen und Schlagwörter zu, die vielleicht manche nicht gänzlich verstanden, aber deren Eindringlichkeit unmissverständlich war. Je stärker sie der Aufmerksamkeit ihrer Zuhörerinnen gewahr wurde, desto mehr verselbstständigte sich ihr Vortrag. Als schwebe sie über oder neben sich selbst, angespornt von dem Staunen, das sie aus den ersten Reihen erreichte. Die Stille, die sich über den Saal legte, war ihr Ansporn. Als ein Mann im Hintergrund rief: «Albernes Weibergeschwätz!», lachte sie nur. Nachdem sie geendet hatte, antwortete ihr noch immer verhaltener, aber sich zunehmend steigender Beifall.

Fast eine Stunde lang schüttelte sie anschließend Hände und beantwortete Fragen von Frauen, die sich nicht getraut hatten, vor den anderen Zuhörerinnen zu sprechen, aber sich auf ihrem Weg durch die Menge an sie wandten. Meist waren es harmlose, praktische Fragen nach Wahllokalen und dem Erhalt der Stimmzettel. Doch Marlene erreichten auch die Sorgen von Frauen, die etwa ihre Arbeit verloren hatten oder sehnsüchtig auf ihre Männer warteten und keine Ahnung hatten, in welchem Kriegsgefangenenlager diese sich befanden. Schmerzlich wurde Marlene bewusst, wie wenig sie in ihrer derzeitigen Situation helfen konnte. Immer wieder beteuerte sie, dass die Wahl alles besser machen würde, und hoffte im Stillen, dieses Versprechen halten zu können.

Als sie endlich aufbrach, hatte sich ihr Publikum weitgehend zerstreut. An der Tür zum Foyer stand ein Mann neben einer still wirkenden Frau, die Marlene zustimmend zunickte. Ihr Mann meinte daraufhin klarstellen zu müssen: «Wir wählen Philipp Scheidemann.»

Marlene lächelte ihn freundlich an. «Wenn Sie die SPD wählen, mein Herr, dann kann Ihre Frau doch ihre Stimme an die DDP vergeben. Es steht nirgendwo geschrieben, dass ein Ehepaar dieselbe politische Meinung vertreten muss.» Ohne eine Antwort abzuwarten, ließ sie die verdutzten Leute ringsum stehen und ging.

Draußen angekommen, beschleunigte sie ihren Schritt nicht nur wegen des Regens, der ihr ins Gesicht schlug, sondern auch, weil die vor ihr liegende Toreinfahrt dunkel und unheimlich wirkte. Aus dem Gasthof drangen aufgeregte Stimmen und Gegröle. Sie bedauerte, dass sie die Pistole zu Hause gelassen hatte, weil ihr die ungeladene Waffe in diesem Moment jene Sicherheit verliehen hätte, die Max ihr versprochen hatte. Max, der ewige Freund, der ihr so viel Unterstützung schenkte ...

«Fräulein Doktor von Runstedt ...»

Sie zuckte zusammen. Die Frauenstimme klang atemlos, leise und auf gewisse Weise bedrohlich, weil Marlene niemanden sah, zu dem sie gehörte. Aus dem Schatten hatte sie sie angeweht wie die Stimme eines Geistes. Unwillkürlich beschleunigte sie ihren Schritt.

«Bitte... Fräulein Doktor, so bleiben Se doch stehen... Bitte!»

Der flehentliche Ton ließ sie innehalten.

«Erkennen Se mich denn nicht?»

Marlene drehte sich um die eigene Achse. Noch immer sah sie niemanden. «Wer sind Sie?», fuhr sie auf und hoffte, energisch und nicht so ängstlich zu klingen, wie sie sich fühlte. «Was wollen Sie von mir? Und wo sind Sie überhaupt?»

«Hier bin ick!» Eine Gestalt kroch aus einer Nische im Mauerwerk der Einfahrt und richtete sich neben Marlene auf. Sie trug einen dunklen, knöchellangen Mantel, der ihr zu groß war, um den Kopf hatte sie einen schwarzen Schal geschlungen. So vermummt verschmolz sie fast mit ihrer Umgebung.

Auch das Gesicht wurde halb vom Schal verdeckt. «Wer sind Sie?», wiederholte Marlene, diesmal drängender, nervöser, fast ein wenig ärgerlich.

«Ick bin es.» Als Marlene nicht reagierte, fügte sie hinzu: «Marie Becker heiß ick. Ick war doch mit der Erna bei Ihnen. Erna Hoppe.»

Natürlich!, dachte Marlene erleichtert. Der Kranzgeld-Fall. Hatte Max sich in ihrer Abwesenheit nicht ausreichend darum gekümmert? «Ich erinnere mich», erwiderte sie. «Was tun Sie hier? Verstecken Sie sich?»

«Als ick auf einem Plakat las, dass Se hier auftreten, wusste ick, dass Sie mir helfen würden.»

«Tatsächlich?» Ein wenig ratlos sah sich Marlene um. Sollte sie die junge Frau in das Gasthaus einladen? Der Wind pfiff durch die Toreinfahrt, hier war es reichlich ungemütlich für eine Unterhaltung. Aber dies war wohl kein Lokal, in das sie abends mit einer Mandantin gehörte. Am besten, sie handelte deren Probleme an Ort und Stelle ab, damit sie anschließend nach Hause fahren konnte.

«Rosa Luxemburg und Karl Liebknecht sind heute Abend verhaftet worden», raunte Marie Becker. «Die Gerüchteküche brodelt. Det heißt, jeder, der Mitglied in der KPD ist, muss um sein Leben fürchten.»

Marlene schnappte nach Luft. «Sie sind doch nicht...?»

«Ick bin der Partei beijetreten», warf Marie rasch ein. «Aber ick habe nichts gemacht. Die Rosa Luxemburg hat nur so schön jeredet, wissen Sie. Für die Frauen und die Arbeiterschaft. Weg mit den alten Strukturen, hat sie jesagt, nur so kann Neues jeschaffen werden. Und an der neuen Ordnung sollen die Arbeiter aller Länder beteiligt sein und sich verbrüdern. Und unsereiner sei jenau gleich wie alle Männer...»

«Das klingt alles wunderbar», unterbrach Marlene den Redefluss, «aber was hat das konkret mit Ihnen zu tun? Warum fürchten Sie sich vor einer Verhaftung, wenn Sie sich nichts zuschulden haben kommen lassen?»

«Na ja...» Sie druckste herum.

«Was?», fragte Marlene scharf.

«Vielleicht habe ich jeholfen, den einen oder anderen Kämpfer zu verstecken.»

«Vielleicht? Mit Sicherheit!», gab Marlene entnervt zurück. Mit welcher Naivität sich Marie Becker immer wieder in Schwierigkeiten brachte! Wenn der Name der jungen Frau bekannt und ihre Adresse ebenfalls kein Geheimnis war, schwebte sie wahrscheinlich in Lebensgefahr. Doch gab es nichts, das Marlene dagegen tun konnte. Sie hatte nicht einmal einen juristischen Rat. Auf Terror und Unterstützung von Landesverrat standen drakonische Strafen, daran war nichts zu beschönigen.

Das Grölen in der Gaststätte klang inzwischen, als werde es bald in Handgreiflichkeiten münden. Von der Straße drang ebenfalls Lärm. Irgendwo knallte ein Schuss. Die Revolte flammte wieder auf.

Unwillkürlich ergriff Marlene die Hand der jungen Frau. «Kommen Sie», stieß sie hastig hervor und fügte bereits im Laufen hinzu: «Wir müssen die U-Bahn-Haltestelle erreichen. Verstecken Sie sich nicht unter Ihren Kleidern, wenn jemand fragt, sind Sie meine Sekretärin. Haben Sie mich verstanden? Ich nehme Sie für heute Nacht mit zu mir. Morgen sehen wir weiter.» Ich muss verrückt sein, fuhr es ihr durch den Kopf. Aber wenn ich diese junge Frau vor den brutalen Schergen der Regierungstruppen rette, ist es das wert.

♦

«Hast du den Verstand verloren? Du kannst doch nicht einfach eine Kommunistin in unserer Wohnung verstecken!»

«Ich habe einer Mandantin lediglich für eine Nacht Obdach angeboten», protestierte Marlene. Sie hatte gewusst, dass es nicht einfach werden würde, ihren Vater für den Überraschungsgast zu erwärmen. Allerdings hatte sie während der Fahrt zum Bahnhof Zoo einen Plan gefasst, wie sie Marie Becker aus der Schusslinie nehmen konnte. Dafür musste sie zumindest bis morgen früh am Steinplatz bleiben.

«Was soll das?», polterte Hugo von Runstedt. «Ich kann mich nicht erinnern, dass ich einer Mandantin jemals mein Gästezimmer angeboten hätte.»

«Bitte, Vater, es ist nur für eine Nacht. Morgen schicke ich sie aufs Land.»

Hugo sah sie durch den Rauch seiner Zigarre zweifelnd an. Doch dann gab er zu ihrem Erstaunen klein bei. «Na gut, wenn dem so ist, soll es so sein.» Er winkte sie fort. «Dann geh auch du schlafen. Ich möchte noch ein wenig arbeiten. Wer weiß, was uns der Morgen bringt, wenn die Verhaftungen von Rosa Luxemburg und Karl Liebknecht überall bekannt werden.»

Doch Marlene blieb an seinem Schreibtisch sitzen. «Kann ich bitte kurz deinen Telefonapparat benutzen?»

«Es ist nach neun Uhr. Wen willst du um diese Zeit anrufen?»

«Bitte, Papa!»

«Aber verlange nicht, dass ich hinausgehe», knurrte er.

Sturkopf, dachte Marlene lächelnd.

Die Verbindung, um die sie das Fräulein vom Amt bat, war überraschend schnell hergestellt. Ein Rauschen in der Leitung, ein lang anhaltendes Läuten, noch eines, dann wurde abgehoben: «Ostwald», meldete sich eine Männerstimme, die trotz des Pfeifens und der anderen Geräusche so nah und vertraut klang, dass Marlenes Hand, die den Telefonhörer hielt, zu zittern begann. «Justus?», brachte sie dennoch heraus.

«Marlene!», rief er aus. Offenbar erkannte er sie ebenso rasch am ersten Ton wie sie ihn.

Sie konnte das Grinsen, das sich in ihr Gesicht stahl, nicht verbergen. «Es tut mir leid, wenn mein Anruf ungelegen kommt», hob sie höflich an. «Aber ich habe eine Bitte, die keinen Aufschub duldet.»

«Dein Anruf kommt nicht ungelegen. Ich freue mich. Hier ist alles gerade ein wenig durcheinander.» Sein Ton wurde ernster. «Meine Mutter ist verstorben. Die Grippe hat sie hinweggerafft.»

«Oh! Das tut mir leid», wiederholte sie und kam sich plötzlich entsetzlich hilflos vor. Und egoistisch. Da rief sie ihn an und fiel gleich mit der Tür ins Haus, ohne ihn nach seinem Befinden zu fragen. Sie räusperte sich. «Mein herzliches Beileid, Justus. Wie geht es dir?»

«Nun, ja, sie hat nicht gelitten und ich war hier. Das ist mehr, als wir zu hoffen gewagt hatten.»

Unwillkürlich dachte sie an das Unglück, bei dem ihre eigene Mutter zu Tode gekommen war – und an Justus' Kondolenzbesuch. «Kann ich etwas für dich tun?»

«Wenn ich nach Berlin zurückkomme, würde ich mir wünschen, dass du da bist.»

«Natürlich bin ich da.» Trotz der traurigen Nachricht stahl sich wieder ein glückseliges Lächeln auf ihr Gesicht.

Einen Moment herrschte Schweigen zwischen ihnen, während die üblichen Störungen in der Telefonleitung rauschten und pfiffen. Schließlich fragte Justus: «Warum hast du denn nun angerufen?»

Marlene schlug sich mit der freien Hand gegen die Stirn. «O ja, natürlich, ich wollte dich fragen, ob ihr eine angehende Gärtnerin auf dem Gut beschäftigen könntet. Von mir aus auch nur für eine kurze Zeit, aber es wäre wichtig, dass sie den Wohnort für eine Weile wechselt.» Als die Rauchwolke sie erreichte, die ihr Vater ihr ins Gesicht blies, hustete sie verhalten.

«Ich vermute, dass du wieder einmal die Welt retten möchtest. Was hat die Frau angestellt?»

«Nichts. Sie hat eigentlich nichts getan. Sie war nur ein wenig irregeleitet, könnte man sagen. Sie ist Mandantin unserer Kanzlei.»

Justus seufzte. Er klang müde. «Hör zu, Marlene, ich muss mich hier um vieles kümmern und Entscheidungen treffen, ich weiß nicht einmal, ob ich zu den Wahlen in Berlin sein kann. Aber solange der Verwalter einverstanden ist, kann dein Schützling hier arbeiten. Wenn du dich für sie verbürgst, schick sie her. Wie heißt sie?»

«Marie Becker. Sie ist eine anständige junge Frau.»

«Hm.»

«Sie kommt morgen mit der Kremmener Bahn.»

«Gut.»

Wieder schwiegen sie. Es gab so vieles, das sie ihm sagen wollte, aber nichts, das sie ihm sagen konnte. Die Anwesenheit ihres Vaters hinderte sie daran, die Unpersönlichkeit eines Telefongesprächs tat ein Übriges. Aber dann fiel ihr doch noch eine persönliche Bemerkung ein: «Auch wenn die Umstände traurig sind, bin ich sehr froh, dich in der Nähe zu wissen.»

Ein leises Lachen antwortete ihr. «Du bist ein Engel, Marlene.» Er legte auf und nur ein Surren blieb in der Leitung zurück.

47

Als Marlene ihren Schützling am nächsten Morgen zum Bahnhof Zoologischer Garten brachte, stachen ihnen von den Titelseiten der Zeitungen die fett gedruckten Überschriften ins Auge:

**DAS ENDE LIEBKNECHTS
UND ROSA LUXEMBURGS**

**KARL LIEBKNECHT
AUF DER FLUCHT ERSCHOSSEN**

ROSA LUXEMBURG VON DER MENGE GETÖTET

Um die Zeitungsverkäufer und an den Kiosken bildeten sich Gruppen von diskutierenden Reisenden und Passanten. Aufgeregtes Stimmengewirr mit gelegentlichen Protestrufen beherrschte die Szenerie, Entsetzen spiegelte sich nicht nur in den Gesichtern der Arbeiterschaft, sondern auch in denen des Charlottenburger Bürgertums. Angesichts der allgemeinen Empörung war Marlene sicher, dass sich in Berlins Innenstadt bereits wieder die ersten Demonstrationszüge formierten, diesmal wohl mit vielschichtigerer Klientel als in den ersten Tagen des Aufstands. Der gewaltsame Tod der beiden Galionsfiguren der jungen KPD traf auch die politische Gegenseite tief.

Marie Becker blieb vor einem Stapel Zeitungen stehen, den

ein Junge neben sich, am Fuße der Treppe, die zu den Gleisen führte, abgelegt hatte. Sein Blatt fand einen reißenden Absatz. Die Leserinnen und Leser standen Schlange, misstrauisch beäugt von den beiden Soldaten in feldgrauer kaiserlicher Uniform, Sturmhauben auf den Köpfen und Gewehre in Händen.

«Was für traurige Nachrichten ...»

Marlene zuckte nicht mit der Wimper. «Gehen Sie weiter!», raunte sie. «Gehen Sie um Gottes willen weiter.»

«Meinen Se nich, ick sollte mir eine Zeitung kaufen?»

«Lassen Sie das!» Marlene schubste die jüngere Frau vorwärts. «Dafür haben wir keine Zeit.»

Sicher wusste Marie genauso gut wie Marlene, dass der Zug zum Stettiner Bahnhof erst in einer halben Stunde abfuhr. Im Norden Berlins sollte sie in die Kremmener Bahn umsteigen, die sie in die Mark Brandenburg brachte. Doch gewohnt, den Forderungen von Menschen höheren Standes widerspruchslos zu folgen, reagierte sie ergeben. Unwillkürlich fragte sich Marlene, ob sie angesichts der Freikorps-Soldaten übervorsichtig reagierte. Andererseits konnte in diesen unruhigen Zeiten kaum jemand zwischen Freund und Feind unterscheiden.

Marlene hatte den Bericht über die schrecklichen Folgen von Karl Liebknechts und Rosa Luxemburgs Verhaftung bereits im *Berliner Tageblatt* in der Kanzlei gelesen. Sie hatte Marie nicht beunruhigen wollen, die dramatische Neuigkeit für sich behalten und sich nur mit ihrem Vater darüber kurz ausgetauscht. Die Gefahr, die für aktive Mitglieder der Spartakusgruppe bestand, war nicht von der Hand zu weisen. Vorsorglich riet sie ihrem Schützling: «Wen immer Sie auf der Reise kennenlernen, unterhalten Sie sich nicht über Politik. Und das gilt auch für Ihren Aufenthalt bei der Familie von Ostwald. Sie haben keine Meinung. Verstehen Sie?»

«Ja, Fräulein Doktor. Das habe ich verstanden.»

Hoffentlich, dachte Marlene. «Ich hätte nie für möglich gehalten», murmelte sie versonnen, «dass ich einmal einer Frau raten würde, den Mund zu halten.» Doch Justus wäre mit Sicherheit wütend, wenn das Fräulein aufrührerische Ideen unter seinen Landarbeitern verbreitete. Von Caroline ganz zu schweigen. Die schickt mir gleich ein ganzes Freikorps auf den Hals, dachte Marlene mit bitterer Ironie. Von dem, was sie mit Marie anstellen würde, ganz zu schweigen – und um deren Sicherheit ging es nun in erster Linie. Marlene seufzte.

«Da Rosa Luxemburg nicht mehr da ist, hätt ick Sie gewählt, Fräulein Doktor», sagte Marie.

«Bei der nächsten Wahl sind Sie sicher wieder an Ihrem Wohnort und können Ihre Stimme abgeben», versicherte Marlene lächelnd.

Erleichtert registrierte sie, wie die junge Frau ein Abteil der dritten Klasse bestieg. Marlene winkte kurz, dann wandte sie sich ab und ging in Richtung Ausgang. Sie bemühte sich, einen Bogen um die Zeitungsverkäufer und die Diskutanten sowie um die Soldaten zu machen.

Eine Werbung für den Cine-Palast fiel ihr ins Auge. Das Lichtspielhaus lag nur ein paar Schritte entfernt. «Die Frauen des Josias Graffenreuth» hieß der Streifen, der gerade gezeigt wurde. Im Vorprogramm lief «Sonja Grawitz kandidiert». Marlene hatte davon gehört, sich den Kurzfilm aber nicht angesehen. Angeblich war er ein Publikumsmagnet, was wohl in erster Linie an dem bekannten Namen der Hauptdarstellerin lag, wie Marlene vermutete, aber natürlich auch an der Neugier der Zuschauerinnen und Wählerinnen. Jedenfalls war es eine beneidenswert gute Werbung – nicht nur für das Frauenstimmrecht. Die DNVP wurde nicht genannt, aber Marlene hatte sich über ihre Konkurrentinnen informiert und dabei auch von Sonjas Nominierung erfahren. Es hatte sie zugegebenermaßen schockiert, sich die alte Freundin als Parlamentarierin vorzustellen. Vor allem, da Sonja die eigene Herkunft anscheinend vergessen hatte. Vielleicht war das sogar die verstörendere Erkenntnis.

Allerdings war Sonjas Aufstieg wohl kaum verwunderlich. Fräulein Martius hatte neulich zu Marlene gesagt: «Um als Kandidatin aufgestellt zu werden, muss eine Frau von der Pike auf in einem Frauenverband gedient haben und dazu noch eine Studierte sein wie Sie, Fräulein Doktor. Nur dann erhält sie die notwendige Unterstützung. Oder sie ist so berühmt, dass die Partei durch die Prominenz der Anwärterin gewinnt.» Die Äußerung war etwas harsch, barg jedoch viel Wahres. Vor allem traf sie einhundertprozentig auf Marlene und Sonja zu.

Marlene dachte an Marie Becker, die eine Anhängerin der KPD war und nun aus Sympathie und Dankbarkeit Marlene und der DDP ihre Stimme hatte geben wollen. Tja, dachte Marlene, von Unvoreingenommenheit und einer echten freien Meinung sind wir noch weit entfernt. Frauen müssen den Mut und die Kraft für ihre Überzeugung erst noch gewinnen. Doch der erste Schritt ist getan. Auch für Marie Becker. Vielleicht konnte sie ihr helfen, den richtigen Weg für sich zu finden.

◆

Herr Lehmann öffnete Marlene die Bürotür. «Gut, dass Sie wieder da sind, Fräulein Doktor von Runstedt. Ein Besucher hat gerade nach Ihnen gefragt, aber Sie haben ihn leider um wenige Minuten verpasst...»

«Ein Mandant?», unterbrach Marlene neugierig. Männer ersuchten in der Regel nicht um eine Rechtsberatung bei ihr.

«Der Herr stellte sich als Reporter der *Messter-Woche* vor.»

Verblüfft blieb Marlene mitten in der großzügigen Diele stehen. Sie hatte ihren vom Regenwetter nassen Mantel von ihren Schultern gleiten lassen und über ihren Arm gelegt. Eigentlich hatte sie in ihr Zimmer gehen wollen, aber die Information ließ sie innehalten. «Was will denn ein Mann von der Kino-Wochenschau von mir?»

«Er bat um ein Interview», erklärte Max, bevor der Büroleiter zu einer Antwort anhob. Er stand in der Tür des Sekretariats, wahrscheinlich hatte er dort gerade die Mappe mit Schriftstücken entgegengenommen, die er nun in Händen hielt. «Man wollte dich am Wahltag filmen. Ich habe selbstverständlich in deinem Namen abgesagt.»

Unwillig schüttelte Marlene den Kopf, sah von Herrn Lehmann zu Max. «Ich verstehe nicht...»

«Der Reporter kam von der *Messter-Woche*», wiederholte Max in übertrieben geduldigem Ton. «In kurzen Einblendungen sollen wohl einige Kandidatinnen bei der Wahl oder auf dem Weg dorthin gezeigt werden. Angeblich sind Marie Juchacz und Wilhelmine Kähler von der SPD bereit, diesen Zirkus mitzumachen. Wenn du mich fragst, glaube ich das aber nicht.»

«Ich frage dich aber nicht», versetzte Marlene brüsk. Dass Max für sie entschied, ärgerte sie. Sie wandte sich an den Angestellten: «Herr Lehmann, haben Sie eine Adresse von dem Reporter? Falls nicht, finden Sie sie heraus. Und dann setzen Sie bitte eine telegrafische Nachricht auf. Selbstverständlich», sie warf Max einen wütenden Blick zu, «bin ich bereit für ein Interview. Und jeden anderen *Zirkus*.»

«Ich kümmere mich höchstpersönlich.»

«Danke.» Sie wartete, dass Max Herrn Lehmann die Tür freigab. Dann trat sie vor ihn und zischte in schneidendem Ton: «Ich möchte nicht, dass du derartige Entscheidungen über meinen Kopf hinweg triffst.»

«Es war mir nicht bewusst, dass du Schauspielerin werden willst.»

Unwillkürlich dachte sie an den Kurzfilm, in dem ihre einstige Freundin werbewirksam in Szene gesetzt worden war. Leise seufzend erwiderte sie: «Und mir war nicht bewusst, wie rückständig du denkst. Wenn ich im Reichstag gehört werden will, brauche ich möglichst viel Rückhalt. Bei den anderen Abgeordneten, aber vor allem bei meinen Wählerinnen und Wählern. Ich dachte, du würdest mich unterstützen.» Sie lächelte zuckersüß. «Und um das zu beweisen, kannst du mich zu den Filmaufnahmen begleiten.»

48

Der Wahlsonntag begann für Marlene mit dem Besuch der Morgenandacht. Was für ein perfekter Tag!, freute sich Marlene in Gedanken, als sie auf dem Weg zur Kaiser-Wilhelm-Gedächtniskirche an der Seite ihres Vaters über den Auguste-Viktoria-Platz schlenderte. Zum ersten Mal seit Langem nahm sie eine positive Stimmung unter den anderen Passanten wahr. Die dramatische Lage und das viele Blutvergießen der vergangenen Wochen waren einem Gefühl von Frieden und Freiheit gewichen. Selbst die überraschend hereingebrochenen Minusgrade und der leichte Schneefall schienen der guten Laune der Bevölkerung keinen Abbruch zu tun. Die Hoffnung und der Aufbruchswille, die heute wie ein blauer Himmel über der Metropole und ihren Vororten hing, waren beinahe greifbar.

Nach der Ermordung von Rosa Luxemburg und Karl Liebknecht war es zu erheblichen Protestkundgebungen gekommen. Wie Marlene erwartet hatte, nahmen daran nicht nur Arbeiter teil, sondern auch Tausende Bürger, die sich eigentlich nicht zur Wählerschaft der Kommunisten zählten, aber für Demokratie und Meinungsfreiheit eintraten. Dabei kam es nur noch vereinzelt zu Scharmützeln, das politische Klima beruhigte sich. Während in Paris die Friedensverhandlungen der Entente begannen, an denen kein Vertreter des Volksrats aus Berlin teilnehmen durfte, bereitete sich das Deutsche Reich auf den Wahlsonntag vor: einige letzte Aufrufe, Erklärungen, Reden, das Verteilen von Flugblättern und Broschüren, Fuhrwerke mit Plakattafeln, die durch die Straßen ratterten.

Als Marlene gestern Nachmittag zum Romanischen Café unterwegs gewesen war, um dort eine Mitstreiterin aus dem Kartell zu treffen, war ihr vor dem Bahnhof Zoologischer Garten eine ungewöhnlich große Menschenmenge aufgefallen. Bei näherem Hinsehen erkannte sie Sonja, die in ihrem Pelzmantel auf dem Sitz eines Automobils stand und von ihrer erhöhten Position eine anscheinend flammende Rede hielt. Sie rief die Frauen zur Wahl auf, doch vor allem Männer schienen an dem Auftritt der bekannten Schauspielerin interessiert. Marlene wollte eigentlich stehen bleiben und zuhören, doch fehlte ihr die Zeit, da sie ohnehin bereits zu spät zu ihrer Verabredung kommen würde. Also ging sie weiter. Im Nachhinein dachte sie grimmig, dass es so vielleicht besser war – sie sollte sich nicht zu stark mit Sonjas politischen Ambitionen auseinandersetzen, die konnten ja doch nicht wirklich ernst gemeint sein, sie passten so gar nicht zu der anderen. Es gab andere Frauenrechtlerinnen, die sich im Gegensatz zu Sonja ernsthaft einen Platz in der Politik zu erkämpfen suchten.

Die Glockenschläge der Kaiser-Wilhelm-Gedächtniskirche, die lautesten von Charlottenburg, dröhnten über ihnen, während sie ihre Plätze in den Bänken einnahmen. Marlene fühlte eine gewisse Anspannung, aber die Aufregung der vergangenen Wochen war einer vorübergehenden Leere gewichen, die erst mit dem Wahlergebnis neu gefüllt werden würde. Insgeheim zweifelte sie nicht daran, in die Nationalversammlung einziehen zu dürfen, aber ihr Wahlkreis Teltow-Beeskow-Storkow-Charlottenburg war recht groß, die Liste der Kandidaten und Kandidatinnen daher lang, sodass sie sich nicht sicher sein konnte. Zwar hatte sie durch ihren Einsatz für die Helferinnen der Bug-Etappe über die eigenen bürgerlichen Kreise hinaus gerade im ländlichen Raum enorm an Ansehen gewonnen. Doch deutschlandweit kandidierten mehr als dreihundert Frauen für einen Sitz im Reichstag, da war die Konkurrenz groß. Marlene lag weit hinter Marie-Elisabeth Lüders auf der Wahlliste der Frauen ihrer Partei,

Friedrich Naumann führte die Liste der männlichen Kandidaten an.

Während des Gottesdienstes fielen Marlene fast zwangsläufig die «Gebote» ein, die im *Berliner Tageblatt* zum Frauenwahlrecht veröffentlicht worden waren. Besonders das zehnte Gebot war ihr im Gedächtnis geblieben: «Du sollst in der Politik nicht begehren deines Nächsten Recht, Besitz oder Ehre, auch nicht deine eigene Ehre suchen, sondern du sollst deinen Willen und deine ganze Kraft auf das Wohl deines Vaterlandes richten.» Es war nicht ihre Ehrsucht, dachte sie, ihr Recht auf Abstimmung wahrzunehmen und dabei ihrem Gewissen zu folgen. Nein, Marlene wurde nicht von ihrem Wunsch nach Anerkennung angetrieben, sondern ihrem Ehrgeiz und unbedingten Willen, etwas zu verändern. Sie betete, dass es ihr gelingen mochte, das Leben der Menschen, die neben, vor oder hinter ihr in den geschnitzten Bänken saßen, wenigstens ein bisschen zu verbessern.

Vor der Kirche zerstreuten sich die Besucher, eine kleine Gruppe blieb jedoch neugierig hinter der Filmkamera stehen, die zwischenzeitlich dort aufgestellt worden war. Der Kameramann hatte den Hut in den Nacken geschoben und blickte durch den Sucher in dem Holzkasten, sein Kollege verhandelte mit einem Polizisten, der wohl für eine Absperrung sorgen sollte, ein dritter Mann fahndete unter den Gläubigen nach seinem «Filmstar» und kaute dabei unablässig auf einer erloschenen Zigarettenkippe. Marlene steuerte in seine Richtung und zog ihren Vater, an dessen Arm sie hing, energisch mit sich.

«Ich glaube, Sie warten auf mich. Ich bin Marlene von Runstedt.»

«Angenehm, Fräulein von Runstedt ...» Der Reporter schüttelte ihre Hand.

«Doktor von Runstedt», brummte ihr Vater.

«Schmitzke», stellte sich der Reporter vor. «Manfred Schmitzke mein Name.» Er spuckte den Stummel aus und schenkte ihr ein zerknirschtes Lächeln. «Die Tabakkauerei habe ich mir im Krieg angewöhnt. Das ist nicht vornehm, tut mir leid, aber ich habe gewöhnlich auch nicht immer mit so feinen Damen wie Ihnen zu tun.»

Marlene kommentierte das Laster nicht. Stattdessen fragte sie: «Was sollen mein Vater und ich tun?»

«Gehen Sie bitte noch einmal zurück zum Kirchenportal und kommen heraus. Die Kandidatin mit ihrem Vater nach dem Gottesdienst und vor der Wahl. Das gibt ein schönes Bild.»

Mehrere Male mussten Marlene und Hugo die Sequenz wiederholen. Mal wurde aus der Aufnahme nichts, weil ein Unbefugter durch das Bild lief. Dann flog im kurzzeitig auffrischenden Wind eines der vielen Flugblätter, die auf dem Boden lagen, hoch und verfing sich in Marlenes Rock. Einmal stolperte sie, dann ließ ihr Vater sie los und stolzierte einfach weiter, weil er einen Bekannten hinter der Kamera entdeckt hatte. Der fünfte Versuch schien endlich geeignet, um im Rahmen einer Reportage über die Wahl im Kino gezeigt zu werden.

«Wenn du dieses Brimborium nun endlich hinter dir lassen könntest, wäre es uns auch möglich, unsere Stimmen abzugeben», polterte Hugo.

«Nur noch eine Frage, Fräulein von Runstedt ...», hob der Reporter an und korrigierte sich sogleich, «Fräulein *Doktor* von Runstedt: Was möchten Sie den Frauen mit auf den Weg geben, die heute zum ersten Mal wählen?»

«Ich hoffe, dass keine der neuen Wählerinnen jemals den Glauben an ihre eigene Freiheit aufgibt», erwiderte Marlene. Sie hob die Stimme in der Hoffnung, auch vorbeieilende Passantinnen zu erreichen. «Selbst diejenigen, denen es im Kaiserreich sehr gut ging, sollten nicht den alten Zeiten nachtrauen, sondern fest auf dem Boden der Gegenwart stehen. Die bedeutet Brot, Arbeit und die freie Verantwortung eines jeden Menschen für sich selbst. Das betrifft nicht nur die Männer, sondern auch jede einzelne Frau.» Sie registrierte, dass der Reporter ihre Worte in einem kleinen, abgegriffenen Heft notierte.

Irgendjemand unter den Zuhörern klatschte Beifall.

Höflich neigte Marlene ihren Kopf in die Richtung, konnte aber nicht erkennen, wer ihr Applaus zollte. «Wenn Ihnen das genügt», wandte sie sich an Schmitzke, «würden mein Vater und ich gerne gehen.»

«Auf Wiedersehen, Fräulein Doktor. Vielleicht sehen wir uns eines Tages im Reichstag wieder. Auch wenn das Parlament jetzt erst einmal nach Weimar zieht, irgendwann kommen alle Abgeordneten sicher zurück nach Hause.»

«Das hoffe ich.» Im Weggehen drückte Marlene die Hand ihres Vaters. «Wenn du schimpfen willst, darfst du es jetzt tun. So viel du willst. Danke, dass du deine Rolle so gut gespielt hast. Und danke auch für deine Geduld.»

«Es ist peinlich, dass mich meine Mandanten und Studenten auf der Leinwand sehen werden.»

«Wenn ich Reichstagsabgeordnete werde, sind sie bestimmt ebenso stolz wie du.»

«Hm», machte er nur, aber Marlene entdeckte ein amüsiertes Glitzern in seinen Augen.

Die Gaststätten, Cafés, Schulen, Turnhallen und Gemeindehäuser, in denen die Stimmabgaben stattfanden, waren seit acht Uhr geöffnet. Lange Schlangen hatten sich gebildet, Marlene beobachtete Männer und Frauen, die in einer Polonaise über die Kantstraße zogen. Um sich warm zu halten, vielleicht aber auch aus Freude über den Sieg der Demokratie. Vor ihrem Wahllokal standen zwei Schutzleute, die den alleinstehenden Frauen den Weg zur Wahl frei schafften. Die meisten Frauen kamen zu mehreren oder in Begleitung ihrer Männer, Brüder oder Väter wie Marlene, manche brachten ihre Kinder mit, die meisten trugen ihre besten Kleider. Nicht allen Herren gefiel die Anwesenheit der Damen, manches missmutige Grummeln war zu hören, die ein oder andere abwehrende Haltung zu beobachten, doch in dieser gutbürgerlichen Gegend blieben die Proteste leise. Marlene wusste, dass andernorts allerdings spezielle Wahllokale eingerichtet worden waren, in denen ausschließlich Frauen wählen durften, die dann von Schupos vor Übergriffen beschützt wurden.

«Früher wurden noch richtige Bestattungsurnen aufgestellt», meinte Professor von Runstedt, als er seinen Wahlschein in den Schlitz eines großen Behälters aus Pappe steckte. «Das fand ich immer ein wenig morbide.»

«Dann können wir jetzt noch einen Fortschritt feiern», gab Marlene zurück.

Sie lächelte dem Wahlleiter zu, der ihre Handbewegung verfolgte, und schob den von ihr angekreuzten Zettel ebenfalls in die moderne Wahlurne. Eben in der Kabine hatte sie kurz gezögert. Nicht, dass sie an sich zweifelte. Es war nur so ein erhebendes Gefühl, ihren eigenen Namen auf der Liste zu lesen, ein Zauber, von dem sie einen Moment länger kosten wollte. Sie hatte die Papiere im Vorfeld gesehen, aber das hatte sie nicht auf die Situation an sich vorbereitet, das Herzklopfen, das tiefe Durchatmen, das glückliche Lächeln, weil sie es zumindest schon einmal bis zu diesem Punkt geschafft hatte.

«Ich kenne die Veränderungen zu früher», sagte sie zu ihrem Vater, als sie das Wahllokal verließen. «Zum ersten Mal benutzen wir vorgedruckte Stimmscheine. Das ist auch eine Verbesserung gegenüber den handgeschriebenen Notizen der Wähler. Die wurden in der Vergangenheit bei der Auszählung natürlich nicht immer richtig gelesen und daher kam es zu vielen Fehlern. Ich glaube, wir sind auf einem guten demokratischen Weg.»

«Zunächst möchte ich den Weg zu einem Mittagessen einschlagen.» Hugo nahm Marlenes Arm. «Komm, wir gehen zur Feier des Tages zu Aben am Kurfürstendamm. Hoffen wir, dass die heute etwas Anständiges anbieten.»

49

Hugo von Runstedt erhob sich von seinem Platz und blickte in die Runde. Es wirkte fast so wie zu jenen Zeiten, als Marlenes Mutter an diesem Tisch elegante Abendessen ausgerichtet hatte: Das weiße Leinen war gestärkt, das Silberbesteck schimmerte im Kerzenlicht und das beste Porzellan war aufgedeckt worden. Hugos alte Freunde waren gekommen, der emeritierte Professor Dietz von der Charité und Bankier Eisenmann mit Gemahlin. Neben Marlene saß, wie selbstverständlich, Max. Auch wenn das Abendessen – Kohlrouladen mit Kartoffelstampf – nicht den exquisiten Menüs der Vergangenheit entsprach, perlte in den Gläsern immerhin Champagner. «Diesen guten Tropfen», verkündete der Hausherr, «habe ich für einen besonderen Moment aufgespart. Es ist mir eine Ehre, damit auf das Wohl meiner Tochter trinken zu dürfen – unserer frischgebackenen Parlamentarierin.»

Die Gäste standen ebenfalls auf, neigten sich Marlene zu, die langsam ihren Stuhl zurückschob. Sie konnte nichts dagegen tun – in ihren Augen schwammen Tränen der Rührung. Meine Güte, tadelte sie sich, du kannst doch nicht bei jedem Glückwunsch anfangen zu heulen. Aber die Anerkennung ihres Vaters war eben kein Glückwunsch wie jeder andere. Tief durchatmend hob sie ihr Glas.

«Auf Marlene von Runstedt, die für mich beste Frau im Reichstag.»

Die Freunde wiederholten unisono den Trinkspruch des stolzen Vaters, Gläser stießen aneinander.

Marlene spürte Max' Blick und wandte sich zu ihm. Kaum merklich nickte er ihr aufmunternd zu. Natürlich hatte er bemerkt, dass sie den Tränen nahe war. *Du schaffst das*, schienen seine Augen zu sagen, *du schaffst alles*. Mit deiner Unterstützung, antwortete sie still. Tatsächlich war er ihr Fels in der Brandung und sie hoffte aus ganzem Herzen, dass es so bleiben würde. Sie schluckte den Kloß in ihrem Hals hinunter und lächelte Max an.

Heute, am Donnerstag nach der Wahl, war das Endergebnis in den Morgenausgaben der Zeitungen veröffentlicht worden. Marlene konnte zwar schon seit Tagen sicher sein, einen Sitz in der Nationalversammlung errungen zu haben, doch ihr Vater wollte noch die letzten Mitteilungen der Wahlleiter und -helfer abwarten, bevor er ihren Sieg feierte. Dem ewig zaudernden, vorsichtigen Juristen genügte die Begeisterung der Parteioberen nicht, er horchte bis zum letzten Moment auf Volkes Stimme. Nun lagen alle Zahlen buchstäblich auf dem Tisch, denn er hatte sich nicht nehmen lassen, das *Tageblatt* zwischen Schüsseln und Tellern zu platzieren: Die SPD war mit 37,9 Prozent die stärkste Kraft, gefolgt vom Zentrum mit 19,7 und einer überraschend erfolgreichen DDP mit 18,5 Prozent der Wählerstimmen, mit Abstand folgten die DNVP, die linke USPD und die Deutsche Volkspartei von Gustav Stresemann, die liberale Konkurrenz. Die KPD war nicht zur Wahl angetreten, obwohl sich Karl Liebknecht und Rosa Luxemburg vor ihrem Tod bekanntermaßen dafür ausgesprochen hatten. Über 82 Prozent der wahlberechtigten Frauen hatten ihre Stimme abgegeben, was für Marlene vor allem eine Bestätigung ihres jahrzehntelangen Einsatzes und der Bemühungen ihrer Mitstreiterinnen bedeutete. Sie selbst hielt über ihren Listenplatz Einzug in das Parlament.

«Ich danke dir, Papa», sagte sie nach dem ersten Schluck Champagner, der herrlich auf der Zunge prickelte. Sie neigte sich vor, um ihrem Vater, der zu ihrer Linken am Kopfende der Tafel stand, einen Kuss auf die Wange zu drücken. «Ich danke Ihnen allen», fügte sie mit einem strahlenden – und noch immer ein wenig feuchten – Blick in die Runde hinzu.

Während des Füßescharrens, Stühlerückens und Gemurmels, als sich die Gesellschaft zum Essen niederließ, hallte die Klingel an der Wohnungstür in den Speiseraum. Marlene maß dem keine große Bedeutung bei. Den ganzen Tag schon kamen Glückwunschtelegramme an, die inzwischen als beachtlicher Stapel auf dem Beistelltischchen im Flur lagen. Ihr graute ein bisschen davor, alle Gratulationen zu beantworten, denn es waren so viele.

Das Dienstmädchen steckte den Kopf durch den Türspalt. «Entschuldigen Sie, bitte, gnädiges Fräulein, es möchte Sie jemand sprechen.»

«Wir sind beim Essen», antwortete Hugo von Runstedt.

Die Angestellte trat näher, knickste. «Das habe ich dem Herrn gesagt. Aber er möchte nicht warten. Es sei dringend.»

Ein flüchtiger Gedanke streifte Marlene. Ein Funken Hoffnung. Doch sie schalt sich eine dumme Gans.

«Entschuldigen Sie mich bitte», bat sie ihre Gäste im Aufstehen. Sie legte Max, der sich ebenfalls erhob, kurz die Hand auf die Schulter. Eine deutliche Geste, damit er ihr nicht folgte. Dann ging sie raschen Schrittes mit dem Hausmädchen hinaus.

Zuerst sah sie einen riesigen Strauß roter Rosen. Es überstieg ihre Vorstellungskraft, wo es solche Blumen in diesen Zeiten und noch dazu im Winter zu kaufen gab. Sie mussten ein Vermögen gekostet haben.

Es stand außer Frage, wer der Mann war, der sich hinter dem Bouquet verbarg, Marlene brauchte nicht erst sein Gesicht hinter den wundervollen Blüten zu sehen. Justus. Kein anderer Mann war so großzügig und gleichzeitig so impertinent, sie trotz der Warnung des Personals bei ihrem Abendessen zu stören. Ihre von Herzen kommende Eingebung hatte sie also nicht getäuscht. Dennoch verschlug es ihr die Sprache. Sie konnte kaum fassen, was sie sah, geschweige denn ihre Gefühle so weit ordnen, dass sie zu einer angemessenen Reaktion fähig gewesen wäre.

«Herzlichen Glückwunsch zur gewonnenen Wahl, Fräulein Abgeordnete», sagte Justus und senkte den Strauß auf Höhe seiner Körpermitte, um ihr einen zärtlichen Blick zuzuwerfen.

Sie starrte und staunte. Als ihr bewusst wurde, dass sie ihm wenigstens danken sollte, rief sie aus: «Was für eine Überraschung!»

Und dann tat sie das, wonach es sie in diesem Moment am meisten verlangte: Ungestüm fiel sie ihm um den Hals.

Justus ließ den Rosenstrauß fallen, schloss sie in seine Arme und hielt sie fest. Er vergrub sein Gesicht in ihrer Halsbeuge und sie schloss die Lider, weil es ein so wundervolles Gefühl war, seine Nähe zu spüren.

Erst eine Bewegung neben sich ließ sie aus der Illusion erwachen, mit ihm alleine zu sein. Unwillkürlich rückte sie von ihm ab.

Das Dienstmädchen bückte sich nach den Blumen.

«Bitte stellen Sie die Rosen in eine Vase», wies Marlene sie an.

Sie wartete, bis die junge Frau mitsamt dem wundervollen Geschenk hinter der Schwingtür zum Küchentrakt verschwand. Dann wandte sie sich an Justus, der geduldig vor ihr stand. «Warum hast du dich nicht angemeldet?»

«Du weißt, dass das nicht meine Art ist. Ich komme immer unangekündigt.» Er grinste schelmisch. «Ich las in der Zeitung von deinem Erfolg und habe mich sofort hinter das Steuer gesetzt, um dir persönlich zu gratulieren. Mit einem

Billett oder einem Telefonat wollte ich mich nicht aufhalten. Hier bin ich also.»

«Mit den schönsten Rosen, die ich je gesehen habe. Ich danke dir von Herzen.»

Er ergriff ihre Hand und führte sie an seine Lippen. «Vermutlich komme ich aber wieder einmal ungelegen. Dein Mädchen sagte, du wärst in Gesellschaft.»

«Wenn die Freunde meines Vaters die Rosen sehen, werden sie denken, ich feiere Verlobung und keinen Wahlsieg», gab sie lachend zurück. Erst einen Atemzug später fiel ihr auf, wie unpassend ihre Bemerkung war.

Justus hielt ihre Hand fest. Er schwieg einen Moment, schien nach den richtigen Worten zu suchen. Dann sagte er sanft: «Die Zeiten ändern sich und manchmal hat man mehr Zeit zum Nachdenken, als einem lieb ist.» Er legte eine kleine Pause ein, bevor er fortfuhr: «Ich verlange nichts mehr von dir, Marlene. Ich möchte dich nur lieben dürfen.»

Seine Worte richteten in ihrem Innern ein Chaos an. Nicht nur ihr Herz, ihr ganzer Körper reagierte darauf mit ungewöhnlicher Intensität: Durch ihren Bauch flatterten Schmetterlinge, ihre Kehle wurde rau, das durch ihre Adern rauschende Blut stieg in ihre Wangen, ihr Atem beschleunigte sich.

«Marlene?!» Max stand in der Tür zum Esszimmer. Seine Stimme klang hart und in ihren Ohren seltsam fern. «Dein Vater fragt sich, wo du so lange bleibst.»

«Ja ... natürlich ...», stammelte sie, bevor sie Justus ihre Hand entzog. «Ich werde Anweisung geben, noch ein Gedeck aufzulegen, wenn du zum Essen bleiben kannst.»

«Nichts ist mir lieber, als mit dir zu feiern.»

Aus den Augenwinkeln nahm Marlene wahr, dass Max entnervt an die Decke sah. Er begegnete ihrem Blick und schlug vor: «Ich rufe nach dem Mädchen. Sie können in der Zwischenzeit meinen Platz einnehmen, Ostwald.» Leise fügte er hinzu: «Das wollen Sie ja wohl ohnehin.»

Mit einer knappen Verbeugung und einem stillen Lächeln bedankte sich Justus.

«Es ist sehr aufmerksam, dass du dich kümmerst, Max, vielen Dank», erwiderte Marlene. Sie sah ihn an und wünschte, nicht diese Bestürzung in seinen Zügen bemerken zu müssen. Es gab jedoch nichts Versöhnliches, das sie ihm sagen konnte.

«Bitte, Justus», sie deutete mit einer einladenden Geste auf die Tür, die zum Speisezimmer führte, von wo leise Gespräche in den Flur wehten. «Komm, ich mache dich mit unseren Gästen bekannt.» Als sie die Klinke herunterdrückte, drehte sie sich noch einmal kurz um.

Im Hintergrund schüttelte Max kaum merklich den Kopf.

50

Wie schnell die Euphorie über die ersten demokratischen Wahlen doch verflog, dachte Sonja und legte die Zeitung auf den Stapel mit den anderen Blättern, die sie auf ihrem Schreibtisch sammelte. Schon am Tag nach der Bekanntgabe der Ergebnisse war die Drohkulisse wichtiger gewesen, die die Entente gegen das Deutsche Reich aufbaute, die Ablehnung eines vorläufigen Friedens und die Bedingungen einer Verlängerung des Waffenstillstandsabkommens, die als «Erdrosselung Deutschlands» aufgenommen wurden. In den folgenden Tagen ging es dann mehr um die Besetzung Posens durch polnische Truppen und den polnischen Vormarsch gegen die Grenze Brandenburgs. Sonja vermutete, dass die frisch gekürten Abgeordneten und die neuen Parlamentarierinnen erst wieder an Interesse gewinnen würden, wenn in knapp zwei Wochen der nach Weimar übersiedelte Reichstag erstmals im dortigen Nationaltheater tagte.

Sie hoffte, dass es ihr bis dahin wieder besser ginge. Aus scheinbar heiterem Himmel kämpfte sie seit einer Weile mit morgendlicher Übelkeit, die sich inzwischen auch über den Tag ausdehnte. Sie aß kaum noch etwas, weil sich ihr Magen beim Anblick der kleinsten Mahlzeit umdrehte. Das an sich war begrüßenswert, weil es ihr über die mageren Zeiten hinweghalf, aber in diesem Zustand fühlte sie sich kaum für die anstehenden Sitzungen gewappnet. Auch schien sie seltsamerweise zuzunehmen, statt Gewicht zu verlieren. Nicht auszudenken, wenn ihre Kleider nicht mehr passten!

Da sich ihre Karriere – sicher zur hellen Freude ihrer Zweitbesetzung – schon vorigen Monat von der Bühne an das Rednerpult verschoben hatte, konnte sie im Moment jedoch viel Zeit im Bett und auf ihrer Récamiere verbringen. Lediglich zu den Treffen in der Parteizentrale raffte sie sich auf. Allerdings beschlich sie dabei häufiger das Gefühl, sie sei für den designierten Fraktionsvorsitzenden Arthur Graf von Posadowsky-Wehner nichts weiter als ein Aushängeschild, eine Art lebende Werbetafel, die man nur gelegentlich benötigte, und kein ernst genommenes Mitglied der künftigen Fraktion. Eine hochgestellte, gebildete Dame wie Anna von Gierke machte da natürlich mehr her als eine Schauspielerin, obwohl deren Mutter ebenso Jüdin war wie Sonjas. Nun, ja, sie würde sich weiter nach oben kämpfen, diesmal eben in einer Branche, in der sie zwar als Diva gebraucht wurde, aber eben noch kein Star war. Niemand sollte sie unterschätzen. Wenn sie sich doch nur nicht andauernd übergeben müsste!

Das neue Dienstmädchen – eine geflüchtete Russin, die wie alle Russen selbstverständlich von ehemals hohem Adel war, was Sonja inzwischen nicht mehr glaubte – klopfte energisch gegen die Badezimmertür, als Sonja sich über ihre Toilette beugte.

«Ein Herr Baron von Ostwald möchte Sie sprechen», meldete Tamara mit starkem slawischen Akzent. «Er wartet im Salon. Was soll ich ihm sagen?»

Verdammt!, fuhr es Sonja durch den Kopf. Verdammt, verdammt, verdammt!

Justus ist endlich zurückgekommen und ich kotz mir die Seele aus dem Leib!

Über der Porzellanschüssel hängend fühlte sie sich angesichts des ersehnten Wiedersehens noch elender. Stundenlang hatte sie sich ausgemalt, wie sie Justus in die Arme schweben würde, wenn er seinen Auftrag in Polen erfüllt hatte. Dann hatte er ihr geschrieben, dass seine Mutter verstorben und eine Rückkehr nach Berlin vorläufig ausgeschlossen sei. Doch nun war er da. Endlich. Er war zu ihr zurückgekommen. Nichts sonst spielte eine Rolle.

♦

Justus überreichte ihr eine einzelne gelbe Rose. «Ich bin gekommen, um dir zu deinem größten Erfolg zu gratulieren. Eine bemerkenswerte Leistung, Sonja, aber auch eine ebenso große Verantwortung.»

Sie klimperte kokett mit den Augenlidern, bevor sie ihren Blick auf die Blume senkte. «Bist du eifersüchtig auf meine neue Aufgabe?»

«Was?»

«Dummerchen!» Sie stellte sich auf die Zehenspitzen und küsste ihn auf den Mund. «Eine gelbe Rose. Gelb ist die Farbe der Eifersucht. Die Farben meiner Partei sind Schwarz, Weiß und Rot.»

«Entschuldige. Das wusste ich nicht. Dann hätte ich dir selbstverständlich eine weiße Rose gekauft.»

Warum keine rote?, fragte sie sich gereizt. Warum, um alles in der Welt, dachte ihr Geliebter nicht daran, ihr eine rote Rose zu schenken?

Glücklicherweise hatte sie die Übelkeit mit einem kräftigen Schluck aus der Flasche Klosterfrau-Melissengeist, die sie im Badezimmerschrank fand, unterdrücken können. Ein paar Spritzer kaltes Wasser, viel Puder und schwarze Schminke, die ihre Augen dramatisch umrahmte, halfen ihr ebenfalls, sich etwas besser zu fühlen. Dennoch hatte sie sich nicht aufraffen können, ein Nachmittagskleid anzuziehen. Sie empfing Justus im Negligé. Warum sollte sie sich auch die Umstände machen, sie würden ja ohnehin gleich ins Bett gehen, um ihr Wiedersehen ausgiebig zu feiern. Und erst wenn sie mit ihm schlief, wusste sie, dass er ganz ihr gehörte. Doch im Moment fühlte sie sich fast zu schwach dafür.

«Ich würde mich gerne hinlegen», flötete sie und nahm seine Hand. «Kommst du mit mir?»

«Geht es dir nicht gut?», fragte er sofort besorgt.

«Natürlich geht es mir gut. Die ganze Aufregung der vergangenen Wochen war nur ein wenig viel für mich. Außerdem überwältigt mich gerade die Freude, dich wiederzusehen. Du machst mich sehr glücklich mit deinem Besuch ... und der gelben Rose», fügte sie pflichtschuldig hinzu, obwohl sie die Blume bereits achtlos fallen gelassen hatte.

Er legte seine Hände auf ihre Schultern, doch statt sie an sich zu ziehen oder in Richtung Schlafzimmer zu schieben, drückte er sie in einen Sessel. «Setz dich bitte hin. Du bist sehr blass. Wenn ich gewusst hätte, dass es dir nicht gut geht, wäre ich früher gekommen.»

«O nein», wehrte sie ab. «Du hattest doch genug um die Ohren.» Sie klopfte auffordernd auf die breite Lehne ihres Sessels. «Komm zu mir und erzähle, wie es in Warschau war.»

Er zögerte. Nach einer Weile schlenderte er zu den Karaffen auf der Anrichte, griff nach einer der Glasflaschen und schenkte sich eine Handbreit Whisky in einen der danebenstehenden Kristallbecher. «Es war eine gute Zeit», antwortete er und drehte sich zu ihr um, kam aber nicht auf ihr Angebot zurück. Er setzte an, trank einen Schluck. Gedankenverloren betrachtete er den Rest. «Im Rückblick war es sogar eine sehr gute Zeit.»

Offensichtlich vermisste er etwas. Während sie sich noch den Kopf darüber zerbrach, was es sein könnte, und darauf wartete, dass er ihr eine Erklärung gab, stieß er plötzlich hervor: «Sonnilein, wir können uns nicht mehr sehen.»

Unwillkürlich fuhr sie auf. «Wie bitte?» Gewiss hatte sie sich verhört.

Als müsse er sich Mut antrinken, hob er wieder sein Glas an die Lippen. «Du bist jetzt eine respektable Politikerin», sagte er schließlich. «Das Parlament ist etwas anderes als das Theater. Bühnen sind sie beide auf gewisse Weise. Aber am Theater wundert sich niemand über die Affäre einer Schauspielerin, im Parlament würde ich dir dagegen Zurückhaltung empfehlen.»

«Det is' doch Pillepalle...!»

Justus lächelte. «Wahrscheinlich ist es das. Aber du wirst dich an die Regeln halten müssen. Dafür bist du gewählt worden.»

Das kann doch nicht sein, dachte sie. Panik wallte in ihr hoch. Verstand sie ihn richtig? Justus wollte sie verlassen, weil sie ihrem Gewissen – und seinem Vorschlag – gefolgt war, in der Hoffnung, ihm zu imponieren? Stattdessen erreichte sie das Gegenteil. Wie sollte sie ohne ihn die Kraft aufbringen, in der Politik Karriere zu machen? Sie brauchte seinen Rat. Sie brauchte seine Nähe. Sie brauchte ihn!

Alles in ihrem Inneren schrie auf. Sie sprang hoch, taumelte, aber den unerwarteten Schwindel ignorierte sie. Aus Furcht, er könne ihr davonlaufen, krallte sie ihre Finger in die Revers seines Jacketts. Sie sah zu ihm auf, ihre mit einem Mal trockenen Lippen formten eine Frage, doch kam kein Laut aus ihrer Kehle.

«Mach es uns bitte nicht so schwer», bat er sanft.

Es war ein Irrtum. Eine Lüge. Die Zweifel, die ihr Wiedersehen im November belastet hatten, stürzten wieder auf sie ein. Ich muss es wissen, dachte sie. Die Wahrheit würde sie zwar umbringen, aber sie war besser als die Ausflüchte, die Justus ihr gerade auftischte. Ihr kam ein Gedanke. «Wir könnten heiraten», wagte sie einen Vorstoß. Mit angehaltenem Atem wartete sie auf seine Antwort.

«Lass mich bitte los», sagte er nur.

«Als deine Gemahlin wäre ich eine respektable Person.» Es klang wie ein Hilferuf.

In der einen Hand hielt er noch das Kristallglas, mit der anderen versuchte er halbherzig, sich von ihr zu befreien, doch gelang es ihm nicht. Seufzend gab er auf. «Sonja, ich ...», er unterbrach sich, begann dann noch einmal: «Ich war immer sehr verliebt in dich, aber du weißt, dass eine Ehe stets ausgeschlossen war. Zu vieles trennt uns. Wir haben einen wunderschönen Traum gelebt, der nun jedoch vorbei ist.»

«Nein!» Diesmal war es ein Aufschrei.

Sonja war klar, dass sie sich erniedrigte. Aber sie war Schauspielerin, die Bühne war ihre Welt, sie war die Diva, die um ihren Geliebten kämpfte. In einer langsamen, theatralischen Geste ließ sie von ihm ab, blieb jedoch dicht vor ihm stehen.

Er wandte sich ab, um sein fast leeres Glas auf die Anrichte zu stellen. «Es bricht mir das Herz, dass ich dir das antun muss», behauptete er dann. «Ich danke dir für die wundervollen Jahre. Aber ich muss gehen.» Er machte einen Schritt zur Seite.

Bühnenreif brach Sonja zusammen. Schluchzend umklammerte sie seine Beine. «Geh nicht!»

«Sonja, bitte ...!»

Mit tränenüberströmtem Gesicht sah sie zu ihm auf. Der Gedanke, der schon eine ganze Weile hartnäckig in ihrem Hinterkopf bohrte, trat nun in aller Klarheit hervor. Sie schluckte. «Gibt es eine andere? Bitte, mein Liebster, ich flehe dich an: Sag mir die Wahrheit. Ich muss es wissen!»

Er stöhnte auf wie ein gequältes Tier. «Ich wollte es dir ersparen...»

«Sprich es aus! Bitte!»

«Ich habe Marlene wiedergesehen. Sie war im Auftrag des Kriegsamtes ebenfalls in Warschau. Und ich... ich möchte endlich mit ihr zusammen sein.»

Ihr erster spontaner Gedanke war, dass sich Marlene als Abgeordnete ebenso wenig eine Affäre erlauben konnte wie sie. Dann wurde ihr klar, dass Doktor Marlene von Runstedt eine ganz andere Partie war – und dass ein preußischer Junker durchaus zu einer aufstrebenden Politikerin aus besseren Kreisen passte. Die Juristin und der Diplomat. Ob als Ehepaar oder Brautleute waren sie ein perfektes Paar, gesellschaftlich wie füreinander geschaffen. Doch die Zeiten hatten sich geändert. Es gab kein Kaiserreich mehr, die Zwänge waren aufgehoben. Die Demokratie hatte gesiegt. In diesem Moment fiel Sonja ein, dass ausgerechnet sie sich als Mitglied der DNVP für die Rückkehr zu den alten Zeiten einsetzte. Und bis eben hatte sie nicht an der Richtigkeit dieses Vorhabens gezweifelt.

«Vielleicht bekommen wir beide irgendwann die Chance, Freunde zu sein.»

Sie schwieg, zu sehr damit beschäftigt, ihre Emotionen zu kontrollieren.

«Ich werde dich vermissen, Sonnilein», flüsterte er, während er ihr liebevoll über den Kopf strich. Eine väterliche, vielleicht auch freundschaftliche Geste. Dann trat er endlich zur Seite und schritt in Richtung Tür.

«Nur zu, mach den Abgang!», kreischte sie. Sie konnte

nicht mehr an sich halten. Die Wucht des Schmerzes war zu groß, als Justus tatsächlich ging.

Ohne ein weiteres Wort verließ er sie.

Es war nicht das erste Mal. Er war immer wiedergekommen. Nur so hatte sie die Stärke aufgebracht, auf ihn zu warten. Doch im Gegensatz zu früher glaubte sie nicht mehr daran, dass er sich am Ende doch für sie entscheiden würde.

Sie warf sich auf den Boden und weinte hemmungslos.

AUGUST 1912

51

Marlene hatte geglaubt, dass sie die Kraft besäße, jede Situation zu meistern. Selbst als Justus sie verlassen und sie anschließend von den schrecklichen Unfällen erfahren hatte, reagierte sie nach den ersten Schockmomenten klarsichtig und eloquent. Zwar dachte sie durchaus daran, ihre Karriere hinzuwerfen, wenn ihm etwas passiert sei, doch dann wurde ihr bewusst, dass damit niemandem geholfen wäre. Da sie die Adresse seiner Unterkunft in Paris kannte, machte sie sich umgehend auf den Weg dorthin. Zu ihrer größten Überraschung traf sie dort seine Schwester an. Caroline war an die Seine gereist, um Justus' Sachen zu packen. Er war tatsächlich in einen der Unfälle verwickelt gewesen und lag in einem Krankenhaus in Bordeaux, war jedoch nicht lebensgefährlich verletzt und würde demnächst nach Hause reisen dürfen.

Erleichtert konzentrierte sich Marlene wieder auf ihr Studium. Nichts und niemand sollte so wichtig sein wie ihr Ziel, eine gute Juristin zu werden. Sie wollte sich von ihren Gefühlen und dem damit verbundenen Wankelmut nicht mehr davon abhalten lassen. Von der Liebe wollte sie nichts mehr wissen.

♦

Der Tod ihrer Mutter neun Jahre später veränderte dann alles. Marlene wurde nichts ahnend durch ein Telegramm ihres Vaters darüber informiert, als sie sich in München befand, mitten in ihrer Promotion. Aus einem Brief ihrer Mutter wusste sie, dass Josephine zur Sommerfrische nach Rügen fahren wollte, um ein paar Tage Erholung und ein Treffen mit ihren Brüdern zu verbinden, die bei der Kaiserlichen Marine dienten und deren Kreuzer gerade vor Binz ankerten. Es sollte die letzte Nachricht ihrer Mutter sein. Hugo erzählte ihr später, was Marlene auch in den Zeitungen las: Der Andrang der Urlauber und Schaulustigen war so groß, dass die hölzerne Seebrücke unter dem Gewicht der vielen Touristen einbrach, sechzehn Menschen starben, von den Balken erschlagen oder ertrunken, unbekannte Frauen, Männer, Kinder – und Josephine von Runstedt. Sophie Larisch, eine junge Jurastudentin und Marlenes Mitbewohnerin, kümmerte sich in der anfänglichen Schockstarre um sie, besorgte eine Fahrkarte nach Berlin und setzte sie in die Droschke zum Bahnhof. Völlig benommen fuhr Marlene nach Hause – und begriff eigentlich erst bei ihrer Ankunft am Steinplatz, dass sie hier nie wieder von ihrer Mutter empfangen werden würde.

Zum ersten Mal fühlte sie sich unzulänglich. Wie in einer Art Trance tröstete sie Vater und Brüder, die zur Beerdigung anreisten. Andauernd fürchtete sie, unter der Last der Trauer zusammenzubrechen. Sie weinte sich jeden Abend in den Schlaf und war kaum in der Lage, die vielen Beileidsbekundungen anzunehmen. Nach und nach formte sich in ihrem Kopf der Plan, ihre Doktorarbeit abzubrechen und dauerhaft heimzukehren, um Hugo den Haushalt zu führen. Die Vorstellung, ihr altes Leben an der Universität und in den Frauenvereinen wieder aufzunehmen, war unvereinbar mit ihrem Schmerz.

Als sie sich Max anvertraute, reagierte der unerwartet schroff: «Du kannst doch nicht das Vermächtnis deiner Mutter aufgeben! Was wird aus der Rechtsberatung für Frauen, wenn du dich nicht darum kümmerst?»

«Ich kann die Beratungsstelle nicht übernehmen», schluchzte sie. «Ich kann ja nicht einmal klar denken.»

Max nahm sie in seine Arme und wiegte sie leicht hin und her, als wäre sie ein Kind. «Entscheide dich erst, wenn du dich beruhigt hast. Im Moment wirst du alles falsch machen.»

Zehn Tage nach dem schrecklichen Unglück wurde es jedoch Zeit, sich für die Rückfahrt nach München zu entscheiden oder dafür, in Charlottenburg zu bleiben. Ihre Brüder waren in ihre Divisionen zurückgekehrt, ihr Vater ging pflichtbewusst seinem Alltag nach, sie selbst trödelte durch die elterliche Wohnung und wusste nicht, was sie mit sich anfangen sollte. Sie versuchte, die Hinterlassenschaft ihrer Mutter zu ordnen, doch gab sie schnell auf, weil sie von Erinnerungen übermannt wurde, die ihre Tatkraft lähmten. Es war ihr bewusst, dass es so nicht weiterging. Gleichzeitig hatte sie nicht die geringste Ahnung, wie es denn weitergehen sollte.

Sie stand am Fenster und blickte über den hübschen halbrunden Platz hinüber zum prachtvollen Gebäude der Hochschule für bildende Künste. Es war ein ruhiger Nachmittag, die Semesterferien sorgten dafür, dass nur wenige Passanten unterwegs waren. Ein paar Jungen in Matrosenanzügen standen zu Füßen des Kaiser-Wilhelm-Denkmals und erhielten von ihren Gouvernanten anscheinend Unterricht in deutscher Geschichte. Unwillkürlich überlegte Marlene, warum sie nie in Erwägung gezogen hatte, eigene Kinder zu bekommen. Sie war jetzt einunddreißig Jahre alt, die Zeit für eine Mutterschaft eigentlich vorbei. Außerdem passte eine Ehe nicht zu ihren beruflichen Ambitionen, deshalb würde es wohl auch nichts mit eigenen Nachkommen werden, selbst wenn sie heimlich den Wunsch danach hegte.

Ob Justus inzwischen wohl eine eigene Familie hatte?, fragte sie sich unwillkürlich. Sie dachte häufig an ihn, dabei zwang sie sich, die Gesellschaftsnachrichten zu meiden, in denen sein Name auftauchen könnte. Caroline hatte ihr in Paris gesagt, dass es ihm den Umständen entsprechend gut gehe. Das hatte ihr die letzten Jahre gereicht.

In diesem Moment sah sie ihn.

Er marschierte von der Hardenbergstraße heran und es schien, als käme er direkt auf sie zu. Kurz blieb er stehen, blickte an der Fassade des Hauses hoch. Obwohl es durch die Spitzengardine unmöglich war, kam es ihr vor, als sehe er sie direkt an. Dann verschwand er aus ihrem Sichtfeld.

Marlenes Herz klopfte schneller. Es war gewiss Einbildung gewesen. Eine Fata Morgana. Sie hatte Justus neun Jahre nicht gesehen. Warum sollte er ihr ausgerechnet jetzt auf der Straße auffallen, als sie an ihn dachte? Sie musste ihn mit einem Offizier verwechselt haben, der ihm ähnlich sah.

Als das Dienstmädchen den Kondolenzbesuch meldete, war Marlene dennoch nicht überrascht. «Ich lasse bitten», sagte sie ruhig und blieb am Fenster des Salons stehen.

In dem schwarzen Trauerkleid, mit den verweinten Augen, den bleichen Wangen und mit dem strengen Haarknoten in ihrem Nacken war sie gewiss nicht die vor Lebensfreude sprühende junge Frau, die er in Erinnerung hatte. Aber ihr fehlte die Energie, in ihr Zimmer zu eilen und sich frisch zu machen.

Justus hatte sich so wenig verändert, dass sie nicht umhinkam, ihn anzustarren. Natürlich, er war älter geworden, aber die Verwegenheit von einst, sein charmantes Lächeln, die goldenen Punkte in seinen aufblitzenden, bernsteinbraunen Augen – all das war unverändert. Höflich blieb er an der Tür stehen und knallte die Hacken zusammen, als müsse er Meldung machen.

«Mein herzlichstes und aufrichtiges Beileid, Marlene.»

«Danke.» Sie konnte kaum sprechen. Die Aufregung ihres Wiedersehens schnürte ihr den Hals zu.

Er nahm seine Mütze ab, drehte sie verlegen in seiner Hand. «Ich habe leider erst vor ein paar Tagen von deinem Verlust erfahren. Natürlich hätte ich dir ein paar Zeilen schreiben können. Irgendetwas Unpersönliches, wie es sich gehört. Aber dann dachte ich, dass du vielleicht einen Freund gebrauchen könntest. Einen alten Freund, meine ich.»

Seine Worte verbanden sich mit ihrem Schmerz zu einem Gefühl, das unerwartet heftig auf sie einstürzte. Sie hatte es geschafft, die vielen Kondolenzbesuche bisher ohne Weinkrampf zu überstehen. Jetzt traten Tränen in ihre Augen. «Ich bin froh, dass du gekommen bist», brachte sie leise über die Lippen.

«Wenn ich etwas für dich tun kann, stehe ich dir zur Verfügung.»
Die erste Träne rann über ihre Wange. Sie hob die Hand, um sie fortzuwischen, doch dann perlten weitere Tropfen über ihr Gesicht.
Nur wenige Schritte trennten sie.
Justus trat auf sie zu.
Sie stolperte ihm entgegen.
Er umfing sie, hielt sie. Sie standen Herz an Herz. Und zum ersten Mal weinte sie haltlos an der Schulter eines anderen Menschen, ohne sich darüber Gedanken zu machen, dass sie sich unangemessen verletzlich zeigen könnte.

52

Es schien Marlene, als machten sie dort weiter, wo sie damals in Paris aufgehört hatten. Und während sie redeten und redeten, lösten sich die vergangenen neun Jahre in Luft auf. Stundenlang erzählten sie einander aus ihrem Leben und diskutierten aktuelle politische Themen. Justus interessierte sich sehr für die Errichtung eines Kolonialministeriums, die Gefahren durch die Marokkokrise und die Gründung des Balkanbundes. Marlene hingegen brachte das russische Großfürstentum Finnland zur Sprache, in dem kürzlich das Frauenwahlrecht eingeführt worden war.
«Es ist das erste und einzige Land auf der ganzen Welt, in dem Frauen ein aktives und passives Stimmrecht besitzen»,

erläuterte sie voller Begeisterung. «Unter den zweihundert Abgeordneten sind zwar nur neunzehn Parlamentarierinnen, aber trotzdem sollten wir uns Finnland zum Vorbild nehmen. Ich wünschte, die Teilnahme an der Reichstagswahl im vergangenen Januar wäre auch für uns Frauen möglich gewesen.»

Sie ahnte, dass Justus diesem Thema skeptisch gegenüberstand, und sein Schweigen bestätigte sie darin. Doch sie sprach unbeirrt weiter, erzählte von den Planungen einer großen Demonstration für das Frauenstimmrecht im September in München. Während sie redete, fiel ihr plötzlich auf, dass sie zum ersten Mal seit ihrer Rückkehr nach Berlin an die Zukunft dachte.

Justus wechselte das Thema: «Hast du die Berichte über die Automobil-Fernfahrt verfolgt? Die Rennfahrer waren auf den rund dreizehntausend Kilometern zwei Monate lang unterwegs. Sie sind Anfang Juni in Peking gestartet und in diesen Tagen ist der erste Wagen in Paris eingetroffen, ein Fahrzeug aus Italien. Der Motor hat fünfzig PS, das ist großartig! Ich wünschte, ich könnte auch einmal an einer solchen Rallye teilnehmen.»

Und ich wünschte, du würdest das vergessen, dachte Marlene. Der Schock über seinen Unfall damals saß bei ihr offenbar tiefer als bei Justus selbst. Und sie teilte seine Vernarrtheit noch immer nicht. Um ihm einen Gefallen zu tun, war sie in seinen kleinen Sportwagen eingestiegen, aber zu Begeisterungsstürmen konnte sie weder die erste Fahrt über den Kurfürstendamm hinreißen noch die darauffolgenden. Sie reagierte auf seine Schwärmerei mit demselben Schweigen wie er auf ihre kämpferische Meinung zum Frauenwahlrecht.

Aber auch wenn sie die Äußerungen des jeweils anderen nicht kommentierten, respektierten sie sie doch.

Ihr Zusammensein war geprägt von großer Harmonie. Justus erschien regelmäßig zum Tee bei Marlene und wurde schließlich ihrem Vater vorgestellt. Im Gegenzug führte er sie in die verschiedenen Kaffeehäuser aus – auf einen Restaurantbesuch verzichtete Marlene in der Trauerzeit, ebenso wie auf Tanzveranstaltungen. Die meiste Zeit gingen die beiden trotz der ungewöhnlich vielen Regentage in diesem Monat spazieren, mal schlenderten sie durch den Tiergarten oder durch die benachbarten Straßen Charlottenburgs, mal wanderten sie durch den Grunewald. «Im Gehen redet es sich so schön», behauptete Marlene strahlend und spannte einen Schirm auf, der sie beide vor dem schlechten Wetter schützte und einander körperlich näher brachte.

Ein Ruck schien in diesen Wochen durch Marlene zu gehen. Mit wachsender Energie begann sie sich nun doch der Rechtsberatungsstelle ihrer verstorbenen Mutter anzunehmen. Nach zwei bestandenen juristischen Examina, der *Maîtrise* in Paris und dem ersten und für Frauen einzigen möglichen Examen in München, der Referendarprüfung, konnte sie die meisten der anstehenden Fragen beantworten – und falls einmal nicht, hatte Max immer ein offenes Ohr für sie. Allerdings schien er Justus, als dieser Marlene in der Kanzlei abholte, mit Misstrauen zu begegnen.

«Ist von Ostwald dein Kavalier?», erkundigte er sich am nächsten Tag bei ihr.

Marlene lächelte still in sich hinein und antwortete wahrheitsgetreu: «Ich weiß es nicht.»

Tatsächlich hatte Justus bislang nichts unternommen, was

darauf schließen ließ, dass er mehr als ein guter Freund für sie sein wollte. Er benahm sich höflich und rücksichtsvoll, behandelte sie mit großem Respekt. Zu großem Respekt, dachte Marlene manchmal bedauernd, denn bisher hatte er keinen Versuch unternommen, sie zu küssen. Vielleicht ist er nicht mehr verliebt in mich, fuhr es ihr durch den Kopf, der abgelehnte Heiratsantrag schmerzt ihn wohl noch immer zu sehr. Zu ihrer eigenen Überraschung empfand sie ein starkes Bedauern darüber.

◆

Für Anfang September war es lausig kalt, als Marlene eines Tages mit Justus zu einem Ausflug an den Wannsee aufbrach, aber immerhin lugten ein paar Sonnenstrahlen durch die Wolkendecke. Sie hatte ihnen von dem Hausmädchen ein Picknick einpacken lassen. Als sie sich nun bückte, um den Korb im Fußraum vor dem Beifahrersitz zu verstauen, blitzte dort etwas auf. Unwillkürlich griff sie danach – und förderte einen goldenen Armreif zutage. Er war schlicht und nicht sehr breit und gehörte eindeutig einer Frau.

Marlenes Herz zog sich zusammen und schien in ihre Magengegend zu rutschen. Hin- und hergerissen zwischen dem Wunsch, das Schmuckstück einfach in den Rinnstein zu werfen, und der Enttäuschung darüber, dass es in Justus' Leben anscheinend eine andere gab, nahm sie nicht wahr, dass ihm ihr Zögern auffiel. Seine Hand berührte ihren Arm, bevor sie den Reif fallen lassen konnte.

«Was ist los, Marlene?»

Sie richtete sich auf und zeigte ihm in einer Art traurigem

Triumph das Fundstück. «Offensichtlich hat das eine Dame in deinem Wagen verloren.»

«Ach, du liebe Güte!» Justus nahm seine Mütze ab und fuhr sich zerstreut durch das Haar. «Der Reif muss da seit Wochen liegen. Ich habe keine Ahnung, wann S...», er unterbrach sich, schlug die Augen schuldbewusst nieder und setzte seine Kopfbedeckung wieder auf.

Marlene schluckte. «Wer ist ‹S›?»

Er klang ein wenig vorwurfsvoll, als er entgegnete: «Du hast mich nie nach meinem Privatleben gefragt. Wir haben über alles Mögliche geredet, aber ich hatte den Eindruck, dass du nicht wissen möchtest, ob ich in der Zwischenzeit mit einer anderen Frau zusammen war.»

«Ich verstehe: ‹Angriff ist die beste Verteidigung›», gab sie grimmig zurück. Sie hasste sich für ihre Zickigkeit, aber die unerwartet heftig aufflammende Eifersucht trieb sie dazu. Auch ärgerte sie sich über sich selbst, weil sie sich tatsächlich nicht nach einer Braut erkundigt hatte, es genügte ihr, dass Justus offensichtlich nicht verheiratet war. Mit einer gewissen Überheblichkeit, hinter der sie ihre Verletzung zu verbergen versuchte, fügte sie hinzu: «Schau nicht so erstaunt. Auch ich habe Carl von Clausewitz gelesen. Das ist kein Vorrecht der Männer, auch wenn er einer der größten preußischen Militärs war. Im Übrigen hatte seine Gattin einen großen Anteil an der Veröffentlichung seiner Werke.»

«Musst du immer alles auf die Frauenrechte beziehen? Ich bezweifle ja gar nicht, dass du deinen Clausewitz kennst, aber mach bitte keine Staatsaffäre daraus und reduziere den Generalmajor nicht auf seine Stellung als Ehemann.»

«Wie borniert du sein kannst!» Sie legte den goldenen

Armreif auf das Armaturenbrett, wo er im Sonnenlicht, das sich im Glas der Windschutzscheibe brach, funkelte. Ganz so, als freute sich die Eigentümerin über den Streit.

Sie standen einander gegenüber und starrten sich zornig an. Keiner brachte ein Wort über die Lippen.

Wie zwei Kampfhähne, dachte Marlene plötzlich. Es war kindisch, wie sie sich benahmen. Unwürdig für zwei erwachsene Menschen jenseits der dreißig. Sie zwang sich zu einem zaghaften Lächeln. «Bevor wir uns weiter mit Schuldzuweisungen aufhalten, könntest du mir netterweise endlich sagen, wer ‹S› ist.»

Justus stieß einen tiefen Seufzer aus. «Du kennst sie. Ich war eine Weile mit Sonja Grawitz zusammen. Ihr muss dieser verdammte Armreif gehören. Wahrscheinlich liegt der schon seit Wochen da herum.»

Seine Antwort verschlug ihr die Sprache. Fassungslos sah sie ihn an.

«Es ist vorbei, Marlene.»

Sie nickte, noch immer unfähig, ein Wort über Justus' Liebesleben zu verlieren. Erschöpft von dem Ballast an Erinnerungen, Zweifeln und auch der Bestürzung über ihre eigenen Gefühle sank sie auf das Trittbrett des Wagens. Die Nähe, die sich in den vergangenen Wochen zwischen ihnen aufgebaut hatte, zerbröckelte. Sie wusste nicht mehr, wo sie stand – und welchen Platz sie in Justus' Leben beanspruchte. Aus großen Augen sah sie zu ihm auf. «Was wird nun aus uns?»

«Sag du es mir.»

«Ich weiß es nicht», murmelte sie verzagt. Sie schüttelte den Kopf, als wollte sie böse Gedanken verscheuchen. «Ich fühle mich ziemlich schlecht... Hast du Sonja meinetwegen verlassen?»

«Lässt du mich neben dir sitzen?», bat er sie, bevor er sich zu ihr auf das Trittbrett seines Wagens hockte.

Schulter an Schulter saßen sie nun da, sie spürte seine Nähe und atmete seinen feinen Geruch ein. Trotzdem fürchtete Marlene, dass er weiter von ihr entfernt war als je zuvor.

Justus steckte sich eine Zigarette an. Dann sagte er: «Eigentlich warst du der Grund, warum ich mit Sonja zusammenkam. Es ist ganz einfach: Ich brauchte Trost und den gab sie mir. Wahrscheinlich sah ich in ihr auch eine gewisse Verbindung zu dir, zu eurer gemeinsamen Schulzeit und unserer Jugend...»

Hätte dir doch dafür deine Schwester genügt, dachte Marlene.

«Ich konnte dich nicht vergessen», gestand er zwischen zwei Zügen. «Deshalb habe ich auch nie geheiratet.»

Nachdenklich sah sie dem Rauch nach, den er mit seinem Atem aus seinen Lungen blies. Es war plötzlich alles anders zwischen ihnen. Und doch kam es ihr im Nachhinein vor, als wären sie seit seinem Kondolenzbesuch genau auf diese Situation zugesteuert. Mit mehr Klarsicht als zuvor wurde ihr bewusst, dass seine Höflichkeit nichts anderes als das verzweifelte Bemühen gewesen war, nichts falsch zu machen. Justus wollte ihr gefallen. Das hatte sie in ihrer anfänglichen Trauer und ihrem späteren Erstarken an seiner Seite übersehen.

Anscheinend missverstand er ihr Schweigen. Nachdrücklich sagte er: «Ich schwöre dir bei meiner Ehre als Offizier Seiner Majestät, dass ich Sonja seit Wochen nicht mehr gesehen habe.»

Sie räusperte sich. «Clausewitz schrieb auch, dass es niemals einen zweiten Anlauf gibt. Glaubst du das ebenfalls, oder könntest du dir vorstellen, dass er sich irrt?»

«Das hoffe ich.»

◆

Bald darauf schlenderten sie Hand in Hand durch den Grunewald. Justus war zuvor in halsbrecherischem Tempo über den kurvenreichen Weg gebraust, der Zehlendorf mit Spandau verband und größtenteils an der Havel entlangführte. Die Autofahrt bereitete ihm offensichtlich größte Freude. Für Marlene war sie eine Tortur, die sie zähneknirschend ertrug, weil Justus so glücklich wirkte. Ihr war nicht ganz klar, ob sie oder die moderne Technik für dieses Gefühl verantwortlich war, aber sie quittierte seine Begeisterung mit einem Lächeln. Zutiefst dankbar für die Pause stieg sie schließlich unterhalb des Kaiser-Wilhelm-Turms aus. Nach der anstrengenden Fahrt freute sie sich von Herzen auf den Spaziergang.

Dass sich der Himmel zuzog, bemerkten sie unter dem dichten Blätterdach anfangs nicht. Erst als sie sich dem Wannsee näherten und sahen, wie die ersten schweren Tropfen große Kreise auf der Wasseroberfläche bildeten, wurden sie sich des Regens bewusst. Im nächsten Moment brach ein Schauer über sie herein. Nach einer kurzen Verständigung durch einen einzigen Blick rannten sie im Gleichschritt los. Wie selbstverständlich steuerten sie nicht den Weg zurück zum Parkplatz an, sondern liefen auf das Strandbad zu.

Justus zog sie mit sich, vom Waldweg über die oberhalb

des Sees gelegene Einfahrt, von der man einen Blick auf den breiten, weißen Strand hatte, der nun feucht und verlassen wirkte. Lachend über ihren rasch vor Nässe triefenden Hut hielt sie mit ihm mit. Justus führte sie in eine der zwischen Bäumen und Ufer errichteten Umkleidekabinen, wo sie Schutz vor dem Regen fanden.

Unter dem Dach angekommen, nahm Marlene ihren Hut ab. Sie schüttelte sich wie ein junger Hund, dass die Tropfen aus ihrem Haar nur so flogen.

Justus stand ganz still, sah sie stumm an.

Sie begegnete seinem Blick – und da war wieder dieses Einvernehmen, dieses grenzenlose Vertrauen.

Es bedurfte keiner Worte. Atemlos vor Verlangen küssten sie sich, während ihre Hände bereits an den Kleidern des jeweils anderen zerrten. Zuerst glitt Marlenes schwarze Kostümjacke von ihren Schultern, dann die Bluse und fast gleichzeitig landete Justus' Offiziersrock auf dem Boden. Ihre Bewegungen ergänzten sich fließend, als gehörten sie zu einer Person. Ungeduldig schob Justus Marlenes Unterkleid hoch, Marlene nestelte an seinem Gürtel. Es gab nur noch die Berührungen des anderen, das eigene Begehren, die gegenseitige Zärtlichkeit und Leidenschaft. So lange hatten sie aufeinander gewartet. Es war eine Erlösung, als sie endlich miteinander verschmolzen.

53

Zwei Wochen später reiste Marlene nach München. Da sie nun endlich nach vorne sah, setzte sie sich auch mit ihrer beruflichen Zukunft auseinander, an deren erster Stelle vorläufig ihre Dissertation stand. Justus war ein paar Tage zuvor zum Herbstmanöver des deutschen Heeres in das sächsische Oschatz aufgebrochen. Es wurde Zeit, dass sie nach dem Rausch dieses Spätsommers wieder in ihre jeweils alten Leben zurückfanden.

Zu ihrer Erleichterung machte er ihr nach ihren erotischen Abenteuern, die in der Umkleidekabine des Strandbad Wannsee begannen und sich in seiner Junggesellenwohnung und in den Zimmern verschwiegener Vorstadthotels fortsetzten, keinen zweiten Heiratsantrag. Neugierig, hemmungslos und mit wachsender Begeisterung lernte Marlene die körperliche Liebe kennen, aber sie vergaß nie, dass es sich dabei um ein besonderes Geschenk handelte. Ihr Zusammensein mit Justus war nicht selbstverständlich. Nicht nur, weil ein derartig ausschweifendes Vergnügen gesellschaftlich vollkommen inakzeptabel war, sondern auch, weil sich ihre Lebenswege notgedrungen wieder trennen mussten. Er begegnete ihren Plänen mit einer gewissen Gelassenheit und beging nicht noch einmal den Fehler, sie davon abhalten zu wollen. Allerdings hatte sie nicht damit gerechnet, wie verzehrend ihre Sehnsucht nach ihm sein würde, dass sich ihre Gedanken viel mehr um ihn als um ihr Studium drehten. Sie schrieben einander und versuchten die Nähe zwischen ihnen durch die

Briefe aufrechtzuerhalten, was ihnen schließlich vor mehr als zehn Jahren schon einmal gelungen war. Diesmal wussten sie zudem, dass sie sich wiedersehen würden, sobald Marlene zu ihrem Vater heimkehrte oder Justus die Möglichkeit fand, dem schönen Königreich Bayern einen Besuch abzustatten.

Seltsamerweise verging die Zeit auch ohne Justus relativ schnell. Vier, sechs, acht Wochen verstrichen – und Marlene meinte, in seinem Sportwagen zu sitzen und an den Tagen nur so vorbeizurasen. Nach einer Weile fiel ihr auf, dass ihr währenddessen regelmäßig genauso übel wurde wie nach den Fahrten in seinem Automobil. Bei genauerem Nachdenken stellte sie fest, dass ihre Monatsblutung ausgeblieben war. Sie hatte ihren Körper zwar von einer anderen Seite kennengelernt, aber wochenlang nicht mehr auf seine altbekannten Routinen geachtet. Langsam dämmerte ihr, dass sie schwanger war. Eine Frau von einunddreißig Jahren, unverheiratet, Juristin vor der Promotion.

Nach dem ersten Schrecken fühlte sie ein unerwartetes Glücksgefühl in sich aufsteigen. Ein Prickeln wie nach dem Genuss von Champagner, verbunden mit der Leichtigkeit eines kleinen Schwipses. Sagte man nicht, dass auf den Tod eines geliebten Menschen eine Geburt folgte? Josephine war gegangen und würde durch ein Kind auf eine gewisse Weise weiterleben. Mit einem Mal befand sich Marlene in Hochstimmung.

Erst als sie einen Arzt aufsuchte, der ihre Vermutung bestätigte, wurde sie sich der Tragweite bewusst.

«Sie sind ledig, Fräulein von Runstedt», stellte Doktor Kornbichler fest und sah sie über den Rand seiner Brille vorwurfsvoll an, als wäre sie alleine schuld an dem Baby. «Haben

Sie einen Bräutigam, der Sie heiraten wird? Falls nicht, sollten Sie sich schnellstens nach einem umsehen.»

Ohne einen Kommentar verließ Marlene das Sprechzimmer. Sie zweifelte nicht daran, dass Justus seinen Heiratsantrag nunmehr wiederholen und sie ihn annehmen würde. Doch zuvor musste sie sich darüber klar werden, was Ehe und Mutterschaft für ihre eigene Karriere bedeuteten. Wahrscheinlich das Ende ihrer Ambitionen. Aber vielleicht auch den Beginn von etwas völlig Neuem, raunte eine Stimme in ihrem Hinterkopf.

«Fräulein von Runstedt», die Sprechstundenhilfe rief sie zurück, als sie bereits an der Tür stand. «Kommen S' doch noch amal.»

Benommen von ihren Überlegungen trat sie vor die dralle Bayerin. «Ja?», fragte sie, war jedoch so mit sich beschäftigt, dass sie kaum merkte, wie ihr die Frau eine Karte in die Hand drückte.

«Wenn S' Hilfe brauchen, ist das a guade Adresse. Aber Sie wissen's net von mir, gell?»

«Danke, aber ich brauche nichts», erwiderte Marlene brüsk und schob die Karte unbeachtet in ihre Manteltasche. Sie straffte die Schultern und beschloss, sich einen anderen Arzt zu suchen.

◆

Zunächst schrieb Marlene ihrem Vater einen Brief, in dem sie ihm mitteilte, dass sie an Weihnachten nach Hause kommen wolle. Sie nahm an, dass Justus über die Feiertage in Berlin oder Brandenburg sein würde, und plante, ihm die freudige

Neuigkeit dann unter vier Augen mitzuteilen. Bis dahin hatte sie fast vier Wochen Zeit, sich über ihre Zukunft Gedanken zu machen.

Ihr Kinderlein kommet, dachte sie bitter und wunderte sich über ihre schlechte Laune. Im nächsten Moment frohlockte sie und sah den Kinderwagen nach, die Gouvernanten an der juristischen Fakultät der Ludwig-Maximilians-Universität vorbei über die Ludwigstraße schoben. Die Stimmungsschwankungen setzten ihr ebenso zu wie das Magengrimmen und die lähmende Müdigkeit, aber Marlene versuchte, ihren Alltag wie gewohnt zu meistern. Wie schon nach dem Tod ihrer Mutter erwies sich Sophie Larisch, die Jurastudentin, mit der sie die Wohnung teilte, als große Hilfe. Sophie war eine hilfsbereite, liebenswürdige junge Frau, die sich rührend um Marlene kümmerte. Sie stellte keine Fragen und Marlene war dankbar dafür. Manchmal überlegte sie zwar, ob Sophie ahnte, was mit ihr los war. Aber dann sagte sie sich, dass das Kloster, in dem die andere lange gelebt hatte, wohl kein Ort gewesen war, um etwas über das Ergebnis ausschweifender Stunden zu erfahren. Sie behielt ihr Geheimnis für sich, das für die Katholikin sicher ohnehin eine Sünde war.

Am zweiten Dezember brachte ihr Sophie mit einer Tasse Tee einen Brief ans Bett. «Das Schreiben ist bestimmt wichtig, ein Eilbote hat es gerade gebracht.»

Marlene erkannte die Schrift auf dem Umschlag sofort. Sie brauchte nicht erst die statt eines Absenders eingeprägten Initialen JvO auf der Rückseite zu lesen. Es sich in den Kissen gemütlich machend, öffnete sie den Brief ihres Geliebten, des künftigen Papas ihres Kindes:

Liebste Marlene,
heute schreibe ich Dir, um Dir von großartigen Neuigkeiten zu berichten. Ich habe es gerade erfahren, kann es selbst kaum glauben und möchte meine Freude sofort mit Dir teilen.
Meine Hoffnungen haben sich endlich erfüllt – ich werde einen Posten an der deutschen Gesandtschaft in Washington erhalten. Mein Lehrmeister, der frühere Dolmetscher in Tsingtao und Peking, ist nach Amerika versetzt worden und hat meine Bewerbung angeregt. Am 2. Januar verlässt mein Schiff Hamburg. Ich hoffe, dass es unser Schiff sein wird, weil ich Dich an meiner Seite habe. Wie sollte ich meine Berufung in den diplomatischen Dienst anders beginnen als durch die Heirat mit der Frau, die ich liebe?!
Dein Justus.

Es dauerte eine Weile, bis sie sich von dem Schock erholte.

Mit zitternden Händen griff sie nach der Tasse, verschüttete etwas Tee auf ihre Bettdecke und ärgerte sich über die braunen Flecken, die nun nicht mehr auszuwaschen waren.

Justus hatte seine Träume wahr gemacht. Und er bemerkte anscheinend nicht einmal, dass er damit gleichzeitig Marlenes Zukunft zunichtemachte. Er schrieb nur von sich und ihm war offenbar nicht klar, dass eine Abreise nach Neujahr das Ende ihres Promotionsvorhabens, ja, das Ende all ihrer Ambitionen bedeutete. Er hatte Marlenes Rolle festgelegt: die angenehm plaudernde Begleiterin bei offiziellen Anlässen, die gute Gastgeberin, die Diplomatengattin, die sich die Zeit bei Konzert-, Theater- und Opernbesuchen oder im Museum vertrieb. Im Sommer spielte man Tennis mit den richtigen Leuten, im Winter traf man sich auf der Eisbahn oder tanzte auf Hausbällen mit ebenfalls gesellschaftlich bedeutenden Bekannten. Hatte sie dafür so lange studiert? Über kurz oder lang würde sie zweifellos den verlorenen Chancen nachtrauern und Justus irgendwann hassen, weil er ihr die Karriere genommen hatte.

Und dann war da das Baby!

Wie würde es sein, sich hochschwanger in einem fremden Land auf der anderen Seite des Atlantiks zurechtfinden zu müssen? War ihr Englisch überhaupt gut genug dafür? In ihrer Situation würde sie nicht den Haushalt einrichten können, was Justus zweifellos erwartete, sie würde nicht von Anfang an die Bekanntschaften pflegen können, die seiner Karriere sicher förderlich wären. Sie konnte nicht einmal an den formellen Anlässen teilnehmen, die sie schon bei dem Gedanken daran langweilten. Würde sie ein Neugeborenes darüber hinaus in die Hände einer Kinderfrau geben wollen, die vermutlich aus einer völlig anderen Welt stammte und ihre Muttersprache nicht verstand? Sicher, es gab viele Deutsche, die in den vergangenen Jahrzehnten ausgewandert waren, aber woher sollte sie wissen, ob sie unter diesen gerade die passende Gouvernante fand? Marlene, die stets aufgeschlossen für neue Erfahrungen gewesen war, sehnte sich plötzlich nach Stabilität und als werdende Mutter nach den Empfehlungen ihrer Freunde und Verwandten.

Ein Kind in Washington zu bekommen, war etwas völlig anderes, als das Neugeborene in Charlottenburg oder auf dem Anwesen derer von Ostwald zur Welt zu bringen. Und Justus' erster Posten bedeutete ja nicht, dass er auf Dauer angelegt war. Sie würden Weltreisende werden, was Marlenes Chancen, als seine Gattin in der Ferne langfristig eine eigene Aufgabe zu finden, deutlich verringerte. Wenn sie im Deutschen Reich bliebe und nicht in eine Behörde ging, konnte sie wahrscheinlich auch als verheiratete Frau Doktor in der Rechtswissenschaft arbeiten. In der Kanzlei von Runstedt & Partner etwa herrschte kein Zölibat wie in der öffentlichen Verwaltung. Was würde überhaupt ihr Vater dazu sagen, wenn sie alles, wofür sie seit frühester Jugend gearbeitet hatte, auf dem Altar der Ehe mit einem Karrierediplomaten opferte?

Der Tee auf ihrem Nachttisch war inzwischen kalt. Sie starrte in die Tasse und wünschte, aus den am Boden schwimmenden Blättern die Zukunft lesen zu können.

Nach einer Weile schlug sie die Decke zurück und stand auf. Ein Spaziergang im Schnee würde ihr sicher helfen, einen klaren Gedanken zu fassen.

Ohne sich mit ausgiebiger Körperpflege aufzuhalten, zog sie Rock, Bluse und Strickjacke an und war dankbar für die Mode der Reformkleidung, die das Korsett aus ihrem Kleiderschrank vertrieben hatte. Es folgten Strümpfe und Stiefel, dann nahm sie ihren Mantel vom Haken und schlüpfte hinein. Zufällig glitt ihre Hand in eine der Taschen.

Zwischen ihren Fingern fühlte sie ein Stück hartes Papier. Es war die Adresse, die ihr die wahrscheinlich wohlmeinende, aber doch recht anmaßende Sprechstundenhilfe gegeben hatte. Nachdenklich schob sie die Karte hin und her, bevor sie sie schließlich hervorzog und zum ersten Mal einen Blick darauf warf.

6. FEBRUAR 1919

54

Wäre die Residenzstadt nicht schwarz vor Menschen, fand Marlene, sähe das verschneite Weimar wie ein Ort in einem Märchen aus: Reihen aneinandergelehnter Puppenhäuser an schmalen Straßen, über deren Kopfsteinpflaster im Schneetreiben Kutschen rollten, als kämen sie direkt aus Johann Wolfgang von Goethes Remise am Frauenplan. Die Hupen der Automobile erinnerten Marlene jedoch daran, dass sie sich an diesem frühen Nachmittag im zwanzigsten Jahrhundert befand und die Mengen an Schaulustigen, Journalisten und Politikern nicht gekommen waren, um etwa dem Dichterfürsten zu huldigen, sondern um einen Blick auf die frisch gewählten Abgeordneten zu erhaschen, die zum ersten Mal im ehemaligen Hoftheater, das nun bedeutsam Nationaltheater hieß, Einzug hielten.

Das Gebäude, in dem die ersten Sitzungen der Nationalversammlung stattfanden, war nicht annähernd vergleichbar mit dem Berliner Reichstag, der darauf angelegt war, Eindruck zu schinden. Obgleich ein wunderschönes, im klassizistischen Stil errichtetes Haus, vermittelte das Theater eine gewisse Kleinbürgerlichkeit, die Marlene seltsam anrührte.

Vielleicht war es ja richtig, die demokratische Verfassung unter den gegenwärtigen Umständen nicht unter der beeindruckenden Kuppel des Plenarsaals in Berlin zu beschließen, sondern in bescheidenerer Umgebung: Die Straßen der Hauptstadt waren nach wie vor nicht sicher, ebenso wenig wie die Lage im Rest des Landes. Marlene hatte von streikenden Bergleuten im besetzten Ruhrgebiet gelesen, die von alliierten Truppen beschossen wurden, und auch von der bei den Pariser Verhandlungen diskutierten Gründung eines internationalen Völkerbundes, der das Deutsche Reich ausschloss. Darüber hinaus befand sich Deutschland noch immer in einem Belagerungs- und Kriegszustand.

Dennoch hatten sich die Verantwortlichen der Residenzstadt viel Mühe gegeben, die frisch gewählten Politiker und Politikerinnen angemessen zu empfangen: Die Balkone waren mit Girlanden und bunten Blumen geschmückt, eine Blaskapelle spielte und ein roter Teppich führte in das Foyer des Theaters. Die aufgestellten Filmkameras nahmen dem Ganzen zwar etwas vom höfischen Zauber, die Gruppen dunkel gekleideter Herren, die an den Zuschauern vorbeieilten, besaßen in ihrem Habitus jedoch etwas Altmodisches. Die ihrer ersten Sitzung entgegenstrebenden Frauen wirkten dagegen ein wenig verloren, manche vielleicht schüchtern, viele sicher aufgeregt ob ihrer neuen Aufgabe. Marlene schloss sich den Frauen an, die sie – unabhängig von der derzeitigen Parteizugehörigkeit – bereits von ihrer Arbeit in den Frauenvereinen und im Kriegsamt kannte. Einige von ihnen hatte sie schon seit ihrer Ankunft in Weimar vor zwei Tagen gesehen. Man plauderte kurz, verabredete sich für später und teilte sich wieder auf.

Marlene entdeckte Sonja, die vor einem der «Wochenschau»-Objektive posierte. Obwohl sie im selben Abteil unterwegs gewesen waren, hatten sie während der Zugfahrt nur wenige Worte gewechselt. Da hauptsächlich Paula Hagedorn die Unterhaltung bestritt, fiel Marlenes Schweigen wohl nicht weiter auf. Sie hatte währenddessen ihre Gedanken umherwandern lassen und sich über Sonjas triumphalen Blick gewundert. Wahrscheinlich machte es die Freundin von einst froh, nun auf einer Stufe mit Marlene zu stehen. Meine Güte, fuhr es ihr durch den Kopf, als sie das Theater betrat, wie albern.

Im Foyer empfing Marlene eine Geräuschkulisse wie vor der feierlichen Premiere eines Schauspiels. Sie zeigte am Empfang ihren nagelneuen, mit einer Fotografie versehenen Abgeordnetenausweis vor und erhielt eine Einlasskarte mit einer Sitzplatznummer in einer hinteren Reihe: «Die geben Sie ab, wenn Sie wieder nach draußen wollen», erklärte der Saaldiener, offensichtlich ein verwundeter Kriegsveteran. Dann wies er ihr mit einem leichten Anheben seines Krückstocks den Weg zur Garderobe. Dort stellte sie sich an, wartete geduldig, bis sie ihren Mantel abgeben durfte, und winkte Paula Hagedorn zu, die aus dem Kreis einiger Mitglieder der SPD-Fraktion kurz in ihre Richtung blickte.

Die Souveränität, mit der Marlene ihrer ersten Sitzung als Abgeordnete entgegenging, verlor sich jedoch in der Aufregung, als sie ihren Sitz einnahm. Ihr Blick schweifte über das Rund des mit lindgrüner und weißer Seide ausgestatteten Theatersaals, der nun ein Plenarsaal war. Auf der Bühne stand das mit Girlanden umwobene Rednerpult, eingefasst von den Tischen, an dem nun der Präsident des Plenums, die Mitglieder des Volksrats und die Vertreter der verschiedenen Länder ihre Plätze einnahmen. Im Parkett saßen die Fraktionen nach Parteien geordnet. Marlene wusste, dass die Abgeordneten ihre Stühle nach absteigender Wichtigkeit von den vorderen bis in die hinteren Reihen zugewiesen bekommen hatten. Und sie sah, dass die in ihren weißen Blusen aus der Masse der schwarzen Anzüge hervorstechenden Frauen vor allem als Hinterbänklerinnen fungierten. Sie zählte im Stillen und kam auf gerade einmal siebenunddreißig weiße Blusen. Von den vierhundertdreiundzwanzig Abgeordneten waren nur siebenunddreißig weiblichen Geschlechts. Aber sie leuchteten.

Es dauerte noch eine Weile, bis es drei Uhr war und die Sitzung eröffnet wurde. Marlene, die das Geschehen zunächst mit Aufregung, dann jedoch mit einer gewissen Ruhe auf sich hatte wirken lassen, spürte plötzlich einen Druck auf ihrer Brust, ihr Herzschlag beschleunigte sich. Kerzengerade auf ihrem Platz sitzend, lauschte sie den einleitenden Worten des amtierenden Volksbeauftragten Friedrich Ebert.

«Meine Damen und Herren! Die Reichsregierung begrüßt durch mich die verfassunggebende Versammlung der deutschen Nation. Besonders herzlich begrüße ich die Frauen, die zum ersten Male gleichberechtigt im Reichsparlament erscheinen...»

Das Hohngelächter mancher Männer unterbrach die Rede des SPD-Politikers, doch der Applaus übertönte es.

Marlene fühlte sich seltsam erschöpft, ähnlich musste sich wohl ein Marathonläufer fühlen, der nach zweiundvierzig

Kilometern das Ziel vor Augen hatte. Es war zweifellos noch nicht alles geschafft, was sie sich für die Gleichberechtigung wünschte, sie und ihre Mitstreiterinnen hatten noch viel vor sich bis zum Ende ihres Weges. Aber ihr bisheriger Kampf machte diesen Augenblick zu einer Sternstunde der Demokratie.

55

Acht Tage nach der Eröffnung der Nationalversammlung durch Friedrich Ebert saß Sonja in Josty's Conditorei und Café in Berlin und ließ die Wanduhr über der Kuchentheke nicht aus den Augen. Justus verspätete sich. Da das recht ungewöhnlich war, befürchtete Sonja seit zehn Minuten, von ihm versetzt zu werden.

Nervös schob sie das noch verbliebene Stückchen Streuselkuchen auf ihrem Teller hin und her. Sie sparte es sich auf, nachdem sie beherzt zugegriffen hatte, kaum dass die Kellnerin ihre Bestellung servierte. Die dauernde Übelkeit war Heißhungerattacken gewichen, die sich kaum befriedigen ließen, weil Schokolade, auf die sie besonderen Appetit verspürte, derzeit zu den kostbarsten Lebensmitteln gehörte. Der Kuchen musste als Ersatz taugen, aber da auch fettige Sahnetorten Seltenheitswert besaßen, war die trockene Variante vom Blech keine glücklich machende Alternative, sondern eher so etwas wie eine Sättigungsbeilage.

Sie hatte sich einen Tisch im hinteren Bereich gesucht.

An den Fensterplätzen, von denen man einen unterhaltsameren Blick über das Treiben auf dem Potsdamer Platz und der Leipziger Straße hatte, fühlte sie sich selbst zu sehr auf dem Präsentierteller. Heute wollte sie inkognito bleiben. Ihr Publikum sollte nicht Zeuge der Unterredung sein, um die sie Justus in einer kurzen Nachricht gebeten hatte. Schließlich hatte sie nicht die geringste Ahnung, wie ihr Gespräch ausgehen würde. Natürlich vermutete sie in seinem Charakter den nötigen Anstand, aber sicher konnte sie sich nicht sein. Deshalb rechnete sie mit verschiedenen Möglichkeiten, sein Fernbleiben hatte sie allerdings nicht in Betracht gezogen.

Der große Zeiger auf der Uhr glitt weiter. Inzwischen waren fünfzehn Minuten vergangen.

«Entschuldige, bitte!» Ein wenig abgehetzt tauchte Justus an ihrem Tisch auf. Er ergriff ihre Hand, hauchte eher abwesend und wenig charmant einen Kuss darauf. «Ich bin im Adlon aufgehalten worden.»

Sie ließ sich ihre Erleichterung über sein Kommen nicht anmerken, sondern verlangte bemüht fröhlich: «Setz dich hin und erzähl mir, was du im Adlon zu tun hattest.»

Irritiert sah er sie an. Offenbar war er nicht auf Geplänkel eingestellt. Immerhin hatte sie ihm ja geschrieben, dass sie ihn «dringend» und «unbedingt» persönlich sprechen müsse. Zögernd nahm er Platz, winkte der Kellnerin und bestellte ein Glas Wasser. Mehr nicht. Er schien nicht lange bleiben zu wollen, konstatierte Sonja.

«Eine ziemlich große Delegation ist derzeit im Auftrag des amerikanischen Präsidenten in Berlin», berichtete er schließlich. «Darunter Militärs, denen ich seinerzeit in Washington begegnet bin. Deshalb wurde ich hinzugezogen. Es geht um eine Novellierung des Vierzehn-Punkte-Programms, das Woodrow Wilson bereits vor einem Jahr als Friedensplan aufgestellt hat.»

«Und diese Leute nächtigen im Adlon», resümierte sie.

«Mich wundert, dass du über den Besuch der Amerikaner nicht informiert bist, Fräulein Abgeordnete.» Endlich lächelte er sie an.

«Ich bin nicht für die Außenpolitik zuständig.»

«Ja. Natürlich. Man hat euch Frauen die klassischen Themen überlassen – Soziales, Kinder...», er unterbrach sich, um seine Bestellung entgegenzunehmen. Nachdem die Kellnerin gegangen war, fragte er: «Was machst du überhaupt in Berlin? Solltest du nicht in Weimar sein?»

Sie lachte. «Glaubst du wirklich, ich ließe mir die Diäten entgehen? Tausend Mark im Monat sind nicht schlecht, und die werden nur ausbezahlt, wenn unsereins artig im Plenum sitzt. Es sei denn, man hat eine gute Entschuldigung. Aber heute ist Ruhetag und der Parlamentszug ist schon allein deshalb eine sinnvolle Einrichtung, weil er meistens pünktlich zu sein scheint.»

«An einem Donnerstag soll Ruhetag sein?»

«So ist es.»

«Na, so was», murmelte er. Nachdem er sich damit abgefunden zu haben schien, dass die Parlamentspause nicht am Sonntag stattfand, lehnte er sich auf seinem Kaffeehausstuhl zurück, griff nach seinem Etui und nahm eine Zigarette heraus. Bevor er sie anzündete, fragte er: «Wie ich hörte, geht in der Nationalversammlung alles einen sehr geordneten Gang. Eberts Begrüßungsansprache soll ja recht würdevoll gewesen sein. Allerdings nannte Theodor Wolff die Worte des alten ‹Sattlergesellen›, wie er ihn im *Tageblatt* bezeichnete, schwunglos. Wie war dein Eindruck?»

Sie hatte keinen Zweifel daran, wessen Eindrücke er neben dem Zeitungsbericht noch wiedergab. Marlene hielt ihn sicher auf dem Laufenden. Es war jedoch nicht nötig, deren Meinung zu kommentieren, ebenso wenig den Artikel. Mit einer Handbewegung wischte Sonja seine Frage fort. «Ich erzähle dir lieber, was die hohen Herren nach der Sperrstunde in den Gaststätten mit den Kellnerinnen treiben. Das ist wahrscheinlich interessanter.»

«Zumindest in diesem Punkt scheint sich etwas aus der Vergangenheit bewahrt zu haben», gab er ironisch zurück.

«Das hast du ganz richtig beobachtet. Und darin, dass Frauen für die Kinder zuständig sind, ist auch alles beim Alten geblieben.» Das war ein guter Übergang, fand sie. Jetzt kam der schwierigste Teil ihres Gesprächs, aber sie nutzte ihre Chance, aus Furcht, Justus könnte wegen einer anderen Verabredung plötzlich aufbrechen müssen. Sie beugte sich vor, suchte seinen Blick und erklärte mit fester Stimme: «Das betrifft mich nun mehr, als ich mir jemals vorzustellen wagte. Und dich auch.»

«Dein Thema ist das sicher nicht ...», erwiderte er amüsiert. Doch plötzlich erlosch sein Lächeln. Bestürzung und Ungläubigkeit wechselten sich in seinem Ausdruck ab. Offenbar hatte er sie mit einiger Verzögerung verstanden.

Sie strahlte ihn an, formte einen Kussmund. Dann griff sie nach seiner Hand und flüsterte: «Wir bekommen ein Baby, mein Liebster.»

«Was?»

«Du wirst Vater! Mit vierzig wird es ohnehin höchste Zeit, dass du für Nachkommen sorgst – findest du nicht?»

Sprachlos starrte er sie an, schüttelte ihre Hand ab.

Sonja spielte ihre Rolle souverän. Dafür war sie Schauspielerin. Sie klimperte kokett mit den Lidern, doch in ihrem Innersten tobte ein Sturm, ähnlich dem Unwetter vor einem schweren Gewitter. Die Furcht, dass Justus doch kein so anständiger Charakter war, wie sie immer geglaubt hatte, sondern ein rücksichtsloser Junker, der seine langjährige Geliebte bedenkenlos schwängerte, um anschließend eine Frau zu heiraten, die seinem Stand entsprach, war groß. Was sollte sie tun, wenn er sie sitzen ließ? Da sie zeitlebens gut gewirtschaftet hatte, reichten ihre Ersparnisse für ein bescheidenes Leben. Doch trotzdem ängstigte sie sich davor, wie ihre Mutter zu enden. Sicher würde sie nicht in der obersten Etage des dritten Hinterhauses einer Arbeitersiedlung leben müssen, aber von Justus verlassen wäre sie bald verhärmt und einsam. Zweifellos wäre es für sie ebenso wie für das Kind komfortabler, wenn er sie heiratete. Und vor allem hätte sie ihn dann endlich an sich gebunden – und seine Vernarrtheit in Marlene, die er Liebe nannte, wäre Geschichte. Auf diesen Sieg wartete Sonja nun schon seit fast zwanzig Jahren.

Justus' Zigarette war fast heruntergebrannt und die Glut versengte seine Finger. In einer ärgerlichen Geste warf er die glimmende Kippe in den Aschenbecher. Dann nahm er sein Wasserglas und trank es in einem Zug leer.

Sonja hatte das Gefühl, ihr Herz bliebe stehen. Seine Geste ließ auf Abschied schließen.

Doch er blieb.

«Wann?», fragte er heiser. «Wann ist das passiert?»

Natürlich war seine Frage vollkommen unsinnig, eigentlich lag die Antwort auf der Hand. Dennoch erklärte sie geduldig: «Als du aus dem Krieg nach Hause gekommen bist und wir unser Wiedersehen feierten.»

Bleich geworden, stützte er seinen Ellenbogen auf dem Tisch auf und verbarg sein Gesicht in seiner Hand.

Wenigstens bezweifelt er seine Vaterschaft nicht, dachte sie. Und er zweifelte nicht an ihrer Schwangerschaft. Beides konnte passieren. Sie hatte oft genug das ein oder andere junge Mädchen vom Ballett getröstet, das den Versprechungen eines adeligen Offiziers geglaubt hatte und deshalb mit ihm ins Bett gegangen war, bevor er sie schließlich sitzen ließ.

«Das Kind wird im Sommer auf die Welt kommen», sagte Sonja. «Ich wünsche mir einen Jungen, der so ist wie du. Und dann nennen wir ihn Justus, ja?»

Aufstöhnend rieb er sich über die Augen. «Mir wäre ein Mädchen lieber, eine Lene oder Lena, wie …» Seine Worte flossen unbedacht über seine Lippen, als spräche er einen Gedanken laut aus. Dann seufzte er erneut, ein Ausdruck tiefster Qual.

Er wird nie aufhören, Marlene zu lieben, dachte Sonja betroffen. Aber er gehört jetzt mir!

«Hör zu, Sonja», brach es aus ihm heraus: «Deine Neuigkeit ist eine große Überraschung für mich und ehrlich gesagt kann ich im Moment nicht klar denken. Ich hatte angenommen, dass wir stets vorsichtig waren. Entschuldige mich bitte, ich muss ein wenig Klarheit gewinnen.» Mit der Gestik eines viel älteren Mannes erhob er sich von seinem Stuhl. «Du brauchst dir aber keine Sorgen zu machen: Ich werde mich anständig verhalten und dich heiraten, damit das Kind versorgt und dein Ruf nicht ruiniert ist. Allerdings kann ich dir nicht versprechen, dass unsere Ehe das wird, was du dir vorstellst.»

Durch das Zusammenpressen ihrer Lider gelang es ihr, ein paar Tränen hervorzuzwingen, die er hoffentlich für Tränen der Rührung hielt. «Justus! War das ein Heiratsantrag?»

«Ich würde es eher als geschäftliche Vereinbarung betrachten», stieß er hervor. «Erwarte keine glückliche Familie, Sonja, das werde ich nicht fertigbringen. Gestatte mir aber bitte nun, mich in Ruhe mit der neuen Situation auseinanderzusetzen.»

Obwohl sie auf der Siegerseite stand, empörten sie seine Worte. Was hatte Marlene nur an sich, das ihn so verzauberte? Hatte sie, Sonja, in den vielen gemeinsamen Jahren nicht bewiesen, dass sie die treuere Freundin an seiner Seite war? Darüber hinaus war sie eine begehrenswerte, erfolgreiche Frau – unzählige Menschen jubelten ihr zu. Was konnte ihm Marlene dagegen schon bieten? Was machte ihn so blind für Sonjas Vorzüge?

In einem Temperamentsausbruch wischte sie den Teller mit dem Rest Streuselkuchen vom Tisch. Scheppernd landete das Porzellan auf dem Boden und zerbrach, die Krümel verteilten sich um die Scherben. Die tiefe Verletzung, die ihr Justus mit seinen Worten zugefügt hatte, ließ Sonja jede Zurückhaltung vergessen: «Was dachtest du? Dass die Schickse die Beine breit macht und dich nicht belästigt, wenn es schwierig wird? Du wirst dafür genauso bezahlen wie icke!»

An den Nebentischen verstummten die Gespräche. Ebenso erstaunte wie neugierige Gesichter wandten sich zu ihnen um.

«Mach bitte keine Szene!» Justus stützte sich auf dem Tisch ab, um sich auf ihre Augenhöhe zu beugen. Sein Blick bohrte sich in ihren, seine Stimme war leise, klang jedoch ungewohnt bedrohlich: «Du bist Bühnenstar, Abgeordnete, und weil dir das alles nicht genügt, willst du auch noch Baronin werden. Von mir aus. Aber dann vergiss endlich deine Herkunft und benimm dich!»

Vor Staunen fiel ihr keine Antwort, nicht einmal eine angemessene Reaktion ein. In diesem Ton hatte er nie zuvor mit ihr gesprochen. So wütend hatte sie ihn auch noch nie erlebt. Ihr lag auf der Zunge, dass ein Schnösel wie er wohl besser bei Marlene bliebe. Sollte die sich doch mit seinen Launen herumschlagen. Doch ihr fiel gerade noch rechtzeitig ein, was sie sich mit ihrem Stolz kaputtmachen würde. Eine Frau wie sie hatte nun einmal nicht die Möglichkeit, auf ihre Ehre zu pochen. Sie musste zusehen, dass sie alles zu fassen bekam, was sie kriegen konnte. Deshalb biss sie die Zähne zusammen und schwieg.

Justus wandte sich ab. Ohne ein weiteres Wort oder einen Blick zurück ging er davon.

DEZEMBER 1916

56

Es fiel Marlene nicht leicht, ausgerechnet dem Rittergut derer von Ostwald einen Besuch abzustatten. Doch musste sie dem Befehl aus dem Kriegsamt folgen, gleichgültig, was sie dabei empfand.

Auf der offenen Ladefläche eines Armeelasters zwischen müden Soldaten sitzend, rumpelte sie vom Bahnhof in Kremmen durch den Wald in das abseits gelegene Dorf. Sie fror erbärmlich und der Blick auf die winterlich triste, unter Eis erstarrte Landschaft half ihr nicht, sich besser zu fühlen. Im Sommer war es gewiss recht hübsch, aus dem Schatten der Kiefern- und Laubwälder in das Licht der endlos scheinenden Felder zu fahren, jetzt aber wirkten die verlassenen Anbauflächen öde und karg wie ein Sinnbild von Verzweiflung und Not.

Das Fahrzeug brachte sie bis zur Auffahrt des Guts, die lang und wenig einladend aussah. «Tut mir leid, Fräulein, wir müssen weiter», erklärte der Fahrer, der ihr die Hand reichte, um ihr das Aussteigen zu erleichtern.

Marlene sprang auf den gefrorenen Sandboden. «Ja. Ich

weiß. Danke für alles. Und viel Glück.» Etwas hilflos strich sie über ihren Mantel, schob die Hände jedoch rasch zurück in ihren Muff.

Sie blickte dem Daimler nach. Hoffentlich kamen die Burschen, mit denen sie einen Teil des Weges zurückgelegt hatte, gesund wieder nach Hause. Marlene war des andauernden Krieges so müde. Ihre Brüder waren vor einem halben Jahr bei der Seeschlacht vor dem Skagerrak gefallen und auch die Reihen ihrer Bekannten lichteten sich inzwischen deutlich. Sie hatte große Hoffnung in das Angebot zu Friedensgesprächen gesetzt, das Reichskanzler Theobald von Bethmann Hollweg Anfang des Monats im Namen des Kaisers geäußert hatte. Doch beschränkte sich die Diskussion darüber inzwischen auf Debatten im Reichstag und die Kritik der Presse an der mangelnden Entscheidungsfähigkeit der Abgeordneten. Die Entente war von dem Vorschlag kaum beeindruckt, obwohl das deutsche Heer die Angriffe im Westen abgewehrt hatte und im Osten tief im Feindesland stand. Mit Frauen in der Regierung wäre das sicher anders, überlegte sie.

In ihren Gedanken versunken ging Marlene die Auffahrt hinauf. Sie beschleunigte ihren Schritt, weil sie hoffte, dadurch weniger zu frieren. Schneefall setzte ein, die Flocken blieben trotz der Krempe ihres schlichten Filzhutes an ihren Wimpern hängen. Früher hatte sie die Betrachtung der unberührten, frisch verschneiten Flächen geliebt. Inzwischen dachte sie dabei nur an ein wärmendes Holzfeuer. Von einer verwunschenen Landschaft war der verwildert wirkende Park vor dem Gutshaus weit entfernt. Sie wusste allerdings, dass dies an der Einberufung des Gutsverwalters lag.

Der schriftliche Protest der Familie war mit dem Hinweis

auf die nun nicht mehr zu gewährleistende, kriegswichtige Landwirtschaft auf ihrem Schreibtisch gelandet. Wolfram von Ostwald, Justus' Vater, verlangte die Rückkehr des Inspektors und außerdem die Bereitstellung weiblicher Arbeitskräfte aus dem Hilfsdienst, die, wie in den Fabriken, als Ersatz für die eingezogenen Männer herhalten mussten. Darüber hinaus beschwerte er sich über die Abwerbung von Landfrauen als Unterstützung für die Etappe. Es handele sich hierbei um eine «sinnlose, einer Entführung ähnliche Schlepperei», polterte der Gutsherr. In diesem Punkt gab Marlene dem alten Baron recht, denn die Rekrutierung ahnungsloser und teilweise auch ungeeigneter Frauen erwies sich als enormes Problem in der Truppe. Marlene und ihre Mitstreiterinnen hatten sich bereits vehement für ein Ende dieses Verfahrens und eine gesetzliche Regelung eingesetzt, die den weiblichen Beamten des Kriegsamts als einzigen Personen die Handlungsbefugnis einräumte. Dieser Wunsch war allerdings bislang an dem Widerspruch ihrer männlichen Vorgesetzten gescheitert.

Auf ihr Klingeln öffnete eine Frau, bei der es sich anscheinend um die Haushälterin handelte. «Fräulein Doktor von Runstedt?», erkundigte sie sich und ließ sie auf ein Nicken hin ein. «Ihr Besuch wurde uns vom Ministerium angekündigt.»

«Guten Tag», wünschte Marlene höflich. Sie sah sich kurz in dem dunklen Eingang um und fand, dass die Halle kaum anders aussah als die in anderen Gutshäusern. Während sie ihren Mantel aufknöpfte, sagte sie: «Ich hoffe, ich bin nicht zu früh. Ich fand am Bahnhof in Kremmen ziemlich rasch eine Mitfahrgelegenheit.»

«Nein, gnädiges Fräulein, Sie kommen zur rechten Zeit. Herr Rittmeister von Ostwald erwartet Sie bereits.»

Marlenes Hand, die den nassen Hut von ihrem Kopf ziehen wollte, blieb mitten in der Luft hängen. «Rittmeister von Ostwald?», wiederholte sie verwundert. Es stand außer Frage, um wen es sich dabei handelte. Justus' Vater hatte während des Krieges gewiss keine Karriere als Offizier gemacht. «Ich dachte, er wäre in Amerika...»

«Er wurde bei Kriegsbeginn zurückbefohlen», erwiderte eine vertraute Stimme hinter ihr.

Ihren ersten Impuls ignorierend fuhr sie nicht zu ihm herum. Sie versuchte sich zu sammeln, der Überraschung souverän zu begegnen, ihren Atem zu beruhigen und ihre weichen Knie unter Kontrolle zu bringen. Langsam nahm sie ihren Hut ab und reichte ihn der Haushälterin. Dann erst wandte sie sich zu Justus um.

Da stand er nun vor ihr. Zum ersten Mal wieder nach einer langen Zeit. Natürlich trug er Uniform und wirkte darin so schneidig wie bei ihrer ersten Begegnung auf dem Schulhausflur. In seiner heimischen Umgebung kamen Selbstbewusstsein und Sicherheit hinzu, die ihn attraktiver erscheinen ließen als je zuvor. Ihr Herz flog ihm zu.

Dabei gab es eigentlich nichts mehr, das sie noch mit ihm verband. Sie hatte alle Brücken abgebrochen. Dass sie nach der Abtreibung fast verblutet wäre, empfand sie als gerechte Strafe für das, was sie sich selbst, ihrem ungeborenen Kind und auch dem Mann antat, den sie liebte. Sobald sie wieder einen Stift halten konnte, hatte sie ihm einen kurzen Brief geschrieben, in dem sie ihm alles Gute für die Zukunft wünschte, aber im Hinblick auf ihre eigenen Pläne mitteilte, dass sie ihn nicht begleiten könne. Sie schloss mit den Worten, dass es besser wäre, wenn sie sich nicht wiedersähen. Daraufhin hatte sie ein Telegramm mit Tag und Uhrzeit, wann sein Schiff in Hamburg ablegte, erhalten. Sie war sicher gewesen, dass er an den Landungsbrücken auf sie wartete, aber das hatte ebenso wenig geändert wie die unendlich vielen Tränen, die sie in diesen Wochen vergoss.

«Guten Tag, Marlene.»

Sie fühlte seine Hand in der ihren und versuchte, die unerwartet starke Zuwendung zu ignorieren. «Guten Tag, Justus.»

Ohne sie loszulassen, schlug er vor: «Wollen wir in die Bibliothek gehen? Dort wurde vorhin eingeheizt und es ist angenehm warm.» Ein schwaches Lächeln umspielte seine Lippen. «Im Rest des Hauses ist es leider so kalt, dass sich in manchen Zimmern Eisblumen an den Innenseiten der Fenster bilden.»

«Ich dachte, ich wäre mit deinem Vater verabredet...»

«Du dachtest ja auch, ich sei noch in Amerika.» Sein Lächeln wurde breiter. «Mein Vater lässt sich entschuldigen. Er überlässt die Gespräche mit der Dame vom Kriegsamt mir, da ich als Offizier eine gewisse Nähe zu der Behörde habe. So sagte er jedenfalls. Als er den Namen der Dame nannte, war ich mehr als einverstanden.» Mit der freien Hand deutete er auf die offene Zimmertür, durch die er zuvor anscheinend in die Eingangshalle getreten war. «Bitte.»

Dass er sie noch immer festhielt, machte sie unter den Augen der Haushälterin verlegen. Aber sie entzog sich seinem Griff nicht. Eine freundschaftliche Geste, sagte sie sich. Er will mir zeigen, dass er mir nicht gram ist. Wenn er wüsste, was damals geschehen ist, wäre es möglicherweise anders.

Von diesen Überlegungen begleitet, folgte sie ihm in einen gemütlichen Raum, der mit Bücherregalen, mehreren Beistelltischen und einer Gruppe tiefer, ein wenig abgeschabter Ledersessel möbliert war. In dem hohen Kamin mit der Umrandung aus Backstein flackerte ein einladendes Feuer. Einen Moment lang standen sie schweigend in der Mitte der Bibliothek, schließlich sagte Marlene: «Wenn ich mich setzen soll, musst du meine Hand loslassen.»

«In der Tat, dich festzuhalten, ist mir nie gelungen.» Er gab sie frei, kehrte ihr den Rücken und schritt zu einem kleinen Schrank, der zwischen die Regale eingelassen war. «Möchtest du einen Schnaps? Ich würde dir lieber Champagner anbieten, aber den gibt unser Weinkeller nicht mehr her. Ein Klarer wirkt allerdings ohnehin besser gegen das Wetter. Damit können wir genauso gut auf unser Wiedersehen anstoßen.»

Sie ignorierte seine sarkastischen Bemerkungen, ebenso wie den Umstand, dass es eigentlich zu früh für Alkohol war. Ohne sonderlich darüber nachzudenken, fragte sie: «Wie geht es dir?»

«Gut.» Er drehte sich zu ihr um. «Es geht mir gut. Jedenfalls besser als vielen anderen Männern, die in den Krieg gezogen sind. Dass sich keiner meiner Träume verwirklicht hat, ist ein geringer Preis dafür, dass ich hier unversehrt vor dir stehen darf.» Darauf wandte er sich der Hausbar zu. Er zog den Stöpsel aus einer Karaffe und goss zwei kleine Gläser voll. Als er zu ihr zurückkam und ihr eines davon reichte, berichtete er: «Ich wurde gleich nach meiner Rückkehr aus den Vereinigten Staaten der Obersten Heeresleitung zugewiesen und wechsle seitdem mit dem Großen Hauptquartier die Standorte. Berlin, Koblenz, die Ardennen, Oberschlesien – ich komme viel herum. Es ist relativ ungefährlich und ich habe eine Menge über Truppenverlegungen gelernt. Deshalb bin ich wohl wirklich der richtige Gesprächspartner für die ‹Dame vom Kriegsamt›. Prost, Marlene, auf unser Wiedersehen!»

Seine Verbitterung brach ihr das Herz. Dabei wusste sie so gut, was er meinte. Der Verlust ihrer Brüder war alles andere als verwunden. «Es tut mir leid», murmelte sie in das Glas, obwohl sie nicht sicher war, was ihr wirklich leidtat.

«Ich sollte dir zu deinem Posten gratulieren. Vermutlich ist es das, was du immer wolltest.»

«Das Kriegsamt ist ganz sicher nicht die Erfüllung meiner Träume», protestierte sie. «Mir wäre Frieden lieber. Was denkst du von mir?»

«Trink einen Schluck, das beruhigt die Nerven.» Er stürzte den gesamten Inhalt seines Glases herunter.

Sie tat es ihm gleich. Der ungewohnte Alkohol brannte in ihrer Kehle und löste einen Hustenreiz aus, den sie tapfer zu unterdrücken versuchte.

«Weißt du, es gab eine Zeit, da hatte ich große Lust, dich zu erwürgen. Aber sei so gut und ersticke nicht in der Bibliothek meiner Familie.»

Hustend nickte sie und rang dabei weiter um Atem.

Im nächsten Moment war er bei ihr und schlug ihr beherzt mehrmals auf den Rücken. Als sie langsam wieder Luft bekam, wurde sein Klopfen leichter, aber nicht zärtlicher. Bis er die Arme sinken ließ und sie beide urplötzlich in schallendes Gelächter ausbrachen. Der Bann war gebrochen.

57

«Bei Kriegsbeginn war die Begeisterung der Frauen aus den Städten groß, sich als Landarbeiterinnen zu verdingen», berichtete Marlene. Sie saß in einem der Sessel vor dem Kamin und streckte ihre Beine der Wärme entgegen, während Justus mit dem Rücken zum Feuer stand. «Ziemlich schnell stellte sich allerdings heraus, dass die meisten von ihnen besser in einer Fabrik aufgehoben waren als auf dem Feld. Nun benötigte vor allem die Rüstungsindustrie Ersatz für die Männer, die eingezogen worden waren, also konzentrierten sich die Behörden darauf, geeignete Personen zu vermitteln. Obwohl wir uns vom Kartell der Auskunftsstellen für Frauenberufe und in den Arbeitsvermittlungen viel Mühe gaben, war es ein ständiger Kampf mit den Offizieren, die Helferinnen an Heimatfront und auf Etappe gleichsam sinnvoll einzusetzen. Unsere Dienststelle im Kriegsamt und die Büros in den Generalgouvernements werden erst seit Kurzem als offizielle Stelle anerkannt. Wir haben also noch sehr viel Arbeit vor uns.» Sie schenkte ihm ein müdes Lächeln. «Wie du siehst, besteht meine Tätigkeit auch darin, ostelbische Junker zu beschwichtigen.»

«Ich bin deinen Vorgesetzten für diesen Auftrag sehr dankbar.»

Marlenes Lächeln wurde strahlender. Dennoch sprach sie in sachlichem Ton weiter: «Ich habe eine Liste erarbeitet, die jene Punkte enthält, die eine Etappenhelferin mitbringen sollte: Ausdauer, Durchsetzungsvermögen, Furchtlosigkeit und so weiter. Natürlich sollte sie auch harte Arbeit gewohnt sein. Ich würde diesen Katalog gerne deiner Mutter geben, da ich annehme, dass sie dem hiesigen landwirtschaftlichen Hausfrauenverein vorsteht. Die Frauen in den Vereinen werden die Eignung ihrer Mitstreiterinnen am besten einschätzen können und die beste Auswahl an möglichen Etappenhelferinnen zusammenstellen.»

«Meine Mutter und mein Vater werden sich nachher mit dir bekannt machen. Ich bin sicher, meine Mutter hat eine etwas altmodische Kaffeestunde vorbereitet, um dich zu empfangen. Eine promovierte Dame aus gesellschaftlich adäquatem Stand ist ihr zwar ein bisschen suspekt, aber für sie gibt es durchaus Schlimmeres.» Einen Moment lang verdüsterte sich seine Miene.

«Das ist sehr freundlich», erwiderte Marlene höflich. Sie erinnerte sich nur dunkel an Justus' Eltern. Ein- oder zweimal waren Wolfram und Auguste von Ostwald als Zuschauer zu einer Schulaufführung erschienen, am Ende waren sie auch bei der Zeugnisvergabe gewesen. Josephine hatte sich dabei kurz mit Justus' Mutter unterhalten, aber Marlene war der Familie wegen Caroline ausgewichen.

Als habe er ihren letzten Gedanken gelesen, fuhr Justus fort: «Meine Schwester Caroline wird auch anwesend sein. Sie ist verwitwet, ihr Mann ist gefallen. Er sollte eigentlich der Nachfolger meines Vaters werden, nun steht mir diese Aufgabe bevor, was einiges ändern dürfte.»

«Bist *du* verheiratet?», platzte es plötzlich aus Marlene heraus. Sie sah auf seine Finger und fand keinen Ehering. Aber das bedeutete natürlich nicht, dass es keine Gattin gab, die irgendwo in diesem Haus darauf wartete, den Blaustrumpf kennenzulernen, mit dem sich ihr Mann über das Wohl des

Rittergutes unterhielt. Eine Gattin – und womöglich Kinder...

«Nein», antwortete er ruhig. «Genau genommen habe ich keine Frau gefunden, die...», er unterbrach sich, um nach einer kurzen Pause fortzufahren: «Wäre ich länger in Amerika geblieben, hätte ich vielleicht geheiratet. Die Dollarprinzessinnen sind ganz versessen auf ein europäisches Adelsprädikat und es sind kluge, schöne junge Frauen darunter. Aber die eineinhalb Jahre drüben waren zu kurz, um eine Braut heimzuführen. Immerhin war ich ja nach Washington geschickt worden, um ein paar Aufgaben zu übernehmen, die fast meine ganze Zeit in Anspruch nahmen.»

Erleichterung durchströmte Marlene. Ihr war klar, dass es nicht angemessen war, aber es war ihr ein seltsamer Trost, zu erfahren, dass er keine Familie gegründet hatte. Sie zwang sich zu einem heiteren Ton, als sie sagte: «Wie du bemerkt hast, bin ich auch nicht verheiratet.» Es sollte albern wirken, klang in ihren eigenen Ohren aber kläglich.

«Das hatte ich nicht anders erwartet...» Wieder hielt er mitten im Satz inne. Plötzlich machte er einen Schritt auf sie zu und kniete vor ihr nieder, um auf Augenhöhe mit ihr zu sein.

Stumm sahen sie einander an – und nichts hatte sich verändert seit dem Sommer vor vier Jahren. Marlene fühlte sich ihm so nah, dass sie sogar den Drang unterbinden musste, ihm von ihrem gemeinsamen Kind zu erzählen. Doch dieses Geheimnis würde sie ihm niemals anvertrauen. Das hatte sie sich damals geschworen.

«Mein Gott, Marlene!», stieß er in scheinbar plötzlicher Erregung hervor. «Was tun wir hier? Wir plaudern, als wäre unser Leben eine Spielerei. Als hätte es unsere Liebe nie gegeben. Als wären wir entfernte Bekannte.»

Sie schluckte. «Es wäre sehr schön, wenn wir in Zukunft Freunde sein könnten.»

«Wahrscheinlich wäre es das.» Er richtete sich wieder auf, wandte sich erneut dem Kamin zu und entnahm einer Dose, die auf dem Sims stand, eine Zigarette. Während er sein Feuerzeug betätigte, meinte Marlene: «Ich bin sicher, du bist in all den Jahren nicht alleine geblieben. Ein unverheirateter Mann unterliegt den gesellschaftlichen Zwängen nicht so sehr wie eine ledige Frau.» Eigentlich sollte es nur eine launige Bemerkung sein, doch wenn sie ehrlich war, entsprang sie echter Neugier.

«Natürlich nicht.» Er blies den Rauch bewusst affektiert aus. «Ich bin ein Mann. Das kannst du mir sicher nicht verübeln. Außerdem brauchte ich Trost. Weißt du eigentlich, wie weh du mir getan hast?»

«O ja, Justus, das weiß ich. Es hat mir mindestens ebenso wehgetan.» Sie wandte sich ab, damit er nicht die Tränen sah, die über ihre Wangen liefen.

«Ich habe versucht, dich zu verstehen.»

Sie blinzelte und sah ihn nun doch an. «Ist es dir gelungen?»

«Manchmal», behauptete er und lächelte traurig. «Nicht immer. Aber hin und wieder.»

Ein Klopfen an der Tür erinnerte sie daran, dass sie nicht in ihrer Zweisamkeit versinken durften. Justus nahm unwillkürlich Haltung an, auch Marlene setzte sich gerader. Rasch wischte sie sich über ihre feuchten Wangen.

Die Haushälterin erschien auf der Bildfläche. «Die gnädige Frau bittet im Salon zum Kaffee.»

«Wir kommen gleich», erwiderte Justus liebenswürdig. «Fräulein Doktor von Runstedt ist unseres Gesprächs bereits überdrüssig.» Er warf seine Zigarette in den Kamin und bot Marlene formvollendet seinen Arm.

«Für diese Behauptung verdienst du eine Ohrfeige», flüsterte sie an seiner Seite.

«Deine Entrüstung beweist mir zumindest, dass du noch immer Gefühle für mich hast, *Freundin*.»

Sie schnappte nach Luft, sagte aber nichts dazu.

♦

In Gesellschaft seiner Eltern und Schwester blieb Marlene und Justus keine Gelegenheit mehr für ein persönliches Gespräch. Marlene versuchte vor seiner Familie mit Professionalität zu brillieren, vor allem auch, um Caroline zu beeindrucken. Sie diskutierte mit der ehemaligen Schulkameradin und deren Mutter die Voraussetzungen für die Anwerbung von Etappenhelferinnen, und versicherte Wolfram von Ostwald, in den Arbeitsämtern nach Frauen zu suchen, die sich für die Landarbeit eigneten. Auch versprach sie, sich bei den nötigen Stellen nach dem Verbleib seines Inspektors zu erkundigen. Ein Gut, das dringend benötigte Lebensmittel produzierte, brauchte selbstverständlich einen Verwalter. Dabei kam ihr plötzlich in den Sinn, dass Rittmeister von Ostwald in einer der höchsten militärischen Schaltstellen tätig war.

«Warum konntest *du* deinem Vater eigentlich nicht behilflich sein?», wollte sie wissen, als sie auf dem Rückweg zum Bahnhof neben ihm in seinem Automobil saß.

Justus hatte ihr angeboten, sie nach Kremmen zu fahren.

Offensichtlich verfügte sein Privatwagen über ausreichend Benzin, was in den Tagen wachsender Not nicht selbstverständlich war.

«Er hat mir keine Gelegenheit dazu gelassen», antwortete er. «Mein Vater hatte schon an das Kriegsamt geschrieben und die Antwort erhalten, dass ein Fräulein Doktor von Runstedt zu einer Besprechung der Angelegenheit vorbeikommen würde. Bei meiner Ankunft erfuhr ich, dass du sozusagen im Anmarsch warst. Das war mir recht, denn ich wollte dich wiedersehen.»

«Ach, Justus», seufzte sie.

In ruhiger Geschwindigkeit glitt der Sportwagen über die Landstraße. Erinnerungen an jenen Septembernachmittag vor vier Jahren brachen über sie herein, als sie ebenso wie jetzt nebeneinandergesessen, aber ein anderes Ziel als den Abschied angesteuert hatten.

Die Scheinwerfer warfen ein gelbes Licht auf Schneeverwehungen und Eisplatten. Marlene fiel auf, wie fest sich Justus' Hände um das Lenkrad schlossen. Für einen Moment dachte sie daran, wie schön es wäre, wenn sich vor ihnen plötzlich eine Hütte auftun würde, ein verlassenes Forsthaus vielleicht, in dem sie einkehren und die Brutalität in der Welt ausschließen könnten. Es war unübersehbar, welche Wunden der Krieg ihnen beiden geschlagen hatte.

«Ich wollte dich wiedersehen», wiederholte Justus nach einer Weile, «um herauszufinden, warum ich dich nicht vergessen kann.»

«Weißt du es jetzt?»

Er lachte nur leise.

Bis sie den in mattem Licht erleuchteten, aus Backstein

errichteten Bahnhof erreichten, sprachen sie nicht mehr. Es war ein merkwürdig angenehmes Gefühl, an seiner Seite zu schweigen. Marlene dachte an ihre unzähligen Unterhaltungen zurück, an die Briefe, die sie einander geschrieben hatten. Der Austausch von Gedanken war stets ein wichtiger Bestandteil ihrer Beziehung gewesen. Nun war es die Stille, und sie fand diese Stimmung unerwartet schön. Sie fühlte sich eingelullt – bis die Klingel des Bahnwärters an der Schranke den nahenden Zug ankündigte.

Justus bremste vor dem Eingang mit dem weißen Schild darüber, auf dem der Name der Station geschrieben stand. Er stieg aus, ging um den Wagen herum, öffnete die Beifahrertür und half Marlene wortlos hinaus. Als sie ihre Hand seinem Griff entziehen wollte, hielt er sie fest.

«Du hast mich gefragt, ob es eine Frau in meinem Leben gibt...», hob er an.

«Justus, bitte, du bist mir keine Rechenschaft schuldig.» Und inzwischen will ich es auch gar nicht mehr wissen, dachte sie.

«Ich treffe mich mit Sonja Grawitz...»

Also immer noch! Sie versuchte erneut ihre Hand zu befreien, doch er umklammerte sie eisern.

«Nach meiner Rückkehr aus Amerika ging ich mit Kameraden zufällig ins Theater und sah sie auf der Bühne. Ich war einsam und suchte sie in ihrer Garderobe auf, wir verabredeten uns. Die Affäre nahm ihren Lauf. Sie ist unverbindlich und leicht, aber Sonja gibt mir die Wärme, die ich gelegentlich brauche. Gerade in diesen Zeiten.»

«Warum erzählst du mir das? Willst du mich eifersüchtig machen?»

«Ich wünschte, ich könnte es.» Er hob ihre Hand an seine Lippen. «Wenn ich diesen Krieg überlebe, werde ich meine Verhältnisse ordnen. Dann hoffe ich, dass du und ich die Chance auf einen Neuanfang bekommen.»

Dass er nach wie vor mit Sonja zusammen war, verwirrte Marlene, erschütterte sie sogar. Wechselnde Affären waren sicher selbst dann häufig Teil eines Offizierslebens, wenn der Mann kein Junggeselle war. Aber Justus hatte anscheinend keine immer neuen Romanzen. Er war einer Frau treu, die ihn seit Jahrzehnten anbetete und an sich binden wollte. Marlene konnte sich gut vorstellen, dass Sonja viel in Kauf nahm, um ihr Ziel zu erreichen. Etwas anderes hatte ihre alte Freundin schließlich nicht gelernt.

Endlich ließ er zu, dass sie ihm ihre Hand entzog. Bevor er ihr von Sonja erzählte, hatte sie überlegt, ob sie ihn zum Abschied küssen sollte. Jetzt fühlte sie sich seltsam verletzt und unfähig zu diesem Überschwang.

«Viel Glück», sagte sie leise, nickte kurz und wandte sich dann von ihm ab.

«Marlene!»

In der offenen Eingangstür blieb sie stehen, drehte sich noch einmal um.

«Ich habe nie aufgehört, dich zu lieben», rief er ihr zu. «Deshalb werden wir uns niemals wirklich trennen.»

Tränen traten in ihre Augen und sie hasste sich dafür, ihm als Heulsuse in Erinnerung zu bleiben. Sie schluckte. «Auf Wiedersehen», brachte sie einigermaßen gefasst hervor. Dann beeilte sie sich, aus seinem Blickfeld zu gelangen, um hemmungslos weinen zu dürfen. Um ihr verlorenes Glück.

19. FEBRUAR 1919

Epilog

Wahrscheinlich beginnen die Sitzungen im Plenum um drei Uhr nachmittags, weil die Herren Abgeordneten erst ihren Rausch ausschlafen müssen, dachte Marlene verärgert, als sie nun schon zum wahrscheinlich zwölften Mal durch die Flügeltüren des Nationaltheaters trat. Sie hätte sich eine andere Zeiteinteilung gewünscht, zumal die bis in die Nächte reichenden Gespräche ihrem Schlafbedürfnis zuwiderliefen. Allein gestern hatte ihre Fraktion wieder bis weit nach Mitternacht in einem Hinterzimmer des Hotel Fürstenhof getagt. Es wurde endlos über den Föderalismus in Deutschland diskutiert, über das Streben der Kleinstaaten, sich gegen eine neue Reichsregierung durchzusetzen, und über die Vorzüge einer von Berlin ausgehenden Zentralmacht. Letztlich war es eine sinnlose Debatte, sie war ohne Ergebnis geblieben.

Marlene spürte, wie sie sich bereits jetzt, nach gerade einmal zwei Wochen, an der diplomatischen Herausforderung aufrieb, als Politikerin alle Kräfte der eigenen Partei hinter sich zu versammeln. Sie bewunderte Gertrud Bäumer, die ihre Position in der DDP ebenso klug wie ruhig vorbrachte, sich vehement für Freiheit und Frieden einsetzte und selbst im kleinen Kreis Aufstand und Rebellion ablehnte. Marlene indes verbat lediglich ihre gute Erziehung, hin und wieder einmal auf den Tisch zu hauen.

Sie fühlte sich wie gerädert. Deshalb hatte sie einen langen Spaziergang durch den Goethepark und die Gassen der Altstadt unternommen. Ihr Kopf musste klar werden, da heute einer der wichtigsten Tage ihrer Karriere war, wenn nicht sogar der bedeutendste. Sie würde als erste Frau vor der Nationalversammlung sprechen. Als erste Frau überhaupt würde sie ihre Stimme in dem Parlament erheben, das den Reichstag ersetzte. Es war eine Ehre, eine Genugtuung und ein Geschenk. Die Belohnung für alle Entbehrungen, die sie seit ihrer Schulzeit auf sich nahm. Kurz hatte sie erwogen, ihren Vater anzurufen. Oder Max. Und vor allen Dingen Justus. Aber obwohl sich das Interesse an den Abstimmungen etwas gelegt hatte, herrschte im Telegrafenamt ständig Hochbetrieb. Die internationalen und deutschen Journalisten, die ihre Artikel, Berichte und Interviews telefonisch an ihre Redaktionen überall in der Welt durchgaben, standen wie immer Schlange, und Marlene besaß nicht die Geduld, wegen ein paar aufmunternder Worte vielleicht gar Stunden anzustehen.

Als sie das Foyer des Nationaltheaters durchquerte, stellte sie fest, dass die meisten Männer viel ausgeruhter wirkten, als sie sich fühlte. Sie grüßte höflich, nickte in die eine oder andere Richtung, wechselte ein paar Worte, die sie sofort wieder vergaß, mit dem einen oder anderen Abgeordneten, der einen oder anderen Parlamentarierin. Für längere Gespräche war sie viel zu aufgeregt, sie wollte sich nur auf ihren Auftritt vorbereiten. Am Empfang, wo sie ihre Einlasskarte entgegennahm, wurde ihr gesagt, dass ein Herr nach ihr gefragt habe.

Einen Atemzug später fiel ihr die vertraute Gestalt in dem Mantel auf, der so viel eleganter wirkte als die Garderobe der meisten Abgeordneten. Was für eine wundervolle Überraschung. Staunend und gleichzeitig von Herzen erfreut lief sie auf ihn zu.

«Max! Wie hast du es geschafft, einen Platz im Zuschauerrang zu ergattern?»

«Marlene», sagte er nur und küsste erst ihre Hand, dann ihre Wange.

Der ernste Ausdruck in seinem Gesicht irritierte sie. Natürlich war es eine bedeutende Gelegenheit, der Sitzung und den Reden der Abgeordneten zu lauschen, aber so feierlich brauchte er nun wirklich nicht zu schauen. Im nächsten Moment wurde ihr bewusst, dass ihr Freund nicht nach Weimar gekommen war, um sie als Gast im Plenum zu überraschen. Er brachte schlechte Nachrichten.

Unwillkürlich schnappte sie nach Luft. «Ist etwas mit Vater?» Ihre Stimme war ein hektisches Keuchen.

«Dem Professor geht es sehr gut. Ich soll dich grüßen.»

Mit einer stummen Frage in den Augen sah sie ihn an.

Max räusperte sich. «Bitte sei stark, Marlene. Ich bin eigens hergefahren, weil ich es dir persönlich sagen will. Glücklicherweise war der Zug pünktlich, aber leider habe ich dich nicht mehr in deinem Hotel angetroffen, du warst bereits ausgegangen.»

«Ich habe einen Spaziergang gemacht.»

Er berührte ihren Arm, als wollte er sie davor schützen, gleich in Ohnmacht zu fallen. «Ich wünschte, wir wären woanders, aber du solltest es von mir erfahren, bevor es dir irgendjemand anderes sagt: Justus von Ostwald hatte einen schweren Autounfall...»

Sie hatte seine Stimme gehört. Aber die Worte drangen nicht zu ihr durch. Sie begriff nichts von dem, was Max gesagt hatte. Lediglich das Wort «Autounfall» war verständlich. In ihren Gedanken spielten plötzlich französische Melodien, das Aufheulen von Motoren dröhnte in ihren Ohren, das Rascheln von Zeitungsseiten in einer nicht mehr ganz so stillen Bibliothek.

«Was ist mit Justus?», formulierte sie ihre Frage, aber sie war sich nicht sicher, ob sie sie laut aussprach oder nur dachte.

«Er ist tot, Marlene.»

Es schien ihr, als würde sich die Nachricht wie ein schwerer Stein auf ihre Brust legen, bevor sie ihr Gehirn erreichte. Sie holte tief Atem. Einmal, zweimal. Sie schloss die Augen, sah wieder auf. Nichts änderte sich. Ihre Umgebung war dieselbe geblieben, der bekümmerte Gesichtsausdruck von Max bestätigte seine Nachricht, und im Hintergrund liefen die anderen Abgeordneten hin und her, Männer wie Frauen, diskutierten, grüßten, lärmten, lachten. Das Leben ging weiter. Dabei glaubte Marlene, die Welt müsse stehen bleiben.

«Wie ist es passiert?», fragte sie tonlos.

Max zuckte mit den Schultern. «Ich weiß es nicht genau. Es ist vorgestern auf dem Weg von Berlin ins Havelland geschehen, offenbar hat er ein landwirtschaftliches Fahrzeug übersehen, eine Pfluglokomotive. Seine Schwester Caroline hat sich in der Kanzlei gemeldet, weil sich in seiner Manteltasche ein Brief an dich befand.» Zögernd griff er in seinen eigenen Überhang und nahm einen Umschlag heraus.

Warum breche ich nicht zusammen?, fragte sich Marlene. Es war wie damals in Paris, aber sie wurde nicht ohnmächtig ... Sie konnte nicht einmal weinen. Alles in ihr schien abzusterben. Jedes Gefühl, selbst die Trauer. Ihre Hand zitterte, als sie nach dem Kuvert griff.

Frl. Dr. Marlene von Runstedt

Sie wandte sich von Max ab und trat an eines der Fenster. Das fahle graue Licht dieses Wintertags verbesserte zwar nicht ihre Sicht auf das Schreiben, aber sie fühlte sich durch den körperlichen Abstand für einen Moment allein, abgesondert wie in einer Blase.

Liebste Marlene,
als wir uns vor etwas mehr als zwei Jahren auf dem Rittergut wiedersahen, war ich überzeugt davon, dass uns das Schicksal eine Chance bieten würde, wenn ich den Krieg überleben sollte. Inzwischen glaube ich, dass wir diese Chance vielleicht tatsächlich ergriffen hätten. Doch das Schicksal meint es nicht gut mit uns. Es ist mein Fehler. Meine Unfähigkeit, einen Strich unter die Vergangenheit zu ziehen, hat mich nun eingeholt.
Sonja hat mir mitgeteilt, dass sie schwanger ist, und ich werde mich ihr und dem Kind gegenüber anständig verhalten. Mein Vater und meine Schwester werden über meine Entscheidung entsetzt sein, meine Mutter dreht sich wahrscheinlich im Grabe um. Ich selbst bin verzweifelt. Mein Pflichtgefühl verbietet mir jedoch, Sonja mit einem Bastard sitzen zu lassen. Sie war mir immer

treu ergeben, ich kann nicht anders. Ich nehme zwar an, dass unser Zusammensein letztlich auf eine Scheidung hinausläuft, aber zunächst führt mein Weg erst einmal in eine Familie.
Das bedeutet, dass wir uns trennen müssen, geliebte Lene. Nichts schmerzt mich so wie dieser Gedanke. Jeder Tag, den ich mit Dir verbringen durfte, machte mich glücklich. Nun sehe ich zahllosen unglücklichen Tagen entgegen. Ich werde niemals aufhören, Dich zu lieben.
Für immer
Dein Justus

PS: Sollte ich Vater eines Mädchens werden, möchte ich sie Lena nennen, weil ich hoffe, dass aus ihr eine so wunderbare Frau wird, wie Du es bist.
Du wolltest immer die Welt retten, das habe ich zutiefst bewundert. Wenn Du sie als Parlamentarierin nur ein bisschen besser machen könntest, hättest Du schon sehr viel erreicht.

Langsam faltete Marlene den Briefbogen zusammen. Sie dachte an Justus' Bemerkung über die fehlenden Abschiede in ihrem gemeinsamen Leben. Vielleicht, fuhr es ihr durch den Kopf, hat er diesmal richtig Abschied genommen. Eine Straße, ein Automobil, das in einen Traktor raste. Ein Junker kannte die Verhältnisse auf dem Land, er fuhr nicht einfach in eine Pfluglokomotive. Erschrocken über ihren Gedanken sah sie auf.

«Marlene», sagte Max sanft. Er war neben sie getreten, berührte wieder ihren Arm. «Es tut mir sehr leid.»

Sie schluckte die Tränen hinunter, die nun doch in ihr aufstiegen. Über seine Schulter nahm das Foyer des Nationaltheaters wieder deutliche Konturen an, der Geräuschpegel, der kurz vor Beginn einer Abgeordnetenversammlung üblich war, drang langsam zu ihr durch. Ich darf jetzt nicht zusammenbrechen, entschied sie für sich. Diesen einen Moment, auf den ich so lange hingearbeitet und für den ich mein persönliches Glück hintangestellt habe, darf ich nicht ungenutzt verstreichen lassen. Sie dachte an Justus' letzte Worte in seinem Brief. Das Vertrauen, das er in sie gesetzt hatte. Für ihn würde sie Haltung bewahren.

Ihre Finger umschlossen Max' Hand. Seine Wärme verlieh ihr Kraft. Er war so etwas wie Stabilität in ihrem Leben. «Du warst immer da, wenn ich dich gebraucht habe», hob sie sanft an, um nach einer kleinen Pause fortzufahren: «Ich kann dir nicht sagen, wie dankbar ich dir bin. Auch dafür, dass du an meinem schwersten und wichtigsten Tag bei mir bist. Würdest du zu meiner Rede bleiben, wenn ich versuchte, irgendwo einen Platz für dich zu finden?»

Er lächelte ihr liebevoll zu. «Es ist mir alles recht. Um dir zuzuhören, genügt mir auch ein Stehplatz im obersten Rang.»

♦

Auf ihrem Weg zur Bühne warf Marlene einen kurzen Blick auf die Reihen mit den Abgeordneten der DNVP. Sie erkannte Sonja an einer weißen Bluse mit Verzierungen, die etwas übertriebener waren als die der anderen Parlamentarierinnen. Ihre einstige Freundin wirkte ruhig und keinesfalls von einer schlechten Nachricht niedergedrückt. Sie weiß es noch nicht, stellte Marlene fest, sie hat nicht die geringste Ahnung. Von Caroline wird sie sicher nicht erfahren, was passiert ist. Ich muss es ihr sagen. Irgendwann.

Sie straffte ihre Schultern und ging an der Rivalin vorbei.

Hatten die Nachricht von Justus' tödlichem Unfall und sein Brief sie zuvor wie betäubt, beschleunigte sich ihr Herzschlag nun, je näher sie dem Rednerpult kam. Ihre Hände, die ihr von Fräulein Martius abgetipptes Diktat hielten, wurden feucht. Sie fühlte sich schwindelig und seltsam leicht, als würde sie die Treppe hinaufschweben.

Schließlich stand sie im Rampenlicht. Eine nicht mehr ganz junge Frau in einem schlichten schwarzen Kostüm und cremefarbener Bluse mit der Kamee ihrer Mutter am Kragen, die Haare zu einem weichen, griechischen Knoten geschlungen.

«Meine Herren und Damen!», begann sie mit einer sonoren Stimme, über die sie sich selbst wunderte.

Natürlich antwortete ihr das übliche Rumoren im Saal, das sich wiederholende Gelächter der Männer, die noch nicht begriffen hatten, dass Frauen ebenso in das Parlament gehörten wie sie. Dennoch fühlte sie, dass dies ihr Platz war.

Eine tiefe Ruhe erfasste Marlene, während sie redete. «Der Revolution verdanken wir unsere Sitze», fuhr sie nach einer kurzen Pause fort. «Wir danken nicht im althergebrachten Sinne dafür. Die Revolutionsregierung tat damit nur ihre Pflicht, denn die deutsche Demokratie war ohne die deutschen Frauen nicht möglich. Die deutschen Frauen sind von ihrer politischen Unmündigkeit befreit. Für Deutschland ist die Frauenfrage damit gelöst. Die neuen Rechte können uns nicht wieder genommen werden!»

Beifall antwortete ihr. Es waren vor allem die weiblichen Abgeordneten, die Marlene zujubelten. Aber auch viele Männer schienen endlich erkannt zu haben, dass eine neue Zeit angebrochen war.

Es ist nicht das Ende, dachte sie, während sie von ihrem Redemanuskript aufsah und über die ihr zugewandten Gesichter blickte. Es war ein Anfang.

FUSSNOTE

Die erste Rednerin vor der Nationalversammlung war Marie Juchacz, SPD-Politikerin und Gründerin der Arbeiterwohlfahrt. Ihre Worte habe ich meiner Protagonistin in den Mund gelegt.

NACHWORT

Zwei Tage bevor Kaiser Wilhelm II. seinen Thron verlor, verkündete Reichskanzler Max von Baden erstmals die Einführung eines Frauenwahlrechts. Damit war die Revolution natürlich nicht mehr aufzuhalten – mit einigen anderen Beschlüssen verkündete der regierende Arbeiter- und Soldatenrat aber auch am 12.11.1918 offiziell das allgemeine Stimmrecht für Frauen. Zum ersten Mal in der Geschichte Deutschlands durften die Staatsbürgerinnen nicht nur wählen, sondern auch gewählt werden. Damit war das bei uns früher – teilweise sogar viel früher – möglich als etwa in Großbritannien, Frankreich, Italien, Schweden, der Schweiz und den USA.

Die Eckdaten waren mir schon länger bekannt. Ich wusste auch, dass die Stimmrechtsbewegung der Frauenvereine hierzulande zu Beginn des 20. Jahrhunderts an Fahrt aufnahmen. Im letzten Jahrzehnt des 19. Jahrhunderts war die Notwendigkeit einer Gleichberechtigung von Mann und Frau endlich auch in den Köpfen der Männer angekommen. Der bis heute bestehende Beweis dafür ist unser Bürgerliches Gesetzbuch. Im Jahre 1900 eingeführt, berücksichtigt das BGB Frauen als mündige Bürger. Das war bis dahin nicht der Fall: Nach dem zuvor geltenden Preußischen Landrecht hatten ausnahmslos der Vater, Ehemann oder ein anderer männlicher Vormund das Sagen, Töchter waren nicht einmal erbberechtigt.

Viele Hintergründe und Details zum Frauenwahlrecht erfuhr ich aber erst vor nicht allzu langer Zeit durch die Arbeit meiner Tochter. Sie ist Historikerin und war an der Neugestaltung der Parlamentshistorischen Ausstellung des Deutschen Bundestages im Deutschen Dom zu Berlin beteiligt. Als sie mir von der Konzeption des Raumes über das Wahlrecht für Frauen und die ersten Parlamentarierinnen erzählte, entwickelte sich in meinem Kopf eine Idee. Ich begann mich näher mit dem Thema zu befassen, las viele – antiquarische – Bücher und alte Zeitungen, nahm Kontakt zu verschiedenen Stellen auf, recherchierte, erfuhr Neues und Bewegendes. Daraus entwickelte sich dann meine Geschichte.

So war es für mich unglaublich spannend, seinerzeitige Wochenschauberichte zu sehen. Oder auch eine erhaltene Sequenz aus dem Kurzfilm «Anna Müller-Lincke kandidiert». Den im Roman erwähnten Streifen gab es nämlich tatsächlich, die Hauptrolle spielte eine bekannte Soubrette und Schauspielerin, die Ex-Frau des Komponisten Paul Lincke («Das ist die Berliner Luft»).

Die erfundenen Protagonistinnen sind eine Mischung aus den Biografien der siebenunddreißig ersten weiblichen Abgeordneten des Reichstags und ihrer Zeitgenossinnen. Mir war es wichtig, den Lebensweg der Frauen in komprimierter Form darzustellen. Eine ähnliche Authentizität liegt auch bei den männlichen Hauptrollen vor. Bei der Beschreibung der historischen Persönlichkeiten, Umstände und Begegnungen im Handlungsablauf halfen mir vor allem die Berichte von Friedrich Naumann und Gertrud Bäumer in der liberalen Zeitung

Die Hilfe, die Tagebücher von Theodor Wolff und Harry Graf Kessler sowie viele Schriften von Marie-Elisabeth Lüders, die etwa auch ein Buch über die Etappenhelferinnen herausgegeben hat. Mithilfe meiner Fantasie entstand schließlich eine Geschichte, die erfunden ist, aber genau so im Winter 1918/19 hätte stattfinden können, als sich die Deutschen auf den schwierigen und auch blutigen Weg in die Demokratie machten.

Hier muss ich einen Exkurs in den Teil meines Romans machen, der in Warschau angesiedelt ist: Ich erwähne darin das Bild «Der Kuss» von Gustav Klimt. Obwohl der Schuhfabrikant Korff damals tatsächlich in Polens Hauptstadt lebte, befand sich dieses Gemälde niemals in seinem Besitz. Es wurde bereits 1908 vom österreichischen Staat erworben und in der Neuen Galerie in Wien ausgestellt, wo es bis heute hängt (Österreichische Galerie Belvedere).

Und noch etwas: Die Rückblenden in meiner Geschichte habe ich – mit Ausnahme vom Dezember 1916 – in die Jahre der Reichstagswahlen der Kaiserzeit gelegt. Seit 1867 fanden diese Wahlen statt, zunächst für das Parlament des Norddeutschen Bundes, ab 1871 für das Deutsche Reich. In den Jahren 1898, 1903, 1907 und 1912 war stets die SPD der Wahlsieger. Interessant dabei ist übrigens, dass Diäten erst seit 1906 an die Parlamentarier bezahlt wurden.

In der Handlung spielt die Ausbildung von Marlene eine wichtige Rolle. Tatsächlich war es deutschen Frauen erst relativ spät möglich, Rechtswissenschaften zu studieren. Nicht an allen deutschen Universitäten wurden Frauen wenigstens zum ersten Staatsexamen zugelassen, die Juristenausbildung endete häufig nach verschiedenen Prüfungen und gegebenenfalls einer daran anschließenden Promotion. Das Referendariat sowie das zweite Staatsexamen und damit die Befähigung zum Richteramt und einer Zulassung als Rechtsanwalt wurde Frauen im Kaiserreich und darüber hinaus verwehrt.

Erst im zweiten Halbjahr 1922 erließ die Reichsregierung mehrere Gesetze, die es Frauen ermöglichten, die notwendigen Examina abzulegen und in den Ämtern und Berufen der Rechtspflege tätig zu sein (zwei Jahre nach den Ärztinnen!). Als erste deutsche Frau wurde Maria Otto am 7.12.1922 in München als Rechtsanwältin zugelassen. Die Berlinerin Margarete Berent erhielt als erste preußische Juristin am 7.3.1925 ihre Anerkennungsurkunde als Rechtsanwältin. Erst vier Jahre später nahm die erste Richterin in Preußen, Marie Munk, ihre Arbeit auf, 1929 wurde sie an das Amtsgericht Charlottenburg berufen, ein Jahr später an das Landgericht Berlin. Für diese Frauen war eine Ehe ausgeschlossen. Das sogenannte Beamtinnenzölibat machte es nicht nur verheirateten Lehrerinnen unmöglich, im Staatsdienst tätig zu sein. Angeblich ließ sich die Rolle der Gattin und Mutter nicht mit der Arbeit für den öffentlichen Dienst verbinden. Erst Anfang bzw. Mitte der Fünfzigerjahre wurden diese Gesetze in der Bundesrepublik Deutschland verbindlich aufgehoben (zuletzt 1956 im Bundesland Baden-Württemberg) und 1957 höchstrichterlich durch eine Entscheidung des Bundesarbeitsgerichts bestätigt.

Rechtsberatungsstellen für Frauen wurden gegen Ende des 19. Jahrhunderts in vielen Städten ins Leben gerufen. Den ersten Rechtsschutzverein für Frauen gründete die Schauspielerin und spätere Vorsitzende des Bundes deutscher Frauenvereine Marie Stritt 1894 in Dresden. Josefine Levy-Rathenau organisierte ab 1902 die Auskunftsstellen für Frauenberufe, die erste selbstständige Berufsberatung für Frauen, die in dem Kartell in Berlin zusammenfasst waren, aber von dort aus Büros in ganz Deutschland verwalteten.

Alle diese Frauen haben für die Rechte gekämpft, die wir heute als selbstverständlich annehmen. Sie haben dafür teilweise sehr viel in Kauf nehmen müssen, darunter persönliche Entbehrungen und Anfeindungen. Viele der großen Köpfe der Frauenbewegung bleiben hier aus Platzgründen ungenannt. Als gebürtige Hamburgerin möchte ich jedoch noch Helene Lange erwähnen, die 1919 nicht nur als Abgeordnete in die Hamburger Bürgerschaft einzog, sondern dieser auch als Alterspräsidentin vorstand. Vor ihr und allen anderen mutigen Frauen jener Zeit verbeuge ich mich.

DANKSAGUNG

Mein erster Dank gilt meiner Tochter Jessica Posel, die mir den entscheidenden Anstoß für meine Geschichte gab. Ohne meine wunderbare Agentin Petra Hermanns wäre daraus jedoch keine Saga geworden. Und ohne Nicola Bartels, Katharina Dornhöfer und Dinah Fischer gäbe es kein so tolles Buch im Rowohlt Verlag – ich danke von Herzen für die angenehme, teilweise herzerwärmende Zusammenarbeit.

Stellvertretend für die Organisationen und Büros, die mir bei meiner Recherche behilflich waren, möchte ich mich bei dem Autonomen Frauenzentrum Potsdam e. V. bedanken. Ein großes Dankeschön möchte ich aber auch dem Archiv des Liberalismus der Friedrich-Naumann-Stiftung aussprechen, wo sich Männer ganz stark dafür eingesetzt haben, dass ich Informationen über das Frauenwahlrecht, die Gründung der DDP und den Zeitraum meiner Handlung erhielt.

Mein besonderer Dank gilt Rita Hagl-Kehl, SPD-Abgeordnete des Deutschen Bundestags und parlamentarische Staatssekretärin im Justizministerium im Kabinett Merkel IV. Sie führte mich privat durch den Reichstag, zeigte mir Fraktionszimmer und Abgeordnetenbüros, erklärte Wege und historische Zusammenhänge der noch bestehenden Architektur, ermöglichte meine Autorenfotos vor dieser Kulisse. Auch lernte ich durch Rita Hagl-Kehl viel über den unerwartet schweren Berufsalltag einer Parlamentarierin, der sich von der Tätigkeit ihrer Vorgängerinnen nicht wesentlich zu unterscheiden scheint.

Das letzte Wort gilt keiner Frau, sondern dem Mann meines Lebens. Nicht nur als Gefährte, sondern auch als Rechtsanwalt war mir mein Mann Bernd Gabriel eine große Hilfe bei der Umsetzung dieser Geschichte. Dafür bekommt er eine Umarmung.

Micaela Andrea Gabriel